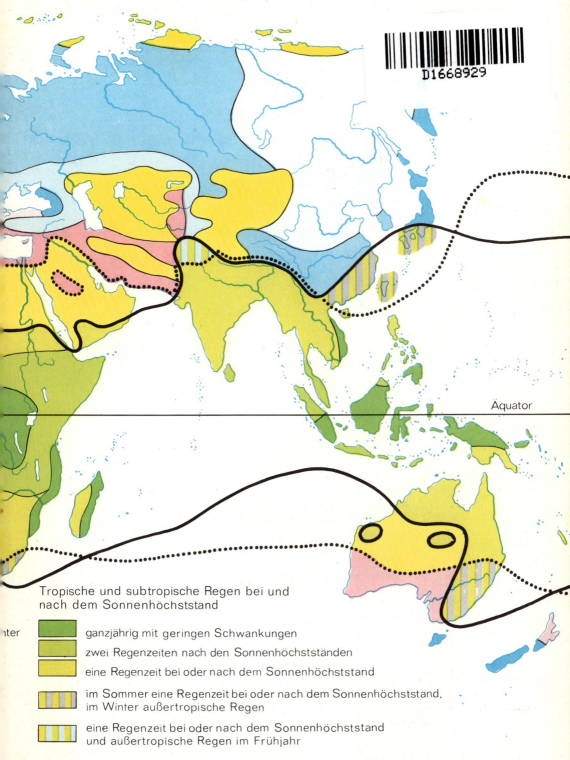

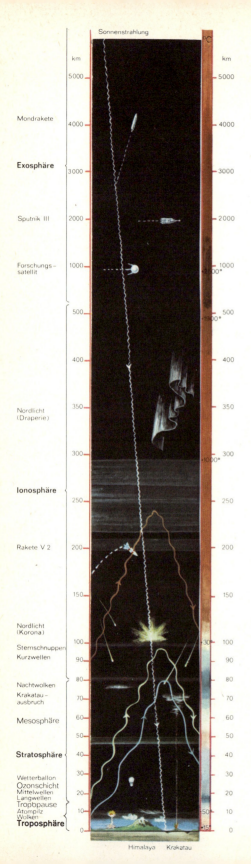

Die Lufthülle der Erde

Die Troposphäre ist der Bereich, in dem sich unser Wetter abspielt. Die Grenzfläche zur darüberliegenden Stratosphäre liegt am Äquator in 18 km, über Mitteleuropa in 12 km, über den Polen in 6—8 km Höhe. Die darüber liegenden Schichten der Lufthülle sind aber für alles Leben auf der Erdoberfläche nicht minder wichtig. Sie halten die für unser Leben schädlichen Strahlen von der Erde fern und lassen von anderen Strahlen nur einen Teil hindurch. Diese Funktion der oberen Luftschichten wird durch Erscheinungen wie die Nordlichter sichtbar gemacht, die durch Strahlungs-Ausbrüche von der Sonne verursacht werden. Daß Strahlen z. T. absorbiert werden, zeigt die Tatsache, daß die ultraviolette Strahlung auf hohen Bergen weit stärker ist als am Meeresspiegel. Die Folgen für unsere Haut sind allgemein bekannt. Alle weiträumigen Flugverbindungen spielen sich oberhalb der Troposphäre innerhalb der Stratosphäre ab. Die Weltraumraketen müssen auch die oberen Schichten der Lufthülle durchstoßen. Die Zeichnung gibt an, in welchen Schichten sich sichtbare Erscheinungen der oberen Luftschichten abspielen und welche Höhen die bisherigen Raketen zu erreichen vermögen.

LÄNDER UND VÖLKER
ERDKUNDLICHES UNTERRICHTSWERK
AUSGABE B

9

DER MENSCH IN SEINEM LEBENSRAUM

Bearbeitet von
Heinrich Barten, Erwin Boehm, Horst Funk, Hans Knübel,
Gertrud Schneider, Günther Thiersch

ERNST KLETT · STUTTGART

LÄNDER UND VÖLKER
ERDKUNDLICHES UNTERRICHTSWERK · AUSGABE B

Begründet von O.St.Dir. *Robert Fox* †

Bearbeitet und herausgegeben von O.St.Dir. Dr. *Heinrich Barten*, Prof. Dr. *Erwin Boehm*, O.St.R. Dr. *Horst Funk*, O.St.Dir. *Karl Heck*, St.Dir. Dr. *Hans Knübel*, St.Dir. *Gertrud Schneider*, O.St.R. *Günther Thiersch*.

Hinweise für die Arbeit

Die Landschaftsquerschnitte der früheren Bände sind in diesem Band weiterentwickelt worden. Sie sollen das Verhältnis von Raum und Mensch veranschaulichen. In unterlegten Streifen werden Klima, Niederschläge, Anbauzonen oder Bodennutzung gezeigt; diese sind mit einem Diagramm der Bevölkerungsdichte verbunden, das auch Angaben über die Industrie enthält. Die Profile sind schematisiert, an ihnen lassen sich Entfernungen und Höhen nicht abmessen. Die Kapitel werden mit *Arbeitsfragen* eingeleitet, die je nach den Erfordernissen dazu dienen können, die naturgeographischen oder kulturgeographischen Voraussetzungen der Darstellung zu vergegenwärtigen und den Stoff zu erschließen. Fragen stecken, meist unausgesprochen, auch in den vielfältigen *statistischen Hilfsmitteln*; wer sie findet, formuliert und bearbeitet, lernt, sich an solchem Material zu orientieren.

Verweise auf gebräuchliche Schulatlanten sollen die Arbeit erleichtern. Die Verweise können freilich keinen Anspruch auf Vollständigkeit erheben. Es bedeutet

D I Diercke Weltatlas
D II Der Lebensraum des Menschen, allgemeine Ausgabe
L   Lautensach, Atlas zur Erdkunde, große Ausgabe
UW   Unsere Welt, Atlas für die Schule
H   Harms Atlas, Die Länder der Erde.

Die Oberflächenformen der Erde
Dieses Kapitel steht als Sonderdruck zur Verfügung und wird auf Bestellung zugesandt Klettbuch 4668

Mit 61 Fotos, 88 Karten und Zeichnungen

Querschnitte und Zeichnungen: G. Thiersch; Karten und Diagramme: G. Wustmann und G. Unterberger

Bildnachweis: Agfa-Gevaert AG, Leverkusen - Backhaus, Bensheim/Bergstr. - Bavaria Verlag, Gauting - Black Star, New York - Deutsche Luftbild KG, W. Seelmann & Co., Hamburg - dpa, Frankfurt/Main - Dröge, Stuttgart - Fritz, Köln - Gierloff-Emden, München — Grube, Hamburg — Gutehoffnungshütte, Oberhausen — Herzog, Wiesbaden — L. v. Hoesch-Museum, Düren — IVAC, Brüssel — Kaiser, Stuttgart - Laborde, Paris - Laenderpress, Düsseldorf — Mauritius, Mittenwald — Mondadori Press, München - Monzer, Stuttgart - Muench, Santa Barbara — Muuß, Altenholz - Mungenast, Stuttgart — Nds. Min. für Ldw. u. Forsten, Hannover – Novosti, Moskau – Pfeiffer, Heidelberg - Schwarz, Kiel - Steinhoff, Stuttgart - Survey Corp., Ottawa - TVA, Knoxville - USIS, Bad Godesberg — Willscher-Fischer, Hamburg - Wrage, Hamburg - ZFA, Düsseldorf

Einband: S. u. H. Lämmle

1. Auflage $\quad 1^9 \ 8 \ 7 \ 6 \ | \ 1976 \ 75 \ 74$

Alle Drucke dieser Auflage können im Unterricht nebeneinander benutzt werden. Die letzte Zahl bezeichnet das Jahr des Druckes.
© Ernst Klett Verlag, Stuttgart 1970. Nach dem Urheberrechtsgesetz vom 9. September 1965 i. d. F. vom 10. November 1972 ist die Vervielfältigung oder Übertragung urheberrechtlich geschützter Werke, also auch der Texte, Illustrationen und Graphiken dieses Buches — mit Ausnahme der in den §§ 53, 54 URG ausdrücklich genannten Sonderfälle —, nicht gestattet. Dieses Verbot erstreckt sich auch auf die Vervielfältigung für Zwecke der Unterrichtsgestaltung, wenn nicht die Einwilligung des Verlages vorher eingeholt wurde. Im Einzelfall muß über die Zahlung einer Gebühr für die Nutzung fremden geistigen Eigentums entschieden werden. Als Vervielfältigung gelten alle Verfahren einschließlich der Fotokopie, der Übertragung auf Matrizen, der Speicherung auf Bändern, Platten, Transparenten oder anderen Medien.
Druck: Ernst Klett, Stuttgart, Rotebühlstraße 77.
ISBN 3-12-469000-1

Inhaltsverzeichnis

Das Klima 5

Die Landschaftsgürtel der Erde
- Tropische Regenwälder 16
- Savannen 20
- Wüsten 24
- Tropische Monsunländer 28
- Subtropische Winterregengebiete .. 32
- Subtropische Sommerregengebiete . 34
- Grasländer der gemäßigten Breiten . 38
- Waldländer der gemäßigten Breiten 40
- Tundren 43

Die industriereichen Großräume der Nordhalbkugel
- Landschaftsvergleich zwischen Nordamerika und Eurasien 45
- Angloamerika (USA und Kanada) 46
  - Entwicklung von Volk und Raum in Angloamerika 48
  - Die Landnutzungszonen Kanadas ... 51
  - Die Landnutzungszonen der USA .. 52
  - Die großen Industrien der USA und ihre Verteilung 57
  - Die Bedeutung der angloamerikanischen Staaten für die Welt 60
- Europa westlich der Sowjetunion 65
  - Die Differenzierung der Wirtschaft in der europäischen Ländergruppe . 67
  - Die Landwirtschaft 69
  - Die Bodenschätze 71
  - Die Industrie 72
  - Der Außenhandel 74
  - Die europäischen Gemeinschaften . 75
  - Die Staaten an der Westgrenze der Sowjetunion 78
- Die Sowjetunion 81
  - Landschaftsgürtel und Anbauzonen . 81
  - Entwicklungsstufen Osteuropas 84
  - Die sowjetische Landwirtschaft 85
  - Planung der sowjetischen Staatswirtschaft 86
  - Die sowjetische Industrie 90
  - Ausbau der Wasserwege 95
  - Neue Städte in der Sowjetunion ... 97
  - Die staatliche Gliederung 98
  - Der Außenhandel der Sowjetunion . 98
  - Die Sowjetunion als Weltmacht ... 99
- Japan – ein Industrieland Asiens 101

Länder am Anfang der Industrialisierung
- Länder in Afrika 106
  - Ägypten 106
  - Ghana 112
  - Tansania, Kenia, Uganda 116
- Länder in Iberoamerika 120
  - Mexiko 120
  - Peru 125
  - Brasilien 129
- Länder in Asien 138
  - Vorderindien 138
  - Die Volksrepublik China 148
- Allgemeine Probleme der Entwicklungsländer 156
- Die Entwicklungshilfe 160

Deutschland
- Die Entwicklung von Siedlung, Wirtschaft und Sozialstruktur 161
- Die Berufsgliederung 165
- Der Altersaufbau und das Zahlenverhältnis Arbeitende zu den Rentnern 169
- Die gewerbliche Wirtschaft 171
- Die Landwirtschaft 186
- Deutschland als Handelspartner der Welt 201
- Probleme der Wiedervereinigung 205
- Die deutschen Städte 207
- Die Neuordnung der Gemeinden als Zukunftsaufgabe 215
- Kreise, Regierungsbezirke und Länder 219
- Namens- und Sachregister 224

Thematisches Verzeichnis: K = Karte, D = Diagramm, T = Tabelle, Z = Zeichnung
Allgemeine Geographie: Lufthülle Z Vorsatz III – Sonnenhöhen Z 5 – Druckverteilung Z 6 – Luftbewegung in einem Hoch und in einem Tief Z 8 – Planetarische Winde Z 9 – Passate Z 10 – Monsune über Vorderindien K 11 – Zyklone Z 14, Z 15 – Niederschläge in Jahreszeiten K Vorsatz I und II, in Afrika K 16 – Boden des Regenwaldes Z 16, der Wüste Z 25 – Wachstumsjahreszeiten D 21 – Temperaturen der Wüsten T 26, Subtropen T 34, gemäßigte Breiten D 40 – Waldgebiete K 45 – Landschaftsgürtel, Niederschläge der SU K 82 – Niederschläge Ostafrikas K 117
Bevölkerung, Lebenshaltung, Politik: Großräume T 44 – Amerika D 46, T 47 – Einwanderung, Besiedlung USA D 48, K 49 – Lebensstandard (Europa) T 68 – Berufsgliederung D 72 – Verträge T 76 – Polen K 78 – Einwohner D 85 – Arbeiter D 91 – Kraftfahrzeuge T 94 – Städte T 97 – Sowjetrepubliken T 98 – Bündnisse K 100 – Japan D 101, D 103 – Erwerbstätige K 105 – Ägypten T 106, D 107 – Ostafrika T 119 – Mexiko K 120, D 120, D 123, T 123 – Indien T 138, T 140, T 141, D 145, T 146 – China T 148, D 149, T 154 – Einkommen K 157 – Industrieland – Entwicklungsland Z 158, T 158, D 160 – BRD: Erwerbstätige T 166, T 167, T 171, K 173 – Bevölkerung Z 169, T 169, T 170 – Berufsgliederung T 206 – Städte T 219 – Regierungsbezirke T 220
Bevölkerung, Lebenshaltung, Politik: Großräume T 44 – Amerika D 46, T 47 – USA: Einwanderung D 48, Besiedlung K 49, Haushalt D 62 – Lebensstandard (Europa) T 68 – Berufsgliederung D 72 – Verträge T 76 – Polen K 78 – Kraftfahrzeuge T 94 – Städte SU T 97 – Sowjetrepubliken T 98 – Bündnisse K 100 – Japan D 103 – Ägypten T 106, D 107 – Ostafrika T 119 – Mexiko K 120, D 120, D 123 – Indien T 138, T 140, T 141 – China T 148, D 149, T 154 – Einkommen K 157 – Industrieland – Entwicklungsland Z 158, T 158, D 160 – Altersaufbau BRD D 169
Wirtschaft: Allgemein: Nahrungspflanzen Afrika T 22 – Landschaftsgürtel T 43 – Erträge (USA, Kanada) K 58 – Bedarfsdeckung T 101, Beschäftigte Japans D 101 – Seefischfang T 102 – Erwerbstätige K 105 – Suezkanal T 111 – Gliederung Ghanas T 112 – Preisveränderungen D 115 – Energieverbrauch T 122 – Mexiko T 123, T 124 – Brasilien T 129, K 130, T 133, T 137 – Bewässerungsprojekte T 144, Fünfjahrespläne Indiens T 146 – Verbrauch an Nahrungsmittel D 145 – BRD: Sozialwirtschaftliche Entwicklung D 165 – Wirtschaftsbereiche D 185 – Gemeindetypen K 187 – Güterverkehr K 204 – Steueraufkommen D 213 – Industrie, Bodenschätze: Erdölländer T 27 – Kohle, Eisenerz K 71 – Steinkohle D 93 – Stahlerzeugung D 96 – SU K 97 – Brasilien T 137 – Indien T 144 – China T 154 – BRD: Beschäftigte K 173 – Landwirtschaft: Landnutzung T 52 – Mais, Sojabohnen D 52 – Butter D 53 – Getreideernten (Europa) K 69, T 69 – Versorgung BRD D 70 – Nutzpflanzen T 79 – SU: Anbaufläche K 83, Produktion D 85, T 88, T 89 – Bodennutzung Japan T 102 – Ägypten: Nilstaudämme, Besitzverhältnisse T 108, Erträge T 109 – Ghana und Ostafrika: Viehbestände T 117, Ernten T 118 – Getreideernten Welt D 127, T 134, T 150, Südamerika D 137, Vorderindien T 142 – Indien: Viehbestände T 143, 152, Besitzverhältnisse T 143, Bodennutzung D 145 – Mechanisierung T 159 – BRD: Lobenrot K 163 – Flurbereinigung K 187 – Betriebsgrößen D 192 – Arbeitskräftebesatz D 193
Bildungswesen, Gesundheitswesen: SU, USA T 91 – Ghana D 114 – Afrika T 115 – Mexiko T 122 – Säuglingssterblichkeit, Analphabeten K 156
Außenhandel, Entwicklungshilfe: Ausfuhr Regenwald T 20 – Außenhandel T 60 – Handelspartner Kanada D 60 – USA D 61 – Auslandshilfe USA D 62 – Zitrusfrüchte, Wein T 70 – BRD, Frankreich, Schweden D 74 – EWG/EFTA T 77 – Ostblockstaaten D 79 – Einfuhr aus Entwicklungsländern T 80 – SU T 99 – Japan T 102 – Ägypten D 110 und T 110 – Entwicklungsländer D 112 – Peru T 128 – Brasilien T 137 – Indien T 147 – Außenhandel der BRD T 203, T 205
Landschaftsquerschnitte: Amerika W–O (San Francisco – New York) 46/47 – Europa SW–NO (Cadiz – Stockholm) 66/67 – Eurasien W–O (London – Amurmündung) 82/83 – Sowjetrußland N–S (Archangelsk – Samarkand) 84/85 – Peru W–O 125 – Brasilien NO–SW (Bahia Blanca – Belém) 130/131 – Indien W–O (Industiefland – Irawadi 138/139 – Indien N–S (Schahjahanpur – Triwandrum) 140/141 – China W–O (Tarim-Becken – Schanghai) 148/149 – Bremen 210/211

Das Klima

Da alle klimatischen Erscheinungen physikalischen Gesetzen unterliegen, sollen am Anfang dieses Bandes die wichtigsten klimatologischen Begriffe aus ihnen abgeleitet werden.

Die Temperaturverteilung auf der Erde

Die Sonnenhöhe und der Weg der Sonnenstrahlen. *Eine Ursache* für die geringe Erwärmung der Erdoberfläche in hohen Breiten ist die niedrige Sonnenhöhe. Denn je steiler die Sonnenstrahlen einfallen, desto mehr Wärme wird auf den betreffenden Teil der Erde eingestrahlt. Eine *zweite Ursache* liegt in der Eigenschaft der Luft, einen Teil der Sonnenenergie zu absorbieren, und zwar um so mehr, je länger der Weg der Strahlen ist. In niederen Breiten, also in Äquatornähe, erreichen etwa 75% der Sonnenstrahlen die Erdoberfläche, in 50° Breite im Mittel 35% und an den Polen nur noch 20%. Ein Teil dieses Wärmeausfalles in höheren Breiten wird in dem jeweiligen Sommer dadurch ausgeglichen, daß die Tage polwärts länger werden. Das ist für viele Pflanzen wichtig, die bei längerer Tagesdauer mehr *assimilieren* und darum trotz der geringen Einstrahlung je Stunde genügend Nährstoffe sammeln können, um ihre Früchte reifen zu lassen.

Das Abweichen der Isothermen von den Breitenkreisen. Die Sonne strahlt auf alle Orte der Erde, die auf dem gleichen Breitenkreis liegen, die gleiche Energie ein. Diese trifft auf Kontinente und Meere, auf Berge, Täler und Ebenen. Da die *spezifische Wärme* an den verschiedenen Stellen der Erdoberfläche unterschiedlich ist, *verlaufen die Isothermen nicht parallel zu den Breitenkreisen.* Von besonderer Bedeutung ist hierbei die Verteilung von Land und Meer.
Auch die *Winde* bewirken, daß die Isothermen nicht mit den Breitenkreisen zusammenfallen. Sie transportieren Luftmassen, die ihre physikalischen Eigenschaften zum Beispiel über einem Meere oder über einem Hochgebirge erhalten haben, innerhalb weniger Tage über völlig andersartige Räume und verändern in diesen die Temperatur und die Luftfeuchtigkeit. Jeder von uns weiß, daß es im Winter sofort wärmer wird, wenn nach Tagen mit Ostwinden der Wind umschlägt und

Die Sonnenhöhe wird durch den Winkel bestimmt, dessen Schenkel der Strahl Beobachter–Sonne und die senkrechte Projektion dieses Strahls auf die Horizontalebene sind. – *Aufgaben:* 1. Wie hoch steht die Sonne mittags am Äquator am 21. 6.? – 2. Berechnen Sie die Mittagshöhe (h) der Sonne am 21. 6. für $\varphi = 50°$ Breite; $h = 90 - \varphi + 23°$. Vergleichen Sie mit den Aufgaben zu 1. – 3. Vergleichen Sie die Mittagshöhe am südlichen Wendekreis und in 60° nördlicher Breite am 21. 6. – 4. Bestimmen Sie nach DI 166 und L 167 die Tageslängen am 21. 6. in den angegebenen geographischen Breiten! Von der Sonnenhöhe ist die „Dichte" der Einstrahlung abhängig.

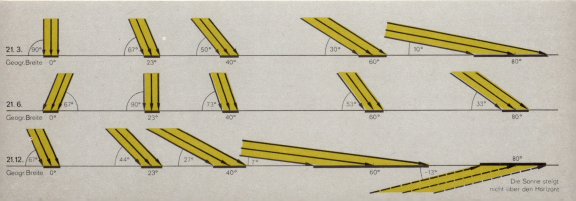

aus Westen weht. In extremen Fällen, wie z. B. an den Nordwestküsten Nordamerikas und Nordeuropas, verlaufen die Isothermen im Winter sogar von Norden nach Süden. DI: 74, 89, 126, 134, 152 – D II: 39, 53, 73 – L: 89, 151/52 – UW: 70, 71 – H: 34)

Die Isothermenkarte, wahre und reduzierte Isothermen. Im allgemeinen nimmt die Temperatur mit der Höhe um rund $\frac{1}{2}°$ auf je 100 m Anstieg ab. Diese Abhängigkeit von der Meereshöhe ist so groß, daß sie die anderen Einflüsse überdecken kann. Würde man die wahren mittleren Temperaturen in eine Karte eintragen und Orte gleicher Temperatur durch *Isothermen* verbinden, so glichen diese Linien in Gebirgsländern ungefähr den Höhenlinien. Die Isothermenkarte soll zeigen, in welchem Maße das Klima eines Landes oder Erdteiles von seiner Lage zum Ozean oder zu Kontinentalmassen und von den vorherrschenden planetarischen Winden abhängt, jedoch nicht, wie sich die Höhenlage auswirkt. Deshalb schaltet man die Folgen der Höhe rechnerisch aus und „reduziert" alle Temperaturen auf den Meeresspiegel. Die wahre mittlere Temperatur eines Ortes erhält man aus einer solchen Karte, indem man von der Temperatur in Meereshöhe für je 100 m Anstieg $\frac{1}{2}°$ abzieht.

Luftfeuchtigkeit und Niederschläge

Wenn *Luft absinkt*, sei es hinter einem Gebirge oder innerhalb eines Hochdruckwirbels, erwärmt sie sich. Mit wachsender Temperatur steigt die *Sättigungsmenge*, das heißt die Menge Wasserdampf, die von der Luft aufgenommen werden kann, ohne daß es zu Kondensationsvorgängen kommt. Die Sättigungsmenge der Luft beträgt bei 40° C 51 g/m³, bei 10° C dagegen nur 9,4 g/m³. Der *Feuchtigkeitsgehalt* der Luft, die sich beim Absteigen erwärmt, bleibt immer mehr hinter der Sättigungsmenge zurück, die Luft wird relativ trockener.

Erwärmt sich gesättigte Luft von 10 auf 30° C, so beträgt die absolute Feuchtigkeit von 9,4 g/m³ bei 10° C nur noch knapp ein Drittel der Sättigungsmenge bei 30° C (30,5 g/m³), die relative Feuchtigkeit dann also nur ein Drittel der absoluten Feuchtigkeit, also nur 30 %.

Zwischen der *relativen* und der *absoluten Feuchtigkeit* besteht folgende Beziehung: R : 100 = A : S, wobei R die relative Feuchte in %, A die absolute Feuchte in g/m³ und S die Sättigungsmenge bedeuten. Daraus folgt: R = A · 100 : S. Die relative Feuchtigkeit wird stets in Prozenten der Sättigungsmenge, die absolute in g/m³ angegeben.

Umgekehrt verhält sich *aufsteigende Luft*. Sie dehnt sich aus, weil sie in Bereiche geringeren Luftdrucks kommt. Dabei kühlt sie sich entsprechend dem *Energiegesetz* ab, ihre Sättigungsmenge sinkt, die relative Feuchtigkeit steigt. Sind 100 % erreicht, kommt es zur Kondensation des Wasserdampfes. Es bilden sich Nebeltröpfchen und Regen.

Die bei der *Kondensation* frei werdende Wärme wirkt der Abkühlung entgegen. Aufsteigende Luft kühlt sich also bei einem Anstieg von 100 m um etwa einen halben Grad ab, absteigende Luft dagegen erwärmt sich um etwa 1° je 100 m. Darum ist es an den Leeseiten der Gebirge nicht nur trockener, sondern auch wärmer als an den Luvseiten.

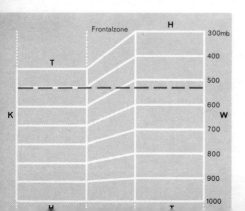

Vertikale Druckverteilung in der Troposphäre
Die horizontalen Linien sind Flächen gleichen Luftdrucks über Kaltluft (K) und Warmluft (W). Im Übergangsgebiet, der Frontalzone, nach oben zunehmendes Druckgefälle (Vergl. S. 13). (nach Flohn).
Nach einem physikalischen Gesetz nimmt der Luftdruck in der Atmosphäre nach oben in einer dichten, kalten Atmosphäre rascher ab als in weniger dichter, warmer Luft. Daraus ergibt sich das aerologische Grundgesetz:
In der Höhe herrscht – gleicher Druck am Boden vorausgesetzt –
über Kaltluft tiefer, über Warmluft hoher Druck (Bei der Zeichnung ist von der Annahme ausgegangen, daß in einer gewissen Höhe in dem kalten und in dem warmen Sektor der gleiche Luftdruck von 1000 mb herrschen

Der Luftdruck und die Winde

Thermische Tiefs und Hochs. Aus der ungleichmäßigen Erwärmung der Erdoberfläche folgt, daß auch die über ihr liegenden Luftschichten verschiedene Temperaturen annehmen.

Über Teilen der Erde, die durch starke Sonneneinstrahlung erhitzt werden, dehnt sich die Luft aus und weicht nach oben aus. Daraus entsteht eine aufwärts gerichtete Luftströmung: *Der Luftdruck am Boden sinkt, während er in der Höhe steigt.* Es entsteht *am Boden ein thermisches Tief, eine Zyklone.* Über kalten Räumen – etwa in polaren Breiten – zieht sich die Luft zusammen, wird *spezifisch schwerer*, sinkt ab, und der *Luftdruck am Boden steigt*, während er in der *freien Atmosphäre* darüber *niedriger* wird. *Am Boden entwickelt sich ein thermisches Hoch, eine Antizyklone.*

Dynamische Tiefs und Hochs. Zyklonen und Antizyklonen bilden sich aber noch auf andere Weise. Wenn z. B. *polare Kaltluft* und *subtropische Warmluft* über dem Atlantik *aneinander vorbeigleiten*, dann entstehen *Luftwirbel*, in denen der *Druck* ebenfalls *sinkt*. Hier ist also die Bewegung die Ursache der Zyklonen und der niedrige Druck die Folge der Wirbelbewegung, während es bei den thermischen Tiefs gerade umgekehrt ist. Das *Hochdruckgebiet der Roßbreiten* entsteht nicht, weil sich die Luftmassen abkühlen, sondern weil die rechts ausscherenden Hochdruckwirbel von Nordwesten her auf der nördlichen, von Südwesten her auf der südlichen Halbkugel dieses Hoch ständig auffüllen.

Da demnach über einem Wärmetief am Erdboden in einigen tausend Metern Höhe ein Hoch, über einem Kältehoch am Boden in der Höhe ein Tief liegt, müssen in der freien Atmosphäre andere Winde wehen als in den unteren Luftschichten. *Beispiel:* Würden auf der Nordhalbkugel aus dem Roßbreitenhoch Nordostwinde herauswehen, streichen um das in der Höhe lagernde Tief entsprechend den Windgesetzen nahezu entgegengesetzte Winde. Aus den Messungen der letzten Jahre im Interesse der Flugsicherheit wissen wir, daß die *Windströmungen in der Höhe* sehr viel großräumiger und gewaltiger sind als am Boden. Die Luftströmungen der freien Atmosphäre wirken stark auf die bodennahen ein.

Winde sind also die beim *Ausgleich der Druckunterschiede* entstehenden Luftströmungen. *Dabei fließt die Luft vom Hoch zum Tief hin ab.* Die Verteilung des Luftdruckes über der Erde ist die wichtigste Voraussetzung für die Kenntnis der *allgemeinen Zirkulation in der Atmosphäre.*

Die Isobarenkarte. Da der Luftdruck in der Regel mit der Höhe abnimmt, würden wir zu falschen Schlüssen kommen, wenn die Karten die wahren Werte des Luftdruckes verzeichneten, wie das folgende Beispiel zeigt: Auf der Zugspitze (3 000 m) herrscht immer ein geringerer Luftdruck als etwa in München (500 m). Es wäre falsch, nun auf eine ständige Luftströmung von München nach Süden hin zu schließen. Unser Beispiel zeigt, daß man nicht ohne weiteres die Luftdruckwerte verschiedener Orte zueinander in Beziehung setzen kann. Wir müßten den Luftdruck in 3 000 m Höhe sowohl über der Zugspitze als auch über München feststellen oder den auf der Zugspitze gemessenen Druck auf die Höhe von München (500 m) umrechnen. In den meisten Atlanten und Wetterkarten sind die Luftdruckangaben auf den Meeresspiegel umgerechnet; man nennt dieses Umrechnen wie bei den Isothermenkarten „reduzieren auf den Meeresspiegel".

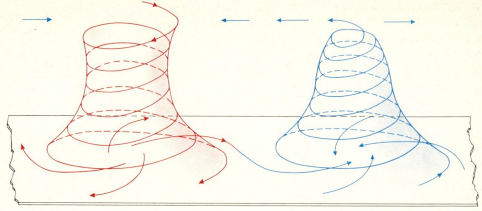

Absteigende Luftbewegung in einem Wirbel (in einem Hoch). Aufsteigende Luftbewegung in einem Wirbel (in einem Tief).

Die Ablenkung der Winde durch die Erdrotation. Wenn die Erde sich nicht um ihre Achse drehte, würden die Luftmassen *radial aus einem Hoch heraus in ein Tief hinein wehen,* und die *Luftdruckunterschiede würden sehr schnell ausgeglichen.*

Da aber auf jeden Massenpunkt gleichzeitig die Erdrotation einwirkt, kommt eine Rakete z.B., die etwa von Duala (Kamerun) genau nach Norden abgeschossen wird, keinesfalls in Oslo, sondern viel weiter östlich an. Denn durch die Erddrehung erhält sie am Äquator eine *ostwärts* gerichtete Geschwindigkeitskomponente von 40 000 km/24 h. Oslo hat aber nur die östliche Komponente von 20 000 km/24 h, denn die Rotationsgeschwindigkeit der Erde nimmt mit wachsender geographischer Breite ab. Braucht die Rakete für ihren Flug 12 Stunden, so käme sie 10 000 km östlich von Oslo an: Sie wird also *nach rechts abgelenkt* werden. Bei umgekehrter Schußrichtung von Oslo nach Duala würde sie gegenüber der Bewegung von Duala zurückbleiben und weit westwärts im Atlantik niedergehen.

Die *Ablenkung der Winde durch die Erdrotation* läßt sich mathematisch berechnen, und diese Berechnungen führen zu folgenden *Gesetzmäßigkeiten:*
1. Infolge der Erdrotation wird auf der *Nordhalbkugel jeder Wind nach rechts* abgelenkt, auf der *Südhalbkugel nach links.* Auf der Nordhalbkugel wird deshalb ein polwärts wehender Wind zu einem *Südwest- oder Westwind,* jeder zum Äquator gerichteter zu einem *Nordost- bzw. Ostwind,* jeder *West-* zu einem *Nordwest-Wind,* jeder *Ost-* zu einem *Südost-Wind.*
2. In der Umgebung eines Hochs umkreisen die Winde auf der Nordhalbkugel das „Hoch" im Uhrzeigersinn. Dabei wehen sie in der freien Atmosphäre parallel zu den Isobaren; in Bodennähe schneiden sie die Isobaren spitzwinklig, strömen also schräg aus dem Hoch heraus. In das „Tief" hinein fließen die Winde in Bodennähe spitzwinklig und entgegen dem Uhrzeigersinn; in der freien Atmosphäre wehen sie auch hier praktisch parallel zu den Isobaren.
3. Auf der Südhalbkugel gelten die gleichen Gesetze: Folglich wehen hier die Winde aus einem Hoch entgegen der Uhrzeigerdrehung in ein Tief im Uhrzeigersinn hinein.

Die planetarischen Winde

Die *Windgesetze* geben uns eine Einsicht in die *Ordnung der Luftströmungen*. Dabei sind für unser *Wetter* und *Klima* die großen Strömungen in den erdfernen Luftschichten entscheidend.

Die Roßbreiten. In großen Höhen umkreisen überall *Westwinde* die Erde; diese reichen aber nur in den mittleren Breiten bis auf die Erdoberfläche hinab. Unter diese Westwinde schieben sich, wie die Atlaskarten deutlich zeigen, in polaren und in äquatorialen Breiten *Ostwinde*. Die Karten lassen ferner erkennen, daß sich auf beiden Halbkugeln beiderseits der Wendekreise Hochdruckgürtel rings um die Erde ziehen, die über den Ozeanen klar ausgeprägt sind. Über den Kontinenten fehlen sie im Sommer vollständig, und im Winter treten sie nur in Nordamerika und in Ostasien auf, abgesehen von einem schwächeren Hoch in Nordafrika. Im Nordsommer wandern sie um einige Grade weiter nach Norden, im Nordwinter verschieben sie sich weiter nach Süden hin. Nur Asien macht hier eine Ausnahme (vgl. S. 7). Aus der Vorsatzkarte dieses Bandes ist zu ersehen, daß diese *Hochdruckgürtel, die Roßbreiten* genannt werden, ausgesprochen trocken sind, und daß daher das Land unter ihnen Wüste ist (vgl. S. 10). In den Wüsten regnet es sehr selten, oft erst nach Jahren, wenn ausnahmsweise andere Witterungseinflüsse in diesen Gürtel eindringen.

Diese Hochdruckgürtel der Roßbreiten erweisen sich als ordnendes Element für die Windsysteme der Erde (vgl. S. 10, 11). Entsprechend den Windregeln wehen aus ihnen auf beiden Halbkugeln *polwärts Westwinde* heraus, die in Erdnähe auf der nördlichen Halbkugel zu *Südwest-*, auf der südlichen zu *Nordwestwinden* werden. Nach den gleichen Regeln strömen äquatorwärts in der freien Atmosphäre Ostwinde, auf der Nordhalbkugel in den bodennahen Schichten Nordost- und auf der Südhalbkugel Südostwinde. Dieses System der Ostwinde wird als Urpassat bezeichnet, die in Bodennähe wehenden Winde als *Nordost-* und *Südostpassat*.

Der Hochdruckgürtel der Roßbreiten trennt also die in höheren Breiten wehenden Westwinde von den in niederen Breiten vorherrschenden Ostwinden. Diese großräumigen um die Erde kreisenden Winde bezeichnen wir als *planetarische Winde*; ihre Richtungen ergeben sich aus den *Windgesetzen* (vgl. S. 7, 8). Die Karte auf den ersten Seiten des Bandes zeigt, daß im Gürtel der Ostwinde die Ostseiten der Kontinente mehr Niederschläge erhalten und im Bereich der Westwinde die Westseiten.

Die planetarischen Winde des Tropengürtels. Im Bereich der äquatorialen Ostwinde liegen die *Tropen*, zu denen wir auch die Roßbreiten als die Wurzelzonen des Passates zählen. Polwärts schließen sich die außertropischen Räume an.

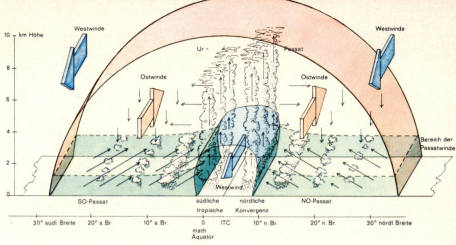

Die Passate wehen das ganze Jahr über aus dem Roßbreitengürtel heraus und in den sehr heißen Raum am Äquator hinein, dabei erwärmen sie sich, ihre Sättigungsmenge steigt und ihre relative Feuchte sinkt. Daher sind sie ihrer Natur nach trocken, besonders, wenn sie aus den in diesen Breiten weit ausgedehnten Wüsten stammen. Die von den Meeren her wehenden Passate nehmen dagegen auf ihrem Weg über den Ozean viel Wasserdampf auf. Zu Niederschlägen aber kommt es auch bei ihnen nur dort, wo sie durch Gebirge, wie etwa in Madagaskar, aufzusteigen gezwungen werden. In den letzten Jahren haben Messungen ergeben, daß diese regelmäßigen Ostwinde über dem Äquator nur 10 km in den Luftraum hinaufreichen und darüber wieder *Westwinde* wehen. Diese reichen nach Norden und nach Süden immer tiefer herab und gelangen an den polaren Seiten der Roßbreiten bis an den Boden. Die Ostwinde sind also in das *Westwindsystem* eingebettet (vgl. Diagramm oben).

Die innertropische Konvergenzzone (ITC). Die *Passate* strömen in der *innertropischen Konvergenzzone* zusammen, also dort, wo die Erwärmung der Luft durch die Sonneneinstrahlung sehr groß ist. Das Aufeinandertreffen der Nordost- und der Südostpassate führt zur Bildung von Wirbeln, von *Zyklonen*, in denen die Luft aufsteigen muß. Diese Wirkung wird noch verstärkt durch die starke Erhitzung der Luft am Äquator. Die aufsteigende Luft kühlt sich ab, ihr Feuchtigkeitsgehalt erreicht bald den *Sättigungspunkt*, und es kommt zu gewaltigen *Niederschlägen*. Die Kondensation gibt Wärme frei, und die aufsteigende Luft erhält dadurch zusätzliche Energien, so daß die Luftmassen in großer Geschwindigkeit nach oben gerissen werden. Dabei kommt es regelmäßig zu gewaltigen *elektrischen Entladungen*, die weitere Regenfälle verursachen. Die innertropische Konvergenzzone ist die *Zone höchster Erwärmung bei niedrigem Druck*. Die hier fallenden Regen folgen meist dem Zenitstand der Sonne.

Der äquatoriale Westwind. In der innertropischen Konvergenzzone weht in Bodennähe ein nicht sehr ausgeprägter Westwind, der im Durchschnitt nur 2–3 km in den Luftraum hinaufreicht. In dieser Zone sind Windstillen häufig, deswegen wird sie auch als *äquatoriale Kalmen- oder Mallungszone* bezeichnet. Die Wirkung dieses Westwinds wird aber in einer *Meeresströmung* deutlich sichtbar: Während die Passate kräftige nach Westen gerichtete Meeresströmungen verursachen, fließt ein schwächerer äquatorialer Gegenstrom beiderseits des Äquators von West nach Ost.

Die Wanderung des tropischen Systems. Steht die Sonne mittags über dem Äquator senkrecht, dann dehnt sich der *Passatgürtel* nahezu gleichmäßig beiderseits des Gleichers aus. Verlagern sich aber die mittäglichen senkrechten Höchststände der Sonne zu den *Wendekreisen* hin, dann wandert das gesamte tropische Windsystem (Hochdruckgürtel der Roßbreiten, Passate und ITC) nord- oder südwärts. Die ITC verschiebt sich dabei polwärts bis etwa 18° Nord und 15° Süd. Jedoch verzögert sich die Verlagerung der tropischen Windgürtel gegenüber der Wanderung des Sonnenhöchststandes um etwa 6 Wochen, und das Passatsystem verschiebt sich nur um etwa 10°. Die dem Sonnenhöchststand folgenden tropischen Regen erreichen deshalb nie die Wendekreise, an denen die Sonne an den Sonnenwendtagen mittags senkrecht steht, sondern in Afrika die oben genannten Breitenkreise (vgl. Vorsatzkarte).
Das Diagramm auf S. 21 gibt an, wann in den verschiedenen Breiten die Regenzeit beginnt und wie lange sie dauert. In 15° Nord währt sie 2, die Trockenzeit dagegen 10 Monate.

Der Monsun ist ein *Glied der innertropischen Konvergenzzone*. Die Luftdruckkarten (DI 153 I und II) zeigen, daß sich im Nordwinter der Kern des Hochdruckgürtels der Nordhalbkugel über Asien weit nördlich des Wendekreises befindet und daß Vorder- und Hinterindien gerade noch in seinen Randbezirken liegen. Die aus diesem *Hochdruckgürtel nach Süden zur ITC* ausströmende Luft wird entsprechend den *Windgesetzen* zu einem Nordostwind. Der *Wintermonsun* Indiens ist also der *Nordostpassat*. Er kommt aus Hochasien und wird, obwohl er sich beim Herabsteigen erwärmt, von der indischen Bevölkerung als angenehm kühl empfunden. Er ist als Fallwind trocken und bringt nur den Ostküsten Südvorderindiens und Ceylons Regen.
Ganz andere Luftdruckverhältnisse herrschen in diesem Bereich im Nordsommer. In dieser Jahreszeit verschwindet das Hoch über Asien vollständig. Dagegen rückt über dem östlichen Vorderasien von Iran bis Pakistan die ITC weit nach Norden bis an den 30. Breitenkreis, also bis an den Rand von Hochasien vor.
Der von Süden der ITC zuströmende Wind stammt von der Südhalbkugel und ist der dort wehende *Südostpassat*. Auf seinem Wege über den Äquator wird er zu

Beschreiben Sie nach dem Diagramm den Weg des Sommermonsuns über Indien! Vergleichen Sie ihn mit dem des Passates über Nordafrika und begründen Sie den Unterschied beider Windströmungen! Was bedeutet der Südwestmonsun für die Pflanzenwelt der Westghats, des östlichen Himalayas, Hindostans, was für die im Dekkan, im Indusland, in der Tharr? — Bezeichnend für das indische Monsunklima ist die Beschränkung der sehr hohen Niederschläge auf 2–3 Sommermonate. Die Nordgrenze des Sommermonsuns erreicht in Vorderindien den 30. Breitengrad, in Hinterindien den Wendekreis. Begründen Sie diese verschiedenen Grenzlagen!

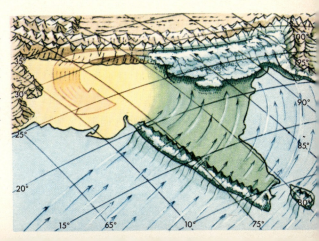

einem Südwestwind abgelenkt, dem *Sommermonsun*. Wenn seine Luftmassen über den Indischen Ozean gleiten, beladen sie sich bis nahe an den Sättigungspunkt mit Feuchtigkeit und überschütten dann die Hänge der Westghats mit gewaltigen Regenmengen. Jenseits der Ghats, wo der Monsun über dem allmählich abfallenden Hochland von Dekkan wieder absteigt, nimmt die Niederschlagsmenge erheblich ab, aber vor dem östlichen Himalaya kommt es erneut zu ungeheuren Regengüssen, die im Khasigebirge die größten Höhen erreichen, die auf der Erde regelmäßig gemessen worden sind.

„Die Niederschlagsverhältnisse von Tscherrapundschi, das nicht etwa am Fuße des Himalaya, sondern auf einem 1 200 m hoch gelegenen Plateau des Khasigebirges liegt, sind auf der Erde einmalig. Im Jahre 1899 sind dort nicht weniger als 16 300 mm Regen gemessen worden, und im Jahre 1861 soll es allein der Monat Juli auf mehr als 9 000 mm gebracht haben: das sind 9 000 Liter Wasser auf einen Quadratmeter." (Nach Scherhag, Klimatologie S. 66 u. 67.)

An den Vorbergen des Khasigebirges und an den Hängen des Himalayas brandet der Monsun empor, wird gezwungen auszuweichen und biegt in einem großen Wirbel nach Westen und Südwesten aus. Auf seinem weiteren Wege sinkt er innerhalb des Wirbels allmählich ab, und das Klima über dem Industal und der Tharr wird ausgesprochen wüstenähnlich. Die Trockenheit dieser Gebiete hängt also vom Monsun und nicht von der Lage im *planetarischen Hochdruckgürtel* ab.

Der Sommermonsun ist am Himalaya bis etwa 6 000 m Meereshöhe nachgewiesen. Über ihm wehen Nordostwinde, die dem Nordostpassat entsprechen. An den Grenzflächen zwischen beiden Luftströmungen bilden sich dauernd neue Luftwirbel, die die Regenfälle in der ITC verstärken. Diese großen Niederschläge vor dem Ostteil des Himalayas und an seinen unteren Hängen lassen undurchdringliche Regenwälder wachsen, die den Zugang zum Gebirge sehr erschweren. Leichter kommt man im Westteil an seine Mauern heran, wo mit zunehmender Trockenheit der Urwald verschwindet.

Die Monsune, der Südwestmonsun im Sommer und der Nordostmonsun im Winter, wehen in Indien demnach aus entgegengesetzten Richtungen. So erklärt sich auch der Name des Windes, der vom arabischen *mausin (Jahreszeit)* abgeleitet ist. Die *Monsunländer* haben mit den anderen wechselfeuchten Tropengebieten den Rhythmus von *Regen- und Trockenzeiten* gemein. Doch setzt der Windwechsel in Indien nicht so regelmäßig und pünktlich ein wie der Zenitalregen in vielen Savannenländern. Daher muß jede Planung in der Landwirtschaft Indiens mit diesem Unsicherheitsfaktor rechnen. Jede Verzögerung des Monsuneintritts kann eine Dürreperiode hervorrufen, die im übervölkerten Indien leicht zu einer Hungersnot führt. Tropische Monsune bestimmen außer in Vorder- auch in Hinterindien, auf den Philippinen und in Nordostaustralien den Ablauf der Witterung. Monsunartige Erscheinungen zeigen die Klimate über China, dem Golf von Guinea bis zum Sudan in Afrika und in Nordamerika über der atlantischen Südostküste (Washington) (vgl. S. 37).

Die außertropischen planetarischen Winde

Die Winde der subtropischen Winterregengebiete. Entsprechend der scheinbaren Pendelbewegung der Sonne im Laufe eines Jahres zwischen den Wendekreisen verschiebt sich (vgl. S. 10, 11) das tropische planetarische Windsystem im jeweiligen Sommer polwärts, im jeweiligen Winter äquatorwärts. In Europa z. B. rückt im Sommer die trockene Luft des Roßbreitenhochs über dem *Mittelmeerraum* bis etwa 45° Breite vor, und über dem ganzen Gebiet herrscht dann *Saharaklima*. Im Nordwinter dagegen wandert das Saharahoch südwärts. Hinter ihm her dehnt sich der *Westwindgürtel* über dem Mittelmeerraum aus und bringt ihm die charakteristischen Winterregen. Da die Temperaturen hoch sind, ist der Winter für die Pflanzen die Wachstums- und der Sommer dort in der Regel die Ruhezeit. Winterregen und Sommertrockenheit finden sich in gleichen Breiten an allen Westküsten der Kontinente.

Die Winde der subtropischen Sommerregengebiete. In Eurasien bringen die Westwinde ihre immer mehr abnehmende Feuchtigkeit etwa bis zum Jenissei und kommen im *Winter* in Ostasien als *trockene und kalte Landwinde* an. Im Sommer überstreichen auch hier die aus dem pazifischen Hoch herauswehenden *Nordostpassate* den gleichen Raum, werden hier zu Südostwinden abgelenkt und bringen, da sie vom Meere kommen, diesen subtropischen Gebieten *Sommerregen*. Im Luftraum über Ostasien schieben sie sich unter den planetarischen Westwind, der hier bereits in 400–700 m Höhe ständig weht. Dabei kommt es an den Grenzflächen der beiden entgegengesetzt gerichteten Luftströmungen zu *Wirbelbildungen*, die zu kräftigen Niederschlägen führen. Ostasien hat also *Sommerregen und Wintertrockenheit*. Die vordere Vorsatzkarte zeigt, wie weit die tropischen Sommerregen an den Ostseiten der Kontinente nach Norden reichen. Hier überschneiden sich jahreszeitlich tropische und außertropische Niederschläge. Diese Teile der Erde haben sich für die menschliche Wirtschaft als besonders günstig erwiesen.

Die Westwinde der gemäßigten Breiten. Die *ektropische Westwinddrift*, auch *planetarische Frontalzone* genannt, umfaßt die Breiten zwischen 35°–65° Nord und Süd und trennt die *warme Tropen- und Subtropenluft* von der *kalten Polarluft*. In ihr reichen die planetarischen Westwinde bis auf den Boden herab, und an ihren *Grenzflächen* bilden sich ständig neue Hochs und Tiefs. Da der Wind in der freien Atmosphäre – über dem Meer bereits oberhalb 500 m, über dem Land etwa über 1 500 m – annähernd parallel zu den Isobaren weht (vgl. S. 8), gleichen sich die über warmen und kalten Räumen entstandenen Druckunterschiede viel schwerer aus als in den unteren Luftschichten, wo alle Druckdifferenzen verhältnismäßig gering bleiben und die mittleren Windgeschwindigkeiten selten einmal für längere Zeit mehr als 40 m/sec überschreiten (*Tropische Wirbelstürme.*) Mit steigender Höhe über dem Meere werden aber alle Druckunterschiede erheblich größer, weil der Luftdruck in warmer Luft langsamer abnimmt als in kalter, und an der Grenze zur Stratosphäre entstehen deshalb Winde von äußerst stürmischem Charakter. (*Strahlströme* oder *Jet Streams.*) In ihnen sind schon Windgeschwindigkeiten von mehr als 600 km/st festgestellt worden.

Ideale Luftbewegung in der planetarischen Frontalzone vor dem Entstehen einer Zyklone

Die wandernden Zyklonen der mittleren Breiten. Wenn in dem ausgedehnten Streifen von 35–65° Nord von Norden kalte Polarluft und von Süden her subtropische Warmluft aufeinander zuströmen, dann engt sich die *Übergangszone* zwischen ihnen mehr und mehr ein, schrumpft zu einem 10–50 km dicken und Tausende von Kilometer langen Luftkörper zusammen, der nach oben bis zur *Stratosphäre* heraufreicht. Sie wird zu einer *Front*. Eine solche ist außerordentlich beweglich, löst sich an einer Stelle auf und bildet sich an einer anderen neu. Dabei kommt es an ihren Grenzflächen zur Bildung von Wellen und Wirbeln, von Hochs und Tiefs, die ähnlich entstehen, wie sich in einem schnell fließenden Fluß Wasserwirbel zwischen dem Stromstrich und dem stilleren Wasser in Ufernähe oder hinter einem Brückenpfeiler oder an in den Fluß hineingebauten Buhnen bilden (vgl. S. 7).

Ein Tief erreicht häufig einen Durchmesser von mehr als 10 Breitengraden und überdeckt dann eine Fläche von mehreren Hunderttausenden bis zu einigen Millionen Quadratkilometern. Es entsteht an einer Front aus einer Welle. Aus ihr entwickelt sich ein Wirbel, der sich nach einer recht regelmäßigen Umbildung nach etwa 4–5 Tagen wieder auflöst. Dieser Wechsel von Hochs und Tiefs der Westwinddrift bestimmt das Wettergeschehen in unseren Breiten.

Die Entwicklung einer dynamischen Zyklone. Wehen eine polare Windströmung westwärts und eine subtropische ostwärts (a), so bildet sich eine wellenförmige Grenzzone. Aus ihr dringt eine zunächst schwache Ausbuchtung warmer Luft (b), ein warmer Sektor nach Norden vor, während die kalte Luft an seiner Rückseite nach Süden getragen wird. Es entsteht ein Raum niedrigeren Luftdruckes, eine Zyklone. Die warme Grenzschicht, die *Warmfront* (○○○), bildet die Vorderseite der Zyklone, die *Kaltfront* (△△△) befindet sich an ihrer Rückseite (c). An der Warmfront der *Aufgleitfront* gleitet die warme Luft langsam über der kalten auf: es bilden sich Regenwolken, die ausgedehnte *Landregen* bringen können (Schraffur in c, d, e). An der Rückseite der Zyklone, auch *Böenfront* genannt, schiebt sich kalte Luft unter die warme, und stürmisches, böiges Wetter mit *Wogen- und Gewitterwolken* ist die Folge. Da die Kaltfront rascher vorwärtsdringt als die Warmfront, wird der warme Sektor schmaler (d, e) und schließlich nach oben gedrängt, wenn die Kaltfront die Warmfront eingeholt hat (f). Nun ist die Zyklone vom Boden abgehoben, aber die noch vorhandene warme Luft in der Nähe ist an einem ausgedehnten *Wolkenschleier*, der oft Regen bringt, deutlich zu erkennen (g). Allmählich gleicht sich der Luftdruck in dem emporgehobenen Wirbel mit dem der Umgebung aus, und die Zyklone löst sich auf.

Meist entsteht aus einer Welle eine ganze Folge von Wirbeln in verschiedenen *Entwicklungsstadien*: Während die östliche Zyklone schon den Zustand g erreicht hat, besitzen die weiter westlich folgenden erst den von e oder c. Deswegen faßt man die *4 Haupttypen (c, e, f, g)* zu einer „*Zyklonenfamilie*" zusammen.

Der *Querschnitt „Durchgang einer Zyklone"* soll die Vorgänge an der Warm- und der Kaltfront erläutern.

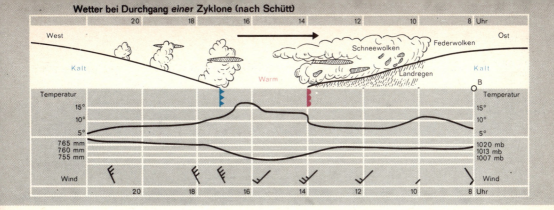

Bereits zwei Tage vor der Ankunft der Zyklone erscheinen am Himmel in großer Höhe *Federwolken (Cirruswolken)* und einen Tag vorher in nicht ganz so großer Höhe *Schäfchenwolken (Altocumulus)*. Die Wirbelbildung reicht also in so große Höhen hinauf, daß wir am Boden nur einen Teil dieses Vorganges messend verfolgen können. Während der Beobachtungsort noch im Bereich kalter Luft liegt, befindet sich über der Station in der Höhe Luft des warmen Sektors, die sich wie über einen Keil auf die davorliegende Kaltluft hinaufgeschoben hat. Die Luft kühlt sich ab, und wenn der Sättigungspunkt erreicht ist, kommt es zur Kondensation und zu Niederschlägen. Lange bevor die Zyklone über die Station hinwegzieht, fällt der *Landregen*. Er hört auf, sobald die Warmfront die Station erreicht hat, es wird wärmer, und der Himmel klart auf. Das warme, sonnige Wetter hält nicht lange an. Von Westen rückt eine dunkle Wolkenbank heran, die nachdrängende Kaltfront. Die schwere, kalte Luft schiebt sich unter die warme und zwingt sie auszuweichen. Sie wird stürmisch emporgerissen, kühlt sich dabei rasch ab, und es kommt zu Platzregen. Da bei der schnellen Kondensation Wärme frei wird, erhält die nach oben gerissene Luft neue Energien: Die Wolken erreichen bald große Höhen, und es bilden sich scharf abgezeichnete Gewittertürme am Himmel. Die *Gewitter* zeugen davon, daß bei diesem stürmischen Aufsteigen neben der Kondensation *elektrische Spannungen* entstehen. Das kann auch noch geschehen, wenn die von der *Böen-* und der *Aufgleitfront* eingeschlossene warme Luft bereits vom Boden abgehoben ist.

Die Zyklonenstraßen. Über dem Atlantik sammeln sich die Zyklonen vorzugsweise südlich von Island, über dem Pazifik am Südrand des kalten Beringmeeres. Auf ihren Wegen nach Osten werden sie von stabilen, ziemlich fest liegenden Hochdruckgebieten gelenkt (D. I, 153, III). Entsprechend den *Windregeln* umfließen die wandernden Zyklonen ein über England liegendes Hoch im Uhrzeigersinn, und Mitteleuropa erhält dann einen Zustrom polarer Luft. Liegt das Hoch aber über Ostdeutschland und Skandinavien, so müssen die Zyklonen weit nach Norden ausweichen und erreichen Mitteldeutschland nicht. Die vordere Vorsatzkarte zeigt durch die punktierte Linie, wie weit Zyklonen äquatorwärts vorkommen. Südamerika, Afrika und Australien liegen im Südsommer fast außerhalb dieses Gürtels.

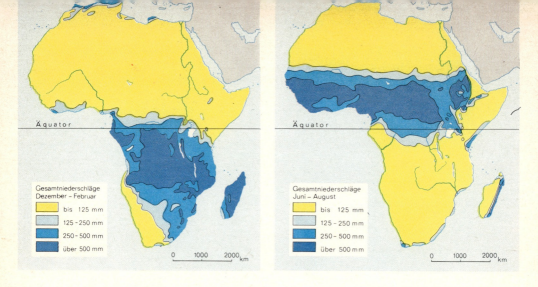

1. Wo regnet es in Afrika ständig und warum? – 2. Weshalb liegen die Regenzeiten nördlich des Äquators zwischen März und September, südlich des Äquators zwischen September und März? – 3. Wie erklären Sie die ständige Trockenheit in der Sahara und in der Namib?

Die Landschaftsgürtel der Erde

Die tropischen Regenwälder

1. Stellen Sie die Lage, die Längen- und die Breitenausdehnung der tropischen Regenwälder fest! – 2. Nennen Sie die Staaten und großen Städte im oder am Gürtel der Regenwälder! Nennen Sie die großen Ströme und bringen Sie sie mit den Zonen größten Niederschlags in Beziehung! Vergleichen Sie unter diesen Gesichtspunkten Amerika, Afrika und Asien! – 3. Berichten Sie nach der obigen Karte und dem Schaubild S. 21 über den Gang der Regenzeit in Afrika!
(DI: 89, 109, 119, 126, 134, 154f., 156f. – D II: 53, 72. – L: 100, 128, 146, 152. – UW: 70. – H: 60f.

Das Klima. Tropische Regenwälder wachsen dort, wo hohe Temperaturen und große Niederschläge über alle Monate verteilt sind. Sie ziehen sich zwischen 5° S und 10° N um die Erde, und ihre geschlossene Zone weicht nur im ostafrikanischen Hochland der Savanne. Täglich geht nahe dem Äquator die Sonne gegen 6 Uhr auf, steht mittags immer hoch am Himmel und verschwindet gegen 18 Uhr sehr schnell unter dem Horizont. Die durchschnittlichen Tagestemperaturen liegen während des ganzen Jahres zwischen 25 und 30° C, und selbst nachts sinkt das Thermometer selten unter 20° C.

Boden des tropischen Regenwaldes

Humides (Feucht)-Klima
Wasserbewegung von der Oberfläche in die Tiefe.
Auswaschung des Oberbodens, geringe Humusbildung, aber dicke Moderschicht

Die Winde und die Niederschläge. Täglich strömen dem Gürtel der tropischen Urwälder die Passate zu. Wenn sie in Äquatornähe in der ITC zusammentreffen, bilden sich Zyklonen, in denen die Luft aufsteigt (vgl. S. 10). Mächtige Wolken quellen empor, und schließlich prasseln gewaltige Regenmassen herab. Sie sind besonders groß, wenn die Sonne im Zenit steht. Meist sind sie von Wärmegewittern begleitet und werden an hohen Bergen durch Steigungsregen verstärkt. Die Niederschläge erreichen im Jahresmittel eine Höhe von mehreren Metern, am

Kamerunberg sogar mehr als 10 m. Daher ist auch die Luftfeuchtigkeit ständig sehr hoch. Es gibt hier demnach keinen Wechsel der Temperaturen in den Jahreszeiten, wohl aber einen solchen von feuchten und sehr feuchten Monaten.

Die Pflanzenwelt. In diesem Klima gedeiht im tropischen Regenwald eine Pflanzenwelt von üppiger Fülle. Mit drei oder auch vier Stockwerken wächst der Wald empor.

Die Baumriesen werden 50–60 m hoch, selten dicker als 1 m. Brett- und Stelzwurzeln stützen in dem morastigen Boden die Stämme, *Luftwurzeln* die Äste. *Lianen* werden mehr als 100 m lang, schwingen sich von Baum zu Baum und bilden am Boden verworrene Knäuel. 1200–1500 verschiedene Baumarten wachsen hier. Am Boden sind die Tropenwälder so dunkel und lichtarm wie Höhlen. — In höheren Lagen tritt an die Stelle des *Niederungswaldes* der *tropische Bergwald* mit zum Teil anderen Arten (Baumfarne), aber ohne Brettwurzelbäume und mit weniger Schlingpflanzen. Über 1500 m Meereshöhe löst ihn der triefendnasse *Nebelwald* ab, dem dann eine *Mattenstufe* folgt.

Der Boden. Die überaus üppige Pflanzenwelt des tropischen Regenwaldes gedeiht auf einem keineswegs fruchtbaren Boden. Der Wald lebt eigentlich nur von seinem eigenen Abfall. Infolge der großen Wärme und Feuchtigkeit verwest das tote Laub schnell. Das in die Erde einsickernde Regenwasser spült die Nährstoffe in die Tiefe und zersetzt durch seinen Gehalt an Humussäure das Gestein zu einem gleichförmigen Verwitterungslehm, der oft durch Eisenoxyd rot gefärbt ist.

Alle Urwaldflüsse sind wasserreich, und ihre Strömung ist darum auch bei schwachem Gefälle beträchtlich. Zur Zeit der größten Regen treten sie über die Ufer, und dann stehen Tausende von Quadratkilometern unter Wasser. Aber auch abseits der Flüsse ist der Wald sehr naß.

Oben: Im tropischen Regenwald (Gabun). *Beachte den Stockwerksbau des Waldes. Begründe die Lage der Siedlung und den Grundriß der Häuser.*
Mitte: Brettwurzeln.
Unten: Stelzwurzeln. *Vergleichen Sie die Brett-, Stelz- und Luftwurzeln miteinander. Warum sind solche Wurzeln für die Urwaldriesen notwendig?*

An den Mündungen der Ströme und den schlammigen Küsten wachsen *Mangroven*. Bei Niedrigwasser scheinen ihre Bäume und Sträucher auf Stelzen zu stehen, bei Hochwasser sind sie bis zur Kronenunterkante vom Wasser bedeckt. Sie machen die Küsten unzugänglich. Wandernde Sandbänke, treibende Pflanzeninseln, Stromschnellen und Wasserfälle erschweren den Verkehr auf den Flüssen oder machen ihn oft unmöglich.

Der Mensch im tropischen Regenwald. Der Urwald setzt sowohl der Besiedlung durch den Menschen als auch dem Verkehr großen Widerstand entgegen. Die eigentlichen Urwaldbewohner, die Pygmäen Afrikas, die Negritos Südostasiens, die Indianerstämme Amazoniens nutzen ihn als Sammler und Jäger, lassen ihn aber fast unverändert und leisten keine Arbeit an ihm.

Das gelingt im afrikanischen und asiatischen Urwald erst den *Hackbauern*, die wohl schon im 16. Jahrhundert aus der Savanne in ihn zurückgedrängt worden waren. Sie brachten ihre Anbaumethoden aus dem Grasland mit und haben mit ihren *Brandrodungsinseln* die ersten Kulturoasen im Urwald geschaffen. Sie bauten einst fast nur für ihren Eigenbedarf Bananen und Ölpalmen, Reis, Mais, Hirse und Knollenfrüchte an und besaßen außer Hühnern, Ziegen und Schweinen kein Vieh (vgl. S. 23).

Da sie den nährstoffarmen Boden kaum düngen, bezeichnen wir sie als Feldbeuter, die Raubbau treiben. Nach etwa 6 Jahren geben die Sudanneger ihre Rodung wieder auf, und bald überzieht ein so dichter Graspelz die verlassene Fläche, daß auf ihr ein neuer Urwald nicht mehr entstehen kann. Wo aber, wie bei den Bantu, der Boden schon nach 2 oder 3 Jahren wieder verlassen wird, wächst ein artenärmerer Sekundär- oder Kümmerwald wieder heran.

Der Urwald als Wirtschaftsraum. Bewältigt und genutzt zum Vorteil der dort lebenden Menschen und der Weltwirtschaft wird der Urwald erst, seitdem die in Europa und Angloamerika entwickelte Technik angewandt wird. Das ging nicht ohne erhebliche Härten für die einheimische Bevölkerung ab, die sich neuen, völlig fremden Wirtschaftsmethoden und einer ihr unbekannten Gesellschaftsordnung gegenübergestellt sah. Während sie bisher fast nur für den Eigenbedarf gesorgt hatte, sollte sie nun auf Plantagen und in der Forstwirtschaft für die Weißen und ihren Export arbeiten, deren große und kostspielige Maschinen bedienen und gute

Beschreiben Sie den Verlauf des Flusses. *Wie erklären Sie sich die Windungen, die halbmondförmigen Seen sowie die gelbe Farbe des Wassers?*

Straßen durch den Urwald bauen und pflegen. Damit aber wurden die Menschen ihrem Stammesverband entzogen und ihrer alten Gesellschaftsordnung entfremdet.

In allen Urwaldräumen ist es erst nach längerer Zeit gelungen, die Urwaldbewohner zur Mitarbeit zu bringen. In Afrika erreichte man es schließlich durch die Kopfsteuer, für die jeder Afrikaner Geld aufbringen mußte, in Inselindien durch die jedem Mitglied der Dorfgemeinschaft auferlegte Pflicht, einen bestimmten Prozentsatz seines Besitzes mit Pflanzen für den Export zu bestellen, und in Südamerika durch den direkten Zwang seitens des Großgrundbesitzers, dem einst das Land mit seinen Dörfern, Städten und Menschen vom König übereignet worden war. Dabei wurden oft und nicht nur aus Unkenntnis die rechtlichen Verhältnisse der einheimischen Menschen und ihre wirtschaftlichen Bedürfnisse mißachtet.

Auf den sehr großen Urwaldplantagen Afrikas, die meist europäischen oder amerikanischen Gesellschaften gehören, werden Tausende von Ölpalmen, Obstbananen, Kakao- und Gummibäume und Zuckerrohr von den Afrikanern unter der Leitung von Weißen gepflegt und ihre Erzeugnisse geerntet.
Kleinere Anlagen von Europäern nennt man Pflanzungen. Sie erzeugen alles, was für den Eigenbedarf der benachbarten Plantagen und der Einheimischen gebraucht wird. Und schließlich arbeiten auch viele Pflanzungen der Afrikaner für den Export (vgl. Ghana, S. 112 f.).

Trotz ihrer Größe ist der Anteil der Urwälder an der *Holznutzung* gering, denn es gibt hier keine geschlossenen Bestände derselben Art. Da zudem der Transport der einzelnen geschlagenen Bäume wegen der oft fehlenden Straßen äußerst kostspielig ist, werden dem Regenwald nur ausgesuchte Edelhölzer wie Mahagoni, Eben- und Teakholz und die tropische Zeder entnommen. Unzugänglich sind auch heute noch große Urwaldräume, besonders die fern von der Küste.

Am besten erschlossen sind die Urwaldküsten Südostasiens und Afrikas. Die Bevölkerung an der Guineaküste und am Kongo zum Beispiel beteiligt sich schon längst am Anbau für den Weltmarkt. Diese Gebiete entwickeln sich zu einem Erzeugungsraum pflanzlicher Fette für die Industriestaaten der ganzen Welt und liefern außerdem noch Kakao, Kautschuk und Bananen.

Älter als die afrikanischen sind die Plantagen Südostasiens. Die Pflanzungen für den Anbau von Ananas, Kautschuk, Öl- und Kokospalmen auf der Malaiischen Halbinsel und der Bergbau,

Rodungsinsel: *Sprechen Sie über den roten Boden! Um welche Zeit ist dieses Bild wohl aufgenommen? Womit wurde der Boden bearbeitet?*

Ausfuhr aus dem Regenwaldgebiet 1965 in 1 000 t						
	Kautschuk	Bananen	Kakaobohnen	Ölkuchen	Ölfrüchte	Pflanzliche Öle
Liberia	49	—	—	—	12	—
Nigeria	69	—	259	119	1 056	253
Elfenbeinküste	3	128	126	2	23	1
Guinea	—	25	—	?	12	—
Ghana	0	2	502	0	1	0
Kamerun	11	119	78	5	36	14
Kongo (fr. belg.)	21	7	4	39	0	98
Brasilien	8	216	91	279	32	141
Malaysia	986[1]	0	0	2	168	171
Indonesien	695	—	—	9	404	126
Ecuador	—	1 200	39	4	0	—

[1] davon 110 vorher eingeführt aus den Nachbarländern nach Singapur

besonders auf Zinn, beschäftigen heute mehr indische und chinesische Arbeiter als eingeborene Malaien. In *Inselindien* sind infolge der gebirgigen Natur der etwa 13 000 Inseln und der dichten Urwälder vor allem auf *Sumatra* und *Borneo* mit 17 Millionen ha nur 11 % der Gesamtfläche erschlossen, die vorwiegend auf *Java* und *Madura* liegen. Der größte Teil der Nutzfläche ist in der Hand von Kleinbauern mit einer Betriebsgröße von 0,5 bis 1 ha, die kaum genügt, um das Leben der Familie zu erhalten. Das Hauptnahrungsmittel ist Reis; die Erntemengen reichen aber zur Ernährung der Menschen nicht aus. In *Neuguinea* herrscht ebenso wie in weiten Räumen *Amazoniens* der Urwald noch fast uneingeschränkt. Dagegen ist in *Südamerika* der Küstenurwald *Ecuadors* zur bedeutendsten Wirtschaftslandschaft des Staates geworden. Früher wurde in Kleinbetrieben mit Negern als Arbeitern der Kakao, heute vorwiegend von Großgrundbesitzern die Banane als wichtigstes Exportgut angebaut.

20 Die Savannen

1. Stellen Sie die Lage der Savannen fest! – 2. Nennen Sie die Staaten und größeren Städte in der Savanne, ebenso die Ströme und Seen.
(D I: 109, 118, 126, 134, 152 ff. – D II: 53, 72 ff. – L: 99, 118, 121, 132, 144, 146, 152 ff. – UW: 70. – H: 60 f.)

Das Klima. Beiderseits des Äquators gehen die tropischen Regenwälder in Savannen über, wenn sich niederschlagsfreie Zeiten zwischen die feuchten Perioden schieben. Im jeweiligen Sommer sind es kurze, in den entsprechenden Wintermonaten lange Trockenperioden. Schließlich verschmelzen die beiden Regenzeiten zu einer einzigen von wenigen Wochen, während es in den übrigen Monaten so gut wie gar nicht regnet. Die tägliche Temperaturschwankung ist in den Savannen wesentlich höher als in den Regenwäldern: Die Tagestemperatur steigt auf 40–50° C und kann nachts bis auf 10° C absinken, weil die Ausstrahlung unter dem meist wolkenlosen Himmel groß ist. Es gibt auch hier keine durch die Temperatur bedingten Jahreszeiten, wohl aber einen Wechsel von Regen- und Trockenzeiten, der vom Stand der Sonne abhängt.

Die Landschaft. In den lichten Parklandschaften der *Feuchtsavannen* sind die Trockenzeiten kürzer als die Regenzeiten. Dort durchsetzen Baumgruppen die offenen Grasfluren. Bis 6 m hoch werden manche Stauden und Gräser. Ihre Halme sprießen im Gegensatz zu unseren Wiesen und Weiden büschelförmig aus den Wurzelstöcken hervor. Wo nach den Wendekreisen zu die Wintertrockenzeiten länger werden, wandelt sich die Feucht- zur *Trockensavanne*, in der endlose Grasflächen das Landschaftsbild beherrschen. Aber auch hier gibt es noch Bäume, nur werden sie nicht höher als 20 m und werfen in der langen Trockenzeit ihr Laub ab (siehe Bilder S. 22 f.).

Bei einer kurzen, wenige Wochen anhaltenden Regenzeit können nur noch die *Dornsavannen* gedeihen, in Amerika mit Kakteen und Agaven, in Afrika mit kaktusähnlichen Wolfsmilchgewächsen, anderen Sukkulenten und Akazien, in Australien vor allem mit Akazien.

Die Böden der Savannen. Die Gesteine zerfallen durch die *physikalische* Verwitterung der Trockenzeiten und die *chemische* der nassen Wochen zu einem tiefgründigen *Verwitterungsboden*. Aber hier steigen im Gegensatz zum Urwald die vom Regen eingeschwemmten löslichen Nährstoffe während der Trockenzeit kapillar wieder empor und bleiben, wenn das Wasser verdunstet, in der obersten Bodenkrume zurück. Es entsteht eine krümelige Roterde, die die Hackbauern sehr schätzen. Sind die Trockenzeiten sehr lang, und steigen sehr viele gelöste Eisenverbindungen mit nach oben, dann verbäckt der Boden zu dem brennendroten, steinharten Laterit, auf dem keine Pflanzen gedeihen, der aber einen guten Straßenschotter abgibt und dessen Eisengehalt die Schmiede nutzen.

Die Savannenbevölkerung in Afrika, Landwirtschaft und Viehzucht. Südlich der Sahara beginnt das Land der Neger, der *Sudanneger* im Norden, der *Bantu* im Süden. (D I: 111 II III.)

Früher bedrängten die wandernden Viehzüchter ständig die seßhaften Hackbauern und unterwarfen sie. Aber seit dem Eindringen der Europäer haben die einst so kriegerischen Nomaden ihre Macht verloren, und die Savannen sind die Wohngebiete einer seßhaften Bevölkerung

Schema des Ablaufs der Wachstumsjahreszeiten zwischen den Wendekreisen, bezogen auf den Meeresspiegel

Regenzeit: Wachstumszeit der Pflanzen
Trocken- und Dürrezeit: Ruhezeit der Pflanzen
Gang des Zenitstandes der Sonne
Übergangszone

Links: Die Feuchtsavanne ist der Lebensraum einer reichen Tierwelt, vor allem der „Läufer" wie Gazellen und Antilopen. *Beachte die besondere Art des Bodenbewuchses!*

Rechts: Trockensavanne in Kenia, Ostafrika, mit geringer Bodenvegetation und einzelnen knorrigen Bäumen.

geworden, die vorwiegend vom Ackerbau lebt. Dadurch hat sich das natürliche Pflanzenkleid der Savannen sehr verändert. Zunächst waren die Ackerflächen noch klein, da das Wirtschaftsdenken vieler Afrikaner nur auf die Eigenversorgung ausgeht. Aber die Bevölkerungszahlen nehmen seit dem Eindringen der Europäer schnell zu, und darum dehnen sich die Ackerflächen weiter aus. Die Anbaumethoden sind meist recht primitiv und die Produktivität ist niedrig. Während dem Mann die schwere Arbeit, den Busch zu roden, obliegt, wird der Boden ausschließlich von den Frauen mit der kurzstieligen Hacke bearbeitet. Der Pflug war nur in Äthiopien bekannt, wird seit einigen Jahren aber auch schon von Völkern Ostafrikas benutzt. Die kleinen Felder liefern in günstigen Jahren geringe Überschüsse, die im nächsten Marktort verkauft werden.

80–90 % der Bevölkerung arbeiten in der Landwirtschaft und bauen vielerlei Gewächse an, die sie zum Teil von den Europäern übernommen haben (vergleiche die Tabelle). Hirse ist das altüberkommene Getreide der Afrikaner; der viel ertragreichere Mais tritt allmählich an ihre Stelle. Sehr verbreitet ist als Zwischenfrucht die Kultur der Baumwolle. (D I: 114 f. – D II: 53. – L: 122. – UW: 54. – H. 37.)

Je mehr man sich dem Äquator nähert, um so weniger lassen sich wegen der Tsetsefliege die großen Haustiere halten. Nur da, wo die Niederschläge für den Ackerbau nicht mehr ausreichen, wird die Viehzucht bedeutend. In manchen Gebieten Ost- und Südostafrikas dient sie vorwiegend der Milchwirtschaft und neuerdings auch der Aufzucht von Zugtieren, im Norden Kameruns, in Mali und im Hochland von Adamaua der Erzeugung von Schlachtvieh. Bei den Vieh züch-

Nahrungspflanzen einst und jetzt in Afrika

Ursprüngliche Nahrungspflanzen der Eingeborenen	Von den Europäern übernommene Nahrungspflanzen	Zur Ausfuhr angebaute Pflanzen der Eingeborenen	der Europäer
Hirse-Arten	Mais[2]	Erdnuß[1]	Zuckerrohr[3]
Bataten	Reis[3]	Baumwolle[6]	Sisalagave[7]
Maniok[1]	Bohnen[4]	Kaffeestrauch	Obstbanane[3]
Yams	Rüben	Kakaobaum[1]	Kaffeestrauch
Taro[1]	Weizen		Baumwolle[6]
Ölpalme	Erdnuß[1]		Zitrusfrüchte[8]
Sesam	Bananen[5]		

[1] aus dem tropischen Amerika [2] aus Amerika [3] aus Südasien [4] meist aus Amerika [5] aus Süd- und Ostasien
[6] meist amerikanische Sorten [7] aus Mexiko [8] aus Ostasien

tenden Stämmen, die nicht zum Islam übergetreten sind, gilt der Rinderbestand als Zeichen des Wohlstandes, bei dem allein die Zahl der Tiere, nicht ihre Qualität gewertet wird.

In den *Übergangsgebieten* von der Feucht- zur Trockensavanne durchdringen sich Ackerbau und Viehzucht, und manche Stämme pflegen beides gleichzeitig. Daher finden sich hier Dörfer und Weiler, Einzelgehöfte, Zelte und tragbare Bienenkorbhütten. Ein großer Prozentsatz der Afrikaner wohnt in den Städten, unter denen Ibadan ca. 700 000 Bewohner zählt und Kano 130 000.

Die Städte sind die Mittelpunkte des Handels und des Handwerks, das in der Herstellung bunter Stoffe, in der Töpferei, der Holz-, Leder- und Metallbearbeitung hervorragende Leistungen zeigt. Die bedeutendsten Städte liegen heute an den Küsten, wie Dakar mit 400 000 und Lagos mit 675 000 Einwohnern, das sich zum Hafen des Nigergebietes entwickelt hat.

Die Savannenbevölkerung der anderen Kontinente. In Indonesien nehmen auf Java und Madura kleine Eingeborenenbetriebe den größten Teil der Nutzfläche ein. In den Savannen der übrigen Kontinente sind die Menschen auf der *Kulturstufe der Sammler und Jäger* stehengeblieben. Sie konnten sich in die von den Europäern geschaffene, neue Wirtschafts- und Gesellschaftsordnung nicht rechtzeitig einfügen. Die Zahl dieser Nomaden ist in den letzten hundert Jahren sehr zurückgegangen. Eine Ausnahme bildeten die seßhaften Indianer auf den Hochländern Iberoamerikas, deren Kulturen auf künstlicher Bewässerung beruhten.

Die Savannen und die Weltwirtschaft

Trotz ihrer Ausdehnung haben die tropischen Grasländer, verglichen mit den außertropischen, bis heute nur geringe Bedeutung für die Weltwirtschaft. Das ist auf die großen Verkehrsschwierigkeiten und die geringe Besiedlungsdichte, die teilweise weniger als 3 und selten mehr als 40 Einwohner je km² beträgt, zurückzuführen. Sie ist in Afrika die Folge der Sklavenjagden und der vielen Seuchen, für welche die meist schlecht ernährten Eingeborenen besonders anfällig sind. Daher leidet die Agrarwirtschaft unter Arbeitermangel. Das wird sich innerhalb weniger Jahre ändern, weil durch die Tropenmedizin und durch sorgfältige Hygienevorschriften die Sterblichkeitsziffer unter den Europäern und den Einheimischen erfolgreich bekämpft werden kann. Diesen kommt die medizinische Behandlung besonders zugute, denn sie sind infolge der meist zu einseitigen Nahrung weniger widerstandsfähig als die Europäer. Besonders groß ist die Säuglingssterblichkeit, die abnehmen würde, wenn die Einheimischen der feuchten Tropen das Zwergrind als Milchspender für die Kleinkinder in größerem Umfang halten würden.

Die Savannen Afrikas, namentlich die von Westafrika, sind die Lieferanten von pflanzlichen Fetten, die von Südamerika, die durch die großen Ströme besser zu erschließen sind, dienen der Fleischversorgung der Industriestaaten. Die australischen Savannen haben heute die verhältnismäßig größte Bedeutung für die Weltwirtschaft. In ihnen ist es mit Staatshilfe gelungen, die Schwierigkeiten der tropischen Viehzucht zu überwinden und gute Verbindungswege zwischen den Weidegebieten und den Marktorten zu schaffen.

Die Pflanzungen. *Die Eingeborenenpflanzungen* gewinnen für den Export immer größere Bedeutung. Auf ihnen werden in Westafrika Baumwolle und Erdnüsse gezogen, deren Anbaugebiete sich ständig ausdehnen. Die *Europäerpflanzungen* arbeiten wirtschaftlicher als die der Eingeborenen, sind größer als diese und weit größer als die des Urwaldes. Auch sie leiden unter den schädlichen Folgen der Monokultur: der Bodenverarmung und -zerstörung, unter Pflanzenkrankheiten und Schädlingen. Die Farmen und Plantagen Südamerikas sind Großbetriebe und befinden sich überwiegend im Besitz von Weißen, die sie nach europäischen Methoden bewirtschaften.

Die *Farmen*, auf denen Ackerbau und Viehzucht getrieben wird, versorgen die benachbarten Plantagen mit Fleisch und pflanzlichen Erzeugnissen und stehen in einem schweren wirtschaftlichen Kampf mit den viehzüchtenden Hirtenvölkern, die ebenfalls Viehhandel treiben.

Die Wüsten

1. Vergleichen Sie die Erstreckung der Wüsten in den Kontinenten miteinander und stellen Sie die Wüsten zu Gruppen zusammen! — 2. Versuchen Sie, eine Erklärung für den wüstenhaften Charakter dieser Räume zu finden! — 3. Vergleichen Sie die Lage der Wüsten mit der der ständigen Hochdruckgebiete! — 4. Nennen Sie die Staaten, großen Städte und Flüsse im Gürtel der Wüsten!
(D I: 109, 114, 126 II, 134 III, 153 I, II, 156, 158 f. — D II: 47, 53, 56 III, 62 I, 72. — L: 99, 118, 121, 128, 132, 144, 152 ff. — UW: 47, 48, 49, 50, 54, 58, 62, 68, 70. — H: 42, 46, 49, 53, 61.)

Das Klima der Wüsten (vgl. S. 9 f.). Glühende Hitze, Trockenheit und oft tobende Stürme kennzeichnen alle tropischen und subtropischen Wüsten. Im Winter verheeren eisige Schneestürme die asiatischen Beckenwüsten. In diesen trockenen Landschaften sind Nebel und Tau als Feuchtigkeitsspender sehr wichtig.

Wohl regnet es auch nach jahrelanger Trockenheit ab und zu einmal, aber der Regen fällt meist in gewaltigen Wolkenbrüchen und strömt in breiten *Schichtfluten* den steilen *Trockentälern* zu, die in der Sahara *Wadis* heißen. Es gibt daher in den Wüsten nur Flüsse, die ihr Wasser aus regenreicheren Räumen erhalten (Fremdlingsflüsse). Die geringe Luftfeuchtigkeit sinkt oft

Kies- und Sandwüste. Im Hintergrund Härtlinge.

unter 10%, und bei dem meist wolkenlosen Himmel sind die täglichen Temperaturschwankungen hoch und können bis zu 70 °C betragen, da selbst in den *Wendekreiswüsten* die Temperaturen nachts oft unter den Nullpunkt fallen. Dagegen ist die jährliche Temperaturschwankung mit 15° C gering im Vergleich zu der der *Beckenwüsten*.

Die Oberfläche der Wüsten. Die kahlen Gebirge der *Felswüsten* zerfallen durch die physikalische Verwitterung zunächst zu scharfkantigen Blöcken und Steinen, dann zu Kies, Sand und Ton. *Salzpfannen* liegen meist in Niederungen von Halbwüsten, in denen sich nach den seltenen Regen das Wasser sammelt, verdunstet und Salz ausscheidet. Auch unter dem Wüstenboden gibt es Grundwasser; doch es liegt so tief, daß die Pflanzenwurzeln es nicht erreichen. Aus dieser Grundwasserschicht steigt die Feuchtigkeit *kapillar* hoch und befördert dabei die gelösten Mineralsalze an die Oberfläche. Daher sind große Teile der Wüste reich an Nährstoffen, und mancher Oasenbewohner braucht seine Felder, die zudem täglich durch den Wind mit feinstem Staub überpudert werden, nicht zu düngen. Vielerorts versalzt der Boden aber so leicht, daß es nicht genügt, die Oasen zu bewässern, sondern es muß ein Teil des zugeführten Wassers in die Wüste abgeleitet werden, um die Salze fortzuschaffen. Außerhalb der Oasen reichern sich die ausgeschiedenen Mineralien stellenweise so an, daß Krustenböden häufig sind. Glitzernder, harter „Wüstenlack" überzieht die Oberfläche der Steine und Felsen. (Vgl. D I: 110. – V. – D II: 68 IV.)

Der Mensch und die Wüsten. In allen Wüsten sind es nur die Täler der großen Fremdlingszuflüsse und die Austrittsstellen des Grundwassers, wo der Mensch vom Acker- oder Gartenbau leben kann. Darum ist für ihn das Vorland hoher Gebirge besonders wertvoll. Hier fließen die an den Gebirgen niedergehenden Re-

Salzboden der Wüste

Die Verdunstung ist größer als die Niederschläge. Grundwasser wird durch die Kapillarität nach oben geführt.

Gesteinsblock durch Salze von unten her zerfressen

feste Kruste
Salz
Kalk u. Gips

zesetztes Gestein

Gestein

Arides (Trocken)-Klima
Transport der gelösten Mineralien an die Oberfläche.

Blick von der Wüstensteppe über die Kieswüste auf die Fels- und Sandwüste
Geben Sie die Grenze zwischen der Sand- und der Kieswüste an. Welche Oberflächenform herrscht in der Sand-, welche in der Kieswüste?

gen in kurzen Wasserläufen und als Grundwasserströme in das tiefer gelegene Land und liefern genügend Wasser für künstliche Bewässerung. Dort sind schon sehr früh wohlorganisierte Oasenstaaten von hoher Kultur entstanden, zum Beispiel China, Mesopotamien, Ägypten, die Staaten der Maya, der Azteken und Tolteken, das Inkareich. Ging die Macht des Staates zurück, dann verfielen auch die Bewässerungsanlagen und die Staaten gingen unter.

Die Grundwasser-Oasen sind die Meilensteine an den Wüstenpisten und zugleich die Versorgungs- und Handelsplätze für die Karawanen. Grundlage des Lebens war für die Nomaden der Trockenräume der alten Welt die Zucht von Reit-, Transport- und Fleischtieren, für die Oasenbewohner der Anbau von Getreide und Dattelpalmen. Seit aber für den Personenverkehr „Wüstenbus" und Flugzeug an die Stelle von Reittieren und Karawanen getreten sind, und für den Warenverkehr Eisenbahn und LKW, verlieren die wandernden Viehzüchter ihre uralten Verdienstmöglichkeiten aus der Zucht der Reittiere und damit die Mittel zum Ankauf von Getreide und Datteln.

Die sehr alten *Bewässerungsanlagen* in den Oasen sind durch die Technik grundlegend verändert worden. Nach dem Bau von Staudämmen konnten die bewässerten Flächen erheblich vergrößert und ihre Erträge durch bessere Bewirtschaftung gesteigert werden (vgl. S. 108). Diese erweiterten oder neu entstandenen Wirtschaftslandschaften zeichnen sich allgemein durch intensive Arbeitsmethoden aus, durch Spezialisierung auf wenig Früchte.

Aber während die wertvollen Früchte und Gemüse Kaliforniens durch Flugzeug und LKW schnellstens abtransportiert werden, muß der mexikanische Farmer desselben Raumes – nur jenseits der Grenze – Baumwolle und Getreide anbauen, die einen langdauernden Transport vertragen. Die Erzeugnisse der Flußoasen in dem wüstenhaften Küstenstrich Perus bilden heute die Grundlage der gesamten peruanischen Landwirtschaft und liefern dazu Baumwolle und Zucker für den Export (vgl. S. 128).

Temperaturen einiger Klimastationen in Wüsten (in Grad C)

Ort	Breite	Länge	Name der Wüste	Mittlere Höchsttemp.	Mittlere Tiefsttemp.	Temperaturschwankung
Yuma	33° N	115° W	Gila-Wüste	+ 33° (7)	+ 12° (1)	21
Iquique	20° S	70° W	Atacama	+ 21° (1)	+ 16° (7)	5
Assuan	24° N	21° O	Arabische Wüste	+ 33° (7/8)	+ 15,5° (1)	17,5
Walfischbai	23° S	15° O	Namib	+ 19° (2)	+ 14° (7/9)	5
Ankara	40° N	33° O		+ 23° (7)	— 1° (1)	24
Jericho	32° N	35° O	Jordangraben	+ 31° (7/8)	+ 14° (1)	17
Teheran	36° N	51° O		+ 29° (7)	+ 2° (1)	27
Kaschgar	39,5° N	76° O	Tarim-Becken	+ 27° (7)	— 5° (1)	32
Luktschun	43° N	90° O	Senke von Turfan	+ 32° (7)	— 11° (1)	43
Charlotte Waters	26° S	134° O	Eyre-Becken, Australien	+ 30° (1)	+ 12° (7)	18

1. In welchen Wüsten sind die Differenzen zwischen den Höchst- und den Tiefsttemperaturen sehr hoch, und um welche Art von Wüsten handelt es sich? Begründen Sie die Höhe der Differenzen! – Bei welcher Art von Wüsten sind die Unterschiede zwischen den Höchst- und Tiefstwerten besonders niedrig? Geben Sie auch hier den Grund an! – 3. In welchen Wüsten und warum sind die Tiefsttemperaturen unter 0° C?

Oase Tinerhir am Südrand des Atlas (Marokko) mit Dattelpalmen, den Charakterbäumen der Oasen.
Woran erkennen Sie die Grenze zwischen der Sand- und Felswüste einerseits und der Halbwüste andererseits? Beschreiben Sie den Anbau in der Oase Tinerhir. Begründen Sie die Lage des Ortes und der Anbauflächen!

Die wichtigste Umwälzung ihrer Wirtschaft erlebten die Wüstenbewohner durch die Erschließung der *Erz- und Öllager*.

Kuwait ist ein Land ohne Wasser und daher ohne Landwirtschaft. Es besitzt aber das größte Einzellager an Erdöl und wahrscheinlich mehr als 18 % aller Erdölvorräte der Welt. Durch diesen Reichtum hat es von allen Staaten der Erde das größte Einkommen je Kopf der Bevölkerung, denn dem Staat fließen jährlich 50 % der Ölgewinne zu. Über das Geld verfügt der Scheich wie über seine Privatkasse. Für einen Teil davon erbaut er Schulen, Straßen, Häuser und sorgt dafür, daß Tankschiffe vom Schatt-el-Arab das nötige Trinkwasser herbeischaffen. Zahlreiche Einheimische finden Arbeit und Verdienst bei Bauarbeiten und bei den Erdölgesellschaften. Die Beduinen Arabiens gewinnen durch die von den Erdölgesellschaften erbohrten Brunnen neue Viehtränken.

Weltpolitisch haben diese Trockenräume der Erde in wenigen Jahren große Bedeutung erlangt: 1. Heute wäre die Wirtschaft der europäischen Industriestaaten ohne das *Öl* der orientalischen Wüsten gegenüber den USA nicht konkurrenzfähig. 2. In den Wüsten Turans haben die Russen großartige Bewässerungsanlagen für den Anbau von *Baumwolle* zur Versorgung der ganzen UdSSR geschaffen. 3. Ebenso planmäßig wie in Usbekistan die Russen erschließen die Chinesen die zentralasiatischen Wüsten. Sie bauen sogar Eisenbahnen nach Sinkiang, um die *Erdöl- und Kupferlager* auszubeuten. 4. Dagegen werden in Nordamerika und Australien die Bodenschätze der Wüsten noch wenig genutzt, weil sie noch nicht gebraucht werden.

27

Erdölländer 1966	Kuwait	Saudi-Arabien	Irak	Iran	Venezuela	Algerien	Libyen	USA	SU	Kanada
Fläche in km²	16	2 253	449	1 648	912	2 382	1 760	9 363	22 402	9 976
Einwohner in 1 000	475[1]	6 750[1]	8 262[1]	25 781	9 030	12 102	1 677	196 842	233 000	19 919
Erdölförderung 1962	107	86	62	84	178	26	41	379	224	37
in Mill. t 1966	114	118	67	106	176	32	72	410	267	43
Rohöl-Ausfuhr 1966[2] in Mill. t	109	113	64	95	166	30	71	— 176[3]	70	— 3[3]
Ausfuhr insgesamt 1966 in Mill. DM	?	5 552[1]	3 800	5 680	11 280	3 000	3 160[1]	119 600	32 664[1]	36 092
Ausfuhr je Kopf 1966 in DM	?	823[1]	400	237	1 249	248	1 884[1]	608	141[1]	1 739

[1] 1965   [2] geschätzt   [3] Einfuhr-Überschuß

Aufsteigende Monsunwolken über dem hochwasserführenden Irawadi in Birma

Die Monsunländer

1. Stellen Sie die Gebiete der Erde mit Monsunklima fest! – 2. Wiederholen Sie die Topographie Vorderindiens! – 3. Schildern Sie ihre klimatischen Verhältnisse und nennen Sie ihre Nutzpflanzen! D I: 89, 102, 103, 109, 153 ff., 162. – D II: 50/51, 72/73. – L: 96–101, 118, 151 ff. – UW: 47–49, 58 f., 70. – H: 42, 46, 60.

Der große Regen

„In Mysore begann der Monsun Mitte Juni mit Gewitterstürmen, Wind, Donner und Staub und vereinzelten schweren Regentropfen. Dann, am ersten Monsuntag, ein fürchterlicher Regensturm, der Stunden dauerte. Der Regen begann mit einzelnen schweren Tropfen, die zögernd fielen, dann schneller, immer dichter, bis er fast wie ein Wasserfall herunterströmte. Er fiel so schnell, daß die Erde ihn nicht aufnehmen konnte; er durchdrang die oberste Staubschicht, füllte die Flüsse und legte einen Teppich von Schlamm über die harte Erdkruste. Später ließ seine Gewalt nach, aber er fiel trotzdem einige Stunden täglich den ganzen Juli und August hindurch. Zwischen einzelnen Stürmen segelten wieder die weißen Haufenwolken über den Himmel. Die Temperatur lag nicht viel über 30°; die Luft war reingewaschen, und überall hörte man das Gluckern vom laufenden Wasser.
Im September tröpfelte es noch manchmal, aber der Regen hörte auf. Noch glitzerte Wasser auf Straßen und Feldern. Die Erde war vollgesogen wie ein Schwamm, die Flüsse und Ströme voll Hochwasser, 6, 10, 20 m über dem Normalpegel, je nach der Form des Ufers. Das ehemals braune Gras, das Dach des Urwaldes – alles leuchtend grün! Die Nächte geheimnisvoll lebendig durch das Schwirren von Faltern und fliegenden Käfern. Oktober und November goldene Sonne und kühle Nächte. Dann das trockene Wetter: Januar bis Mai."
(Nach J. Masters: Dies ist die Nacht.)

Die Pflanzen Indiens und das Monsunjahr

1. Die heiße, nasse Zeit. Wenn der *Sommermonsun* in Ceylon im Mai, in Bombay im Juni einsetzt, beginnt ein wildes Wachstum aller Pflanzen. Dort, wo im Jahr mehr als 2 m Regen fallen, steht ein üppiger, tropischer Urwald, und in den stickigen Sumpfdickichten der Dschungel wimmelt es von Blutegeln und giftigen Insekten.

Bei 1,2–2 m Niederschlag wächst der lichtere, regengrüne Monsunwald, dessen Bäume in der Trockenzeit das Laub abwerfen. Feuchte Savannen überziehen die Ebenen Hindostans, werden trockener im Dekkan und wandeln sich im Pandschab und in der Tharr über die Dornsavanne zur Halbwüste (vgl. S. 11, 12).

2. **Der indische Frühling.** Im September/Oktober künden die gefährlichen Taifune das „Kentern" des Monsuns an, und nach einer Übergangszeit mit schwachen, wechselnden Winden beginnt der Nordostpassat, der *Wintermonsun*, mit kühlerem, meist sonnigem Wetter und klaren Nächten seine Herrschaft. In dieser schönen Zeit, dem indischen Frühling, bleibt die Vegetation grün, und der Anbau von Nutzpflanzen macht dort keine Schwierigkeiten, wo die Regen ausreichen; anderenfalls bewässert man seit Jahrtausenden das Land im Süden Dekkans aus Stauteichen, in den großen Stromebenen des Indus, Ganges und Brahmaputra aus Kanälen von den Flüssen, die ihren Wasserüberschuß aus den regenreichen Gebirgen erhalten. Das Pandschab ist heute das größte Kanalbewässerungsgebiet der Erde.

3. **Die heiße, trockene Zeit.** Im Januar setzt für weite Gebiete Indiens die heiße, trockene Zeit ein. Nur die Ostküsten Vorder- und Hinterindiens, Ceylon und die Osthänge der Nord–Süd verlaufenden Gebirge Hinterindiens erhalten durch den Wintermonsun erhebliche Niederschläge. Täglich steigen die Temperaturen; sie erreichen im Mai im Tagesmittel 30° C. Nun verdorren alle Pflanzen bis auf die Palmen, deren Wurzeln das Grundwasser erreichen. Überall sonst ist das Land grau, gelb, tot.

Die Menschen der asiatischen Monsunländer
(D I: 106 II. – L: 100–102, 111.)

In Vorderindien leben mehrere Bevölkerungsgruppen nebeneinander, die im Laufe der Jahrtausende hier eingewandert sind. Die ältesten von ihnen, die eine „negritische" Urbevölkerung überlagerten, sind die kleinen, dunkelhäutigen Wedda, die als primitive Sammler und Jäger Teile von Ostceylon bewohnen. Sie wurden mehrere tausend Jahre v. Chr. von den schmalköpfigen und dunklen Drawidas verdrängt. Aus der Rassenmischung mit den ansässigen Stämmen entstand eine Bevölkerung, die man „Indide" nennt.
In der 1. Hälfte des 2. Jahrtausends v. Chr. drangen aus den Bergländern und Steppen Eurasiens durch das große Völkertor am Khaiberpaß mehrfach indogermanische Völker in Indien ein, besiedelten zunächst Hindostan, später Bengalen und die trockenen Hochflächen Dekkans. Neben dem politischen zeigt sich der überragende kulturelle Einfluß der Einwanderer darin, daß ihm die hohe bäuerliche Kultur der Inder erlag. Aber auch sie mischten sich mit der schon ansässigen Bevölkerung, und aus dieser Mischung gingen die Inder hervor.

Das Kastenwesen. Um eine weitere Rassenmischung zu verhindern, führte die zahlenmäßig schwache Oberschicht der Eroberer das Kastenwesen ein. Die Angehörigen einer Kaste bilden eine gegen jede andere scharf abgeschlossene Gruppe. Da jede ihre eigenen Vorschriften für alle Dinge des täglichen Lebens hat und Mitglieder verschiedener Kasten weder miteinander sprechen und essen noch sich berühren dürfen, ist das Kastenwesen zu einer gesellschaftlichen Ordnung geworden, die allen Fortschritt verhindert hat, indem es zum Beispiel die gemeinsame Arbeit in den Fabriken unmöglich macht. Seit 1948 ist das Kastenwesen offiziell verboten, aber diese alte Ordnung, die zudem noch religiös begründet ist, läßt sich nicht durch Gesetze von einem zum anderen Tag beseitigen. Unter Moslems bestehen diese Probleme nicht.

Indien ist das Ursprungsland von Hochkulturen und Hochreligionen. Sie spiegeln sich in ihren Tempelbauten wider. In vielstöckigen Tempeln, die überladen sind mit figürlichen Darstellungen und phantasievollen Ornamenten, verehren die Hindus eine Vielheit von Göttern. Im trockenen Indusland erinnern die durch islamische Fürsten geschaffenen Bauwerke bei aller Pracht durch ihre klaren, einfachen Linien an die strengen Vorschriften, mit denen der Koran das Leben der Mohammedaner regelt.

In Birma hat sich die ansässige Bevölkerung mit Zuwanderern aus Indien und Tibet gemischt, *in Thailand und Vietnam* mit solchen aus China, und daraus ist in jedem Land eine eigenständige Bevölkerung geworden. Überall haben sich ältere Religionen erhalten. Die herrschende Religion ist der Buddhismus, der aus seinem Ursprungsland Indien verschwunden ist. Die aus Holz gebauten Tempel weisen durch die oft überlebensgroßen ernsten Buddhafiguren eindrucksvoll auf ein der Welt abgekehrtes und der Besinnung auf das Jenseits gewidmetes Leben hin.

Auf den Philippinen leben die kleinwüchsigen *Negritos* heute noch in der Kultur der Steinzeit abseits von den übrigen Bewohnern der Inseln. Auch diese sind nach vielen Einwanderungswellen besonders aus Indonesien, Malaya und China zu einer einheitlichen Bevölkerung zusammengewachsen. 83% der Filipinos gehören dem Christentum an.

Die Wirtschaft Vorderindiens. Indien ist eins der wenigen Länder der feuchten Tropen mit einer überaus dichten Bevölkerung, einem hochentwickelten Handwerk und einem sehr alten Bewässerungssystem. Es ist seit der Zeit der Phöniker und Griechen Jahrtausende hindurch das *einzige tropische Land* geblieben, das kostbare Webwaren, Gewürze, Edelsteine und Stahl an Händler der Küsten des Indischen Ozeans und des Mittelmeeres verkaufte. Dank dieser in Europa hochgeschätzten Waren und dank der Tatsache, daß die vielen Millionen Inder für die britische Industrie einen gewinnbringenden Markt bildeten, galt Indien als „die Perle" in der britischen Krone. Das ist heute alles vorbei! Indien bietet der Weltwirtschaft nur noch wenig; es bedarf umgekehrt dringend der Hilfe der alten Industriestaaten.

Die indische Landwirtschaft kann die ungeheuer angewachsene Bevölkerung des Landes nicht ernähren, geschweige denn Exportgüter erzeugen. *Tee, Jute und Gewürze wie Pfeffer, Ingwer, Zimt* sind die einzigen pflanzlichen Produkte, die für den Weltmarkt wichtig sind (vgl. S. 142).

In den trockenen Landschaften nimmt Hirse die größten Flächen ein, in den feuchten der Reis, es folgen Weizen, Mais, Hülsenfrüchte, Erdnüsse und Ölsaaten zur Fettversorgung. Da aber Indien mehr verbraucht, als es erzeugt, müssen in jedem Jahr aus den USA Weizen und aus Birma Reis eingeführt werden. Unter den Industriepflanzen stehen Baumwolle und Jute obenan.

Die Viehzucht. Die Landwirtschaft Indiens leidet unter dem viel zu großen und minderwertigen Viehbesatz. Das Rind – das heilige Tier der Hindus – darf nicht

Die besten Teeplantagen liegen in Indien, das heute der erste Teelieferant auf dem Weltmarkt ist, an den Hängen des Himalayas. Die Pflege der Sträucher und die Ernte der Blätter erfordern viele, möglichst billige Arbeitskräfte.

geschlachtet werden. Alte und sieche Tiere laufen frei herum, sie gehören sogar zum Bild der Städte. Da die Milchleistung der Tiere sehr gering ist, tragen sie kaum zur Ernährung der Menschen bei. Auch behindern religiöse Tabus eine Bekämpfung der zahlreichen Schädlinge. Alle Tiere zusammen fressen daher alljährlich einen großen Teil der Ernte weg. Hindus und Moslems verzehren kein Schweinefleisch, so daß die Ernährung der Bevölkerung einseitig auf Getreidefrüchte gerichtet ist: Das Fehlen des tierischen Fettes und Eiweißes in der Nahrung ist schuld daran, daß etwa 80 % der indischen Bevölkerung unterernährt sind und an Mangelerscheinungen leiden. Daher wäre eine Intensivierung der Viehzucht und eine Verringerung des Viehbestandes dringend nötig. Die freiwerdenden Futterflächen könnten dann in Ackerland umgewandelt werden.

Das Gewerbe in Vorderindien. Das indische Gewerbe ist seit Beginn der Industrialisierung in Europa durch die Einfuhr billiger Fabrikwaren vernichtet worden. Während bei uns an die Stelle der vielen Betriebe mit selbständigen Handwerkern Fabriken mit vielen Facharbeitern getreten sind, gab es für die indischen Handwerker bisher nur die Beschäftigung in der neu entstandenen umfangreichen Textilindustrie (Baumwolle, Jute).

Die Wirtschaft Hinterindiens und der Philippinen beruht vor allem auf dem Reisanbau durch Kleinbauern, die wenig kapitalkräftig sind. Sie betreiben ihn in einer intensiven, dem Gartenbau ähnelnden Arbeitsweise. Hinterindien kann daher Reis ausführen. Auf den Philippinen liefert die Kokospalme das wichtigste Exportgut: von hier stammt mehr als die Hälfte aller Kopra, die auf den Weltmarkt kommt; dann folgen Indonesien und Malaysia.

Die subtropischen Winterregengebiete

1. Beschreiben Sie die Lage der Winterregengebiete in Europa und Nordafrika und geben Sie die Länder an, die zu ihnen gehören! – 2. Suchen Sie Gebiete subtropischer Winterregen in den anderen Kontinenten auf und beschreiben Sie ebenfalls ihre Lage! – 3. Stellen Sie die Nutzpflanzen zusammen, die in den subtropischen Winterregengebieten angebaut werden! – 4. Untersuchen Sie die Lage der großen Siedlungen, insbesondere der Industriestädte!
(D I: 74–77, 94 II u. III, 109 II, 116, 119 II, III, 126 I–IV, 140 I, 154, 155, 158, 159. – D II: 39, 53, 73. – L: 90, 118, 121, 128, 132, 134, 144, 146, 152–154. – UW: 19, 21, 37, 55, 58, 62, 64, 69, 70, 71. – H: 34, 46, 49, 53, 60.)

Das Klima und die Pflanzenwelt (vgl. S. 13). Die Winterregengebiete finden sich an den Westseiten der Kontinente in etwa 30° bis 40° Breite. Ihre Temperaturen sind auch im Winter mild, und es ist kaum einmal kühler als bei uns im April/Mai. Bereits von Februar bis April blühen alle Frühlings- und Sommerblumen in bunter Fülle. Im Mai setzt der heiße, trockene Sommer ein, der bis zum Oktober dauert. In ihm spenden nur Wärmegewitter kurze, jedoch kräftige Regengüsse. Dem halbjährlichen Wechsel von Trockenheit und Niederschlägen passen sich die Pflanzen an. Viele sind immergrün; bei anderen sind die Blätter lederartig, hart, klein, nadelförmig oder mit einer Wachsschicht überzogen. Charakterpflanzen der europäischen Winterregengebiete sind Myrte, Lorbeer und Baumheide, Edelkastanie, Korkeiche, Zitrusbäume und Olive; weit verbreitet ist der Weinstock. Der Winter ist hier – außer bei künstlicher Bewässerung – die Vegetations- und der Sommer die Ruhezeit der Pflanzen. Getreide wird im *Regenfeldbau* gezogen und wie alle Futterpflanzen auch im Herbst gesät und im Frühsommer geerntet; Wiesen fehlen. Die sonnverbrannten Hänge, deren lichte Wälder der Mensch leichtfertig abgeholzt hat, überzieht das meist undurchdringliche Gestrüpp der *Macchie*, das Weidegebiet von Schafen und Ziegen.

Die Bewässerungsanlagen. Die hohe Bevölkerungszahl der europäischen Mittelmeerländer hat die Menschen gezwungen, die Felder intensiv zu bearbeiten und die Anbauflächen möglichst zu vergrößern. Das gelang mit Hilfe künstlicher Bewässerung und durch Entwässern versumpfter Küsten- und Seenlandschaften (Maremmen, Kopaissee).

Nirgends gibt es blühendere Landschaften als die bewässerten Küstenebenen und die Becken der Winterregengebiete. Hier hört das Wachsen, Blühen und Reifen der Früchte, deren Kulturen ausgesprochen marktorientiert sind, niemals auf. Nur durch Berieselung lassen sich ausgedehnte Flächen Syriens, Israels und Nordafrika ganzjährig bewirtschaften, und die Erträge sind dadurch vervielfacht worden.

Der Aufbau und die Wirtschaft der europäischen Mittelmeerländer. Im Mittelmeerraum ist das Meer mit dem Festland, mit Halbinseln, Inselgruppen und Inseln eng verflochten, und unmittelbar neben üppigen Fruchtgärten ragen schroffe, grauweiße Kalkklötze auf. Die meist kurzen Flüsse führen im Sommer kaum Wasser, aber im Winter füllen sich ihre sehr breiten Betten mit tobend dahinjagenden lehmig-braunen Fluten, die immer wieder die an besonders gefährdeten Stellen errichteten Steinmauern und Verbauungen durchbrechen; Überschwemmungen ver-

Die schmalen Blätter der Ölbäume lassen das Licht bis auf den Boden fallen. Wildwachsende Pflanzen siedeln sich unter ihnen an, oder es werden Gemüse, Getreide und Wein angebaut. *Vergleichen Sie den Ölbaumhain mit einem deutschen Laubwald! Begründen Sie den Bodenbewuchs!*

wüsten dann die Felder. Die großen Geröllmengen, die die Flüsse im Frühjahr mit sich führen, erschweren den Bau von Staudämmen. Alle wichtigen Verkehrswege führen auf weit gespannten Brücken über die Winterbetten hinweg.

Große Städte liegen an den Küsten und an den wichtigsten Verkehrsknotenpunkten, Dorfstädte an den Sonnenseiten der Hänge und malerische Akropolissiedlungen auf den Bergrücken. Die Städte Mittel- und Norditaliens sind Industriestädte geworden, in denen Süditaliens blüht das Handwerk, das schon im Altertum für den Export arbeitete. Möbel, Bekleidung und Kunstgewerbe sind seine wichtigsten Zweige.

Die europäischen Mittelmeerstaaten sind arm an Rohstoffen und Energiegrundlagen. Am Ausbau der Wasserkräfte wird eifrig gearbeitet, Kohle gibt es kaum. Das an einigen Orten in Italien jüngst entdeckte Erdöl und Erdgas ist daher um so wichtiger. 1966 konnte Italien rund 16% des Bedarfs aus eigenen Energiequellen decken und den Kohlenimport aus Deutschland und Großbritannien erheblich senken. Heute bietet sich den Mittelmeerstaaten das Erdöl Arabiens und der Sahara an, so daß diese zu *Ergänzungsräumen* der europäischen Winterregengebiete werden. Neue Fabrikstädte sollen deshalb an den Küsten entstehen und möglichst dort, wo ein Überangebot von Arbeitskräften vorliegt, wie in Süditalien. Die neuen Arbeitsplätze reichen aber noch nicht aus, so daß eine ständige *Binnenwanderung* aus den übervölkerten Räumen Süditaliens nach Norditalien und Südtirol stattfindet und daß Wanderarbeiter für Monate und Jahre ins Ausland gehen. Der *Fremdenverkehr* spielt als Devisenbringer eine immer größere Rolle.

Die übrigen Winterregengebiete. In den beiden Amerika, in Südafrika und in Südaustralien in gleichen Breiten hat die Urbevölkerung zwar die Gaben der Natur genutzt, aber sie hat die Landschaft nicht wesentlich verändert. Erst die Europäer haben in diese Winterregengebiete Ackerbau und Viehzucht eingeführt und sie zu Partnern der Weltwirtschaft gemacht.

Bei den Winterregengebieten treten nur in *Kalifornien* Bergbau und Industrie im Landschaftsbild hervor und haben das Land im Ölgebiet von Los Angeles völlig verändert. Wie hier, so sind in *Südafrika* und im *Süden Australiens* europäische Mittelmeergewächse heimisch geworden. Aber die Städte haben nichts mit denen des Mittelmeerraumes gemein: Sie sind von Engländern gebaut und tragen darum westeuropäisches Gepräge. (D I: 129 II. – D II: 67 IV.)

Die subtropischen Sommerregengebiete

1. Stellen Sie die subtropischen Gebiete zusammen, die Sommerregen haben! Vergleichen Sie ihre Lage miteinander und mit denen der subtropischen Winterregengebiete! — 2. Untersuchen Sie die Niederschlagshöhen und die Windverhältnisse dieser Landschaften nach dem Atlas a) im Juli, b) im Januar! — 3. Nennen Sie die Länder, die subtropischen Sommerregen erhalten! Welche Ströme fließen hier? In welchem Erdteil sind diese Länder am ausgedehntesten?
(D I: 102, 106, 107, 126 II, 152 ff. — D II: 47, 51, 73. — L: 96–105. — UW: 45, 47, 49. — H: 39, 41, 42.)

An den Ostküsten der Kontinente tritt in annähernd gleicher Breite auch ein halbjährlicher Wechsel von Regen und Trockenzeiten ein wie an den Westseiten, nur fallen hier die Regen im warmen Sommer, während der Winter trocken und meist kalt ist. Dieser Klimatyp ist in Ostasien gut ausgebildet; er findet sich aber auch im Südosten der USA, im südöstlichen Zipfel Brasiliens, in Natal und Südaustralien.

China als Beispiel eines subtropischen, kontinentalen Sommerregenlandes

Das Klima (vgl. S. 13). In China und in der Mandschurei erhalten die großen Ebenen sowie die niedrigeren Mittelgebirge im Sommer bei feuchten, warmen Seewinden reichliche Niederschläge, die im Süden bis auf 2 500 mm ansteigen können. Im Winter herrscht nördlich des Tsinglinschan uneingeschränkt der trockene, kalte Nordwestwind. Aber auch südlich dieser Klimascheide sind die Wintertemperaturen weit niedriger als an der Westküste des Kontinents. Bei der großen meridionalen Erstreckung der ostasiatischen Küste sind die Unterschiede zwischen Nord und Süd beträchtlich: Die Gegensätze von Winter und Sommer werden von Süden nach Norden immer größer, und die Winterkälte nimmt mit wachsender Breite zu. Viel auffallender jedoch ist der *Gegensatz der Sommer- zu den Winterregengebieten*: a) Die Ruhezeit der Pflanzen liegt dort im Winter, hier im Sommer; b) die jährliche Wärmeschwankung, an den Westküsten nur gering, ist an den Ostküsten groß, da hier die Sommer noch wärmer, die Winter viel kälter sind als dort.

Mittlere Temperaturen

Station	Geogr. Breite	Höchste Temperatur	Tiefste Temperatur	Niederschläge im Sommerhalbjahr	Winterhalbjahr
Lissabon	40°	22° C (Aug.)	10° C (Jan.)	180 mm	518 mm
Peking	40°	26° C (Aug.)	—5° C (Febr.)	519 mm	42 mm
San Francisco	38°	15° C (Sept.)	10° C (Jan.)	63 mm	457 mm
Washington	40°	25° C (Juli)	1° C (Jan.)	587 mm	474 mm
Valparaiso	33°	17° C (Jan.)	11° C (Juni/Juli)	31 mm	456 mm
Buenos Aires	35°	29° C (Jan.)	9,4° C (Juli)	535 mm	428 mm

1. Welche Stationen haben verhältnismäßig warme, welche kalte Winter? Begründen Sie die Unterschiede! — 2. Welche Stationen haben verhältnismäßig niedrige Sommertemperaturen, welche hohe? Vergleichen Sie mit dem Ergebnis von Aufgabe 1! — 3. Vergleichen Sie die Temperaturdifferenzen zwischen den Stationen und die Verteilung der Niederschläge; begründen Sie die Unterschiede!

Wintertemperaturen an den Ost- und Westseiten des eurasischen und afrikanischen Kontinents

nördl. Breite	Ostküste	t °C	Westküste	t °C
50°	Aigun	—22,8	Valentia (Irland)	+ 7
40°	Peking	— 4,7	Neapel	+ 8
30°	Schanghai	+ 3,9	Marrakesch	+ 11
23°	Kanton	+ 13,3	Kap Verde (Dakar)	+ 22

Reisanbau (vgl. S. 154). Das über die künstlich eingeebneten, flachen Stufen geleitete Wasser fließt nicht ab, sondern sickert langsam ein. Die Reispflänzchen werden unter Wasser eingesetzt.
Schildern Sie die Vorbereitung des Bodens. Worin besteht die Arbeit des Menschen? Schildern Sie den Durchgang des Wassers! An welchen Stellen fehlt der Anbau von Feldfrüchten?

Der Aufbau des Landes. Das ostasiatische Sommerregenland liegt als abgesunkene Scholle des asiatischen Kontinents zwischen dem Meer und Hochasien und ist in der Mandschurei überwiegend *Tiefland*, in Nord- und Mittelchina *Anschwemmungsland* der Ströme Jangtse, Hwangho und ihrer Nebenflüsse und in Südchina *Mittelgebirgsland*.

Die *Berglandschaften Nordchinas* erhalten ihr besonderes Gepräge durch den Löß, der mit einer durchschnittlichen Dicke von 30 m alle Hänge und Flächen bis zu einer Meereshöhe von 3000 m bedeckt. Nur dort, wo er nachträglich zusammengeschwemmt worden ist, kann er einige 100 m mächtig werden. Aus Lößschlamm bestehen die *Ablagerungen des Hwangho* und seiner Nebenflüsse. Mit ihnen haben sich die Ströme oft selbst den Weg verbaut. Sie traten dann über die Ufer und richteten in dem dicht besiedelten Land entsetzliches Elend und unermeßlichen Schaden an. Von allen Strömen der Welt hat der Hwangho im Laufe der Jahrtausende seinen Lauf am häufigsten und weitesten verlegt. (*D I: 100. – D II: 51. – L: 112. – H: 45.*)

Die Bevölkerung Chinas. Die Chinesen sind Mongolen, die sich mit Völkern aus dem Nordosten und dem Nordwesten gemischt haben. Sie lebten schon um 3000 v. Chr. am mittleren Jangtse und sind seitdem zu einem 700-Mill.-Volk geworden. Es füllt heute einen Lebensraum von etwa 10 Millionen km² aus und drängt immer noch in die Nachbargebiete hinüber. In Hinterindien, auf den Malaiischen Inseln und auf Indonesien stellen die Chinesen nicht mehr die Bauern-, sondern die Händlerschicht. Aus dem Klima, der Landschaft und den verschiedenen Rassen erklären sich die körperlichen und geistigen Unterschiede zwischen Nordchinesen und Südchinesen: Jene sind im Durchschnitt größer, heller in der Hautfarbe, ruhiger und stetiger in ihren Charakteranlagen, diese sind geistig beweglicher und künstlerisch begabter. Der stete Kampf mit dem Wasser hat die Chinesen zur Gemeinschaftsarbeit erzogen: Fast ohne technische Hilfsmittel, mit Spaten, Körben und Tragestangen, haben sie die gefährlichen Flüsse in ein System von Deichen eingefangen und damit eine der eindrucksvollsten Kulturarbeiten vollbracht.

Die Großfamilie, die aus der Familie, der Sippe und den Ahnen besteht, ist bis ins 20. Jahrhundert hinein die Grundlage der chinesischen Gesellschaftsordnung geblieben.

Die Landwirtschaft Chinas. In der Mandschurei und auch noch in der nördlichen großen Ebene ist der Winter so hart, daß kein Wintergetreide angebaut werden kann. Daher gibt es hier, wenn die Regen ausreichen, *im Jahr nur eine Ernte* von Sommerweizen, Hirse, Sojabohnen und Mais.
Die lößhaltige Schwemmlandebene Nordchinas ist eine Parklandschaft, in der es kaum noch ursprüngliche Vegetation gibt.

Unzählige kleine Dörfer liegen nur wenige Gehminuten voneinander entfernt, die Ackerflächen dazwischen sind in kleinste Felder aufgeteilt. Hier und im nordwestlichen Bergland wird vor allem Weizen angebaut. Es folgen Hirse, Sojabohnen, Mohn und Baumwolle. Zwischen den Feldern stehen reihenweise Pfirsich- und Birnbäume; Maulbeerbäume umsäumen die Talauen. Neben Hühnern, Enten und Schweinen ist die Seidenraupe ein wichtiges Haustier; ihre Zucht ist aber zurückgegangen.

Die Äcker bringen hier drei Ernten in zwei Jahren hervor: Ein Feld wird beispielsweise im Herbst mit Winterweizen bestellt. Es folgen nach der Ernte im Juli Hirse, Mais, Sojabohnen oder Erdnüsse und auf eine Winterbrache im nächsten Frühjahr Hirse und Baumwolle. Am Rande der Mittelgebirge ist diese Art der Feldbestellung nur in bewässerbaren Tälern möglich, und auf den trockenen Lößterrassen gibt es nur eine Ernte von Winterweizen im Jahr.

Im Stromgebiet des Jangtse erntet der Chinese bei künstlicher Bewässerung jedes Jahr zweimal. Dem sommerlichen Anbau von Reis folgen schnellreifende Winterfrüchte, wie Gerste und Hülsenfrüchte. Im gebirgigen Süden, wo nur etwa $1/10$ des Landes bebaut werden kann, gedeiht der Reis nicht nur auf den fetten Lehmböden der Täler, sondern auch auf terrassierten und bewässerten Hängen. Hier sind zwei Ernten im Jahr die Regel. Wo auch Zuckerrohr, Baumwolle, Tabak und Mais wachsen, und wo im Winter noch Weizen, Gemüse und Ölfrüchte reifen, kann sogar viermal im Jahr geerntet werden. Hier wurde die intensivste Form der Landwirtschaft, der *Gartenbau* entwickelt. Da tierischer Dung und Handelsdünger fehlen (D I: 102 II.) sind die Erträge trotzdem verhältnismäßig gering. China beginnt jetzt erst, seine *Bodenschätze* systematisch zu heben. Bei einer *Bevölkerungsdichte* von 145 bis 400 E/km² und einem raschen Anstieg der Bevölkerungszahl muß es eine *Industrie* aufbauen, welche die überschüssige Bevölkerung aufnimmt und ernährt.

Japan: Ozeanisches, subtropisches Sommerregengebiet

Das Klima Japans ist unter dem Einfluß des Meeres und des warmen Kuro-Schiu-Stromes viel milder als das Chinas, wenn auch im Winter die Buchten der Japansee zufrieren. Die Niederschläge erreichen eine durchschnittliche Höhe von 1500–2500 mm.

Die Landwirtschaft Japans. Im Gegensatz zu China ist *Japan ein Waldland*; nur 16% der Fläche dienen dem Ackerbau. Die Nutzpflanzen sind die gleichen wie im südlichen China, sind doch die Wintertemperaturen in Tokio genauso hoch wie in dem 5° südlicher gelegenen Schanghai. In den kleinen Becken liegen unten die Reisfelder und die Bambushaine, an den Hängen steigen Tee- und Maulbeerplantagen hinauf, und Waldstücke sollen die Boden-

Landschaft auf Hondo. Beschreiben Sie die Oberflächenform dieser Landschaft. Wo finden Sie noch Wald? Was folgern Sie aus der Ebenheit der Ackerflächen?

abspülung verhindern. Die japanischen *Gartenbauern* bringen jährlich bis zu *6 Ernten* von der gleichen Fläche ein. Die Viehhaltung tritt noch stärker zurück als in China. Der Bedarf des Japaners an tierischem Eiweiß wird durch den großen Verbrauch an Fischen gedeckt.

Industrie. Die Wirtschaft Japans leidet unter Taifunen und Vulkanausbrüchen. Trotz häufiger Erdbeben hat Japan in den letzten Jahren große Stauanlagen gebaut und so die Energie der kurzen, wasserreichen Flüsse genutzt. An Rohstoffen wie Kohle ist Japan im Gegensatz zu China sehr arm. Dennoch ist seine moderne Industrie sehr leistungsfähig und schon jetzt eine ernste Konkurrenz für die westeuropäischen Länder.

Bevölkerung. Die Japaner sind vornehmlich aus Mongolen und Malaien zu einem Volk zusammengewachsen. Die Bevölkerungsdichte betrug 1967 270 E/km². Nur für die in Acker- und Gartenbau genutzte Fläche berechnet, ist sie mit 1655 E/km² die höchste der Welt.

Verkehr. In den Becken drängen sich Landwirtschaft und Industrie. Autostraßen verbinden diese Wirtschaftszentren miteinander. Der Verkehr und der Transport auf den Straßen hat die Küstenschiffahrt bei weitem überflügelt.

Die übrigen subtropischen Sommerregengebiete

Die in den USA in diesen Breiten während des Winters wehenden kontinentalen Westwinde sind zwar regenarm, aber nirgends so trocken wie in China. Im Sommer strömen aus dem Azorenhoch sehr feuchte, warme Südostwinde in das Land ein, die besonders das Vorland der Alleghanies mit Steigungsregen überschütten. Die US-Amerikaner haben aus den subtropischen Sommerregengebieten einen der ertragreichsten und für die Weltwirtschaft sehr wichtigen Raum gemacht, in dem Baumwolle und Tabak die wertvollsten Produkte sind. (D I: 129, 133. – D II: 62. – L: 133, 134. - UW: 62, 63, 70. – H: 49, 50.)

In den Südkontinenten liegen die subtropischen Räume näher am Äquator, im Sommer wehen die Südostpassate als feuchte Meereswinde in die Kontinente hinein. Sie bringen den Ostküsten, die stufenförmig ansteigen, wie in China viel Feuchtigkeit. Im Winter geraten auch hier die Ostküsten unter die Herrschaft der Westwinde, die meist als trockene Land- und Fallwinde die Ostküste erreichen.

Die Grasländer der mittleren Breiten

1. Stellen Sie fest, wo sich auf der Erde in den gemäßigten Breiten ausgedehnte Grasländer befinden! – 2. Vergleichen Sie die Größe der Steppenräume auf der nördlichen Halbkugel mit denen auf der südlichen! – 3. Vergleichen Sie den Verlauf des Graslandgürtels in Eurasien mit dem in den USA! – 4. Nennen Sie die Länder, die Anteil an diesen Steppen haben! Welche Ströme gibt es? – 5. Welche Großstädte mit mehr als 250 000 E. liegen in den Steppen? Begründen Sie ihre Standorte! (D I: 89, 102, 121, 126, 129, 140, 152 ff. – D II: 47, 56, 62, 63. – L: 99, 118, 132, 144, 152 f. – UW: 47, 50, 58, 64, 69, 70. – H: 42, 46, 49, 53, 60 f.)

Die Steppen der mittleren Breiten dehnen sich über fast endlose Flächen aus. Keine höheren Gebirge, keine größeren Wälder engen das Blickfeld ein. Auf Hunderte, auf Tausende von Kilometern kann der Reisende Südrußland, Südsibirien von Westen nach Osten durchqueren: Die Formen des Landes sind hier wie in der Prärie Nordamerikas oder in der Pampa Argentiniens die gleichen, die Güte des Bodens ändert sich nicht, und das Pflanzenkleid bleibt nahezu unverändert.

Die Böden der Steppen (vgl. S. 54, 81f.) sind fast überall außergewöhnlich fruchtbar. Der Wechsel von sehr feuchten und sehr trockenen Jahreszeiten führt dazu, daß die Nährsalze zunächst durch die Regen in die Tiefe geführt werden und in der Trockenzeit dann wieder kapillar nach oben steigen. Aber nun verhindert die folgende feuchte Periode, daß es zur Versalzung oder gar zur Verkrustung des Bodens kommt.
Der in den Steppen weit verbreitete krümelige Boden wird durch geringe Humusmengen, die ihn dunkel färben, zu der fruchtbaren Schwarzerde, die häufig die oberste Schicht einer dicken Lößdecke bildet. In diesem feinkörnigen Boden behindert zudem kein Stein den Pflug beim Umwenden der Oberfläche.

Die Steppenflüsse. In den weiten, flachen Steppenböden der Alten wie der Neuen Welt konnten sich große Stromsysteme entwickeln, deren Quellgebiete durch kaum sichtbare Wasserscheiden voneinander getrennt sind. Zur Zeit der Schneeschmelze und der großen Regen füllen sich ihre kilometerbreiten Talauen mit ungeheuren Wassermengen, die weite Landstriche überschwemmen und Deiche brechen. Besonders treten die Flüsse Sibiriens und Kanadas über die Ufer, wenn ihre Unterläufe noch zugefroren, ihre Oberläufe aber schon aufgetaut sind. In der Trockenzeit verschwinden die Wasser allmählich, und in den breiten Überschwemmungsbetten schleicht nun ein in viele Arme zerfaserter Fluß langsam zwischen Schlamm-, Sand- und Kiesbänken dahin. In Nordamerika und in Eurasien sind in jüngster Zeit viele Ströme reguliert und dem Menschen nutzbar gemacht worden.

Das Steppenjahr in Südrußland. In der südrussischen Steppe verwandelt sich der Boden nach der Schneeschmelze und den Frühjahrsregen in Morast. Sowie er abgetrocknet ist, erblühen im Frühsommer auf quadratkilometergroßen Flächen der weiße Mohn, der blaue Flachs und die gelben Sonnenblumen. In allen Steppen fallen die meisten Niederschläge des Jahres gewöhnlich in einzelnen heftigen Gewittergüssen im Frühling und im Frühsommer. Diesem folgt ein trockener heißer Hochsommer mit Schattentemperaturen um 40° C. Unter den sengenden Sonnenstrahlen, denen das Land schutzlos ausgesetzt ist, welken die Pflanzen schnell dahin, und bald schon ähneln die Steppen den Halbwüsten. Auf den abgeernteten Feldern zerfällt der Boden zu Staub, den die Stürme fortwirbeln, um ihn an anderer Stelle wieder abzulagern.
Schon im Oktober fällt der erste Schnee, und mit ihm beginnt der Winter. In ihm verwehen tagelang eisige Stürme die dünne Schneedecke und die Saaten „wintern aus". In dieser

Jahreszeit liegen die Temperaturen monatelang unter —10° C, und die Steppenflüsse Eurasiens und Kanadas verschwinden unter einem Eispanzer. So haben diese Grasländer nur drei Jahreszeiten: einen langen, kalten Winter, in dem die Pflanzen ruhen, einen kurzen, nassen, aber warmen Frühling und Frühsommer, in dem sie wachsen, blühen und reifen müssen, und einen heißen trockenen Hochsommer, in dem sie verdorren – also wieder ruhen. Eine so kurze Wachstumszeit reicht für Wald nicht aus. Daher finden sich innerhalb der Steppen Waldstreifen nur in den stets feuchten Niederungen.

Die Menschen der Steppen. Jahrhundertelang lebten in den Steppen Eurasiens Turkvölker und Mongolen als viehzüchtende Nomaden. Im 16. Jahrhundert drangen russische Bauern in die Grasländer ein und verwandelten sie in zwei bis drei Jahrhunderten in die Kornkammern der Alten Welt. In Amerika gab es keine Wanderhirten, weil es den Steppenindianern nie gelungen ist, Nutztiere zu züchten. Die Prärieindianer folgten als Jäger den großen Bisonherden, andere, wie die Pueblo-Indianer und die Apachen, trieben im trockenen Südwesten Nordamerikas bei künstlicher Bewässerung Hackbau und übernahmen später von den Spaniern die Schafzucht.

Die Viehzucht in den Steppen. Dort, wo im Bereich der Steppen die Niederschläge auch für den Ackerbau nicht mehr ausreichen und die Böden leicht versalzen, liegen die großen Viehzuchtgebiete der Erde (vgl. S. 53 f.). Hier werden zum Beispiel in der trockenen Prärie der USA Millionen von Rindern und Schafen in extensiver Wirtschaft aufgezogen. Die Schafhaltung konzentriert sich hier wie in Neuseeland und in Australien auf die Grenzgebiete der Ökumene und findet sich nie innerhalb der Gebiete des intensiven Ackerbaus. Dagegen steht die Rinderzucht vielfach in Konkurrenz mit dem Getreideanbau, zumal sie ja auch in den feuchten Steppen in ausgedehntem Maße als Ergänzung zum Ackerbau betrieben wird.

Der Ackerbau. Die fruchtbaren Schwarzerdeböden, die weiten, von keinerlei Bergzügen unterbrochenen Ebenen, das günstige Klima verlocken im Zeitalter der Mechanisierung den Menschen geradezu, mit Hilfe großer Maschinen die riesigen Flächen gleichzeitig zu bearbeiten und mit der gleichen Frucht zu bestellen, in Amerika genauso wie in der UdSSR (vgl. S. 45 und 49).
Erst die weißen Siedler machten aus der Prärie die zweite große Kornkammer der Erde. Ähnliches, wenn auch in kleinerem Maßstab, geschah auf der Südhalbkugel in den Steppen Argentiniens, Uruguays und Australiens. So sind die Steppen der gemäßigten Breiten die Speisekammern der Welt geworden, ohne die ein großer Teil der Menschen verhungern müßte. Unabsehbar dehnen sich die Getreideflächen, die Ölsaaten, die Sojabohnenfelder auf den fruchtbaren Böden der feuchten Steppen aus. Unübersehbar sind auch die großen Weideflächen in Nordamerika westlich des 97. Meridians, in Südamerika, in den Llaños, den Pampas, in Patagonien und in Australien.

Diese guten Steppenböden eignen sich hervorragend für den Anbau von Weizen, Mais und Gerste, von Zuckerrübe, Sonnenblume, Flachs und Mohn, die alle aus einem Steppenklima stammen: der Mais und die Sonnenblume aus den Hochländern Mittel- und Südamerikas, die übrigen aus den eurasiatischen Steppen, wo Menschen der Steinzeit sie aus Wildpflanzen gezüchtet haben.

Die Waldländer der gemäßigten Breiten

1. *Welche Räume gehören zu den Waldländern der gemäßigten Breiten? Geben Sie begrenzende Breitenkreise an! – 2. Stellen Sie die wesentlichen Klimaerscheinungen dieser Gebiete zusammen! – 3. Welche Staaten, größeren Städte, Flüsse und Gebirge liegen in und an den Waldländern der gemäßigten Breiten?*
(D I: 71, 74 f., 89 I–III, 102 I, 126, 134 II, III, 140 I, 152 ff. – D II: 46/47, 62/63, 72. – L: 89 ff., 98/99, 132, 134, 144, 152 f. – UW: 42/43, 47, 50/51, 62, 69, 70. – H: 35, 42, 49, 53, 60/61.)

Die Verteilung der Waldländer. Die Waldländer der gemäßigten Breiten dehnen sich auf der nördlichen Halbkugel in einem breiten Streifen zwischen den Steppen im Süden und den Tundren im Norden aus. Auf der südlichen Halbkugel nehmen sie in Südchile, Feuerland und der Südinsel Neuseelands nur kleine Flächen ein. Von den Steppen her schließt sich der Wald erst allmählich in einem etwa 300 km breiten Übergangsstreifen zusammen und lockert sich im hohen Norden genauso zu den Tundren wieder auf.

Das ozeanische Waldklima (vgl. S. 13 f.). Die Waldländer der gemäßigten Breiten liegen ganz in der Zone der Westwinde und der mit ihnen wandernden Tiefs, die gleichmäßige Feuchtigkeit weit in das Land hineintragen und die Temperaturen so mildern, daß in der Nähe der Westküsten Frost und Schnee selten sind. Das Wetter ist in ihnen infolge der wandernden Tiefs unbeständig. Die jährliche Wärmeschwankung liegt in Europa zwischen 10 und 15° C und ist in Südchile und dem Süden Neuseelands noch geringer.

Das kontinentale Waldklima. Nach Osten zu werden die Wintertemperaturen niedriger, die Zeit der Vegetationsruhe wird immer länger, und das ozeanische Waldklima wandelt sich in ein *Übergangsklima*, in dem Mischwälder das Landschaftsbild bestimmen.

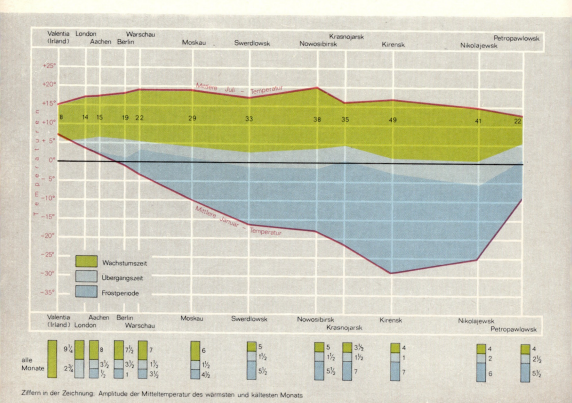

Siedlung im kanadischen Waldgürtel. *Geben Sie nach dem Grundriß des Ortes und nach der Bauweise der Häuser an, wann etwa der Ort gegründet worden ist! Welche Verkehrsmittel stehen den Einwohnern zur Verfügung, um z. B. nach Toronto zu gelangen?*

Diese Mischwaldzone wird nach Osten zu schmaler und läuft am Ural keilförmig aus (vgl. S. 81). Im Norden und Osten dieses Keiles gehen die Mischwälder in die binnenländischen Nadelwälder und im Süden in die Steppen über. Im Winter herrschen bei hohem Luftdruck klare, windstille Tage vor, aber auch im Sommer ist die Luftbewegung gering. Die Niederschläge fallen besonders im Sommer, wenn sich bei der großen Wärme örtliche Hitzetiefs bilden, die Gewitter hervorrufen. Im osteuropäischen Nadelwald beträgt die jährliche Niederschlagshöhe etwa 50 cm, in der sibirischen Taiga kaum 25 cm, und bei Werchojansk sinkt sie auf 10 cm ab.

Trotzdem wächst hier noch Wald, weil der Winter lang und die Verdunstung gering ist und die Regen sich über die frostfreien Monate verteilen. Die jährlichen Temperaturschwankungen betragen in Sibirien im Mittel 45 bis 65° C, haben aber auch schon 80° C erreicht; dagegen sind die mittleren Julitemperaturen mit 21° C höher als bei uns. Die mittlere Jahrestemperatur, die unter 0° C liegt, zeigt aber, daß die hohe Sommerwärme die Kälte des Winters nicht ausgleichen kann. Kein Wunder, daß bei solcher Kälte der Boden bis zu 200 m Tiefe vereist!

Die Böden. Auf den in der Eiszeit von den Gletschern abgehobelten Felsen hat sich seit dem Rückgang des Eises nur eine dünne Decke Verwitterungsschutt gebildet. Pflanzen können dort wachsen, wo das Wasser das lockere Material in kleinen Vertiefungen zusammengeschwemmt hat; die Torfmoose sind dabei wichtige Bodenbildner. Die diluvialen Aufschüttungsböden sind, vor allem in der Nadelwaldzone und in den Heidegebieten zu nährstoffarmer *Bleicherde* ausgewaschen worden, unter der eine harte *Ortsteinschicht* liegt. Weiter im Süden und Westen, im Gebiet der ursprünglichen Laubwälder, hat sich aus den diluvialen Aufschüttungen und aus den südlicher gelegenen verwitterten Oberflächen der alten Gebirge eine fruchtbare, nährstoffreiche *Braunerde* gebildet. Die *Schwarzerde* dagegen stammt aus einer früheren Klimaperiode mit Steppenklima.

In den *Tundren* Eurasiens und den *Barren Grounds* Nordamerikas geht die Sonne im Winter wochenlang nicht auf, im Sommer wochenlang nicht unter.
Im Frühling sickert das Tauwasser die geringen Höhen herab, sammelt sich oft in abflußlosen Seen. Bald schießen die mehrjährigen Pflanzen hervor.

Die ozeanischen Laub- und Mischwälder Mitteleuropas mit überwiegend Laubbäumen im Süden und Westen, mehr Nadelbäumen im Norden und Osten, waren bis in das Mittelalter hinein wild und unzugänglich. Nur auf den Lößböden und auf anderem wasserdurchlässigem Untergrund gab es lichten Wald oder offene *Steppenheiden*. *Wiesenmoore* und schwer passierbare *Weiden- und Erlenbrüche* erfüllten die Talauen der verwilderten Flüsse. Die üppigsten ozeanischen Wälder wachsen heute in dem regenreichen, nebligen Klima Westpatagoniens und Neuseelands mit meist immergrünen Bäumen, mit Bambusdickichten, Baumfarnen, Lianen und Epiphyten. Geschlossene Wälder überkleiden auch die Westküste Nordamerikas.

Die kontinentalen Nadelwälder Eurasiens reichen mit Kiefern, Fichten und Birken, Zirbelkiefern und Lärchen vom Mischwaldkeil bis an den Pazifik und überkleiden in Nordamerika in gleicher Breite die Flächen vom Ostrand der Kordilleren bis an den Atlantik.

Die Bedeutung der Waldländer für den Menschen. Die dichten Wälder im westlichen und mittleren Teil der Alten Welt sind zugunsten von Kulturland abgeholzt, und wo es sie noch gibt, ist aus ihnen ein Forst geworden. Heute sind die Kulturlandschaften West- und Mitteleuropas das Ergebnis der jahrtausendealten Arbeit der Bauern und Städter: Die Formen der Siedlungen, die Aufteilung der Felder, die Anlage der Höfe und Häuser sind Urkunden, die den Gang der Umwandlung der Naturlandschaft in die Kulturlandschaft erkennen lassen.

Klima und Boden zwangen die Bauern von jeher, sich der Natur anzupassen. In den milden Niederlanden ist die Vegetationsperiode zum Beispiel sehr viel länger als etwa an der Wolga. Die Bauern können auf den Böden der fruchtbaren Börden oder auf den braunen Waldböden im Süden bei gleichem Arbeitsaufwand weit höhere Erträge erzielen als auf den mageren Bleichsandböden. Erst die neuzeitliche Technik hat hier eine ertragreiche Forstwirtschaft und einen ergiebigen Ackerbau ermöglicht. Im Norden gibt es keine weiten Ackerflächen: Äcker und Wälder durchdringen sich; hier werden die Felder allmählich zu Inseln im Walde.

Die Agrarlandschaften in den zu Kulturland verwandelten Waldländern zeigten noch vor 100 Jahren in großen Teilen der Alten Welt eine buntscheckige Vielfalt kleiner Felder, die mit den verschiedensten Früchten bestellt waren, in der Neuen Welt weite, große Flächen, auf denen die gleichen Früchte angebaut wurden. Europa ist mit den Nachteilen einer altüberkommenen Besitz- und Wirtschaftsordnung belastet, die Neue Welt konnte, frei von aller Tradition, neue Besitz- und Wirtschaftsformen entwickeln.

Die Bodenschätze. Die ursprünglichen Waldländer Eurasiens und Nord-Amerikas bergen reiche Bodenschätze, vor allem Kohle, Salz und Erze aller Art. Die West- und die Mitteleuropäer haben die Bodenschätze West- und Mitteleuropas erschlossen. Erst in allerjüngster Zeit ist es dank den Errungenschaften der modernen Technik möglich geworden, daß die Menschen in die unbewohnten *Wälder des Nordens*, ja, in die *Tundren Eurasiens und Kanadas* eindringen, um dort die Bodenschätze zu suchen und zu fördern. So werden die menschenleeren Nadelwälder und die Tundren Kanadas und Eurasiens zu wichtigen *Ergänzungsgebieten* der weiter südlich gelegenen *Industrieländer*. Nur in engem Zusammenhang mit diesen kann im hohen Norden Bergbau getrieben werden. Alles, was der hier arbeitende Mensch zum Leben und für seine Arbeit braucht, muß aus dem Süden herbeigeschafft, alles, was er an Produkten gewinnt, muß in den Süden abtransportiert werden.

Ehe die Kanadier, die Nordeuropäer und die Russen diese Arbeiten in Angriff nahmen, lebten im hohen Norden nur wenige Menschen als Jäger, Fischer und Rentierzüchter, die sich der harten Natur in bewundernswerter Weise angepaßt hatten. Aber sie vermochten die Bodenschätze der weiten Länder weder zu finden noch zu nutzen.

Die Tundren
(D I: 158 f. – D II: 72. – L: 151. – UW: 70. – H: 61.)

Wo die Vegetationsdauer polarwärts unter drei Monate sinkt, beginnt der Landschaftsgürtel der Tundra. In Eurasien wie in Nordamerika begleitet er die Küsten des Eismeeres; auf der Südhalbkugel kommt er nur inselhaft vor. Holzgewächse, wie die Gebüsche von Zwergweiden und Zwergbirken, schmiegen sich an günstigen Stellen in windgeschützten Mulden dicht an den Boden. Moose und Flechten sind hier Charakterpflanzen. Sie leiten in die Kältewüsten der Polargebiete über.

Flächen, Einwohnerzahlen und wichtige Erzeugnisse der Landschaftsgürtel (1962 bzw. frühere Jahre)

	Fläche Mill. km²	Einwohner Mill.	Getreide[1] (Mais) Mill. t	Reis (Hirse) Mill. t	Knollenfrüchte[2] Mill. t	Zucker, Mill. t	Pflanzliche Fette u. Öle[3], Mill. t	Baumwolle Mill. t	Rundholz Mill. m³	Natur-Kautschuk, Mill. t	Wolle, Mill. t
Tropischer Regenwald	14	260	— (7)	26 (1)	52	16	2,5	0	300	2	—
Tropische und subtropische Savannen und Grasländer	31,7	296	13 (16)	2,2 (30)	46	4	2	1,7	30	0	0,6
Tropische und subtropische Wüsten	16,7	50	2 (2)	2,2 (1)	0,5	1	0,5	0,5	—	—	0
Tropische Monsungebiete	7,2	740	18 (6)	93 (15)	10	6	3,5	3,5	30	0,3	0
Subtropische Winterregengebiete	3,7	180	45 (11)	2,3 (2)	12	2	1,7	1,8	30	—	0,7
Subtropische Sommerregengebiete	9,8	970	120 (70)	122 (20)	70?	7	5,6	6	260	—	0,3
Steppen der gemäßigten Breiten	14,5	200	170 (45)	0,1 (5)	15	12	2,8	3	—	—	0,7
Waldländer der gemäßigten Breiten	26,6	600	190 (75)	— (1)	220	12	0,8	—	1087	—	0,3
Tundren	7,9	3–4	— (—)	— (—)							

Alle Zahlen sind mehr oder weniger stark auf- oder abgerundet.
 0 bedeutet: ganz geringfügige Erzeugung.
 ? bedeutet: Erzeugung unbekannt.
 [1] Weizen, Roggen, Gerste, Hafer
 [2] Kartoffeln, Bataten (Süßkartoffeln), Yams, Maniok
 [3] Baumwollsaat-, Lein-, Raps-, Sesam-, Palm-, Palmkern-, Kokos-, Erdnuß-, Oliven- und Sojabohnenöl

Zahlenangaben: Bei den Zahlenangaben für die Klimazonen ist zu beachten, daß die Grenzen der Zonen vielfach vereinfacht werden mußten mit Rücksicht darauf, daß die Zahlenunterlagen meist nur staatenweise greifbar sind. Kleine und unwichtige Teile einer Klimazone, die in einen Staat oder eine Staatengruppe hineinragen, mußten daher bei der Berechnung unter Umständen außer acht gelassen werden.

Die industriereichen Großräume der Nordhalbkugel

1. Vergleichen Sie Anglo-Amerika, Sowjetunion und Bundesrepublik in bezug auf: a) die Fläche, b) die Einwohnerzahl, c) den Bevölkerungszuwachs pro Jahr, d) die Größe der Ackerfläche! – Vergleichen Sie nur die Größenordnungen! Berücksichtigen Sie, daß die BRD der volkreichste Staat Europas ist, wenn man von der Sowjetunion absieht! – 2. Welcher Breitenkreis mit besonderem Namen geht durch den Norden der Sowjetunion, Alaskas und Kanadas? – 3. Durch welche Orte Anglo-Amerikas und der Sowjetunion geht a) der 60., b) der 50., c) der 40. Breitenkreis? – 4. Bis zu welcher Breite reichen die USA und die Sowjetunion nach Süden?
(D I: 72, 90, 122. D II: 38, 48, 58. – L: 88, 97, 130. – UW: 38, 45, 60. – H: 32, 44, 50.)

Die wirtschaftlich und politisch wichtigsten Großräume unserer Zeit liegen in den *mittleren Breiten* der Nordhalbkugel. Sie verfügen über Industrien in einer Vielzahl und Vielseitigkeit wie sonst keine anderen Gebiete der Erde von ähnlicher Ausdehnung.

Drei Hauptregionen setzen den industriereichen Landgürtel der nördlichen Mittelbreiten zusammen. Besonders große Flächen nehmen zwei von ihnen ein: Anglo-Amerika, bestehend aus den USA und Kanada (S. 46), und die Sowjetunion (S. 81). Das sind zugleich die beiden Großräume, die heute an politischer und wirtschaftlicher Macht alle anderen überragen. Zwischen ihnen liegt – mit viel kleinerer Fläche, dazu staatlich und politisch stark zersplittert, aber auch sehr volkreich – die Westhälfte Europas, Europa westlich der Sowjetunion (S. 65).

Nach Fläche, Bevölkerungszahl und Ausmaß der landwirtschaftlichen Nutzfläche gehören Anglo-Amerika und die Sowjetunion zur gleichen Größengruppe. Ein Vergleich mit den Zahlen der Bundesrepublik zeigt, wie erheblich der Unterschied zu den uns im westlichen Europa geläufigen Größenordnungen ist.

Die Nord-Süd-Ausdehnung Anglo-Amerikas und der Sowjetunion: Betrachten wir die Lage Anglo-Amerikas und der Sowjetunion im Gradnetz der Erde und im Gefüge der Landschaftsgürtel, so ergibt sich zunächst ebenfalls viel Gemeinsames: Beide reichen nach Norden noch erheblich über den Polarkreis hinaus. Große Gebiete liegen daher bei beiden in der menschenleeren Tundra und im menschenarmen nördlichen Nadelwald. Nach Süden schließt sich die Zone des Kulturlandes an, in der sich die ertragreichsten Kornkammern der Erde und riesige Viehweiden ausbreiten.

Anglo-Amerika reicht allerdings weiter nach Süden als die Sowjetunion. Auf der Breite von St. Louis–Washington, etwa in der W-O-Mittellinie der USA, liegen bereits die südlichsten Grenzbezirke der Sowjetunion. In den USA läuft der 40. Breitenkreis durch das ergiebigste Ackerland, in der Sowjetunion durch die Wüsten Turans, wo Ackerbau nur mit Hilfe künstlicher Bewässerung möglich ist. Aber beiden Staaten dient der Süden als Baumwolland. Die Sowjetunion erntet dort genug Baumwolle für den eigenen Bedarf, die USA sogar noch weit mehr, als sie selbst verbrauchen können.

Die industriereichen Großräume der mittleren Nordbreiten				
	Fläche Mill. km²	Einwohner Mill. 1966	Bevölkerungszuwachs pro Jahr in Mill.	Ackerland in Mill. ha
USA	9,36	197	2,3	184,9
Kanada	9,98	20	0,3	41,8
Angloamerika	19,34	217	2,6	226,7
Sowjetunion	22,40	233	2,6	230,3
BRD zum Vergleich	0,25	60	0,4	8,2
Europa, ohne SU und Türkei	4,93	447	3,0	160,0

1. a) Welche Niederschlagsgebiete (siehe farbige Vorsatzkarte) entsprechen dem hier abgebildeten natürlichen Waldbereich Angloamerikas? b) Welche Ursachen hat die Waldlosigkeit der übrigen Niederschlagsgebiete Angloamerikas? – 2. a) Welche Waldarten gibt die Vegetationskarte des Atlas für die hier mit a, b, c und d gekennzeichneten Bereiche an? b) Beschreibe die Verbreitung dieser Waldarten für das Gebiet Eurasiens! – 3. a) Welche Waldgebiete sind vom Menschen seit 1620 besonders nachhaltig in Kulturland umgewandelt worden? (Vgl. dazu mit der Landwirtschaftskarte des Atlas!) b) Wo sind in diesen Gebieten noch bedeutende Restwälder übriggeblieben? c) Vergleiche die Ergebnisse mit den Verhältnissen in Eurasien! – 4. a) Welchen Pflanzenwuchs zeigt die Vegetations-Karte des Atlas für die hier mit 1, 2, 3, 4 bezeichneten Bereiche an? b) Beschreibe die Verbreitung dieser Vegetationsarten für das Gebiet Eurasiens!

Landschaftsvergleich zwischen Nordamerika und Eurasien

1. Messen Sie die West-Ost-Erstreckung der Festländer Nordamerikas und Eurasiens längs 50° Nord! – 2. Vergleichen Sie die Hochgebirgsgürtel in Nordamerika und in Eurasien a) nach der Lage in ihrem Festland, b) nach der Richtung der Hauptgebirgsachse! – 3. Berichten Sie über die Niederschläge in den USA und in der Sowjetunion! Stellen Sie besonders Ausdehnung und Lage der Feucht- und der Trockengebiete fest! – 4. Berichten Sie über die Januar- und Juliisothermen in Nordamerika und in der Sowjetunion längs des 60. und 50. Breitenkreises! – 5. Vergleichen Sie aufgrund der Atlaskarte das Klima Ostasiens und des östlichen Nordamerikas zwischen dem Wendekreis und dem 50. Breitenkreis! (Wie S. 36, dazu: D I: 89 I–III, 126 I–IV. – D II: 39, 73. – L: 96, 100, 134. – UW: 85/86. – H: 60, 61, 62.)

Will man die Landschaftsgliederung Nordamerikas genauer verstehen, dann darf man den Vergleich nicht auf die Sowjetunion beschränken, sondern muß ihn auf ganz Eurasien ausdehnen. Dabei fallen sofort zwei Unterschiede zwischen den beiden Festländern auf: Nordamerika ist von West nach Ost viel weniger ausgedehnt als Eurasien, und seine *Hauptgebirgsachse* verläuft im Gegensatz zu der Eurasiens *von Nord nach Süd*.

Beides hat wichtige Folgen. In Europa streicht der *Faltengebirgsgürtel west-östlich und scheidet den gemäßigten vom subtropischen Klimabereich*. In Nordamerika aber können regelmäßig sommerliche Hitzewellen durch die breite Tieflandzone weit nach Kanada eindringen, und umgekehrt haben im Winter die heftigen Schneestürme bis zum Golf von Mexiko freie Bahn. In Europa wiederum vermögen die regenbringenden Westwinde weit in den Kontinent hinein ihre Niederschläge zu schütten, während die Kordilleren Nordamerikas sie schon nahe der Westküste abfangen.

Dem regenreichen Westen Europas entspricht also klimatisch nur der schmale Küstensaum am Großen Ozean. Wie Nordeuropa besitzen Alaska und Britisch-Columbia Fjorde mit Nadelwald am Küstensaum. Nach Süden steigt wie in Europa die Waldgrenze an, und Laubbäume mischen sich allmählich in den unteren Höhenlagen dem Nadelholz bei.

In der Alten Welt beherrscht das Mittelmeerklima einen großen Länderraum, in Nordamerika dagegen nur den schmalen Küstenstreifen Kaliforniens. Die Halbinsel Niederkalifornien liegt bereits im Wüstengürtel. Hier weht der trockene Nordostpassat.

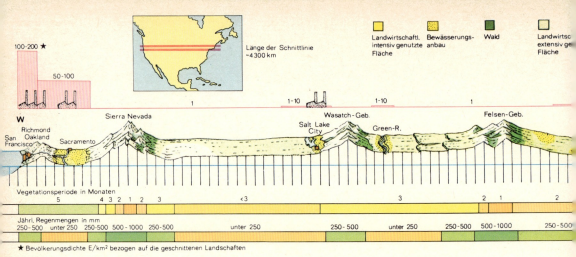

Die Hochebenen und Becken zwischen den Küstenketten der Kordilleren und dem hochragenden Felsengebirge im Osten sind ebenfalls Dürregebiete, da sie im Regenschatten der westlichen Randgebirge liegen. Salzseen füllen die tiefsten Senken aus. Nur die hohen Ketten des Felsengebirges tragen Wald. An ihnen entlädt der Westwind seine letzten Niederschläge: dann fällt er als warmer, durstiger Föhn auf die Great Plains, die weiten Ebenen am Ostfuß der Kordilleren hinab und trocknet sie aus.

Die nord-südliche Richtung der Hochgebirgsschranke begründet also auch die nord-südliche Ausdehnung des Trockenlandes, während in der Ostfeste der Wüstengürtel vorwiegend west-östlich verläuft.

Das Kulturland in der Osthälfte der USA erhält im Sommer seine Niederschläge von südöstlichen Meereswinden. Diesen entspricht wie in Ostasien ein kalter, aus dem Landinnern nach SO wehender Winterwind. Bis etwa 100 Grad westlicher Länge reichen die Regen dieses Windsystems für ständigen Anbau aus. In den Prärien zwischen dem Mississippi und dem hundertsten Meridian wuchsen ursprünglich hohe Steppengräser. Östlich des Stromes grünte einst geschlossener Wald. Er verband den Tropenwald Südfloridas über die artenreichen Laub- und Mischwälder der Appalachen lückenlos mit den nördlichen Nadelwäldern Kanadas; diese Landschaftsgliederung entspricht derjenigen Ostasiens. (D I, 126 III, IV.)

Anglo-Amerika (USA und Kanada)

Herkömmlich teilt man das amerikanische Festland in die Erdteile Nord-, Mittel- und Südamerika. Dabei dienen die schmalsten Stellen des Kontinents, die Landengen von Tehuantepec (Mexiko) und von Panama als Trennlinien.

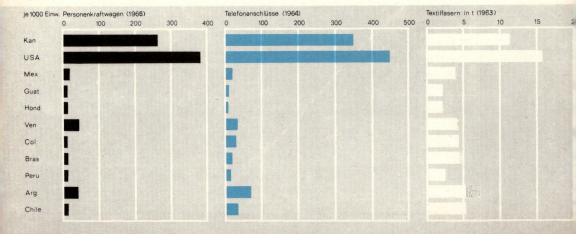

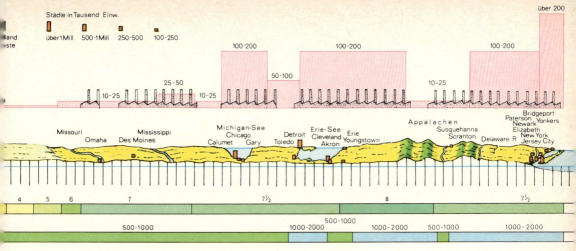

Das ist eine rein äußerliche Gliederung. Als Scheidelinie sagt die Nordgrenze Mexikos weit mehr aus. Sie teilt *Anglo-Amerika*, den sprachlich, kulturell und wirtschaftlich vorwiegend durch Angelsachsen geprägten Erdteil, von *Ibero-Amerika*, dessen kulturelles und wirtschaftliches Leben die iberischen Völker Europas und in räumlich und zeitlich wechselndem Anteil die indianische Bevölkerung gestalteten. Wie sehr sich die Lebensverhältnisse der Menschen in Anglo- und Ibero-Amerika unterscheiden, machen die Diagramme S. 46 und die Tabelle S. 47 an Beispielen deutlich. Sie zeigen, wo die Grenze zwischen den beiden großen Lebensbereichen der Neuen Welt liegt. Die Tabelle stellt vergleichbare Werte für die beiden wichtigsten Staaten Anglo- und Ibero-Amerikas zusammen: die USA und Brasilien. Von gleicher Größenordnung sind nur ihre Staatsflächen. Die Unterschiede in der Naturausstattung und in deren Nutzung bewirken aber erheblich voneinander abweichende Möglichkeiten der wirtschaftlichen Lebensgestaltung für den Durchschnitt der Bevölkerung.

Anglo-Amerika ist ein Erdteil mit überquellender Produktionskraft. Seine Bevölkerung besitzt den höchsten Lebensstandard. Die Grenze am Rio Grande del Norte kennzeichnet also zugleich den Abfall von der Überschußwirtschaft des hochindustrialisierten Anglo-Amerika zur Mangelwirtschaft in den noch nicht genügend industrialisierten Ländern Ibero-Amerikas.

Vergleich USA und Brasilien

1966	Fläche Mill. km²	Einwohner Mill.	Ausfuhr je Kopf in DM	Einfuhr	Produktion Verbrauch je Kopf und Jahr in kg Stahl	Fleisch	Eier	Getreideerzeugnisse
USA	9,4	197	608	546	656	103	18	66
Brasilien	8,5	85	83	68	39	28	4	113

1. Wieviel mal größer ist a) die Ausfuhr, b) die Einfuhr je Kopf in den USA gegenüber Brasilien? — 2. a) Wieviel Personenkraftwagen kommen auf 1 000 Menschen in den USA und in Brasilien? b) Wieviel Menschen kommen auf einen Personenkraftwagen in den USA und in Brasilien (vgl. Diagramm S. 46)? — 3. a) Für welche Nahrungsmittelgruppe weist der Verbrauch je Kopf in Brasilien einen höheren Wert auf als in den USA? b) Wie ist das zu erklären?

Entwicklung von Volk und Raum in Anglo-Amerika

Was Anglo-Amerika heute ist, verdankt es seinen europäischen Einwanderern. Zu Beginn waren das vor allem solche aus Westeuropa, die von der gemäßigten Zone der Neuen Welt am meisten angezogen wurden. Die iberischen Völker Europas dagegen wandten sich dem vom Passat überwehten subtropischen und tropischen Bereich Amerikas zu. Sie schlugen in den Gebieten, die ihnen zufielen, andere Wege ein als die Westeuropäer. Mit größtem Nachdruck beuteten sie die Vorkommen von Edelmetallen aus und spannten dazu viele Indios als Zwangsarbeiter ein. Erst in zweiter Linie legten sie an geeigneten Küsten Zuckerrohrplantagen an. Die Westeuropäer dagegen schufen in erster Linie *Siedlungs-* und nicht *Ausbeutungskolonien*. Darin sind viele Gegensätze zwischen Anglo- und Ibero-Amerika begründet.

In den ersten Jahrhunderten nach der Entdeckung Amerikas blieben die meisten der kleinen Kolonien in enger Abhängigkeit von ihren verschiedenen europäischen Mutterländern. 1783 lösten sich als Kerngebiet der heutigen USA die dreizehn *Staaten* an der Ostküste von der Britischen Krone, während Kanada, das England 1763 von Frankreich erobert hatte, unter dieser verblieb. Daraus erklärt sich die heutige staatliche Zweiteilung Anglo-Amerikas.

Aber auch *zwischen dem Norden und dem Süden der USA* bildete sich *ein scharfer Unterschied* heraus. In das Land nördlich des Potomac kamen die Einwanderer als Bauern. Landeinteilungsgesetze (ab 1785) verhinderten, daß sich dort Großgrundbesitz bildete. Viele amerikanische Farmer hatten ihre europäische Heimat ja gerade wegen der unerträglichen sozialen Nöte auf dem Lande verlassen. Südlich des Potomac dagegen entwickelte sich nach dem Beispiel der spanischen und französischen Plantagenwirtschaft (insbesondere auf den Westindischen Inseln) ein Großgrundbesitz; die Arbeit leisteten Negersklaven.

Das Rassenproblem. Den Pflanzern des Südens schien die Sklavenhaltung unentbehrlich für die Wirtschaft; den „Yankees" im Norden war sie ein Hohn auf ihr politisches Ideal der „Freiheit gegen Unterdrückung". Schließlich machte der Sieg der Nordstaaten im amerikanischen Bürgerkrieg (1861–1865) der Sklaverei ein Ende. Die Neger blieben indessen als Landarbeiter im Süden – verachtet, sozial scharf von den Weißen getrennt und sofort nach dem Abzug der nordstaatlichen Besatzungstruppen wieder ihres Wahlrechts beraubt. Im Norden fanden nur wenige eine passende Beschäftigung, bis der erste Weltkrieg die Weißen zur Fahne rief und ihre Arbeitsplätze neu zu besetzen waren. Im zweiten Weltkrieg ergoß sich wiederum eine Welle von Süd nach Nord und vom Lande in die Stadt. Besonders seit die Mechanisierung der Baumwollernte viele schwarze Arbeitskräfte überflüssig machte, setzte ein starker Zug arbeitsuchender Neger in die Industriestädte ein.

In den letzten Jahren hat sich das Rassenproblem in den USA sehr verschärft:

1. Es gibt kaum noch eine größere Stadt ohne Negerbevölkerung. Rund ein Drittel der Neger lebt jetzt außerhalb des Südostens der USA.

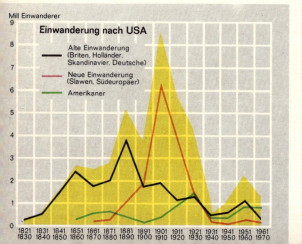

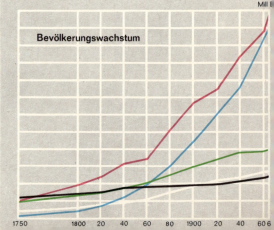

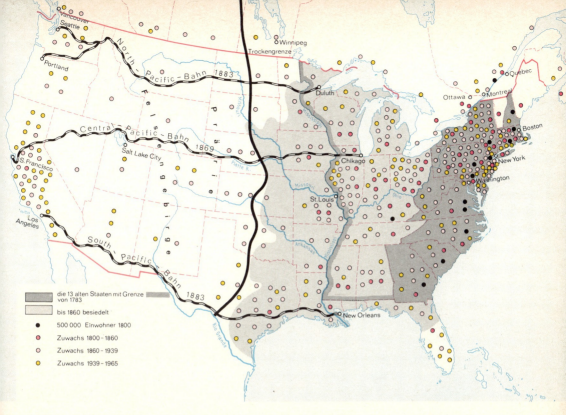

2. Das Wirtschaftsleben der USA kennt keine Vollbeschäftigung. Aber es sind weit mehr Neger arbeitslos als ihrem Bevölkerungsanteil entspricht. Daran sind nicht nur rassische Vorurteile von Betriebsleitungen oder Gewerkschaften schuld, sondern auch mangelhafte Vorbildung, Leistungs- oder Anpassungsfähigkeit vieler Neger.

3. Seit Generationen sozial und wirtschaftlich gedemütigt, leben viele Neger ohne Bildungs- und Fortschrittsstreben. Der ständig Vernachlässigte vernachlässigt sich selbst, seine Wohnung wird zum verwahrlosten Slum, seine Kinder bleiben ohne Erziehung. Aus 2. und 3. schließt sich ein für viele auswegloser Teufelskreis. In gehobene Sozialschichten aufzusteigen gelang bisher nur einer kleinen Zahl.

4. Wenn es einer Negerfamilie glückt, eine Wohnung in einem „weißen" Häuserblock zu mieten, dann ziehen die Nachbarn aus. Die Furcht vor einer Slumnachbarschaft ist maßgeblich dafür. So verbreitet sich das Negerviertel wie ein Ölfleck, wird gemieden von den Weißen und begrenzt sich nach außen durch die „Colour-Bar". Das Überschreiten dieser Rassenschranke wird dem Fremden dadurch bewußt, daß er plötzlich nur noch Farbige um sich sieht.

5. Abgeschlossen und ausweglos zu leben, hat die Neger lange Zeit in stumpfer Ergebenheit gehalten. Als noch Jahrzehnte nach der Aufhebung der Sklaverei keine sozialen Fortschritte zu spüren waren, traten schwarze und weiße Politiker energisch für das Ziel einer echten Partnerschaft ein. Sie erreichten schrittweise Erfolg, vor allem in der Gesetzgebung des Bundes, die den Neger schließlich zum formal gleichberechtigten Mitbürger machte. Dieses bedeutet den weißen Extremisten, vor allem in den Südstaaten, ein Vielzuviel, den jungen schwarzen ein Vielzuwenig. Die Radikalisierung beider Seiten hat sich zur nationalen Gefahr aufgetürmt. Radikale Negerorganisationen stifteten Rassenunruhen an: Aufstände mit Zerstörung, Plünderung, Todesopfern. Ihre Führer verlangen das Gebiet von vier Südstaaten der USA als eigenen, abgegrenzten Siedlungsraum. Um ihre Ziele durchzusetzen, werden sie – nach ihrer Ankündigung – vor Anwenden von Gewalt, Revolution oder Bürgerkrieg nicht zurückschrecken.

Die USA als Schmelztiegel. Während die harmonische Eingliederung der Neger aussteht, gelang das Zusammenfügen der verschiedenen europäischen Einwandererströme so reibungslos, daß man die USA als Schmelztiegel bezeichnete. Engländer, Skandinavier, Niederländer und Deutsche wurden und werden noch heute häufig schon in der Einwanderergeneration zu bewußten Amerikanern.

Als um 1890 der Zustrom aus diesen Nationen, von den Amerikanern „alte Einwanderung" genannt, nachließ, setzte eine noch kräftigere Welle aus Süd- und Osteuropa ein. Die Menschen dieser „neuen Einwanderung" ließen sich nicht so schnell assimilieren, meist erst in der ersten oder der zweiten im Lande geborenen Generation. Die eingewanderten Italiener, Polen usw. unterschieden sich sprachlich und zivilisatorisch stärker von den Anglo-Amerikanern als die Angehörigen der „alten Einwanderung".

Ohne die starke Einwanderung und die Fähigkeit der Einwanderer zur Assimilation hätte Anglo-Amerika seine führende Stellung nicht gewinnen können. Nach dem ersten Weltkrieg schien der große Menschenbedarf der USA gesättigt. Ab 1924 drosselten Gesetze die Masseneinwanderung. Jede Nation erhielt bestimmte Quoten zugebilligt. So sollte vor allem unerwünschter Zuzug, etwa aus Ostasien, ferngehalten werden. Eine Quotenbegrenzung konnte jedoch nicht gegen die den USA gehörende Antilleninsel Puerto Rico angewandt werden. Von dort kamen in den letzten Jahrzehnten mehrere hunderttausend Menschen in die Küstenstädte des Ostens, vorzugsweise nach New York – ungeschult, bettelarm und kinderreich.

Der Zug nach dem Westen: Über viele Generationen hin lebten die weißen Bewohner Anglo-Amerikas fast ausschließlich im Küstenstreifen am Atlantischen Ozean. Im 19. Jh. weitete der *„Zug nach dem Westen"* ihren Lebensraum bis zur fernen pazifischen Küste aus. In Kalifornien überrollte er mühelos die Kolonisationsspitzen der Russen, die von Alaska, und der Spanier, die von Mexiko bis hierher vorgestoßen waren. Wegen der Unwiderstehlichkeit, mit der die Pioniere die anglo-amerikanische Siedlungsgrenze Zug um Zug westwärts schoben, wurde die große *Binnenwanderung* im Bewußtsein der USA mehr noch als der Befreiungskrieg zur heroischen Periode der Nation. Die Binnenwanderung ist noch nicht beendet. Das Ballungsgebiet im Nordosten der USA weitet sich zusehends westwärts aus. Die Bevölkerungszunahme der Vereinigten Staaten von jährlich rund zwei bis drei Millionen Menschen kommt vor allem den Gebieten der Mitte und des Westens zugute.

An der Westküste wachsen prächtige Wälder von hoch- und geradstämmigen Nadelhölzern. Sie liefern vorwiegend das Schnittholz für die Fertighäuser, in denen viele Familien Anglo-Amerikas wohnen.

Die Landnutzungszonen Kanadas

Von der riesigen *Ausdehnung* Kanadas und der USA können wir uns aus der räumlichen Enge Westdeutschlands kaum eine richtige Vorstellung machen. Die Fläche jedes der beiden anglo-amerikanischen Staaten ist für sich allein fast so groß wie die Europas, gemessen bis zur herkömmlichen Ostgrenze am Ural.

Anders steht es beim Vergleich der Bevölkerungszahlen. Die Bevölkerungsdichte Europas ohne die Sowjetunion ist über viermal so groß wie die der USA und mehr als vierzigmal so groß wie die Kanadas.

Nur im südlichen Grenzstreifen Kanadas liegen große *Städte* und gibt es weitflächigen *Ackerbau*. Kanada ähnelt somit Sibirien, wo sich auch an einen schmalen Siedlungsstreifen im Süden der riesige Gürtel der nördlichen Nadelwälder anschließt, den polwärts der noch unwirtlichere Tundragürtel ablöst (D I 158).

Der Nördliche Nadelwald. Kanadas *Waldfläche* ist 60mal größer als die der Bundesrepublik und übertrifft auch die Waldfläche der USA erheblich. Im Export Kanadas stehen Holz, Zellulose und Zeitungspapier an erster Stelle. Während die Weizenausfuhr auf scharfen Wettbewerb anderer Länder stößt, ist eine Sättigung des Weltmarktes mit Holz und Holzerzeugnissen kaum zu befürchten.

Die kanadischen Wälder ziehen sich in einem 1000–1500 km breiten Streifen von Küste zu Küste. Nur das südliche Drittel der Wälder wird heute genutzt; dort wachsen allerdings 60% des Holzes. Das nördlich anschließende Drittel wird als Reserve angesehen, und das polnächste kann zur Zeit wegen der Verkehrsferne und des geringen Holzertrages je Flächeneinheit noch nicht genutzt werden. Die Wälder sind fast alle Staatsbesitz. Die Regierung vergibt das Recht zum Abholzen an Unternehmen, die mittels ihres Maschinenparkes von Motorsägen, Traktoren, Winden und Abfuhrbahnen riesige Schneisen in die Wälder legen. Die Lizenz zum Kahlschlagen einer Quadratmeile (2,56 km²) kostete vor 100 Jahren 5 Kanadische Dollar, heute 100 000. Der größte Teil des Einschlags wird, zu Holzschliff, Zellstoff und Papier verarbeitet, in die USA exportiert. Zeitungen sind die Hauptabnehmer.

Die Landwirtschaftsgebiete Kanadas. Für großflächigen Ackerbau kommen in Kanada nur zwei Gebiete an der Südgrenze in Frage. Sie schließen dort an ähnlich geartete Wirtschaftszonen der USA an (vgl. Tab. S. 52).

Der Weizenanbau auf der Prärie ist kostensparend organisiert. Ein offener Lastwagen bringt das Korn vom fahrenden Mähdrescher zu den Silos an der Eisenbahn, von wo es nach Marktlage weiter verfrachtet wird.

Landnutzung in Mill. ha und Erntemenge in Mill. t (1966) (vgl. Tab. S. 44)			Weizen		Roggen		Mais	
	Wiesen u. Weiden	Wald	Fläche	Erntemenge	Fläche	Erntemenge	Fläche	Erntemenge
USA	255	259	20,2	35,7	0,5	0,7	23,0	104,2
Kanada	21	443	12,3	23,0	0,3	0,4	0,3	0,6
Sowjetunion (1965)	370	880	70,2	59,6	16,0	16,1	rd. 13	19,7
BRD	6	7	1,4	4,5	1,0	2,7	0,03	0,13
Europa ohne SU und Türkei	118	147	27,6	63,3	8,7	16,3	8,4	29,5

Das kanadische Ackerland ist trotz der räumlichen Beschränkung immerhin mehr als fünfmal so groß wie das der Bundesrepublik. Da die Einwohnerzahl nur ein Drittel der westdeutschen beträgt, gehört Kanada zu den großen Exportländern an Lebensmitteln – wenn auch der Weizenhektarertrag mit 16,5 dz/ha im Durchschnitt der Jahre 1963–1966 weit unter dem unsrigen (33,6 dz/ha) bleibt.

Im kanadischen Kernland um den St.-Lorenz-Strom und die östlichen der Großen Seen (mit zum Teil *franko-kanadischer Bevölkerung*, die hier seit dem 18. Jh. ansässig ist) treiben die Bauern eine *vielseitige Landwirtschaft*. Milch-, Obst- und Gemüseerzeugung stehen an erster Stelle. Zwischen Erie- und Ontario-See gibt es kilometerweite Apfelplantagen; ein Teil der Ernte wird exportiert. Für den Weltmarkt ist jedoch *die Prärie westlich der Großen Seen* am wichtigsten. Dort liegen zwei Drittel der kanadischen Ackerfläche, dort wächst der *Weizen*, der Kanada zeitweise zum bedeutendsten Ausfuhrland für dieses Getreide machte. Die kanadischen Farmer versorgen in guten Jahren etwa 40–50 Mill. Menschen in Übersee mit Weizen, also zweieinhalbmal so viele Menschen, wie in Kanada selbst wohnen. Jede *Monokultur* ist allerdings von der Nachfrage und den Preisen auf dem Weltmarkt außerordentlich abhängig.

Es wäre nun falsch, aus diesen Überschüssen zu folgern, daß Kanada nach seinem Sozialaufbau ein Agrarland sei. Im Jahr 1901, als die Weizenfarmen in der Prärie längst noch nicht die heutige Bedeutung hatten, waren etwa 40% aller Berufstätigen in der Landwirtschaft beschäftigt; 1966 waren es nur noch 8%, die aber nicht nur ihr Land, sondern noch viele Millionen Menschen jenseits des Ozeans mit Lebensmitteln versorgten. Das ist ein eindrucksvoller Beweis dafür, wie viele Arbeitskräfte die Mechanisierung der Landwirtschaft frei gemacht hat.

Die Landnutzungszonen der USA

Der Milchgürtel (Dairy Belt). Im Bereich der großen Menschenballung des Nordostens der USA tritt die Landwirtschaft ganz hinter der Industrie zurück. Wiesen und Grünfutterflächen breiten sich zwischen Siedlungen, Fabriken, Verkehrsbändern und Stadtrandfarmen. Sie gehören zu dem Milchwirtschaftsgebiet, dem

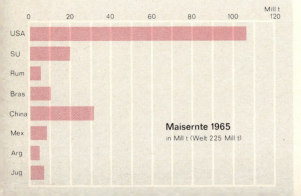

Maisernte 1965 in Mill t (Welt 225 Mill t)

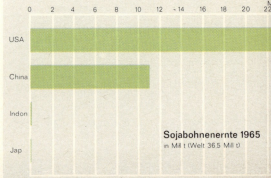

Sojabohnenernte 1965 in Mill t (Welt 36,5 Mill t)

Dairy Belt, der sein Schwergewicht an den Großen Seen hat und nach Süden bis in die Breite von Chicago reicht. Im Dairy Belt reift der Körnermais, der nach Süden zu die Landwirtschaft beherrscht, noch nicht sicher aus.

Intensive Viehzucht braucht die ständig wache Sorge des Pflegers für seine Tiere. Darum sind diese Farmen meist Familienbetriebe. Da die meiste Arbeit maschinell verrichtet wird, können sie etwa 60 Stück Vieh umfassen. Die Tiere stehen in hellen, ungezieferfreien Ställen mit automatischen Futter- und Tränkanlagen und elektrischen Melkapparaten. Sie grasen auf angesäten Weiden; Mähwiesen sorgen zusätzlich für Trocken-, Maisfelder für Grün- und Silofutter. Neben der Milchwirtschaft haben in diesem Gürtel nur die Gemüse- und Obstkulturen an den Südostufern der Seen allgemeine Bedeutung.

Der Maisgürtel (Corn Belt). Das wichtigste Getreide wird in den germanischen Sprachen als „Korn" bezeichnet. In Norddeutschland heißt so der Roggen, in England der Weizen, in Amerika der Mais. 50 % der USA-Ernte wachsen westlich und östlich des mittleren Mississippi. „Corn" dient fast ausschließlich als Viehfutter. Der Maisgürtel ist das *Zentrum der amerikanischen Schweinezucht*, und hier werden auch die in den Prärien aufgezogenen Rinder gemästet. Auf eine Million Farmen kommen im Maisgürtel rund 20 Mill. Rinder und 50 Mill. Schweine.

Der Corn Belt ist das einträglichste Landwirtschaftsgebiet der Erde. Der *Mais* bringt das Mehrhundertfache seiner Saat ein. Aber er nutzt den Boden stark aus, so daß die Erträge nach mehreren Jahrzehnten reinen Maisbaues nachlassen. Die Farmer führten daher statt der so gewinnreichen Mais-Monokultur eine Fruchtwechselwirtschaft ein. Diese wurde zu Beginn des zweiten Weltkrieges durch die Züchtung des Bastardmaises möglich, der einen höheren Ertrag liefert. Dadurch konnte man im ganzen Maisgürtel, ohne die Ernte zu mindern, die Maisfläche zugunsten des Fruchtwechsels erheblich einschränken. Als Zwischenfrucht eignet sich die ostasiatische Sojabohne vorzüglich. Da sie den Stickstoff der Luft im Boden anreichert, stellt sie mit tierischem und künstlichem Dünger zusammen die Fruchtbarkeit des Bodens wieder her. Ihre ölhaltigen Früchte liefern ein ausgezeichnetes Kraftfutter.

Das Saatgut für den Bastardmais muß in jedem Jahr neu von Saatzuchtanstalten gekauft werden. Die Ausgabe lohnt sich aber, da maschinell geerntet werden kann; alle Pflanzen setzen ihre Kolben gleich hoch an. Ein Maispflücker (Cornpicker) bricht sie in vier Reihen gleichzeitig und wird mit den Feldern einer durchschnittlichen Farm in 2 Tagen fertig. Die Maisfarmer haben ebenfalls Familienbetriebe; ihre Fläche beträgt rund 64 ha. Die Arbeitskräfte der Familie versorgen das Vieh, das mit dem Mais gefüttert wird; die Bestellung der Äcker und die Ernte überläßt man Unternehmern, die mit Maschinenkolonnen arbeiten.

Das Weizengebiet. Im Gegensatz zum Milch- und Maisgürtel erstreckt sich das Weizengebiet von Nord nach Süd. Es nimmt in einem mittleren Parallelstreifen zwischen Kordilleren und Mississippi den noch etwas feuchteren, östlichen Teil des Prärielandes ein. Die Winterkälte läßt im Norden nur Sommerweizen zu, der Süden trägt den ergiebigeren Winterweizen.

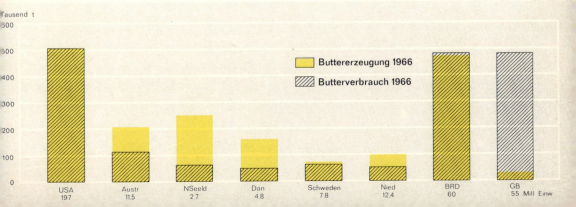

Früher weideten hier riesige Büffelherden. Von ihnen lebten die Prärieindianer; aber weiße Jäger schossen während der großen Bahnbauten um 1860 mehr als 100 Mill. Tiere ab. Genutzt wurden nur die Häute, die Kadaver verwesten. Das Gebiet wurde Weideland für Rinderherden. Für ein paar Jahre konnten sich auch Weizenfarmer festsetzen. Doch war nach einigen ergiebigen Ernten der Feuchtigkeitsvorrat des Bodens verbraucht, und in den Dürren der dreißiger Jahre dieses Jh. vertrocknete der Boden zu Staub, den die Stürme in schwarzen Wolken forttrugen. Die Farmen verwaisten, ihre verarmten Besitzer zogen nach Kalifornien weiter, wo sie als Saisonarbeiter in den Obstpflanzungen Beschäftigung fanden. Von 1940 ab folgten wieder feuchte Jahre. Inzwischen hatte man an vielen Stellen Wasser aus der Tiefe erschlossen, Stauteiche angelegt, Windschutzstreifen aus widerstandsfähigen Bäumen gepflanzt und neue Arbeitsverfahren entwickelt: Konturpflügen (Pflügen entlang den Höhenlinien) und Stripfarming (Nebeneinander gepflügter und begraster Feldstreifen) halfen Feuchtigkeit und Bodenzusammenhalt bewahren. Am wichtigsten im Weizengebiet ist das Trockenfarmen (Dryfarming). Es geht davon aus, daß das Regenwasser im Trockenland nicht bis zu dem sehr tiefen Grundwasser hinabsickert, sondern kapillar zur Oberfläche zurücksteigt. Beim Trockenfarmen wird das leerstehende Feld nach jedem Regen geeggt. Dadurch unterbricht man die Kapillarröhren, das Wasser kann nicht verdunsten und sammelt sich im Untergrund an. Trockenfarmen (von ein oder mehreren Jahren) speichert im Boden die Feuchtigkeit für ein nachfolgendes Anbaujahr.

Im Weizengebiet sind während der letzten zwei Jahrzehnte *riesige Betriebe* bis zu 10 000 ha entstanden. Ihre 120-PS-Raupenschlepper ziehen an einem Tag Gruppenpflüge von 21 m Breite über 130 ha. 11 m breite Drillmaschinen besäen 65 ha je Tag. Nach dem Gang der Mähdrescher über die Felder wird das Stroh untergepflügt; denn die meisten Betriebe besitzen kein Vieh. Hier wird die Ernte meist in Lohnarbeit vergeben, weil selbst die riesigen Flächen dieser Güter nicht groß genug sind, um die kostspieligen Maschinen voll auszunutzen. Die Maschinenbesitzer folgen mit ihrem Aggregat drei Monate hindurch der Getreidereife von Süd nach Nord. Das frühere Dürregebiet ist eine der größten *Weizenkammern* der Erde geworden. Ihm ist es zu danken, daß wir nach dem zweiten Weltkrieg nicht verhungerten.

Das große Weideland. Wo westlich des Weizengebietes im Vorland der Kordilleren die geringen Niederschläge den Ackerbau unrentabel machen, beginnt mit den Great Plains das große Weideland, das auch noch die Kordilleren mit einschließt. Bis zum Gebirgsfuß weiden hauptsächlich Rinder, in den Hochbecken und ganz im Süden die genügsameren Schafe.

Da bei der dürftigen Pflanzendecke jedes Stück Vieh hier das Vielfache der Nahrungsfläche benötigt, die im Corn Belt ausreicht, umfassen die extensiven Viehzuchtbetriebe der Great Plains häufig unübersehbar große Landflächen. Aufzucht von Mastvieh ist ausgeschlossen und hohe Milchleistung ebenfalls. Aber Fleisch läßt sich mit den neuen Rinderrassen erzeugen, und Verkaufserlöse bringen auch Jungtiere und Häute. Jede „Ranch" ist durch Stacheldraht in mehrere Schläge eingeteilt. Von diesen werden nur jeweils einige beweidet.

Rechts: Automatisches Füttern und Tränken des Mastviehs in einem Großbetrieb im SO der USA. Zuchtwahl und Hygiene werden besonders beachtet.

Links: Nur noch im Wildwestfilm lebt die Zeit, in der die Herden allein vom Cowboy gelenkt und mannigfach gefährdet über die offenen Weiden zogen. Seit dem Bau der Zäune ist die Arbeit der Hirten leichter.

Damit die anderen sich schneller erholen, sät man Büffelgras dazu – vielerorts vom Flugzeug aus. Überzähliges Jungvieh wird in den Maisgürtel verkauft. Die Oasen am Flußaustritt aus dem Gebirge erzeugen auf kleinerer Fläche das Vielfache des Trockenlandes. Doch können sie immer nur Inseln innerhalb der dürren Weiten sein. Um Denver, bei der Mormonenstadt Salt Lake City, an den neuen riesigen Staubecken des Colorado in der Gilawüste und am Columbia liegen die größten Bewässerungsflächen.

Das Obstland Kalifornien. Im subtropischen Winterregengebiet Kaliforniens haben die Amerikaner an der Küste und im Längstal zwischen Küstenkordillere und Sierra Nevada mit Hilfe moderner Bewässerungsanlagen ein großes Gebiet besten Obst- und Weinbaus geschaffen. Ähnlich wie am Oberrhein ziehen sich die frostempfindlichen Kulturen an den unteren Hängen entlang, weil sich in den Talgründen die winterliche Kaltluft sammelt; dort hält sich der extensive Gersten- oder Weizenbau.

Die wärmsten Lagen nutzen meilenweite, einförmige Pflanzungen von Zitrusfrüchten. Grapefruits, Orangen, Zitronen wachsen in schnurgeraden Reihen mit großem Abstand, so daß Bearbeitung, Schädlings- und Krankheitsbekämpfung maschinell möglich sind. Feigen-, Mandel-, Aprikosen-, Pfirsich- und Pflaumenkulturen schließen sich nach der Höhe und nach Norden an. Weite Rebfelder liefern vorwiegend Tafeltrauben. In noch höherer Lage wachsen Walnuß- und Apfelhaine. Aprikosen und Pflaumen werden in Mengen gedörrt. Ein Teil des großen Obstertrages gelangt aber auch frisch zu den Verbrauchern. Konserven- und Saft- und Eiskremfabriken verarbeiten den restlichen Teil der Früchte. Zwischen den Obstplantagen liegen Felder mit Gemüsekulturen. Sie liefern bis in die Riesenstädte des Nordostens; wenn die Nachfrage groß ist, lohnt sich sogar der Lufttransport. Hier wie in anderen Gebieten der USA kommt dem Gefrierverfahren immer mehr Bedeutung zu.

Der Baumwollgürtel (Cotton Belt) und die Golfküste. Im Südosten der USA herrscht bis auf einen schmalen Küstenstreifen seit über 100 Jahren die Baumwollstaude. Auf über sechs Millionen ha erzeugen die USA etwa ein Viertel bis ein Drittel der Welternte an Baumwolle.

Jahrzehnte hindurch nahm der Cotton Belt eine Sonderstellung unter den amerikanischen Wirtschaftslandschaften ein, weil die Mechanisierung fehlte. Die Kapseln der Baumwolle

Im trockenen Westen der USA ist die Landwirtschaft auf Bewässerung angewiesen, bringt dadurch aber auch hohe und sichere Erträge. Eindringlich macht dieses Bild klar, mit welchen Flächenmaßen und mit welcher Präzision die mechanisierte Landwirtschaft der USA arbeitet.

reifen nur langsam und nacheinander, so daß sie nicht mit Maschinen geerntet werden konnten. Dreimal zogen die Pflückerkolonnen durch die Reihen und steckten die weiß aufspringenden Kapseln in ihre Schleppsäcke. Neger und arme Weiße arbeiteten hier. Das Gebiet war dicht besiedelt, der Lebensstandard niedrig. Erst seit dem zweiten Weltkrieg zog mit der maschinellen Baumwollernte hier die Mechanisierung ein. Mehrere Millionen Menschen mußten neue Arbeit suchen (s. S. 48), das Land entvölkerte sich. Gleichzeitig ging die Anbaufläche der Baumwolle auf etwa 30% der Ackerfläche des Cotton Belts zurück. Dabei spielt mit, daß viele tropische Länder den Baumwollanbau verstärkten, daß die Chemiefaser als Konkurrenz hinzukam, und daß die Farmer wegen der Gefahren der Monokultur sich auf vielseitigen Anbau umstellten. Mais, Hirse, Erdnüsse, Tabak und Reis wachsen nun neben Baumwollfeldern. Trotz stark verkleinerter Fläche nahm aber die Baumwollerzeugung zu. Die USA beliefern den Weltmarkt noch immer fast zur Hälfte. Am Nordostrand des Baumwollgürtels ist in Kentucky und Virginia der Tabakbau heimisch. Er benötigt die Arbeit vieler Hände, da die Maschine die Blätter noch nicht nach Güte, Farbe und Reife auslesen kann. – Das feuchtwarme Sommerklima der Golfküste ist für Zuckerrohr und Reis besser geeignet als für Baumwolle. Florida liefert Zitrusfrüchte und Wintergemüse.

Großraum- und Marktwirtschaft. *Die Landwirtschaft der USA ist als Ganzes* außerordentlich vielseitig, *der einzelne Betrieb* aber einseitiger als in Europa. In den großen Gebieten der USA konnte sich die Landwirtschaft den natürlichen Verhältnissen anpassen und jeden Wirtschaftszweig dort entwickeln, wo er die besten Voraussetzungen findet (vgl. Europa S. 70).

Der amerikanische Farmer baut an, was das meiste Geld bringt. Er arbeitet nicht zur eigenen Versorgung, sondern *allein für den Markt*. Während in der Sowjetunion der Staat die *Betriebsformen der Kolchose und Sowchose* über sein ganzes Gebiet breitete, haben sich in jedem Wirtschaftsgebiet der USA *besondere,* ihm *eigentümliche Betriebsformen* entwickelt. Sie sind in Größe und Wirtschaftsart dem Haupterzeugnis angepaßt, das dem ganzen Gebiet seinen Namen gibt. Am stärksten unterscheiden sich die Farmen der intensiven Viehzucht und des extensiven Getreidebaus. Im Milchwirtschafts- und Maisgürtel bleiben die Farmen Familienbetriebe mittlerer Größe, da nur so das Gewinnmaximum gewährleistet ist. Im Weizengebiet sind sie riesengroß. Längst ist dort wie im Baumwollgürtel und im Weideland das alte Gesetz aufgehoben, das den Landbesitz auf 64 ha beschränkte.

Mechanisierte Baumwollernte im Südzipfel des kalifornischen Längstales. Die Pflückmaschine - Cottonpicker - arbeitet nach dem Muster des Staubsaugers. Jede von ihnen setzt 30 Arbeitskräfte frei. Sie läßt sich erst verwenden, seit man das gleichzeitige Reifen der Kapseln mittels Chemikalien erzielen kann.

Die großen Industrien der USA und ihre Verteilung

Obwohl während der letzten Jahrzehnte großzügig in allen Teilen der USA neue Produktionsstätten angelegt wurden, ballt sich die Industrie immer noch besonders zwischen den Großen Seen und der Atlantischen Küste. Hier im *Manufacturing Belt* formt sie das Bild der Landschaft ähnlich wie in Mittel- und Nordengland oder wie im Streifen von Calais bis zur Ruhr. Aber die erzeugte Gütermenge ist in den USA viel größer, und ebenso überragt das Ausmaß des Industriegebietes, der Städte und der Betriebe weit die aus Europa gewohnten Vorstellungen.

Die Metallindustrie. Im Nordosten arbeiten vor allem die gebündelten Werkanlagen der Schwerindustrie. Ihren Rückhalt haben sie in den pennsylvanischen Steinkohlefeldern. Pittsburg ist das Zentrum des bedeutendsten amerikanischen Kohlegebietes. Seine Hüttenwerke belieferten die Eisenbahngesellschaften schon zur Zeit des großen Streckenbaus vor 100 Jahren (D I 132 II; 133 II).

Moderne Hochöfen, die weit weniger Koks als Erz benötigen, wurden mitsamt den zugehörigen Hüttenkomplexen nicht mehr auf der Kohlenbasis errichtet. Als Standorte dienen Gelenkpunkte des Verkehrs, zum Beispiel Küstenplätze wie Buffalo, Cleveland, Detroit und Chicago. Der Koks geht auf der Eisenbahn von Pennsylvanien dorthin und trifft sich mit dem Erz, das auf dem Wasserwege von den Fundstätten am Westufer des Oberen Sees herangebracht wird. Dieses nicht besonders hochwertige Erz (50% Eisengehalt) bildet ganze Bergrücken aus lockerem Grus, so daß mächtige Bagger – man arbeitet nur im Tagebau – mit jedem Griff zwei bis drei Tonnen fassen. Sie füllen Züge, die unmittelbar nach Duluth hinunterrollen; 10 000-t-Schiffe nehmen hier ihre gesamte Ladung in einer Stunde auf (D I 133 III).
Bei einem jährlichen Abbau von 100 Mill. t wären die Erzvorräte am Oberen See bald erschöpft. Gerade zur rechten Zeit entdeckten also die Geologen neue, reiche Lagerstätten in Labrador. Um diese verwerten zu können, wurde der Lorenzstrom, der bisher wegen zahlreicher Felshindernisse oberhalb Montreal verschlossen war und nur schmale Seitenkanäle hatte, für die Großschiffahrt ausgebaut. Seit 1959 können Seeschiffe mittlerer Größe bis Chikago fahren. Das eröffnet dem Herzraum der USA neue Wirtschaftsaussichten, zumal die USA ihre Kohlenreserven vor allem in den Ebenen zwischen Ohio und Mississippi und zwischen Missouri und Arkansas besitzen.

Die Hütten- und Walzwerke senden ihre Halbfertigware aus Stahl in die Maschinen-, Fahrzeug- oder Apparatefabriken des Hauptindustriegebietes, zum Beispiel in die Eisenbahnwagen- und Landmaschinenwerke von Chikago, die Autowerke von Detroit und unzählige andere Fabriken bis zur Küste. Hier herrschen Fließbandarbeit und Automation. Diese modernen, Personal sparenden Fabrikationsweisen sind eine Ursache für die überragende Produktionskraft der amerikanischen Industrie.

Die USA besitzen reiche Bodenschätze in ihrem Lande; dank ihrer Kapitalkraft verfügen sie aber auch über Bodenschätze anderer Länder. Vom Nickelerz, das sie zum Beispiel nicht selbst besitzen, gewinnen US-Unternehmen in Kanada nördlich der Großen Seen rund 70 % der Weltförderung.

Am Oberen See, in den südlichen Appalachen, vor allem im Oststreifen des Felsengebirges werden große Mengen Kupfererz gefördert. Das Metall, als bester Leiter für die Elektroindustrie unentbehrlich, stellt man meist auf elektrolytischem Wege bei den neuen Staubecken des Missouri her. Von der Welterzeugung an Blei fallen auf die USA in den letzten Jahren über 10 %, an Zink etwa 13 %. Zinn fehlt ihnen als einziges Buntmetall fast ganz. Die Silbergewinnung der USA wird nur von Mexiko übertroffen. Die wichtigsten Fundstätten liegen in den Kordilleren.

Unter den Leichtmetallen steht Aluminium an erster Stelle. Die mächtige Produktion stützt den internationalen Vorrang der US-Flugzeugindustrie. Bauxit wird vor allem aus Guayana bezogen. Die Aluminiumwerke nutzen die billige Elektrizität der großen Wasserkraftanlagen und neuerdings auch kohlebetriebener Wärmekraftwerke.

Die modernen Energieträger. 1913 deckte die Kohle 88 % des Energieverbrauchs der USA, 1962 nur noch 22 %. Das Land mit der am weitesten entwickelten Industrie zeigt den stärksten Strukturwandel der Energiewirtschaft. Obwohl die Kohle hier wegen der flachen Lagerung und der mächtigen Flöze besonders billig kommt, geht die Förderung relativ und absolut zurück zugunsten der modernen Energieträger: Erdöl, Erdgas und Wasserkraft.

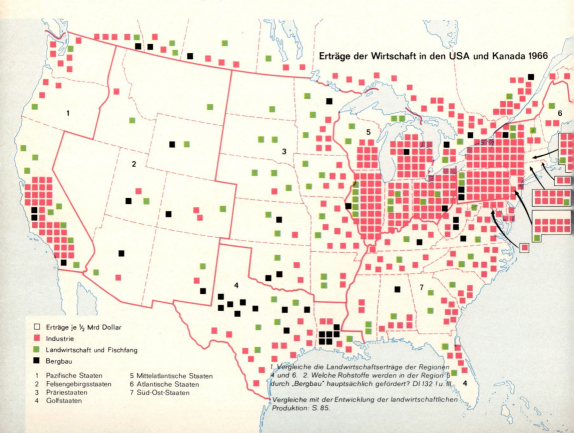

Erträge der Wirtschaft in den USA und Kanada 1966

- ☐ Erträge je ½ Mrd Dollar
- Industrie
- Landwirtschaft und Fischfang
- Bergbau

1 Pazifische Staaten
2 Felsengebirgsstaaten
3 Präriestaaten
4 Golfstaaten
5 Mittelatlantische Staaten
6 Atlantische Staaten
7 Süd-Ost-Staaten

1. Vergleiche die Landwirtschaftserträge der Regionen 4 und 6. 2. Welche Rohstoffe werden in der Region 5 durch „Bergbau" hauptsächlich gefördert? DI 132 I u. III.

Vergleiche mit der Entwicklung der landwirtschaftlichen Produktion: S. 85.

Der Kentucky-Damm, im Tennessee nahe seiner Mündung in den Ohio errichtet, staut einen See von 296 km Länge.
1. Bis wohin würde sich ein gleichlanger Stausee des Rheins ausdehnen, wenn sein Staudamm bei Mainz stände? – 2. Welche Aufgaben haben die einzelnen Anlagen?

Kein Staat besitzt, gewinnt und verbraucht so viel Erdöl wie die USA. Nirgends sind die ölverbrauchenden modernen Verkehrsmittel so zahlreich wie hier. Einen riesigen Ölverbrauch haben auch die chemische Industrie, die voll mechanisierte Landwirtschaft und die ebenfalls voll mechanisierten Streitkräfte. Um Transportkosten zu sparen, baute man von den Erdölfeldern in Texas, Louisiana, Oklahoma, Kansas und Kalifornien lange Pipelines zu den Raffinerien, den Häfen und den Verbrauchszentren (D I 132 III). Da man damit rechnete, daß die eigenen Vorräte in wenigen Jahrzehnten verbraucht sein würden, erwarben amerikanische Firmen Lizenzen in ausländischen Ölgebieten, auch weil die Förderkosten im eigenen Land ungleich höher sind. Sie beuten vor allem einen großen Teil des Öls von Venezuela und im Vorderen Orient aus. Seit man weiß, daß das Öl bisher dem Boden nur zu 20 bis 30 % entrissen wird, wird man wahrscheinlich mit Hilfe neuer technischer Verfahren die Erschöpfung noch lange hinausschieben können. Einen spürbaren Ersatz bietet schon heute die Ausnutzung des Erdgases.

Den Ausbau der Wasserkraftwerke hat kein Land der Erde bisher so weit vorangetrieben wie die USA. Anfangs nutzte man nur die natürliche Energie der Wasserfälle, etwa der Appalachenflüsse an der Fall-Linie. Dann wurden immer mehr Stauanlagen errichtet, die zahlreiche Aufgaben erfüllen: Auffangen von Hochwasser, Speisung von Flüssen und Kanälen bei Wassermangel, Lieferung von Trink- und Brauchwasser an Städte und Industrien, Versorgung von Bewässerungsgebieten und vor allem Gewinnung von elektrischer Energie. Am durchgreifendsten wurden mit Hilfe des Baus von Wasserkraftwerken die Landschaft und die Wirtschaft des Tennesseetals umgestaltet.

Dort hatte ein großer Teil des Ackerlandes nach völliger Entwaldung und starker Bodenzerstörung jeden Wert verloren. Viele Farmer verließen das Tal, wechselten zur Industrie über oder zogen weiter nach Westen. Die Tennessee Valley Authority (TVA) begann ihr

Außenhandel in Milliarden DM			Anteil am Welthandel in %	
	Einf. 1966	Ausf. 1966	Einf. 1966	Ausf. 1966
Kanada	35,8	36,1	4,6	5,0
USA	107,5	119,6	13,9	16,5
Großbritannien	64,5	56,5	8,3	7,8
BRD	72,7	80,6	9,4	11,1

Werk 1930 in der Wirtschaftskrise mit dem Nahziel, durch Notstandsarbeiten die Arbeitslosigkeit einzudämmen, und dem Fernziel, ein Gebiet von der Größe der Bundesrepublik der Landwirtschaft zurückzugewinnen und der Industrie zu erschließen. Sie baute zunächst am Tennessee acht große Staustufen mit Wasserkraftwerken. Dadurch wurden die verheerenden Hochwasser des Flusses unterbunden und auch die Überschwemmungen des Mississippi abgeschwächt. Zudem entstanden so ein Großschiffahrtsweg und Produktionsstätten für große Mengen billiger Energie. Beides lockte moderne Industrien an: Aluminium-, Atom- und Chemiewerke. Um die weitere Abspülung des Bodens und damit die Verschlammung der Stauseen zu verhindern, forstete man die kahlen Berghänge auf, legte auf geneigten Fluren Terrassen an und führte das Konturpflügen und die Fruchtwechselwirtschaft ein. So entstand eine ganz neue Landschaft mit stabiler, vielseitiger Erzeugungskraft.

Die Umgestaltung des Tennesseegebietes wurde vorbildlich für ähnliche Anlagen oder Pläne in den USA (wo zum Beispiel das Missourital nach seinem Muster gestaltet wird) und in vielen anderen Ländern der Erde.

Zu den bisher bekannten Kraftstoffen kam am Ende des zweiten Weltkrieges das Uran. Die USA führen es vor allem aus Kanada ein. Kostspielige Werke ließ die Regierung errichten, um die Vorgänge bei der Kernspaltung zu erforschen und technisch zu verwerten, namentlich die Atomstadt Oakridge am Tennessee.

60 Die Bedeutung der anglo-amerikanischen Staaten für die Welt

Der Außenhandel der USA. In den USA hat sich eine Arbeitsteilung sowohl zwischen den einzelnen Landwirtschaftszonen wie zwischen den Industriegebieten ausgebildet; sie hat die Produktivität ungemein gefördert. Auf europäische Verhältnisse übertragen, würde der Warenaustausch zwischen Kalifornien und New York oder zwischen Iowa und Florida Außenhandel sein und in der Statistik als solcher erscheinen. Der Außenhandel der USA ist also nicht ohne weiteres mit dem eines europäischen Landes vergleichbar.

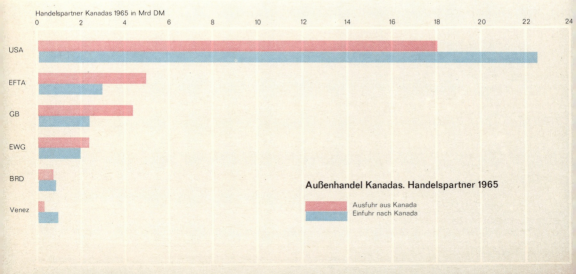

Außenhandel Kanadas. Handelspartner 1965

Nach Menge und Vielseitigkeit ihrer Ausfuhr stehen die USA an der Spitze der Rangliste. Das bedeutendste Agrar- und Industrieland der Erde ist zugleich das überragende Ausfuhrland für Lebensmittel, für Rohstoffe der Industrie und für industrielle Halb- und Fertigwaren. Rund 15% aller Waren, die auf den Weltmarkt kommen, stammen aus den USA.

Auch als Kunde werden die USA von keinem Staat der Erde übertroffen. Entscheidend ist aber, daß sie in den letzten Jahren jeweils einen Ausfuhrüberschuß zwischen 24 und 12 Milliarden DM erzielten.

Wenn Kanada aus der Reihe der Handelspartner der USA auch auffällig herausragt, so sind die USA doch mit der Gesamtheit der nord- und südamerikanischen Länder besonders eng verbunden. Rund 40% ihrer Ein- und Ausfuhr wickeln die USA mit anderen amerikanischen Ländern ab.

Der ständige Handelsüberschuß könnte sich für die gesamte Wirtschaft der USA sehr nachteilig auswirken, sobald nämlich die anderen Länder wegen ihrer Verschuldung gegenüber den Vereinigten Staaten den Kauf von US-Waren einschränken müßten. Die USA wollen ihre Produktion aber nicht drosseln, sondern im Gegenteil von Jahr zu Jahr erhöhen. Dazu müssen die Kunden der Vereinigten Staaten kaufkräftig gehalten werden. Unter diesem Gesichtspunkt lag die *Marshall-Plan-Hilfe*, die den erstaunlichen Wirtschaftsaufstieg der westeuropäischen Völker nach dem zweiten Weltkrieg bewirkte, auch im Interesse der USA. Dasselbe gilt von den Hilfsmaßnahmen für unterentwickelte Völker. Nur durch *Schenkungen* und *Kredite* erreichte es die Regierung, daß viele Länder ihre Einfuhren aus den USA bezahlen können. Zu diesen Hilfsmaßnahmen kommen die vielen finanziellen Verpflichtungen, die die USA aus politischen Gründen auf sich genommen haben, wie etwa für die Stationierung der Truppen in Europa, insbesondere in der Bundesrepublik, für die Hilfe gegenüber Griechenland und der Türkei, die im Interesse der NATO große Armeen unterhalten, für die enorm kostspielige Kriegführung in Vietnam.

Diese Verpflichtungen zehren die Handelsüberschüsse auf, und die *Zahlungsbilanz* der USA ist daher passiv. Die Vereinigten Staaten können aber diese Leistungen nicht einfach einstellen. Das käme einem politischen Rückzug gleich. Die Diplomatie der USA bemüht sich daher energisch darum, die Überschüsse im Außenhandel nicht durch Maßnahmen der Handelspartner einschränken zu lassen. Sie vertritt diese Forderung vor allem gegenüber den relativ wohlhabenden EWG-Staaten und dabei auch insbesondere gegenüber der Bundesrepublik.

Die Außenhandelsüberschüsse sammeln sich also nicht als Devisen in den USA an, sondern fließen in andere Länder, in denen sie – vom Standpunkt der USA aus – erforderlich sind.

Aber noch auf andere Weise strömt Kapital aus den USA heraus, so daß die Zahlungsbilanz dadurch erheblich belastet wird. Das läßt sich am besten am Beispiel Kanadas verstehen (vgl. S. 63).

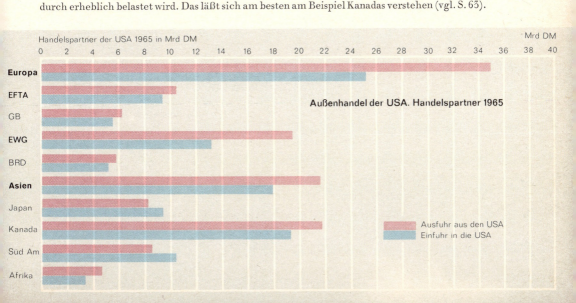

Außenhandel der USA. Handelspartner 1965

Die USA als Weltmacht. Schon allein ihre riesige Produktionskraft und ihr gewaltiger Außenhandel verleihen den USA ein großes Maß von wirtschaftlicher Macht. Für manche Länder der Erde ist der Handel mit den USA im Geben und Nehmen geradezu lebenswichtig. Darüber hinaus erhalten viele Entwicklungsländer in beträchtlichem Umfang unmittelbare oder mittelbare Wirtschaftshilfe. Diese wird auch im eigenen Interesse der USA geleistet, verschafft sie doch Einfluß, wo immer sie angenommen wird. Dabei lassen sich verschiedene Maßnahmen unterscheiden: a) Die USA stellen Kredite zum Kauf von Lebensmitteln oder zur Finanzierung von Fabrikationsanlagen zur Verfügung; b) sie liefern selbst kostspielige Investitionsgüter; c) sie schicken die nötigen Fachleute als Berater oder Lehrer, so daß sich in den Entwicklungsländern ein Stamm von Facharbeitern und Technikern bildet; Vorteile für das Entwicklungsland liegen hauptsächlich in der Steigerung der Produktion und der Hebung des technischen Niveaus – für die USA in der Gewöhnung des Entwicklungslandes an amerikanische Geräte, Arbeitsweisen, Hilfsmittel, Geschäftsbeziehungen; d) junge Menschen aus den Entwicklungsländern studieren in den USA; Vorteile wie unter c).

Schließlich stiegen die USA auch zur größten Militärmacht der westlichen Welt auf. Sie wurden im Kampf gegen die europäischen Kolonialmächte selbständig und stark; daraus erklärt sich ihre im Grundsatz noch immer gültige Einstellung gegen den Kolonialimperialismus. Die Philippinen, die den Spaniern in einem Krieg abgenommen wurden, erhielten nach wenigen Jahrzehnten ihre volle Unabhängigkeit. Als Weltmacht erster Ordnung sahen sich die USA aber nicht imstande, von der Schaffung eines Gürtels militärischer Stützpunkte abzusehen. Dazu besetzten sie viele kleine Inseln oder sicherten sich durch Verträge das Recht, Flugplätze, Flottenstützpunkte oder Landstreitkräfte in befreundeten Ländern zu unterhalten. Die schnelle Weiterentwicklung der Waffen machte inzwischen manche von diesen überflüssig, so daß sie aufgegeben wurden.

Mit den westeuropäischen Ländern und einigen asiatischen Staaten schlossen die USA Verteidigungspakte. Das bedeutet nicht nur verstärkte Macht, sondern auch vermehrte Pflichten. An jeder Stelle der Erde können die USA heute von Konflikten betroffen werden. Sie sind zu einer weltumspannenden Macht geworden, wie sie vor dem zweiten Weltkrieg nur das Britische Weltreich darstellte.

Bodenschätze und Industrie in Kanada. Kanada ist reich an Bodenschätzen. Die uralten Gesteine des stark abgetragenen und gehobenen Kanadischen Schildes

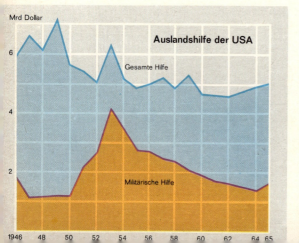

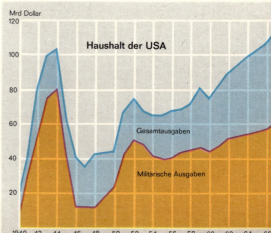

Eisenerzgrube im Gebiet des Oberen Sees.
Beachten Sie das Ausmaß der Abbau- und Verkehrsanlagen und die Veränderung der Landschaft, *die der riesige und tiefe Tagebau bewirkt.*

enthalten nahe der Oberfläche wertvolle Lagerstätten, die bei uns in noch unerreichbarer Tiefe liegen. Fast ein Zehntel der Goldausbeute der Erde stammt aus Kanada; bei Kupfer sind es 9%, bei Nickel 69% und bei Asbest 65%. Über die Uranförderung gibt es keine Veröffentlichungen mehr.
Dem Wert nach liegen das jährlich geförderte Zink-Blei-Erz und das Platin noch über der Eisenerzausbeute. Jedoch hat man in Labrador gewaltige, vorzügliche Eisenerzlager entdeckt, die vor allem der Schwerindustrie der USA zugute kommen.
1900 arbeiteten rund 400 000 Kanadier in der Industrie, 1940 waren es 760 000, 1966 bereits 2,3 Mill. Die Industrialisierung hat im zweiten Weltkrieg besondere Fortschritte gemacht. Die Fabriken stehen vor allem am St.-Lorenz-Strom und auf der Ontario-Halbinsel.

Kanada zwischen den USA und Großbritannien. Über 60% der Einfuhr Kanadas kommen aus den USA, mehr als 50% der Ausfuhr gehen in die USA. Es gibt kaum ein anderes miteinander wirtschaftlich so stark verflochtenes Staatenpaar auf der Erde wie dieses in Anglo-Amerika.
Die Statistiken der letzten Jahre zeigen, daß der Handel Kanadas mit den USA ständig passiv ist (1965 mit 4,4 Mrd. DM). Wollten die USA alle Außenhandelsüberschüsse als Devisen aus Kanada herausziehen, müßte die Wirtschaft Kanadas zusammenbrechen. Im beiderseitigen Interesse lassen die USA-Firmen Teile ihres Gewinnes in Kanada, wo sie dafür Aktien kanadischer Gesellschaften erwerben, neue Fabriken oder Bergwerke gründen oder sonstwie produktiv anlegen. Durch dieses Verfahren konnte Kanada seine Erzeugungskraft so steigern, daß es mit nur 20 Mill. Einwohnern im Welthandel die sechste Stelle einnimmt (1966).
Zu der innigen wirtschaftlichen Verknüpfung Kanadas und der USA kommt die politische und die militärische im Rahmen der NATO. Die Maßnahmen zum Schutz der menschenleeren Nordgebiete Kanadas führen beide Staaten gemeinsam durch. Aus der Tatsache des engen Zusammenspiels der angloamerikanischen

64. Modernes Hüttenwerk an der Küste im Bereich der Großen Seen, abseits der Kohlen- und Erzbasis. Trennung von Werk und Wohngebiet. *Welche Rohstoffvorräte und Transporteinrichtungen sind erkennbar?*

Staaten auf ihr allmähliches Verschmelzen zu schließen, erscheint indes abwegig: Kanada ist auch *fest mit Großbritannien verbunden*. Einen Anhalt bietet wiederum die Außenhandelstabelle. Der Handel mit den USA ist für Kanada passiv, wie wir gesehen haben. Zwar hat der Handel mit Großbritannien einen weit geringeren Umfang, doch ist er für Kanada ständig aktiv (1965 mit rund 2,2 Mrd. DM). Nur dank der Überschüsse im Europahandel (1965 rund 3,6 Mrd. DM) kann Kanada das Defizit im Handel mit den USA und den iberoamerikanischen Staaten (1965 zusammen rd. 4,9 Mrd. DM) ertragen.

Es kommt hinzu, daß die USA Kanada keinen Weizen abnehmen; im Gegenteil, seit dem zweiten Weltkrieg sind *die USA der größte Konkurrent Kanadas auf dem Weltgetreidemarkt*. Ohne den Getreideexport ist aber ein gesunder Außenhandel und damit eine gesunde Wirtschaft Kanadas unmöglich.

Schließlich fürchten die Kanadier, daß sie mit ihren 20 Mill. Menschen als Glieder der USA ganz im Lebensstil und in der Wirtschaftsordnung dieser größten Weltmacht aufgehen müßten. Dann wären voraussichtlich die kanadischen Weizenfarmer dem Wettbewerb der US-amerikanischen Großfarmen nicht mehr gewachsen. Vor allem die Franko-Kanadier streben danach, die staatliche Selbständigkeit Kanadas zu bewahren. Innerhalb Kanadas können sie ihre Eigenart behaupten; in den USA wären sie nur ein Volkssplitter. Neuerdings verfechten Franko-Kanadier, von Frankreich ermuntert, sogar separatistische, eigenstaatliche Bestrebungen.

Europa westlich der Sowjetunion

1. Welches ist der nördlichste Breitenkreis, der Europa berührt: a) in Spitzbergen, b) in Skandinavien? Welches ist der südlichste Breitenkreis: a) bei Gibraltar, b) in Kreta? Vergleichen Sie mit Anglo-Amerika und mit der Sowjetunion!
(D I: 72–87. – D II: 38, 42–44. – L: 88–95. – UW: 34–43. – H: 32–35.)

Die nichtsowjetische Hälfte Europas liegt im gleichen Gürtel wie Anglo-Amerika und die Sowjetunion. *Klimatisch* ist sie weit mehr begünstigt als die beiden anderen großen Blöcke, denn weder in Anglo-Amerika noch in der Sowjetunion finden wir im hohen Norden so milde Wintertemperaturen wie in Nordeuropa. Allerdings hindert der felsige *Untergrund* eine weiträumige Nutzung dieser Gebiete durch den Ackerbau. In Nordeuropa brauchen die Bewohner keinen so großen Teil ihres Arbeitsergebnisses für den Häuserbau, für Kleidung und Heizung, für den Abtransport von Bergbauprodukten aufzuwenden wie etwa in Kanada oder Sibirien. In Norwegen können die *Wasserkräfte* das ganze Jahr hindurch ohne Einschränkung genutzt werden. Die Niederschläge sind hoch, auch im Winter gibt es genügend fließendes Wasser, und die neuzeitliche Technik ermöglichte es, zwischen Stauseen und Kraftwerken sehr große Höhendifferenzen künstlich zu schaffen.

Im Süden reicht Europa bis in die Nähe des Wüstengürtels am Rande der Tropen. Nirgendwo herrscht hier aber die Wüste, wie etwa in Turan, Neumexiko und Arizona. Diese von der Natur so begünstigte europäische Ländergruppe ist im Vergleich zu Anglo-Amerika und der Sowjetunion sehr klein; auf der physischen Karte erscheint sie nur als unbedeutender Anhang des großen Eurasischen Kontinents. Europa hat zudem keine von der Natur vorgezeichnete *Grenze nach Osten.*

Diese kleine „Halbinsel" westlich der Grenze der Sowjetunion erhält sofort ein ganz anderes Gewicht gegenüber den übrigen Erdteilen, wenn wir außer den Flächen auch die Einwohnerzahlen vergleichen. *Hier leben mehr Menschen als in Anglo-Amerika und der Sowjetunion zusammengenommen.* Das übervölkerte Europa, in dem die Menschen auf engem Raum zusammengedrängt leben, ist für viele Länder der Erde der wichtigste Absatzmarkt, vor allem für die Erzeugnisse ihrer Landwirtschaft. Dabei fällt nicht nur die hohe Zahl von Konsumenten ins Gewicht, sondern vor allem deren hoher *Lebensstandard* (vgl. Tab. S. 68).

Diesen verdanken sie der außerordentlich hohen *Produktivität* ihrer Wirtschaft. Abgesehen von Anglo-Amerika erzeugt kein anderer Großraum einen so hohen Produktionswert pro Kopf der Bevölkerung. Vor allem hat dieser Teil Europas Leistungen vollbracht, durch welche die Wirtschafts- und Gesellschaftsordnung der ganzen Welt von Grund auf umgewandelt worden ist und heute noch umgewandelt wird.

1. Ganz Anglo-Amerika, große Teile Ibero-Amerikas, ganz Australien und Neuseeland und ein Teil Südafrikas wurden von Europäern besiedelt und zu Ländern gemacht, in denen europäische Sprachen gesprochen werden und europäische Kultur, Lebensart, Gesittung und Religion bestimmend sind. Man spricht von einer jahrhundertelangen „*Europäisierung*" der Erde. Die Kolonien europäischer Staaten sind nach 1945 größtenteils selbständig geworden und der politische Einfluß der Europäer hat sich entsprechend verringert.

2. Statt dessen wirkt sich die zweite, von Europa ausgehende weltumwälzende Erscheinung um so stärker aus: *Die Industrialisierung* aller Länder der Erde und die steigende Verflechtung mit der Weltwirtschaft. Diese Industrialisierung wird von einem ungeheuren *Bevölkerungsanstieg* begleitet, der eine Folge der in Europa und in den USA entwickelten Methoden der

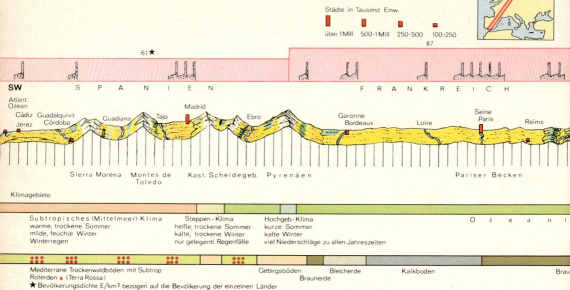

Hygiene und der Medizin ist. Technik und Medizin beruhen auf der *Anwendung der Naturwissenschaften*, die seit der Renaissance, d. h. etwa seit 1500, in Westeuropa entwickelt worden sind. Die Technisierung und Industrialisierung der gesamten Wirtschaft, die von Europa und von den USA ausgingen, haben inzwischen die gesamte Erde ergriffen. Weder die Japaner noch die Chinesen und die Inder, weder Perser und Araber noch die zahlreichen anderen Völker Afrikas, Asiens und Südamerikas können und wollen sich diesem Vorgang entziehen. Man spricht heute von den „*Entwicklungsländern*" und meint damit, daß es sich um Länder handelt, die am Anfang der Industrialisierung und damit des entsprechenden Wandels ihrer Gesellschaft stehen, diese Aufgabe aber ohne Hilfe der europäischen und anglo-amerikanischen Völker nicht zu bewältigen vermögen.

Die Europäer stehen zusammen mit den Anglo-Amerikanern vor der gewaltigen neuen, dritten *Aufgabe*, den vielen *Völkern der Erde*, die noch in der altüberkommenen Wirtschafts- und Gesellschaftsordnung leben, *bei dem Neuaufbau ihrer Wirtschaft und dem Wandel ihrer Gesellschaftsordnung zu helfen*.

Die Russen hatten den geistigen Wandel Europas, der sich seit der Renaissance durchsetzte, jahrhundertelang nicht mitgemacht. Sie haben aber, ähnlich wie die Westeuropäer, große Teile der Erde besiedelt und dort russische Lebensart, Gesittung und Kultur verbreitet. Sie haben diese Länder ihrem Staatsgebiet einverleibt und beherrschen einen geschlossenen Block der Erde. Es gibt wohl eine „*Enteuropäisierung*" der Erde, aber nicht eine „*Entrussifizierung*" des zur Sowjetunion gehörigen Asiens. Die Russen haben erst seit etwa 1928 die Industrialisierung gewaltsam nachgeholt und fühlen sich heute ähnlich wie die Westeuropäer als die Helfer der anderen Völker bei dem Umbau ihrer Wirtschaft und Gesellschaft. Sie haben aber eine uns fremde Form der Wirtschafts- und Gesellschaftsordnung entwickelt und versuchen, diese den übrigen Völkern der Erde zu vermitteln oder aufzuzwingen. So stehen Westeuropa und Anglo-Amerika auf der einen Seite mit der Sowjetunion auf der anderen im Wettbewerb.

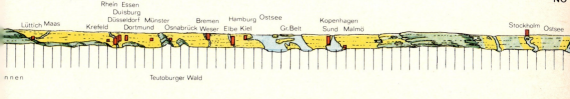
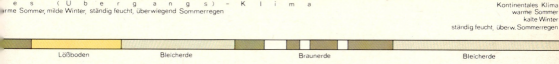

Die Differenzierung der Wirtschaft in der europäischen Ländergruppe

Ähnlich wie in Anglo-Amerika und der Sowjetunion ist die Wirtschaft der einzelnen europäischen Länder sehr differenziert. Allerdings haben die Schutzmaßnahmen der Regierungen für einzelne Wirtschaftszweige dazu geführt, daß viele Betriebe nur für einen sehr kleinen Markt arbeiten, nicht für einen so großen Abnehmerkreis, wie Betriebe in Anglo-Amerika oder der Sowjetunion.

a) *Jenseits des 60. Breitenkreises* herrscht mit Ausnahme Islands, dem nördlichsten Land Europas, und der skandinavischen Gebirge der *Nadelwald;* kleine Ackerbauinseln fallen kaum ins Gewicht. Nur in dem südlichsten Teil der skandinavischen Länder ist eine *Landwirtschaft* möglich, die der Mitteleuropas gleicht. Unter den Getreidearten fehlt der Mais ganz, der in Südeuropa große Bedeutung gewinnt, selbst Roggen und Weizen treten zurück, Gerste und Hafer sind dafür um so wichtiger. Am Nordrand der „Ökumene", des von den Menschen bewohnten Raumes, bringen diese Getreidearten den sichersten Ertrag.

b) *Etwa zwischen dem 60. und 45. Breitenkreis* liegt die *Zone der ursprünglichen sommergrünen Laub- und Mischwälder,* deren Laubbäume im Winter die Blätter verlieren. Im Lauf der Geschichte haben die Menschen diese Wälder weitgehend in *Äcker, Wiesen* und *Weiden* verwandelt.

In der vorindustriellen Zeit, als die anwachsende Bevölkerung noch keine Arbeit in der Industrie finden konnte, ist man bei der Rodung der Wälder offenbar manchmal zu weit gegangen und in Gebiete vorgedrungen, in denen der Bauer heute trotz großen Fleißes hinter dem durchschnittlichen Lebensstandard zurückbleibt. Entweder wandert er aus solchen ungünstigen Gebieten in die Industriebezirke ab, oder der Staat sorgt auf Kosten der gesamten Volkswirtschaft für andere Verdienstmöglichkeiten. Nur dadurch können manche europäische Landschaften davor bewahrt werden, daß die Bauern sie verlassen müssen. Dies gilt vor allem für die Gebiete nördlich des 60. Breitenkreises.

Lebensstandard europäischer Völker 1966

Span 9% Fr 28% Belg 8% Nied 30% BRD 50% Dän 40% Schw 60%

Wohnungen mit Bad je Tausend Einw. in % 1962

	Ausfuhr je Kopf 1966 in DM	PKW je 1000 Einw.	Fernsehgeräte 1965 je 1000 E.	Rundfunkgeräte 1965 je 1000 E.	Fernsprechstellen 1964 je 1000 E.	Bruttosozialprodukt je Kopf 1965 in DM
Großbritannien	1 026	168	248	295	182	7 264
Benelux	2 456	112	167	282	171	6 783
Frankreich	883	194	131	313	118	7 734
Spanien	157	30	55	302	80	2 038
Portugal	272	26	19	127	57	1 630
Schweden	2 187	230	270	382	421	10 003
Norwegen	1 666	111	131	293	236	7 503
Dänemark	1 928	151	228	334	278	8 383
BRD	1 352	172	193	440	140	7 610
Österreich	922	109	98	293	130	5 093
Schweiz	2 200	153	106	276	354	9 236
Italien	620	103	115	204	44	4 307
Griechenland	189	11	?	106	51	2 341
Türkei	60	3	0,05	76	11	1 028
DDR	651	39	189	339	109	?
Sowjetunion	97	4	68	320	?	3 341

In diesem Streifen zwischen dem 60. und 45. Breitengrad liegen *die wichtigsten, dichtbevölkerten Staaten Mittel- und Westeuropas:* Frankreich, England, Belgien, die Niederlande und Luxemburg, Deutschland, die Schweiz und Österreich, Polen, die Tschechoslowakei und Ungarn.

Die genannten Breitenkreise geben die Grenzen nur angenähert an. Im Westen gehört Schottland zwar noch dazu, aber die Natur ist hier für die Landwirtschaft äußerst ungünstig (vgl. die Nordgrenze des Weizenanbaus D I 71). Schottland ist eher mit der nördlichen Zone zu vergleichen. In *Südosteuropa* und in *Osteuropa* reicht die Grenze dieses Gürtels viel weiter nach Süden. Wir müssen Jugoslawien, Albanien, Rumänien und Bulgarien noch dazurechnen. Wohl wird hier schon Reis geerntet, aber die Mittelmeergewächse, vor allem der Ölbaum, können der kalten Winter wegen hier noch nicht wachsen, und die Laubbäume werfen im Winter ihr Laub ab wie bei uns. Nur an der Adriaküste finden wir Mittelmeergewächse.

c) *Nach Süden folgt der Gürtel der immergrünen Laubwälder*, die allerdings außerhalb der verkehrsfernen Gebirge schon seit Jahrtausenden vernichtet worden sind.

An ihre Stelle ist vielfach die *Macchie* getreten, die aus immergrünen Sträuchern besteht. Sie ist oft undurchdringlich und nur als Schaf- oder Ziegenweide zu gebrauchen. In Südeuropa ist aber häufig auch diese kümmerliche Vegetation verschwunden, und der nackte Fels ist schutzlos der Sonnenglut des Sommers und dem Winterregen preisgegeben, der jedes lockere Körnchen fortspült. In diese Zone gehören auch die nördlichen Teile Marokkos, Algeriens und Tunesiens, ebenso die ägäischen Küstenlandschaften Anatoliens, die Küstengebiete von Syrien, Libanon und Palästina. Ackerbau ist nur in den Ebenen möglich, in denen der lockere Boden nicht fortgespült worden ist; oft beschränkt er sich auf die Flußtäler, deren Schwemmland im Sommer künstlich bewässert werden kann. In großen Teilen der Bergländer finden nur noch Schafe ihre Nahrung. Deshalb haben unter den europäischen Ländern die südeuropäischen Halbinseln die meisten *Schafe*. Im Mittelstreifen Europas sind sie fast verschwunden. So zeigen die von den Menschen bevorzugten verschiedenartigen Kulturpflanzen an, wie sehr sich die Gunst von Klima und Boden von Norden nach Süden verändert.

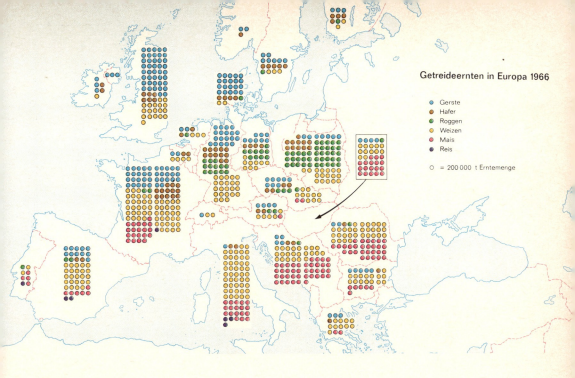

Landwirtschaft

1. Welche Getreidearten nehmen den ersten Platz ein: a) in Nordeuropa, b) in der Bundesrepublik, c) in Frankreich, d) in Italien und Rumänien? Welche dieser Getreidearten dienen vor allem als Futtermittel? – 2. Bestimmen Sie nach der Atlaskarte die Nordgrenze der Zitrusfrüchte und des Ölbaums! – 3. Verfolgen Sie die Grenzen der drei großen Klimazonen, die durch die Waldarten gekennzeichnet werden, mit Hilfe der Atlaskarte! – 4. Bringen Sie die Vegetation in Zusammenhang mit der Länge der kalten und der heißen Jahreszeit!
(Zu 1. u. 2.: D I 76/77. – D II: 32, 36, 42. – L: 90, 94. – UW: 42. – H: 35. – Zu 3. u. 4.: D I: 71, 74, 75. – D II: 32, 42. – L: 89, 91. – UW: 37, 42. – H: 34.)

In *Nordeuropa* baut man vor allem Gerste und Hafer an, die man als Futterpflanzen und als Rohstoff für die Brauereien gebraucht. Brotgetreide wird importiert; nur Schweden erntet ausreichende Mengen.
In *West- und Mitteleuropa* steht der Weizen an erster Stelle. In Mitteleuropa ist allerdings der Roggen die ursprüngliche Brotfrucht. Im Lauf der letzten Jahrzehnte mußte er jedoch dem Weizen immer mehr weichen, obgleich dessen Qualität bei uns längst nicht so gut ist wie in Steppenländern, etwa in Kanada oder in der Ukraine.
In *Südeuropa* ist der Weizen ebenfalls die wichtigste Brotfrucht. Der Hektarertrag ist wohl geringer als bei uns, die Qualität der Körner aber sehr viel besser. Kennzeichnend für Südeuropa ist die große Bedeutung von Mais und Reis. Die meisten südeuropäischen Länder können ihren Reisbedarf selbst decken, Italien

Weizen 1966	Einwohner in 1000	Weizenfläche 1000 ha	Ertrag dz je ha	Erntemenge 1000 t	Einfuhr 1000 t
Spanien	31 870	4 098	11,7	4 796	145
Italien	53 129	4 274	22,0	9 410	1 168
Griechenland	8 612	1 030	19,0	1 962	708 (1965)

1. Berechnen Sie die Ernte und die Versorgung pro Kopf und vergleichen Sie die Länder untereinander; vergleichen Sie mit Frankreich! (Erntemenge 13,5 Mill. t)

1965	Zitrusfrüchte	Wein	
	Ausfuhr	Ausfuhr	Einfuhr
	1 000 t	1 000 hl	1 000 hl
Spanien	1 202	2 185	3
Italien	560	2 411	72
Griechenland	118	413	1
Algerien	157	8 151	27
Marokko	416	1 595	4
Tunesien	46	723	2
Israel	559	16	2
Frankreich	—	3 496	9 400
USA	420	2	599
Südafrika	312	182	64
Welt	3 972	25 793	25 838

1. Vergleichen Sie den Export der drei nordafrikanischen Länder an Zitrusfrüchten mit dem Italiens! — 2. Welchen Anteil am Weltexport von Zitrusfrüchten hat Spanien, wie groß ist der Anteil der übrigen Mittelmeerländer? — 3. Welches ist das bedeutendste Exportland für Wein, welches steht an zweiter Stelle; welches ist das größte Importland? — 4. Wieviel des auf dem Weltmarkt angebotenen Weines wird von Frankreich gekauft? Was bedeutet das für Algerien?

sogar Reis exportieren — allerdings nur in die EWG-Länder zu Preisen, die weit über dem Weltmarktpreis liegen. Die Ernteerträge bei Mais und Reis sind im Vergleich zu denen der übrigen Getreidearten sehr hoch.

Wäre Europa ein einheitlicher Wirtschaftsraum ohne Zollgrenzen, so würde sich die durch die Natur vorgezeichnete Differenzierung noch viel stärker auswirken: Südeuropa würde das Land des Frühgemüses, der Frühkartoffeln, der Tomaten, des Paprikas und aller Gemüse und Früchte werden, die in der Sonne am besten gedeihen; es würde mit diesen Erzeugnissen ganz Europa versorgen können. Dem stehen aber die Interessen der nationalen Volkswirtschaften entgegen. Aus der Erfahrung wissen die Völker, daß immer wieder Krisen eintreten, die den friedlichen Güteraustausch hemmen oder ganz unterbinden. Keins der Völker will sich ganz in die Abhängigkeit der Produzenten der anderen Länder begeben, sondern einen gewissen Anteil im eigenen Lande erzeugen, wenn auch die Preise weit über den Preisen des Weltmarktes liegen, und den Bauern solch hohe Preise zu Lasten der Konsumenten garantiert werden müssen. Unsere deutschen Gemüsebauern erzielen ihre besten Einkünfte aus dem Frühgemüse. Sie würden gerade diese Einkünfte verlieren, wenn der deutsche Markt für die Importe aus Südeuropa völlig geöffnet würde. Noch mehr gilt das von Nordeuropa, wo der Frühling viel später einsetzt.

Dieses eine Beispiel soll genügen, um zu zeigen, wie verschieden die Arbeitsteilung zwischen den einzelnen Gürteln Europas im Vergleich zu Nordamerika ist.

Der Apfelsinenproduzent in Kalifornien kann den gesamten Markt der USA mit ihren 180 Millionen Konsumenten frei beliefern. Er muß zwar mit dem Wettbewerb Floridas rechnen und die Transportkosten bedenken, aber es gibt keine vom Staat geschaffenen Hindernisse. Der Apfelsinenexporteur aus Spanien steht nicht nur in Wettbewerb mit den übrigen Staaten der Erde, die ebenfalls Apfelsinen exportieren, sondern seine Verdienstmöglichkeit wird durch die Handelsverträge der Staaten, die Apfelsinen importieren, häufig stark eingeschränkt. Auf dem Binnenmarkt können solche Produzenten aber nur einen kleinen Teil ihrer Ernte absetzen.

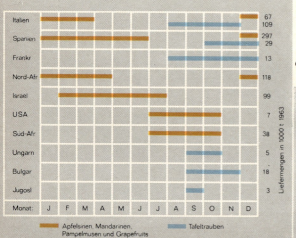

Links: Versorgung Deutschlands mit Apfelsinen und Mandarinen sowie Tafeltrauben nach Monaten

Unten: Versorgung Deutschlands mit ausgewählten Gemüsesorten nach Monaten

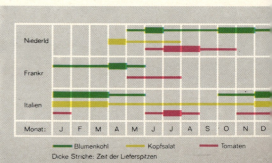

Die Bodenschätze

Auch die Bodenschätze sind in Europa sehr ungleich verteilt. Selbstverständlich haben die Vorkommen an Erzen, an Steinkohle und Erdöl nichts mit den heutigen Klima- und Vegetationsgürteln zu tun. Dennoch ist eine Ordnung zu erkennen, da alle Bodenschätze von dem geologischen Bau der Erdkruste abhängen.

Nordeuropa *wird von dem tief abgetragenen Sockel eines uralten Gebirges eingenommen*, ähnlich wie Teile Kanadas und Sibiriens. Teile der Erdkruste, die bei uns noch in unerreichbarer Tiefe lagern, stehen dort an der Erdoberfläche an. Da sich vor dem Erkalten der Magmaherde die schweren Elemente an ihrem Grunde angesammelt haben, sind diese tief abgetragenen alten Gebirge *reich an Erzen*. Schweden gehört zu den bedeutendsten Eisenerzexporteuren der Erde. In neuester Zeit treten Labrador und das übrige nördliche Kanada als Konkurrenten auf.

Der Mittelstreifen *Europas wurde in der Karbonzeit von einem alpinen Gebirge durchzogen*, dessen zentraler Teil aus kristallinen Gesteinen besteht, die aus erkaltetem Magma entstanden sind. Die Gesteinsdecken über den erzreichen Teilen dieser alten Magmaherde sind noch nicht abgetragen. Bisher wurden Erze nur in den Schieferhüllen der alten Magmaherde als *„Gangerze"* gewonnen. Sie wurden jahrhundertelang abgebaut und machten Deutschland dadurch zur Lehrwerkstätte des Bergbaus. Heute sind diese Lager weitgehend erschöpft; die letzten Gruben werden überall stillgelegt. Dagegen haben sich die braunen Kalkablagerungen der Jurazeit als wichtige Quellen der Eisenerzgewinnung erwiesen, seitdem die Technik die Verhüttung dieser Erze möglich gemacht hat. Dazu kommen

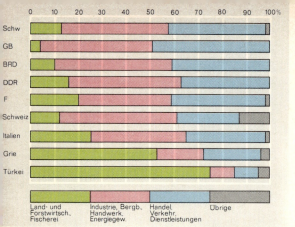

Links: Berufsgliederung europäischer Staaten um 1965.

Rechts: Die großen norwegischen Stauseen auf den Hochflächen des Fjell entstehen durch Abriegelung der kleinen Bäche, die das Wasser zu den großen Tälern führen. Zwei der Seen fassen über 1 Mrd. m³ Wasser. Durch Stollen und Rohrleitungen stürzt das Wasser in die Täler oder Fjorde zu den Kraftwerken. Das Klima gestattet es, daß die Wasserkraftwerke auch im Winter ungehemmt arbeiten können. Norwegen bezieht 99 % seiner elektrischen Energie aus Wasserkraft und steht mit 10 000 kWh Verbrauch pro Einwohner an erster Stelle auf der Erde, gefolgt von Kanada mit 7000 kWh/E (BRD: 2660 kWh/E).

Eisenlager in saurem Gestein, wie etwa in Salzgitter. Wichtiger als die Erze in dem alten „variskischen" Gebirge sind die *Steinkohlenlager*, die sich an seinem Rand entlangziehen und stellenweise auch in Senken innerhalb des alten Gebirges zu finden sind. Diese Steinkohlenlager reichen von England über Nordfrankreich, Belgien, das Limburger und Aachener Revier und über das Ruhrgebiet bis nach Oberschlesien. Diese Steinkohlenlager zusammen mit den Gangerzen in den Schiefergebirgen bildeten eine wichtige, natürliche Voraussetzung dafür, daß sich gerade in diesem mittleren Gürtel Europas die Industrie entwickeln konnte.

Südeuropa *baut sich größtenteils aus sehr jungen Kalkgesteinen auf*, die keine bedeutenden Bodenschätze enthalten. Nur wo tief abgetragene „alte Massen" anstehen, wie in Makedonien oder Spanien, gibt es wertvolle Lagerstätten. Südeuropa fehlt es vor allem an Stein- und Braunkohle.

In jüngster Zeit gewinnen Vorkommen von *Erdgas* an Bedeutung. Auch *Erdöl* wird gefördert, im Vergleich zur Weltförderung aber nur in geringen Mengen.

Die Industrie

Auch die Industrie ist innerhalb Europas sehr differenziert; die Unterschiede zwischen den einzelnen Staaten sind recht groß. Wir können hier nicht die Fülle der einzelnen Industriezweige betrachten, sondern suchen nach einem Maßstab, der die Bedeutung der Industrie innerhalb der einzelnen Volkswirtschaften aufzeigt und Vergleiche erlaubt. Solch ein Maß ist die Zahl der in den großen Zweigen der Wirtschaft Beschäftigten. Je geringer der Anteil der in der Land- und Forstwirtschaft und in der Fischerei Beschäftigten ist und je höher der Anteil derer, die in den produzierenden Gewerben und in den Dienstleistungsbereichen arbeiten, desto höher ist der Grad der Industrialisierung einer Volkswirtschaft.

Wir müssen uns von den aus der frühindustriellen Zeit *überkommenen Begriffen der Agrarstaaten und Industriestaaten freimachen*, um zu einer richtigen Beurteilung der europäischen Völker zu gelangen. In der vorindustriellen Zeit mußten mindestens 80 % der Erwerbstätigen der Gruppe „Land- und Forstwirtschaft und Fischerei" arbeiten, um sich selbst und die restlichen 10–20 % der Bevölkerung mühselig zu ernähren. In einem stark industrialisierten Land dagegen kann der Anteil der im agrarwirtschaftlichen Bereich beschäftigten Personen bis unter 10 % sinken.

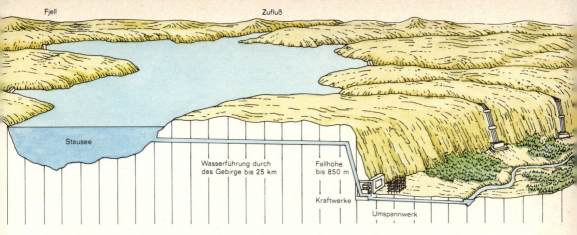

An diese Berufsgliederung der vorindustriellen Zeit erinnert nur noch die Türkei, die sich selbst zu Europa zählt und die wir in das Diagramm aufgenommen haben, um die europäischen Länder richtig zu beleuchten. Den größten Anteil dieser ersten Berufsgruppe finden wir mit 50% in Portugal und mit 40% in Irland.

Selbst Dänemark, von dem viele Menschen lediglich wissen, daß es ein wichtiges Exportland für landwirtschaftliche Produkte ist, beschäftigt nur 23% der Erwerbstätigen in der ersten Berufsgruppe. In der Schweiz, von der mancher noch annimmt, daß sie von der Herstellung von Molkereiprodukten lebe, arbeiten nur noch 16% der Erwerbstätigen in der Berufsgruppe I, dagegen dreimal soviel im produzierenden Gewerbe.

In den meisten europäischen Staaten arbeitet die weitaus größte Zahl an Menschen in der gewerblichen Wirtschaft, im Handel und Verkehr, in den Banken und Versicherungen, sowie in den Berufen, die wir der Gruppe „Dienstleistungen" zurechnen. Diese Staaten bezeichnen wir als Industriestaaten. Dennoch leistet die Landwirtschaft solcher Staaten, wie etwa die Dänemarks (23% der Erwerbstätigen), erheblich mehr als etwa die der Türkei (70%). *Die Landwirtschaft* der meisten Staaten in Europa hat sich allmählich außerordentlich *mechanisiert*, d. h., sie hat sich die Hilfsmittel, die von der Industrie bereitgestellt wurden, zunutze gemacht und produziert mit immer weniger Arbeitskräften immer mehr Güter. Diese Entwicklung ist längst noch nicht abgeschlossen.

Die Erkenntnisse der Naturwissenschaften wurden zuerst in England technisch ausgewertet, die Steinkohlenlager wurden zu den Energiequellen der neuen Fabriken. Auf dem Kontinent folgten die steinkohlenreichen Länder Belgien und Deutschland. Zweifellos war die Steinkohle aber nicht die Ursache, sondern nur ein wichtiges Hilfsmittel für die Industrialisierung.

Inzwischen haben viele europäische Völker, die über keine Kohle verfügen, eine bedeutende Industrie aufgebaut. Die besten Beispiele sind Schweden und die Schweiz. Auch Südeuropa beginnt jetzt aufzuholen. Norditalien ist bereits ein hochentwickelter Industriebezirk, Süditalien steht dagegen erst in den Anfängen, ebenso Griechenland und Spanien. Dieser Rückstand liegt nicht an dem Mangel an Bodenschätzen, sondern an der geistigen Haltung der Bewohner während der vergangenen Jahrhunderte, an ihrem Verharren in der altüberkommenen Ordnung, am Fehlen eines neuzeitlichen Bildungswesens oder gar der einfachsten Schulen überhaupt.

Neben den *Wasserkräften*, die erst in großem Maße technisch verwertbar geworden sind, als sie in elektrische Energie verwandelt werden konnten, setzen sich seit dem zweiten Weltkrieg immer mehr das leicht transportable *Erdöl und Erdgas* als Energie- und Rohstoffquelle durch. Während die alten Industriestaaten heute besondere Sorgen haben, um ihren Steinkohlenbergbau zu erhalten, können die steinkohlearmen Länder sich ungehemmt auf die *modernste Fabrikation mit Hilfe der neuen Energiequellen* einstellen. Den steinkohlenreichen Staaten ist vorläufig noch der Vorrang in der eisenschaffenden Industrie verblieben; aber auch das beginnt sich zu ändern. Die anderen Länder haben sich auf arbeitsintensive Zweige der Metallverarbeitung eingerichtet.

Die Industrien der kleinen Staaten haben sich auf *bestimmte Güter spezialisiert*. Da die Zahl der Arbeitskräfte begrenzt ist, kann man nur in einigen Zweigen Hervorragendes leisten. Eine Arbeitsteilung mit anderen Industriestaaten ist nicht zu umgehen. So verzichten z. B. die Schweiz und Norwegen, bisher auch Belgien, alles hochindustrialisierte Länder, auf den Bau von Automobilen.

Der Außenhandel

Je mehr sich die Wirtschafts- und Gesellschaftsordnung den Anforderungen der Industrie angepaßt hat, um so größer wird auch ihr Außenhandel. Der Binnenmarkt ist oft zu klein, um ein Produkt in genügend großer Serie herstellen und absetzen zu können. Um eine Vergleichsmöglichkeit zu haben, betrachten wir den *Import und den Export pro Kopf der Bevölkerung*. Wir müssen freilich beachten, daß kleine Völker in sehr viel stärkerem Maß zur Arbeitsteilung gezwungen sind als große. Wir fassen deshalb die Staaten ihrer Volkszahl entsprechend in Gruppen zusammen.

Unter den Staaten mit mehr als 30 Millionen Einwohnern steht *Spanien* weit zurück. Sein Export beträgt pro Kopf noch nicht ein Sechstel dessen, was pro Kopf aus der Bundesrepublik oder aus Großbritannien exportiert wird.

In den Staaten Nordeuropas, in den Niederlanden, in Belgien und Luxemburg sowie in der Schweiz, die weniger als 12 Mill. Einwohner haben, hat der Außenhandel eine überragende Bedeutung. Solche Außenhandelszahlen gibt es in keinem anderen Land der Erde. Pro Kopf exportiert die Schweiz mehr als das Sechsfache dessen, was etwa Griechenland oder Portugal exportieren. Viele Fabriken setzen im Außenhandel mehr ab als im Binnenhandel.

Die Industriestaaten importieren wohl Nahrungs- und Genußmittel, aber Halb- und Fertigwaren und industrielle Rohstoffe stehen an der Spitze ihres Imports. Die hochindustrialisierte Bundesrepublik führt erheblich mehr Industriewaren ein als beispielsweise Spanien.

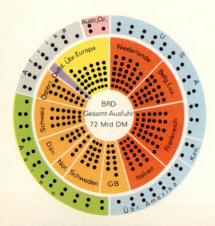
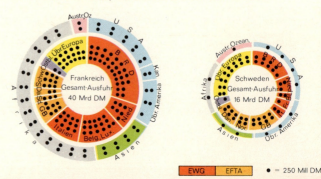

Außenhandel der BRD, Frankreichs und Schwedens 1965

Die Europäischen Gemeinschaften

Die Erfahrung, daß viele Fabriken wesentlich rentabler arbeiten, wenn sie große Serien produzieren können, hat zu der starken Arbeitsteilung geführt, die in den Außenhandelszahlen zum Ausdruck kommt. Man hat auch gesehen, daß die Industrie der USA einen sehr viel größeren Binnenmarkt zur Verfügung hat als die Industrie der viel kleineren europäischen Staaten und daß dieser Binnenmarkt durch keine Zölle oder sonstige staatlichen Maßnahmen eingeengt wird. Das hat in Europa zu dem Wunsch geführt, die Zollgrenzen zu beseitigen und Binnenmärkte zu schaffen, die mehrere Staaten umfassen. Solche Zusammenschlüsse sind die Zollunion der *Benelux*-Länder und der *Nordische Rat*. Aber diese Räume waren immer noch nicht groß und die Volkswirtschaft dieser Länder noch nicht unterschiedlich genug, um den Güteraustausch genügend auszuweiten.
Sechs Länder, die Bundesrepublik Deutschland, Frankreich, Niederlande, Belgien, Luxemburg und Italien haben sich 1952 zur *Montanunion* zusammengeschlossen, die einen gemeinsamen Markt für Kohle, Eisen und Stahl schuf. Der Sitz der Hohen Behörde ist Luxemburg. Dieselben Länder schlossen sich auch zum *Euratom* zusammen.
Die Beschränkung auf eine kleine Zahl von Wirtschaftsgütern erwies sich als unzureichend. 1958 schlossen sich die 6 Staaten zur *EWG* zusammen, die bis 1970 verwirklicht werden soll. Die Zölle zwischen den Mitgliedsstaaten werden abgeschafft. 1963 waren 40% des Standes von 1957 erreicht, 1968 sollen sie ganz fortfallen; gegenüber Ländern außerhalb der EWG soll ein gemeinsamer Zollring errichtet werden. *Dadurch entsteht ein Markt mit einer Konsumentenzahl, die mit der der USA vergleichbar ist.* Selbstverständlich muß sich das auf die anderen Länder der Erde auswirken, sowohl auf die europäischen Handelspartner wie auch auf die überseeischen Lieferanten von Lebens- und Genußmitteln.
Ein großer Teil der übrigen europäischen Länder westlich des Eisernen Vorhangs hat sich zur *EFTA* zusammengeschlossen, um ebenfalls ein größeres Absatzgebiet zu schaffen. Ihren Kern bilden Großbritannien, Dänemark, Schweden und Norwegen, aber auch Österreich, die Schweiz und Portugal sind beigetreten.

Die EWG. Der *Handel* der EWG-Länder untereinander hat sich in den 7 Jahren von 1958–1965 mehr als verdoppelt, zum Teil mehr als verdreifacht; alle Partner haben daran ihren Anteil, am größten ist der Nutzen für Italien.
Das ging jedoch *nicht auf Kosten des Außenhandels* mit anderen Ländern der Erde, sondern dieser ist ebenfalls gewachsen. Die Stärkung der Wirtschaft der EWG-Länder ist auch der übrigen Welt zugute gekommen.

Der Außenhandel der EFTA-Länder ist zwischen 1958 und 1965 um 60% gestiegen, der Außenhandel der EWG-Länder dagegen um über 100%. Am stärksten hat sich der Außenhandel der EWG-Länder untereinander entwickelt, aber auch die EFTA-Länder haben ihren Nutzen aus dem Aufschwung der EWG gezogen. In den ersten sieben Jahren hat die EWG also einen sehr großen Erfolg bei der Entwicklung des Handels innerhalb der Gemeinschaft wie auch außerhalb gehabt. Dennoch betrachten die außerhalb der Gemeinschaft stehenden Staaten die weitere Entwicklung sehr aufmerksam, ja sorgenvoll, denn der weitere Abbau der Zölle innerhalb der EWG und der Aufbau einer gemeinsamen Zollgrenze nach außen erschwert naturgemäß den Handel zahlreicher übriger Länder mit dem neu entstehenden großen

Wirtschaftsblock. Andererseits haben die EWG-Staaten selbst das größte Interesse daran, daß der Außenhandel anderer Staaten, vor allem der EFTA-Staaten, nicht geschädigt wird. Es darf allerdings nicht übersehen werden, daß der Sinn einer jeden Zollunion – und das ist die EWG – der Abbau der Zölle untereinander ist, d.h. eine Bevorzugung der Partner der Union gegenüber den Außenstehenden.

Unter den EWG-Staaten sind die Interessen in dieser Hinsicht durchaus nicht gleich. Die stärkste *Verflechtung mit der EFTA* hat die Bundesrepublik; ihr Export in die EFTA-Länder war 1958 sogar größer als der Export in die EWG-Länder, und gerade gegenüber den EFTA-Ländern erzielt sie den größten Überschuß.

Deshalb wird die Bundesrepublik innerhalb der EWG stets bestrebt sein, den Handel mit den EFTA-Ländern zu erleichtern.

Frankreich dagegen hat ein größeres Interesse daran, die assoziierten überseeischen Gebiete stärker mit den anderen EWG-Ländern zu verbinden. Zur Zeit bestreitet in der EWG Frankreich den Hauptanteil des Außenhandels dieser Länder.

Das berührt aber wieder die Interessen der nichtassoziierten überseeischen Länder, besonders der ibero-amerikanischen und der asiatischen, die befürchten, daß sie die EWG als Absatzgebiet verlieren könnten, wenn die assoziierten afrikanischen Gebiete bevorzugt würden – etwa beim Import von Kaffee, Bananen, Pflanzenfetten. Die EWG ist dank ihrer gewaltigen Wirtschaftskraft und ihrer großen Konsumentenzahl zu einem wichtigen Faktor für alle Länder der Erde geworden. Die Unterschiede in den Interessen der einzelnen Mitgliedstaaten sind naturgegeben. Es wird wohl nie zu einer endgültigen Lösung aller Fragen kommen, es werden vielmehr immer wieder neue Probleme auftreten, denn die Wirtschaft ist in stetem Wandel begriffen. Für die Mitglieder der EWG ist dieser neue, große Wirtschaftsblock zu einem so wichtigen, die gesamte Wirtschaft und das soziale und politische Leben der Völker bestimmenden Faktor geworden, daß alle unlösbar mit ihm verbunden sind.

Die EFTA. Die EFTA hat diesen Anstieg des Außenhandels ihrer Länder untereinander nicht zu verzeichnen. Für alle EFTA-Länder ist Großbritannien der wichtigste Partner, aber kaum geringer ist die Bedeutung der Bundesrepublik für diese Staaten. So stehen sie zwischen Großbritannien und der EWG. Für die nordischen Länder ist der Anschluß an die EWG oder die Assoziierung an sie höchst erstrebenswert, aber nur gemeinsam mit Großbritannien. Von den übrigen EFTA-Ländern spielte Portugal im Außenhandel keine große Rolle. Für die Schweiz und

Europäische Verträge

	Jahr	Beginn	Einwohner 1966
Benelux-Vertrag	1944	1946	22,3 Mill.
Nordische Union[1]	1951	1952	21,2 Mill.
Montanunion	1951	1952	183,9 Mill.
Euratom	1957	1958	183,9 Mill.
EWG[2]	1957	1958	183,9 Mill.
WEU (Westeuropäische Union)[3]	1954	1955	238,4 Mill.
OECD[4]	1960	1961	692,6 Mill.

[1] Dänemark, Norwegen, Schweden, Finnland, Island
[2] Griechenland ist assoziiert. Ebenso Elfenbeinküste, Dahome, Gabun, Kamerun, Kongo (beide), Madagaskar, Mali, Mauretanien, Niger, Senegal, Somalia, Surinam
[3] Frankreich, Belgien, Niederlande, Großbritannien, Italien, BRD
[4] Großbritannien, Irland, Island, Norwegen, Schweden, Dänemark, Finnland, Niederlande, Belgien, Luxemburg, BRD, Österreich, Schweiz, Italien, Frankreich, Spanien, Portugal, Jugoslawien, Griechenland, Türkei, USA, Kanada

für Österreich ist die EWG dagegen der weitaus wichtigere Handelspartner. Daß die beiden Staaten sich 1958 nicht der EWG angeschlossen haben, hat vorwiegend politische Gründe. Österreich muß wegen seines Staatsvertrages auf die Sowjetunion Rücksicht nehmen, und die Schweiz möchte an ihrer traditionellen „Neutralitätspolitik" festhalten und deshalb keine Souveränitätsrechte an die EWG abtreten.

Folgende *Weiterentwicklung* ist möglich:
a) Die 6 EWG-Staaten wachsen zu einem wirtschaftlichen und politischen Block zusammen, der nach außen hin ähnlich abgeschlossen ist wie die heutigen Vereinigten Staaten.
b) Weitere Staaten treten der EWG als Mitglieder mit vollen Pflichten und Rechten bei, d. h. die EWG dehnt sich räumlich aus, möglicherweise auf alle westlich des Eisernen Vorhanges liegenden Staaten.
c) Die 6 EWG-Staaten bilden einen inneren Kern, dem sich ein Ring von anderen Staaten, deren Regierungen auf keine Souveränitätsrechte verzichten, anschließt. Diese „Assoziierung" beschränkt sich im wesentlichen auf die wirtschaftlichen Beziehungen.

Die Wirtschaft der 6 EWG-Staaten ist bereits so zusammengewachsen und der große Markt hat die Wirtschaft in einem solch großen Maße belebt, daß eine Rückkehr zum alten Zustand ohne sehr großen Schaden nicht möglich ist. Diese wirtschaftliche Vereinigung ist aber nur als eine Vorstufe zu einem Zusammenwachsen in allen Bereichen des wirtschaftlichen, gesellschaftlichen und politischen Lebens der beteiligten Staaten geplant. Am Ende der Entwicklung steht also für viele „Europäer" die volle politische Union, ein europäischer Bundesstaat.

Außenhandel der EWG-Staaten und EFTA-Staaten in Mill. DM

	Import		davon: EWG		davon: EFTA		Export		davon: EWG		davon: EFTA	
	1958	1965	1958	1965	1958	1965	1958	1965	1958	1965	1958	1965
BRD	31 133	70 448	7 969	26 648	6 487	12 133	36 998	71 651	10 103	25 220	10 162	19 342
Frankreich	23 573	41 344	5 156	16 061	2 238	4 600	21 528	40 193	4 773	16 459	2 877	6 285
Italien	13 506	29 389	2 887	9 165	2 487	3 783	10 824	28 752	2 555	11 564	2 390	4 795
Niederlande	15 224	29 849	6 375	15 940	2 157	3 941	13 513	25 573	5 614	14 245	3 410	4 841
Belgien-Lux.	13 142	25 494	6 125	13 894	1 924	3 319	12 792	25 527	5 772	15 788	2 039	3 165
EWG		196 523		81 708		27 777		191 696		83 276		38 428
GrBrit.	42 391	64 551	6 264	11 150	4 302	7 471	37 300	52 907	4 908	10 125	3 751	6 667
Norwegen	5 499	8 823	1 943	2 575	2 080	3 543	3 123	5 770	851	1 444	1 170	2 474
Schweden	9 940	17 514	4 154	6 574	2 434	5 306	8 763	15 892	2 718	4 939	3 075	5 966
Dänemark	5 626	11 245	2 031	4 000	2 225	3 797	5 227	9 093	1 659	2 486	2 106	4 044
Schweiz	7 169	14 685	4 214	9 122	775	2 151	6 498	11 757	2 546	4 646	1 008	2 253
Österreich	4 509	8 402	2 450	4 973	507	1 237	3 855	6 400	1 913	2 986	403	1 122
Portugal	2 017	3 593	790	1 287	435	793	1 212	2 306	300	478	211	619
EFTA		128 913		39 682		24 388		104 725		27 105		23 094

1. Ordnen Sie die EWG-Länder aufgrund der Zahlen von 1958 (Beginn der EWG) nach der Höhe a) des gesamten Imports, b) des Imports aus EWG-Ländern, c) des gesamten Exports, d) des Exports aus EWG-Ländern! — 2. Ordnen Sie entsprechend der Aufgabe 1 die Länder aufgrund der Zahlen von 1965. Vergleichen Sie die Ergebnisse der Aufgaben 1 und 2! — 3. Stellen Sie den absoluten Zuwachs des Exports der BRD und Frankreichs zwischen 1958 und 1965 fest. Schätzen Sie, um welchen Prozentsatz der Zahlen von 1958 es sich handelt! — 4. Schätzen Sie den Prozentanteil des Exports der BRD und Frankreichs in die EWG-Länder am eigenen Gesamtexport a) für 1958, b) für 1965. Für welches der Länder ist der Zuwachs besonders groß? — 5. Welchen Anteil haben die EFTA-Länder am Export der BRD und Frankreichs a) 1958, b) 1965? — 6. Vergleichen Sie den Export Österreichs in die EWG-Länder und in die EFTA-Länder a) für 1958, b) für 1965! Welchem Block müßte sich Österreich anschließen, wenn die Handelspolitik allein zu berücksichtigen wäre? Wie erklären Sie die Entscheidung Österreichs für die EFTA? — 7. Vergleichen Sie mit Hilfe der Diagramme auf S. 74 den Gesamtexport Schwedens nach Frankreich mit dem Gesamtexport Schwedens und dem Export Frankreichs nach Schweden am Gesamtexport Frankreichs. Stellen Sie denselben Vergleich für die BRD und Schweden an! Welche Folgerungen ziehen Sie über die Einstellung Frankreichs und der BRD gegenüber dem Handel mit Schweden, das stellvertretend für alle skandinavischen Länder steht?

Die Staaten an der Westgrenze der Sowjetunion

Zwischen den Ländern des freien Europa mit parlamentarischer Demokratie und freier Wirtschaft im Westen und der Sowjetunion im Osten liegen Staaten, die sich als *Folge des zweiten Weltkrieges* in Regierungsform und Gesellschaftsordnung der Sowjetunion anpassen mußten. Im Norden konnte Finnland seine staatliche Selbständigkeit bewahren; Estland, Lettland und Litauen wurden völlig in die Sowjetunion eingegliedert, ebenso der nördliche Teil Ostpreußens. Polen, die Tschechoslowakei, Ungarn, Rumänien und Bulgarien mußten sich der Sowjetunion in Gesellschaftsordnung, Wirtschaft und Außenpolitik unterordnen, ebenso die DDR. Jugoslawien hat sich dagegen eine gewisse Entscheidungsfreiheit bewahrt. Das kleine Albanien ist kommunistisch, befindet sich aber mit dem benachbarten Jugoslawien wie mit der Sowjetunion im Streit. Alle diese Völker hatten bis zum zweiten Weltkrieg in engster Bindung zum Westen gelebt. Ihre Außenhandelspartner waren die westlichen Länder; im geistigen Leben und für die politische und gesellschaftliche Ordnung waren Frankreich und Deutschland die Vorbilder, nicht die Sowjetunion.

Alle unmittelbaren *Nachbarländer der Sowjetunion*, die nicht völlig an diese eingegliedert wurden, mußten Teile ihres Staatsgebietes an den großen östlichen Nachbarn abtreten: sowohl Finnland wie Polen, die Tschechoslowakei wie Rumänien. Polen wurde durch die deutschen Ostgebiete entschädigt. Die Ostgrenze Polens fällt etwa mit der Westgrenze Rußlands nach der 3. polnischen Teilung im Jahre 1795 zusammen; im Süden allerdings gehören Städte wie Lemberg, Stanislau, Tschernowitz, die von 1795 bis 1918 zu Österreich-Ungarn gehört hatten und dann wieder polnisch bzw. rumänisch geworden waren, heute zur Sowjetunion.

Die Landwirtschaft. In allen diesen Ländern kam und kommt auch heute noch der Landwirtschaft besondere Bedeutung zu. Entsprechend der Breitenlage (Finnland nördlich des 60., Bulgarien südlich des 44. Breitenkreises) werden jeweils verschiedene Nutzpflanzen angebaut.

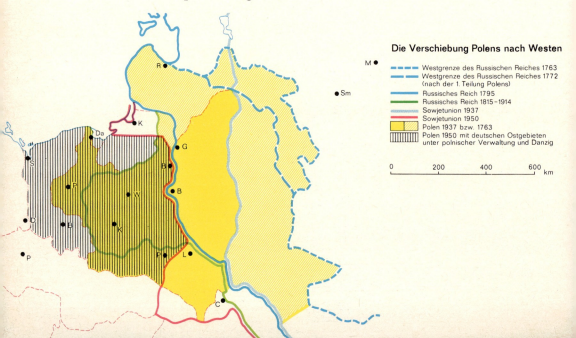

Wichtigste Nutzpflanzen in Finnland, den „Randstaaten" und den Comecon-Ländern			
Finnland	**Hafer,** Weizen, Gerste, Roggen	Tschechoslowakei	**Weizen,** Gerste, Kartoffeln, Hafer, Roggen, Mais, Zuckerrüben, Wein
Estland	**Roggen,** Gerste, Hafer, Kartoffeln	Ungarn	**Mais,** Weizen, Gerste, Wein, Gemüse
Lettland	**Roggen,** Hafer, Gerste, Kartoffeln	Jugoslawien	**Mais,** Weizen, Gerste, Tabak, Wein, Obst
Litauen	**Roggen,** Hafer, Weizen, Kartoffeln	Rumänien	**Mais,** Weizen, Kartoffeln, Gerste
Polen	**Roggen,** Kartoffeln, Hafer, Weizen	Bulgarien	**Weizen,** Mais, Gerste, Tabak, Wein, Obst, Gemüse
		Albanien	**Mais**

In Finnland bedeckt Wald zwei Drittel der Fläche, das Ackerland nimmt nur 7 % ein. Die Hauptausfuhrgüter sind Holz und Holzwaren. In Estland, Lettland und Litauen spielt die Viehwirtschaft eine hervorragende Rolle; Wiesen und Weiden nehmen über 25 % der Fläche ein, in Estland sogar 40 %. Die „Randstaaten" liegen klimatisch in derselben Zone wie Dänemark und Südschweden und die Landwirtschaft ist der dieser Länder ähnlich, wenn auch längst nicht so produktiv. Alle folgenden Staaten sind Länder des Ackerbaues; in der Tschechoslowakei erzeugt man unter allen europäischen Staaten den meisten Zucker pro Kopf der Bevölkerung; in Böhmen wachsen bereits Reben. Weiter südwärts spielt in allen Staaten der Mais die überragende Rolle. Dazu kommen ausgezeichnetes Obst und Gemüse, in Ungarn, Jugoslawien und Bulgarien guter Wein, in Makedonien und Bulgarien außerdem hervorragender Tabak. In den beiden südöstlichen Staaten gibt es im Sommer große Sonnenblumenfelder. In Bulgarien und Makedonien erntet man sogar Reis; der Ölbaum gedeiht hier aber noch nicht.

Der Außenhandel. Die Bindung dieser Ländergruppe an den Westen kam 1938 in der Außenhandelsstatistik klar zum Ausdruck. Die Sowjetunion spielte damals in ihrem Außenhandel keine Rolle. Heute ist es umgekehrt: der überragende Handelspartner für jedes einzelne dieser Länder sind die Sowjetunion und der Block der Comeconstaaten.

Diese Staaten dürfen ihre Wirtschaft nicht so entwickeln, wie es für die eigene Volkswirtschaft am nützlichsten wäre, sondern sind verpflichtet, sich nach den Anweisungen des „Rates für gegenseitige Wirtschaftshilfe" (Comecon) zu richten. Dieser schreibt vor, was jeder einzelne Staat entwickeln und produzieren darf und was er an die anderen Mitgliedstaaten liefern muß. Diese Exportverpflichtung hat Vorrang vor der Befriedigung der Bedürfnisse des produzierenden Landes selbst.

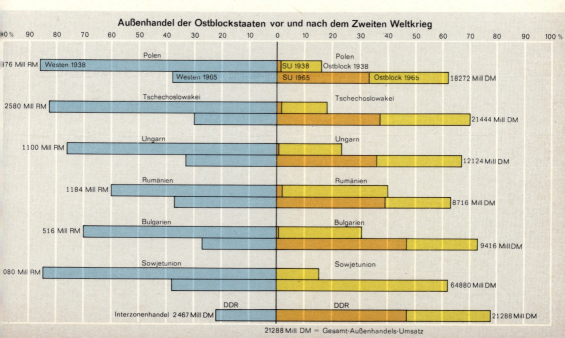

Außenhandel der Ostblockstaaten vor und nach dem Zweiten Weltkrieg

21288 Mill DM = Gesamt-Außenhandels-Umsatz

Die Industrialisierung. In allen diesen Ländern hat sich seit 1945 ein gewaltiger Umbruch vollzogen. Die Landwirtschaft ist kollektiviert worden; nur in Polen konnte sich bisher ein privates Bauerntum erhalten. Zugleich wurde überall mit dem Aufbau neuer Fabriken begonnen. Wie in allen Ländern der Erde, die bisher in der altüberkommenen Ordnung der vorindustriellen Zeit gelebt hatten, so hat man auch in den Nachbarländern der Sowjetunion eingesehen, daß die wachsende Bevölkerung in der Landwirtschaft allein keine produktive Arbeit mehr finden kann, sondern daß der Ausweg nur in der Industrialisierung liegt. Dieser Aufbau von Fabrikanlagen erfolgt unter dem propagandistischen Motto: „Die Sowjetunion hilft ihren befreundeten sozialistischen Völkern eine Industrie aufzubauen, nachdem die kapitalistischen Länder des Westens diese Völker vorher jahrhundertelang ausgebeutet haben." So wird am Beispiel der neuen Industrieanlagen, der Kraftwerke und der großen Stauanlagen die Hilfe der Sowjetunion herausgestellt. Tatsächlich erzeugen die neuen Werke heute Industrieprodukte, an die vor 30 Jahren nicht im entferntesten zu denken war.

Das geschieht aber nicht nur im Osten, sondern überall in der Welt, im Westen in noch viel höherem Maße als im Osten. Die Hilfe der westlichen Industriestaaten für die „Entwicklungsländer" ist weit größer als die der Sowjetunion für die Länder des „Rates für gegenseitige Wirtschaftshilfe". Polen und die Tschechoslowakei hatten bereits vor 1945 eine leistungsfähige Industrie; für Polen ist sie durch die Bergwerke und Fabriken der deutschen Ostgebiete seitdem sehr verstärkt worden. Böhmen war 1918 bereits das industrielle Kernland der damaligen Donaumonarchie gewesen. Heute sind diese beiden Staaten, dazu die DDR, die wichtigsten Industriegebiete des gesamten Ostblocks außerhalb der Sowjetunion. Die DDR ist der größte Erzeuger an Industriegütern und der größte Exporteur, sie ist der wichtigste Handelspartner der Sowjetunion. Die Industrie aller dieser Staaten wird ganz auf die Bedürfnisse der Ostblockländer ausgerichtet, in den Westen werden fast ausschließlich agrarische Erzeugnisse exportiert, wie vor 1945. Die neuen Industrien brauchen den Wettbewerb der übrigen Welt nicht zu fürchten, da die Konkurrenz des Westens ausgeschaltet ist. Die Güte der Erzeugnisse wird andererseits aber durch den fehlenden Wettbewerb nicht gesteigert. So sind die Industriewaren auf dem Markt des Westens sehr häufig nicht absetzbar, im Ostblock finden sie dagegen Absatz zu hohen staatlich festgesetzten Preisen. Weil die Wirtschaft dieser Länder ganz auf die Bedürfnisse des Ostblocks ausgerichtet ist, bieten sie den *überseeischen Entwicklungsländern* keinen Absatzmarkt. Diese haben vornehmlich Nahrungs- und Genußmittel sowie Pflanzen für die Industrie zu verkaufen. Kaffee, Tee, Kakao, Pflanzenöle führen die Ostblockländer aber nur in verschwindend geringen Mengen ein. Sie können den überseeischen Entwicklungsländern deshalb durch Warenimporte keine wirtschaftliche Hilfe bieten.

Einfuhr (1965) in Mill. DM aus Entwicklungsländern

Lieferndes Land	Beziehendes Land			
	SU	europ. Ostblock ohne SU	BRD	Gesamtexport des Entwicklungslandes
Ägypten	832	468	352	2 421
Brasilien	112	104	385	6 382
Indische Union	860	556	1 185	6 709
Indonesien	216	236	248	2 712
Türkei	68	160	339	1 836

Wieviel Prozent des Gesamtexports nehmen die Ostblockländer ab? Wie ist die Sonderstellung Ägyptens zu erklären?

Die Sowjetunion

Bearbeiten Sie die Aufgaben 1 bis 4 auf S. 44!

Die Union der Sozialistischen Sowjetrepubliken – abgekürzt als Sowjetunion, UdSSR oder SU bezeichnet – gehört nach Landfläche und Einwohnerzahl zur gleichen Größenordnung wie Anglo-Amerika. Die Tabelle auf S. 44 ermöglicht einen genaueren Zahlenvergleich zwischen den beiden Großräumen und gegenüber den uns vertrauteren Gebieten der BRD und Europas westlich der SU.

Landschaftsgürtel und Anbauformen

Mit 10 E/km² ist die Sowjetunion genauso dünn besiedelt wie Anglo-Amerika. Nur gut 10% der Fläche werden durch Ackerbau und insgesamt nur 27% überhaupt landwirtschaftlich genutzt. Eine Ursache dafür bildet die riesige West-Ost-Erstreckung der SU. Auf dem weiten Weg von der atlantischen zur pazifischen Küste Eurasiens steigert sich das *Kontinentalklima* zu Schärfen, die es sonst auf gleichen Breiten nirgends gibt. Entsprechend nachhaltig beeinflußt es den Pflanzenwuchs, die Ausprägung der Bodentypen und die Anbaubedingungen.

Von Norden her wirkt sich die lange und strenge *Winterkälte*, von Süden her die *Sommerdürre* aus (siehe Karte S. 82). Fast 50% der Landfläche der SU bestehen aus *Tundra* und *Taiga* mit *Dauerfrostboden* und nahezu 15% aus *Wüste* und *Wüstensteppe*. Da sich das Landklima von W nach O verschärft, nähern sich die lebensfeindlichen Klimabereiche immer mehr, bis sie in Mittelsibirien zusammentreffen.

Die *Tundra* am Nördlichen Eismeer läßt kaum eine ins Gewicht fallende landwirtschaftliche Nutzung zu. Die ehemaligen Rentiernomaden aus verschiedenen, weit verstreuten nichtrussischen Völkerschaften betreiben unter staatlicher Anleitung eine geplante Weidewirtschaft und betätigen sich als Pelztierjäger und Fischer.

Die *Taiga*, der weite nördliche Nadelwald, bietet fast nur an den entwässerten Ufern der Flüsse Raum für schmale Kulturzonen. Dort erzeugen die Kollektivwirtschaften Kartoffeln, Kohl, Flachs und Milch für sich und die Holzfäller, Flößer, Jäger und Pelztierzüchter des Waldlandes. Holz ist das wertvollste Erzeugnis der Taiga, das auch seit langem vom westlichen Europa gern gekauft wird. Nach dem Ersten Weltkrieg trat Archangelsk an die Stelle von Leningrad als Hauptausfuhrhafen für Holz, und heute ist Igarka am Jenissei ein Zentrum des Holzexports.

Für die *Landwirtschaft* der SU ist hauptsächlich nur ein mittlerer west-östlich gerichteter Landstreifen günstig. Ihm führen die Westwinde noch *ausreichende Niederschläge* und mildere Temperaturen zu. Außerhalb dieses *Atlantischen Keiles* ist in der SU nur in wenigen, kleineren Gebieten erfolgreiche Landwirtschaft dauerhaft möglich (vgl. Karte S. 82).

Der *Atlantische Keil* beginnt breit zwischen Ostsee und Schwarzem Meer und wird nach Osten zu immer schmaler. Er war in seiner nördlichen Hälfte ursprünglich mit Laub- und Mischwald, in seiner südlichen mit Wald- und Wiesensteppe bewachsen. Etwa am oberen Ob läuft er aus und setzt sich weiter nach Osten nur in einzelnen Kulturinseln fort, die der Transsibirische Schienenstrang bis zur Pazifischen Küste miteinander verbindet. Daraus ergibt sich der *Vorrang des Westens*, also des europäischen Teils der SU. Auf einem Viertel der Staatsfläche leben hier drei Viertel der Einwohner, und die Siedlungsdichte kommt auf rund 30 E/km². Nur noch der südlichste Teil Westsibiriens genießt den gleichen Vorzug.

Das *Laub- und Mischwaldgebiet* des Atlantischen Keiles erlaubt eine Landwirtschaft, wie sie Nordostdeutschland und Polen besitzen. Hier gewinnt die SU über zwei bis drei Fünftel der Welternte an Roggen und über drei Viertel an Flachs. Auch Kartoffeln und Hafer wachsen hier gut, und die Milchviehzucht ist weit verbreitet.

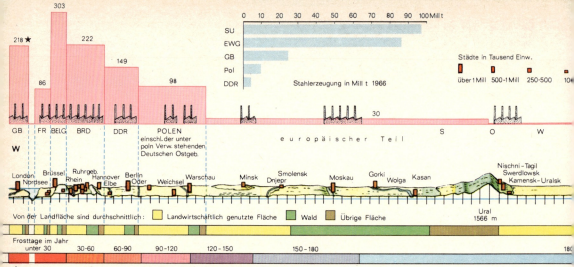

Die *Wald- und Wiesensteppenzone* des Atlantischen Keils ist mit ihren starken Frühsommerregen, der trockenen Wärme des Hochsommers und seiner tiefgründigen, humusreichen Schwarzerde das *fruchtbarste Gebiet der Sowjetunion*. Hier gewinnt die Sowjetunion ihre großen Ernten an Weizen (rund ein Viertel der Welternte), an Gerste (fast ein Fünftel der Welternte), an Zuckerrüben (über ein Drittel der Welternte, vor allem in der nordwestlichen Ukraine) und an Hanf. Der Maisanbau wurde stark ausgeweitet – zur Mast von Rindern und Schweinen.

Auch der *Grassteppengürtel* ist fast gänzlich zu Ackerland umgewandelt. Dort verschärft sich die Trockenheit; aber außer in Dürrejahren bringen Weizen, Gerste, Mais und Sonnenblumen dort noch gute Ernten.

In der nach S und SO anschließenden *Trockensteppe* ist seit alters die Weideviehzucht von Steppenrindern und Schafen zu Hause. Wo sie noch besteht, wird sie von Kollektivwirtschaften betrieben. Jeder Anbau bedeutet auf dem braunen Steppenboden bereits ein Wagnis, das in etwas feuchteren Jahren glückt, in trockenen aber fehlschlägt. Neben heißen

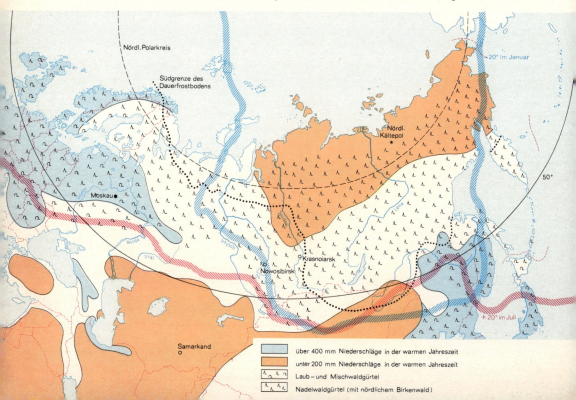

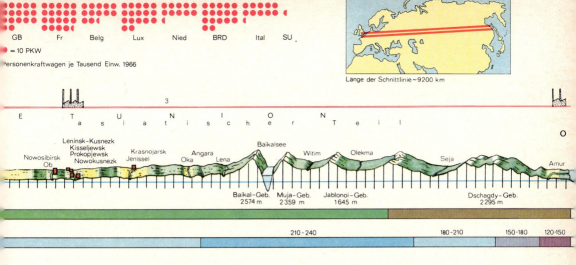

Dürrewinden, die den benachbarten Wüsten entströmen, bedrohen Heuschreckenschwärme und Steppennagetiere den Ertrag. Die Anlage von Stauseen, Feldbewässerung und Waldstreifen wirkt der Dürre entgegen. Trotz des Risikos werden immer größere Flächen der Trockensteppe unter den Pflug genommen.

In den *Wüsten und Wüstensteppen Turkestans* ist ein Anbau nur auf bewässerten Feldern möglich. Als wichtigstes Erzeugnis liefern die Oasen Baumwolle. Auf zwei Drittel der turkestanischen Bewässerungsflächen erzeugt die SU gut 15 % der Welternte. Damit steht sie an zweiter Stelle auf der Erde.

Besonders anspruchsvolle Pflanzen wachsen im *subtropischen Süden* der Sowjetunion an der SO-Küste des Schwarzen Meeres: Obst, Tabak, Weinreben und Zitrusfrüchte. Vor allem erzeugt die Sowjetunion dort Tee und liefert damit den Russen ihr Nationalgetränk.

Die scharf ausgeprägten Klima- und Bodeneigenschaften der verschiedenen Gürtel bedingen in jedem von ihnen eine auffällige Einseitigkeit der Produktion. Dadurch werden lange Transportwege erforderlich.

Verteilung der Anbaufläche in der Sowjetunion (nach Baranski) jeder Punkt = 25000 ha

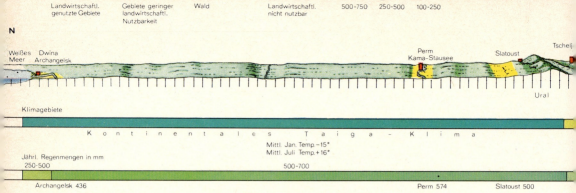

Entwicklungsstufen Osteuropas

Die soziale, wirtschaftliche, politische und kulturelle Entwicklung Osteuropas weicht von der im westlichen Europa ab.

1. Die Russen übernahmen das Christentum von Byzanz, wurden daher *griechisch-orthodox* und schreiben noch heute mit *cyrillischen* Buchstaben.
2. Seit dem 14./15. Jahrhundert entstand die religiös begründete absolute Herrschaft der Zaren.
3. Als Konstantinopel mit Südosteuropa unter *türkische* Herrschaft kam, sah sich der *russische Zar* als Erbe des byzantinischen Kaisers und weltliches Oberhaupt der orthodoxen Christenheit an. Moskau wurde das „Dritte Rom".
4. Die *Renaissance* (vgl. S. 66) setzte sich im orthodoxen Bereich nicht durch. Ebenso blieben Humanismus, Reformation und Aufklärung in Osteuropa ohne große Wirkung.
5. Den politisch entscheidenden Anschluß an das westeuropäische Geistesleben gewannen russische Intellektuelle des 19. Jh. In der Zeit des Frühkapitalismus entstandene sozialkritische Lehren wie *Sozialismus, Kommunismus, Anarchismus* galten den aus der Zarenherrschaft geflüchteten Russen als Heilsbotschaften.

Bis 1917 behielt Rußland seinen mittelalterlichen Gesellschaftsaufbau aus a) einer schmalen, reichen und außerordentlich bevorrechtigten *Oberschicht* von meist adeligen Großgrundbesitzern, b) einer gleichfalls schmalen, zum Teil durchaus wohlhabenden aber politisch unmaßgeblichen *Mittelschicht* und c) einer sehr breiten, wirtschaftlich, sozial und rechtlich äußerst benachteiligten *Unterschicht*. Zur Unterschicht zählten vor dem Ersten Weltkrieg 87% der russischen Bevölkerung: 74% als Bauern, 13% als Arbeiter. Das Zarenreich war ein *Agrarstaat mit Industrieansätzen*, die teilweise schon alt, aber nur in wenigen Gebieten zu bedeutender Dichte und Leistungskraft entwickelt waren.

In der Oktoberrevolution 1917 errichtete Lenin mit den Sowjets die *Diktatur des Proletariats*. Die Revolutionäre enteigneten allen Besitz an Boden, Fabriken, Maschinen, Transportmitteln und Bergwerken und erklärten diesen zum – von der Regierung verwalteten – Volkseigentum. In dieser Phase waren die Bauern mit den Revolutionären verbündet – nur dadurch kamen sie zu Land.

Die sowjetische Landwirtschaft

Bauernschaft und Revolution. Auf ein Herrengut kamen vor der Revolution durchschnittlich 2500 ha, auf einen Bauernhof 8 ha. Diese Fläche reichte nicht aus, um eine vielköpfige Familie zu ernähren. Die Bauern waren daher gezwungen, gegen Zinsen, Ablieferungen und Arbeitsleistungen Land von den Gutsbesitzern zu pachten, die zumeist daraus ihre größten Einnahmen bezogen.

Im westlichen Europa war durch die Agrarreformen um 1800 viel Land in den persönlichen Besitz der Bauern übergegangen; die russische Agrarreform von 1861 hob wohl endlich die Leibeigenschaft auf, und der Großgrundbesitz mußte Land an die Bauern abtreten; aber die Reform war im ganzen völlig unzureichend und die Bauern blieben weiter pachtabhängig. Überdies wurde der neu verteilte Boden nicht Eigentum des einzelnen Hofes, sondern der gesamten Dorfgemeinde, der Zwangsgenossenschaft des „Mir", dem schon zuvor das Bauernland des Dorfes gehört hatte. Der Mir war gegenüber dem Staat für das Aufkommen der Kopfsteuer des Dorfes verantwortlich. Da jede Person die gleichen Abgaben zu leisten hatte, gestand man ihr billigerweise die gleiche Betriebsfläche zu. Daraus erwuchsen die Krebsübel der alten russischen Landwirtschaft. Denn die wechselnde „Seelenzahl" der Höfe verlangte alle paar Jahre eine Neuaufteilung der Dorfflur. Dies hemmte Fleiß und wirtschaftlichen Fortschritt.

Packend schildert Gogol die damaligen Zustände der russischen Landwirtschaft in seinem Roman: „Die toten Seelen" (1842). Die Bauern arbeiteten auf ihren schmalen Parzellen mit Hakenpflug, Sicheln und anderem primitivem Gerät. Sie hausten in strohgedeckten Hütten, flochten ihr Schuhwerk aus Lindenbast und fertigten die Kleidung aus grobem Leinen. 90 % von ihnen waren Analphabeten.

Entwicklung der landwirtschaftlichen Produktion in der Sowjetunion
1. Wo liegen die Knickpunkte in der Entwicklung? – 2. Wie gestaltete sich die Ernährungslage der sowjetischen Bevölkerung 1932, 1940, 1950 und 1967 im Vergleich zu 1913? 1965 im Vergleich zu 1913?
— Einwohnerzahl
— Getreideproduktion
— Schweinebestand
— Rinderbestand

Die Agrarreformen von 1906 und 1910 erlaubten endlich den Austritt aus dem Mir und den Erwerb eigenen Bodens. Sie kamen jedoch zu spät; 1914 hatte man mit ihrer Durchführung noch kaum ernst gemacht. Der Landhunger der Bauern war der stärkste Verbündete der Revolution und bewirkte den Sieg.

Die Auflösung des Großgrundbesitzes und die Verteilung des Landes unter die Bauern wirkte sich anders aus, als die sowjetische Regierung erwartet hatte. Vor allem unterblieb die erhoffte Produktionssteigerung. In den Bürgerkriegsjahren von 1917–1922 verringerte sich die Anbaufläche um fast 40%, die Viehbestände schmolzen zusammen. Als das kommunistische Regime sich gefestigt hatte, erhöhte die Bauernschaft ihren Viehbestand, aber die Getreideerzeugung blieb weiterhin niedrig. Von den Erntemengen gelangte weniger als vorher in die Städte. Dort herrschte daher Mangel an Lebensmitteln und häufig sogar Hungersnot. Die Industrie konnte den Bauern nicht genügend Konsumgüter anbieten, ihnen fehlte deshalb auch der Anreiz, mehr Geld einzunehmen. So verfütterten sie mehr Getreide als vor der Revolution. Der vermehrte Viehbestand kam in erster Linie dem bäuerlichen Eigenverbrauch zugute.

Abhängigkeit der Industrialisierung von der Agrarreform. Den sowjetischen Führern war es klar, daß sich ihre revolutionären Fernziele (z. B.: „Klassenlose Gesellschaft", „Paradies auf Erden", „Weltrevolution") so nicht verwirklichen ließen. Die Entwicklung der Volkswirtschaft war blockiert und die innere wie die äußere Sicherheit gefährdet, solange die wenig produktive Landwirtschaft der maßgebliche Wirtschaftszweig blieb. Die sowjetische Regierung hatte die Beispiele Westeuropas und vor allem Anglo-Amerikas vor Augen. Wollte sie ihren Staat in den Stand setzen, die von der kommunistischen Weltsicht vorgezeichneten Zukunftsaufgaben zu leisten, dann war ein starker Ausbau der Industrie unerläßlich.

1928 brachte Stalin den Prozeß der Industrialisierung energisch in Gang. Die Landwirtschaft war dabei entscheidend beteiligt, vor allem als Objekt: 1. Nur aus der Landwirtschaft konnten die nötigen neuen Arbeitskräfte kommen. 2. Die Landwirtschaft mußte mechanisiert werden, damit sie, obwohl anfangs noch übersetzt, die fortschreitenden Personalabgaben an die Industrie ohne Nachteil für die Produktion leisten konnte. Handarbeit war durch Maschinenarbeit zu ersetzen. 3. Die Landwirtschaft durfte nicht nur für den eigenen Bedarf arbeiten, sondern mußte dazu gebracht werden, in erster Linie die Städte und die wachsenden Industriegebiete zu versorgen. 4. Die Landwirtschaft mußte den Aufbau der Industrie finanzieren; denn andere Geldquellen gab es zunächst nicht.

Die Planung der sowjetischen Staatswirtschaft

Um diese schwierigen, unpopulären Vorhaben zu verwirklichen, wurde die gesamte Wirtschaft der Sowjetunion diktatorisch umgeformt. Jede Maßnahme des großen Zwangswirtschaftsplanes hatte weitere zur Folge. Das Ziel, das die alten Industrieländer über ein freies Spiel der wirtschaftlichen Kräfte erreicht hatten, wollte die sowjetische Regierung durch zwangsweise, staatliche Regelung der Wirtschaft in kürzester Frist erreichen und sogar die Leistungen der alten Industriestaaten bald übertreffen.

Blick von der Landstraße auf einen Schweinezucht-Kolchos in Weißrußland. Eine Arbeitsbrigade macht Mittagspause am Rande der bescheidenen Gartenanlage. Am Hang die Stallschuppen. Wiesen nehmen den weiten Talgrund ein, am jenseitigen Anstieg riesige Getreideschläge.

Preisregelung durch den Staat. Der Staat schaltete den privaten Handel in allen wesentlichen Bereichen aus. Er kauft die Erzeugnisse der Bauern unter von ihm festgesetzten Bedingungen auf und verkauft sie in den Städten zu stark überhöhten Preisen. Genauso geht er mit den Industriewaren und allen anderen Handelsgütern vor. — Dieses Verfahren wirkt sich als *sehr hohe indirekte Besteuerung* aus. Vom Zwischenverdienst bezahlt der Staat den Aufbau der Industrie und den größten Teil der anderen Staatsausgaben. Das führt zum *Staatskapitalismus*; privates Kapital kann nicht entstehen.

Lohnregelung durch den Staat. Der Staat setzt nicht nur die Preise, sondern auch *alle Löhne* fest. Er gewährt als alleiniger Besitzer sämtlicher Produktionsmittel weder den Bauern noch den Industriearbeitern den „gerechten" *Lohn* für ihre Arbeit. Er läßt nur so viel Geld in Form von Löhnen unter die Bürger kommen, daß die angebotenen Konsumgüter und Lebensmittel dieser Kaufkraft entsprechen. So finanzieren die Bauern und entsprechend ihrer wachsenden Zahl auch die Arbeiter *durch erzwungenen Konsumverzicht die Industrialisierung.*

Wirtschaftslenkung durch den Staat. Die Regelung der Preise und Löhne in allen Betrieben des riesigen Staatsgebietes strikt einzuhalten, schien Stalin nur erreichbar, wenn die Wirtschaft der Sowjetunion in sämtlichen Einzelheiten vom Staat straff gelenkt wird (Zentralverwaltungswirtschaft). Insbesondere glaubte er, daß nur das Kollektivsystem die Bauern veranlassen könnte, genügend Lebensmittel abzuliefern.

Die Kollektivierung der Landwirtschaft. Durch die Kollektivierung verloren die Bauern ihre wirtschaftliche Selbständigkeit. Beim Eintritt in die Zwangsgenossenschaft mußten sie Großvieh, Ackergerät und Boden abtreten. Dadurch entstand die sowjetische Großflur mit Feldern, die oft einen Quadratkilometer umfassen. Eigentümer des Bodens wurde formal die zu einem Kollektivgut – *Kolchos* – zusammengeschlossene Bauernschaft, in Wirklichkeit der Staat. Alle Männer und Frauen müssen die vorgeschriebenen Tagewerke in ihrer *Brigade* nach Weisung des Kolchosleiters ableisten.

Bodenverteilung in der Sowjetunion 1964

gesamte landwirtschaftliche Nutzfläche		539 Mill. ha
davon im Betrieb von **Sowchosen**		301 Mill. ha
im Betrieb von **Kolchosen**		231 Mill. ha
Hofland der Kolchosniki	privater Sektor	4,7 Mill. ha
Hofland für Arbeiter und Angestellte		2,0 Mill. ha

Ein großer Teil der *Ernte* ist unmittelbar an den Staat abzugeben; ein anderer wird vertragsgemäß an die Städte oder Industriewerke verkauft; ein dritter muß zur Bezahlung von Dienstleistungen, als Saatgut und für Notzeiten einbehalten werden. Der Rest wird den Kolchosniki anteilmäßig nach der geleisteten Arbeit überlassen. Das ist ihre einzige Entlohnung.

Die Bauern reagierten auf die neuen Anordnungen oft völlig anders, als die Regierung erwartet hatte. Die ersten Folgen waren 1928 Massenschlachtungen, weil die bisherigen Besitzer noch selbst einen Nutzen von ihrem Vieh haben wollten.

Der *Erwerb von Eigentum* ist überall einer der stärksten Antriebe zur Arbeit. Das zeigt sich entgegen der kommunistischen Ideologie auch in der Sowjetunion.

Die *Kolchosniki* konnten durchsetzen, daß jede Familie um ihr Haus ein kleines Feldstück von $1/4$ bis zu $1/2$ ha Größe selbständig bearbeiten darf. Kartoffeln, Gemüse und Obst pflanzt sie dort an und kann die kleinen Überschüsse „frei" auf den Markt bringen. Jeder Hof darf außer Kleintieren auch eine Kuh und zwei Schweine halten. Die Tabelle unten zeigt, wie intensiv die Kolchosniki diesen kleinen *Eigenbesitz* nutzen.

Das *Siedlungsbild* hat sich seit der Kollektivierung erheblich gewandelt. Die Kolchosniki haben die für einen Bauernhof charakteristischen Nebengebäude zum größten Teil abgerissen. Statt der Scheunen und Ställe nehmen lange Schuppen Gerät, Vieh und Vorräte des Kolchos auf, der auf diese Weise das Bild eines Gutshofes erhält (DI 62 Ia–I d).

Die *Mechanisierung* verstärkt diesen Eindruck. Sie stellt viele landwirtschaftliche Arbeitskräfte für die Industrie frei. Traktoren, Sämaschinen, Mähdrescher bewältigen den größten Teil der Arbeit.

Noch unmittelbarer als die Kollektivgüter werden die Staatsgüter – Sowchosen – vom Staat gelenkt. Viele dieser Großbetriebe sind auf eine einseitige Mengenproduktion ausgerichtet, andere dienen als Lehr- und Versuchsanstalten. Neben reinen „Weizenfabriken" gibt es Zuckerrüben-, Baumwoll-, aber auch Fleisch-, Milch- und Wollsowchosen. Die Sowchosen sollen außerdem Saatgut anbauen und neue Züchtungen erproben. Sie sind mit Traktoren und anderen technischen Großgeräten bevorzugt ausgestattet. Ihre Angehörigen werden wie die Fabrikarbeiter nach Tarif entlohnt. In der Sowjetunion befriedigt vor allem das Angebot von Fleisch, Fett, Gemüse, Obst, Milch, Butter und Eiern den Bedarf der Bevölkerung zeitweise nicht. Die landwirtschaftlichen Großbetriebe haben trotz aller Druck- und Lockmittel und eines riesigen Verwaltungsapparates die in sie gesetzten Hoffnungen bisher nicht erfüllt, obwohl ihre Leistungen sichtbar gestiegen sind. Die wachsende Bevölkerungszahl, die ständige Zunahme vor allem der städtischen Bevölkerung und die Hebung des Lebensstandards sind Ursachen dafür.

Durchschnittszahlen je Betrieb 1964

	Anzahl	ldw. Nutzfl.	Anbaufläche	Beschäftigte	Traktoren	Rinder	Schweine
Kolchosen	37 600	6 000 ha	2 880 ha	480*	18	970	580
Sowchosen	10 000	28 700 ha	9 000 ha	730	125	2 300	1 170

* = Kolchoshöfe

Anteil aus der landwirtschaftlichen Produktion in % 1964

	Getreide	Zuckerrüben	Kartoffeln	Gemüse	Fleisch	Milch	Eier	Flächenanteil
Sowchosen	45	9	13	34	28	24	11	56
Kolchosen	54	91	27	27	30	34	16	43
Privatsektor	1	—	60	39	42	42	73	1

Gang der Mähdrescherkolonne über die Weizenfelder des Sowchos „Swobodnyj" (= „frei") in Kasachstan. Die Trockensteppen Kasachstans blieben auch nach dem Bau der Transsibirischen Eisenbahn Weidegebiet der schafzüchtenden kasachischen Wanderhirten. Erst durch die „Neulandaktion" begann die Besiedlung des weiten Dürregebietes. Man rechnet mit einem Ertrag von 5—10 dz/ha auf den Neulandfeldern und mit einer mittleren sowie zwei schlechten Ernten nach zwei guten.

Ausweitung des Ackerbaus. Während in den USA die Anbaufläche seit Jahrzehnten gleich bleibt und die Landwirtschaft wegen der wachsenden Produktionskraft größte Schwierigkeiten hat, die Überschüsse zu verkaufen, kämpft die Sowjetunion ständig mit Mangelerscheinungen. Immer weiter muß sie den Ackerbau in ungünstige Randgebiete vorschieben. Von 1913–1961 stieg die Anbaufläche dadurch um 96%. Das Beispiel des Maisertrages im Corn Belt (s. S. 53), wo die USA auf 23 Mill. ha das Mastfutter für ihre äußerst ertragreiche Viehzucht gewinnen, griff die Sowjetunion als Vorbild auf. Seit 1954 wurden 30 Mill. ha alten Ackerlandes in guter Klima- und Bodenlage, wie sie der Mais benötigt, frei gemacht und als Ausgleich 70 Mill. ha weniger ergiebigen Neulandes unter den Pflug genommen. Dafür bot sich in erster Linie die Trockensteppe im weiteren Bereich der Kasachenschwelle an.

In Gebieten mit so unsicheren Ernteaussichten kann weder ein einzelner Bauer noch ein Kolchos existieren. Die neuen Betriebe sind Sowchosen mit Landarbeitern, die ihren Lohn auch dann bezahlt bekommen, wenn Mißernten eintreten. Diese Entlohnung geht zu Lasten der gesamten Volkswirtschaft. Viel zuverlässiger als das Umbrechen der Trockensteppe hat sich bisher die Anlage von großen *Bewässerungsanlagen* erwiesen (vgl. S. 95).

Die Landwirtschaft der Sowjetunion beschäftigt immer noch rund 33% der Erwerbstätigen (gegenüber rund 6% in den USA). Sie stellt daher die stärkste Berufsgruppe dar. Und doch ist die Sowjetunion kein Agrarstaat mehr!

Erzeugung von Kartoffeln und Roggen 1966

	Einwohner Mill.	Kartoffeln Mill.	dz/ha	Roggen Mill. t	dz/ha
Sowjetunion (1965)	233	88	102	16,1	10
Polen	32	43	154	8,1	18
Tschechoslowakei	14	4	85	0,8	20
DDR (1965)	17	13	177	1,9	23
BRD	60	19	257	2,7	26
Frankreich	49	11	191	0,3	18
USA	197	14	228	0,7	14
Welt	über 3 300	273	120	35,0	13

Roggen und Kartoffeln gehen kaum in den Welthandel. Die Ernte wird meist in den Erzeugerländern verzehrt. 1. Stellen Sie eine Rangliste der Ernte in kg je Kopf der Bevölkerung auf. Beurteilen Sie danach, in welchen Ländern Kartoffeln und Roggen maßgeblich für die Volksernährung sind. — 2. Wieviel Hektar Ackerfläche werden in den verschiedenen Staaten benötigt, um die Je-Kopf-Ernte zu erzielen?

Hektarerträge in dz

	Sowjetunion 1934–38	Sowjetunion 1964–65	BRD 1964–65
Getreide	9,6	10,6	30,5
Kartoffeln	85,9	105,7	236,7
Zuckerrüben	154,0	189,7	379,5
Baumwolle (Faser)	3,4	7,6	—

Maiserträge dz/ha

USA	1934/38	14
USA	nach Einführung des Bastardmaises, starker Mineraldüngung und sonstiger intensiver Pflege 1965	46
USA	Corn Belt Spitzenerträge	120
BRD	1965	36
SU	1965	24

Die sowjetische Industrie

Die naturbedingten Schwierigkeiten der Industrialisierung

1. Die Einwohnerzahl der Sowjetunion hat von 1913 bis 1965 um rund 50% zugenommen. Welchen Wert erreichte die Produktion von a) Getreide, b) Baumwollgeweben, c) Stahl im Jahre 1965 im Vergleich zur Gründerzeit – 1913 = 100% – 2. Welche Produktion hat sich am wenigsten erhöht, welche am stärksten? – 3. Um wieviel mehr hat sich die Stahlproduktion von 1913 bis 1965 erhöht als die Einwohnerzahl?

Die Erfolge der im Jahre 1928 einsetzenden planmäßigen Industrialisierung zeigt das nebenstehende Diagramm. Bis zu diesem äußerlich sichtbaren Erfolg war es aber ein weiter Weg, und es gab außerordentliche Schwierigkeiten zu überwinden. Eine Industrie kann nicht ohne *Fachkräfte* aufgebaut werden. Die Sowjetunion engagierte am Anfang zahlreiche Ingenieure und Techniker aus den alten Industriestaaten, insbesondere auch aus Deutschland, die beim Aufbau der neuen Werke halfen und die Russen anleiteten, bis diese die Aufgaben selbst übernehmen konnten. Zugleich schuf die Sowjetunion in wenigen Jahren ein umfassendes *Schulwesen*, vor allem wurden sehr viele technische Fach- und Hochschulen gegründet. Wahrscheinlich ist die Sowjetunion der Staat der Erde, der die meisten Ingenieure ausbildet. Man verzichtet bewußt auf eine Allgemeinbildung und konzentriert sich statt dessen auf die Naturwissenschaften und ihre Anwendung. Die Wirtschaft der Sowjetunion hat viel größere Entfernungen zu bewältigen als jeder andere Staat. Die *Verkehrsprobleme* sind weit schwieriger zu lösen als etwa in den USA. Das soll am Beispiel der Industrialisierung Westsibiriens zwischen Ural und Altai gezeigt werden.

(D I: 90/92, 93. – D II: 45. – L: 101, 107. – UW 47, 50. – H: 43.)

Das Ural-Kusnezk-Schwerindustrie-Kombinat. Im *Ural* gibt es reiche *Eisenerzlager* (vgl. S. 164) in der Nähe der heutigen Stadt Magnitogorsk. Schon in der Zarenzeit wurde im Ural Eisenerz gewonnen und verhüttet. Zur Verhüttung diente die Holzkohle, die in altüberkommener Weise von Köhlern hergestellt wurde. An eine Großproduktion war bei dieser Technik nicht zu denken; man gewann wohl geringe Mengen von hochwertigem Stahl; er war aber sehr teuer.
Im Kusnezktal des Altai lagern gewaltige *Steinkohlenflöze*, die ungenutzt blieben, weil im näheren Umkreis weder größere Städte noch Fabriken standen, die Kohle gebraucht hätten.
Magnitogorsk und *Kusnezk* liegen der Luftlinie nach etwa 2000 km auseinander. Das entspricht der Entfernung vom Ruhrgebiet bis Istanbul. Nach den Auffassungen der westlichen Markt-

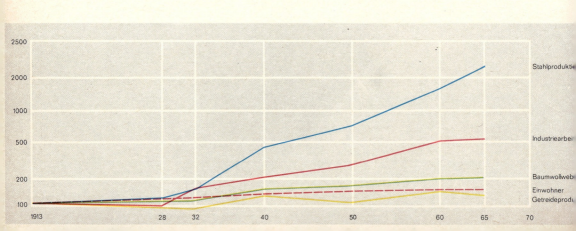

Die Lomonossow-Universität am SW-Rand Moskaus, errichtet 1948—1953 als Musterbau der späten Stalinzeit. Der Komplex enthält nur die naturwissenschaftlichen und mathematischen Institute der Moskauer Universität mit über 10 000 Studenten, die dort auch wohnen. Der Mittelturm hat 32 Stockwerke und ist 240 m hoch.

wirtschaft können so weit entfernte Gebiete nicht durch Eisenbahnen zu einem Revier verbunden werden, weil die *Transportkosten* vom Ural zum Altai und umgekehrt die Erzeugung unrentabel machen müssen.

Die Sowjets setzten sich über solche marktwirtschaftlichen Bedenken hinweg. Sie bauten die Eisenbahn bis zum Ob vierspurig aus, so daß die Erzzüge von Magnitogorsk nach Kusnezk rollen konnten und die Kohlenzüge von Kusnezk nach Magnitogorsk. Im Ural wie im Altai wurden große Hüttenwerke errichtet. Inzwischen aber bekommt Magnitogorsk den größten Teil der Kohle aus dem nur halb so weit entfernten Karaganda. Diese Strecke entspricht immer noch dem Abstand vom Ruhrgebiet nach Rom. Auch Transporte über solche Entfernungen sind auf der Eisenbahn nach westlicher Auffassung völlig unwirtschaftlich.

In der zentral gelenkten *Planwirtschaft* der Sowjetunion übernimmt der Staat die Transportkosten, d. h. sie gehen zu Lasten der gesamten Volkswirtschaft — wir würden bei uns sagen: zu Lasten der Steuerzahler. Nur auf diese Art und Weise konnte eine moderne und leistungsfähige Eisenhüttenindustrie im Ural und im Altai entstehen.

Die Transportkosten waren und sind indessen nicht die einzigen Lasten, die von der übrigen Volkswirtschaft zu tragen sind. Die Arbeiter, die nach Magnitogorsk und Kusnezk dienstverpflichtet wurden, mußten anfangs unter Verzicht auf alles nicht unbedingt Notwendige mit Lebensmitteln aus der Ukraine über mehr als 1500 km bzw. 3 500 km Luftlinie versorgt werden. Wenn man bedenkt, daß der Eisenbahntransport von Getreide zwischen Hamburg und Hannover so viel kostet wie der Schiffstransport von Montreal bis Hamburg, so kann man verstehen, welche Transportkosten für die Versorgung der Arbeiterscharen in den neuen Industriestädten aufzubringen waren. Diese Transportkosten konnte und kann man auch heute nicht auf die Konsumenten in Sibirien abwälzen, sonst wären Löhne nötig, die um das Mehrfache höher lägen als die in der Ukraine.

Schüler in der Sowjetunion und in den USA in 1 000							
Sowjetunion	1955	1964	**USA**	1955	1964	**Analphabeten in der SU**	
						(Bevölkerung über 6 Jahre)	
Volksschulen	24 579	37 581	Volksschulen	22 060	32 475	1897	79 %
Höhere Schulen	5 253	7 508	Höhere Schulen	8 472	12 975	1912	74 %
Hochschulen			Hochschulen			1926	46 %
aller Richtungen	3 944	3 858	aller Richtungen	3 037	7 192	1939	17 %
						1959	3 %
Zahl der Ingenieurabsolventen in 1 000							
	1950	1951	1954	1956	1961		
Sowjetunion	36	44	56	71	122		
USA	53	42	22	26	36		

Auch in der Sowjetunion kann man sich nicht über die volkswirtschaftlichen Rechnungen hinwegsetzen. Befreit man die neuen Industriegebiete von den außerordentlichen Transportkosten, so müssen die Mittel dafür doch von der übrigen Volkswirtschaft aufgebracht werden und stehen nicht mehr für andere Zwecke, etwa für den Bau weiterer Fabriken, zur Verfügung. Die gesamte Bevölkerung mußte diese in einer freien Marktwirtschaft als nicht rentabel abgelehnten Kosten mit einer *Senkung des Lebensstandards* bezahlen.

Deshalb gründeten die Sowjets *im südlichen Westsibirien und längs der Eisenbahnen zahlreiche landwirtschaftliche Betriebe*, die das westsibirische Industriegebiet und das Baumwolland in Turan mit Nahrungsmitteln zu versorgen haben. Die vordringlichsten *Konsumgüterindustrien* kamen hinzu. Doch kaum ein Bauer, Arbeiter, Ingenieur, Lehrer oder Arzt wollte freiwillig aus dem europäischen Rußland mit seinem weit bequemeren Leben in das unwirtliche Sibirien ziehen. Ohne den Druck der *Staatsautorität* hätte man Sibirien nicht bevölkern können.

Heute versorgt Westsibirien sich weitgehend selbst. Die Erzeugnisse der Schwerindustrie von Magnitogorsk und Kusnezk sind nach marktwirtschaftlichen Prinzipien weder im europäischen Teil der Sowjetunion noch auf dem Weltmarkt konkurrenzfähig; denn gerade die schweren Güter werden stets von außerordentlichen Transportkosten belastet. Die neuen Fabriken arbeiten deshalb für die nähere Umgebung; nur leichte, hochwertige Erzeugnisse transportiert man in die europäischen Teile der Sowjetunion.

Mit besonderem Nachdruck hat die Sowjetunion in den letzten Jahren die Entwicklung in sich geschlossener, relativ autarker *Wirtschaftsbezirke* über ihr ganzes, riesiges Staatsgebiet hin gefördert. Auf diese Weise wurde die Industrie räumlich dezentralisiert und der Anteil der Transportkosten in der Gesamtrechnung erniedrigt.

Die industrielle Betriebsform. Fabriken zu gründen und Waren herzustellen, ist in der Sowjetunion *Sache des Staates* und nicht eine Angelegenheit selbständiger Unternehmer. Die oberste politische Führung der Sowjetunion legt für eine Reihe von Jahren (meistens waren es bisher fünf) im voraus fest, welche Aufbau- und Produktionsleistungen zu vollbringen sind, und die Fachministerien arbeiten dann die zahlreichen Gesetze und Anordnungen aus, die den Plan in die Tat umsetzen. An die Stelle des im Westen für die Verwaltung üblichen jährlichen Haushaltes tritt der *Fünfjahresplan*.

Jeder *Betrieb* der sowjetischen Industrie, des Bergbaus, des Verkehrs wird vom Staate etwa so geleitet wie bei uns eine Behörde. Die Direktoren haben hauptsächlich dafür zu sorgen, daß die Anordnungen der vorgesetzten Ämter durchgeführt werden, die Art und Menge der Produktion festlegen. Für jede Fabrik, für jeden Arbeitsplatz ist je Zeiteinheit ein bestimmtes „Soll" vorgeschrieben. Wer es nicht erreicht, wird schlechter bezahlt und behandelt. Betriebsappelle, politische Schulung, Wandzeitungen und Spruchbänder treiben zur Überbietung der Norm an. Wer ein „Überwill" erfüllt, wer leistungssteigernde Arbeitsweisen ersinnt, bekommt als „*Aktivist*" erhebliche Zulagen. Er wird befördert, darf sich in einem staatlichen Kurheim am Schwarzen Meer erholen oder wird sogar als „Held der Arbeit" besonders herausgehoben und mit Orden und Prämien ausgezeichnet.

Der Arbeiter und Angestellte ist mit seinem Leben aufs stärkste an die Fabrik gebunden. Hier arbeitet oft auch seine Frau. Die Kleinkinder sind tagsüber im Betriebskindergarten untergebracht. Alle essen in der Werksküche, holen ihre Bücher aus der Werksbücherei und betreiben Sport im Betriebssportverein, der seinen Namen nach dem Werk hat (z. B. Dynamo Moskau, Motor Wolgograd).

Folgen der zentralen Wirtschaftslenkung. Die staatliche Planung und Lenkung der gesamten Wirtschaft bietet den *Vorteil,* daß sich alle Kräfte auf die entscheidenden Vorhaben konzentrieren lassen. Es können schnell Entschlüsse gefaßt und mit staatlichen Machtmitteln gegen alle Widerstände durchgesetzt werden. Nur so war die Industrialisierung der Sowjetunion in derart kurzer Zeit zu erzielen und der Vorrang der Schwerindustrie vor der Konsumindustrie von 1928 bis heute zu behaupten.

Diesem Vorteil stehen schwerwiegende *Nachteile* gegenüber. Der Zwang, die Norm zu erfüllen, fördert das Streben nach Quantität auf Kosten der Qualität. Das Fehlen der Konkurrenz zwischen den Erzeugern geht ebenfalls zu Lasten der Verbraucher, und die Ausschaltung der öffentlichen Aufsicht über den Staatshaushalt, die bei uns den Parlamenten obliegt, verführt zur Verschwendung und zum Aufblähen des Verwaltungsapparates. In keinem Lande ist die Industrie so *„verbürokratisiert"* wie in der Sowjetunion. Man sagt, daß hinter jedem Russen, der in der Industrie arbeitet, einer steht, der kontrolliert, einer, der registriert, einer, der dirigiert und einer, der plant.

Dies alles erklärt den gegenüber der freien Wirtschaft geringeren Leistungsstand der sowjetischen Industrie je Arbeitskraft. Nach Stalins Tod 1953 wurden allein 90 000 Planungs- und Verwaltungsbeamte abgebaut und in die Produktion eingegliedert. Stalins Nachfolger propagierten die „Dezentralisierung der Verwaltung" und die stärkere „Selbstverantwortung der Industriebetriebe", um die Schwerfälligkeit zu überwinden.

Die Bodenschätze der Sowjetunion. Nachdem große Landesteile geologisch untersucht sind, läßt sich mit Sicherheit sagen, daß die Sowjetunion über *außerordentlich reiche Bodenschätze* verfügt.

Die bekannten Vorräte an *Kohle* betragen z. B. 2000 Mrd. t. Die Flöze der neu erschlossenen Kohlenbecken von Kusnezk, Karaganda und Workuta sind bis zu 6 m mächtig und liegen z. T. nur fünf bis zwanzig Meter unter der Erdoberfläche. Neben dem üblichen Schachtbau gibt es daher in mehreren Gebieten Steinkohlen-Tagebau. Die Sowjetunion verfügt daneben über reiche *Braunkohlen*vorkommen. Die Kohleförderung wird in allen Fünfjahresplänen mit Vorrang behandelt und gesteigert. Kohle ist in der Sowjetunion viel stärker als in den USA die *Grundlage der Industrie und des Verkehrs.*

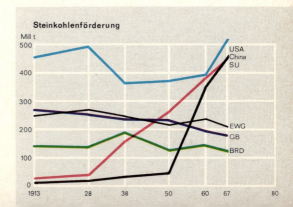

Nach sowjetischer Schätzung soll die Hälfte aller *Eisenerzvorräte* der Erde zur Sowjetunion gehören. Reiche Manganlager befinden sich in der Ukraine und in Georgien. Auch die übrigen stahlveredelnden Metalle, sowie Kupfer und Bauxit sind ausreichend vorhanden. Wahrscheinlich besitzt die Sowjetunion die größten *Goldvorkommen* der Erde. Die meisten liegen im Frostboden Ostsibiriens. Silber wird im Altai und Kaukasus gefunden. In der Erzeugung von Platin war die Sowjetunion jahrzehntelang führend. *Bis auf Zinn dürfte die Sowjetunion alle Bodenschätze in ausreichendem Maß selbst besitzen.*

Nach 1945 baute die Sowjetunion eine umfangreiche Atomforschung auf. Das nötige Uran stammte aus den Revieren Mitteldeutschlands und Böhmens sowie aus dem Ferghanagebiet und Südostsibirien.

In unserer Zeit hängt die wirtschaftliche und politische Macht der Staaten wesentlich vom Grad ihrer Motorisierung ab. Die Erdölversorgung ist daher ein erstrangiges Problem. Bis 1950 war Erdöl in der Sowjetunion eine Mangelware, weshalb man es auch aus Rumänien und Österreich herbeiholte. Dann stieg aber dank der überraschenden Funde im Ural-Wolga-Revier die Eigenerzeugung sehr stark an. Trotzdem erreichte sie 1966 nur 65 % der USA-Förderung. Da der Eigenverbrauch jedoch noch gering ist, reicht die Produktion sogar für den Export erheblicher Erdölmengen.

Das große Land verfügt zwar über viele Traktoren, aber über verhältnismäßig wenige Personenwagen. Es erzeugt bei vierfacher Einwohnerzahl noch nicht halb soviel Kraftfahrzeuge wie die Bundesrepublik. Davon waren 1966 nur ein Drittel Personenwagen.

Erdöl-Bohrfeld im Gebiet der Station Achtyr im Kubanbecken

94 **Die Ausnutzung der Wasserkräfte.** Die billigste Energiequelle der Erde entspringt der Kraft des fließenden Wassers. Die Sowjetunion scheut keine Anstrengung, um neue Wasserkraftwerke an den Strömen zu bauen. Ihr erstes großes Werk schuf sie am Dnjepr bei Saporoschje (1932).

Viele, noch weit größere Vorhaben wurden inzwischen vollendet, sind im Bau oder geplant. Wie in anderen Teilen der Erde dient jedes moderne Werk mehreren Zwecken. Die großen *Stauseen* sollen zugunsten der *Schiffahrt* den Wasserstand der Ströme ausgleichen, der im Landklima den größten Schwankungen unterworfen ist. In den Trockengebieten können sie zugleich Wasser zur *Bewässerung* abgeben. Der durch die angeschlossenen Kraftwerke erzeugte *Strom* soll es auf die hoch gelegenen Felder pumpen und zugleich neue Fabriken speisen.

Bestand an Kraftfahrzeugen 1966					je 1 000 Einw.	
	PKW	LKW	Omnibusse	Zugmaschinen	PKW	LKW
BRD	10 302 000	891 000	40 000	1 267 000	173	21
SU	926 000	3 400 000	65 000	65 000	4	15
USA	75 500 000	14 675 000	311 000	5 350 000	384	75

Gewaltige Energiemengen liefert das „*Groß-Wolga-Projekt*". Acht Staubecken mit einer Gesamtfläche von 50 000 km² (zum Vergleich: Bodensee 540 km²) entstehen. Fünf von diesen sind fertiggestellt, darunter das „*Moskauer Meer*". In dieses mündet der *Moskau-Wolga-Kanal*, der Schiffe bis 2000 t trägt (Mittellandkanal: 1000 t) und *Moskau* zum „*Hafen an fünf Meeren*" und zum Mittelpunkt des russischen Wasserstraßennetzes macht. Mit Hilfe der *Stauwerke von Kujbyschew und Wolgograd* entsteht neues Bewässerungsland von 140 000 km² zum Anbau von Baumwolle und Weizen (ldw. genutzte Fläche der BRD rund 130 000 km²).

Wenn man der Wolga so viel Wasser entnimmt, müßte der Spiegel des Kaspisees immer weiter sinken. Der Störfischfang und die Schiffahrt würden im flachen Nordteil schwer geschädigt. Deshalb will man einige Flüsse zur Wolga hin umleiten, die bisher aus dem nordwestlichen Ural nutzlos in das Eismeer fließen. Mächtige Staumauern sollen das Wasser über die flachen Wasserscheiden zur Kama und somit zur Wolga umlenken.

Das gewaltigste Bauvorhaben in Sibirien ist derzeit die Kraftwerktreppe der Angara. Sie soll im Endausbau jährlich 70 Mrd. kWh liefern – die gesamte Erzeugung elektrischer Energie in der BRD erreichte 1966 178 Mrd. kWh – und großen neuen Werken, unter anderem der Aluminium- und Atomindustrie zuführen. In Turan verwenden die Sowjets das Wasser des Amu-Darja und des Syr-Darja zur Bewässerung der Wüste.

Der Ausbau der Wasserwege

1. Begründen Sie Moskaus bekannten Schmucktitel „Hafen an fünf Meeren"! – 2. Auf welchen Wegen können Güter aus dem europ. Rußland den sowjetischen Fernen Osten erreichen? Erörtern Sie ihre Vor- und Nachteile! – 3. Beurteilen Sie die Wirtschaftlichkeit eines Kanalbaus von Magnitogorsk nach Kusnezk!

All die großen Anlagen, die die Energie der russischen Ströme ausnutzen, dienen zugleich dem Ausbau der Binnenschiffahrt. Da das Verkehrswesen wegen der langen Frachtwege über Land zu den Engpässen der sowjetischen Wirtschaft gehört, nutzt diese jede Möglichkeit, die Wasserstraßen zu verbessern. Sehr behindert wird die sowjetische Binnenschiffahrt allerdings durch die Folgen des Landklimas: Frostverschluß im Winter und Wassermangel im Sommer.

Die *Wolga* trägt rund die Hälfte aller Güter, die in der Sowjetunion mit Binnenschiffen befördert werden. Sie dient dem Wirtschaftsausgleich zwischen Wald- und Steppenland. Stromabwärts treiben riesige Flöße, die den Süden mit Bauholz versorgen. Aufwärts gehen Getreide, Erdöl, Fische und Salz. Um die Wolgaschiffahrt auszuweiten, wurde der *Wolga-Don-Kanal* gebaut und wird das *Kanalsystem Moskau–Leningrad* für größere Schiffe (4500 t) eingerichtet. Die Wolgaschiffe überwinden das Bergufer bei Wolgograd auf Schleusentreppen und können so die Schwarzmeerhäfen und das wichtigste Industriegebiet der Sowjetunion (das Don-Dnjepr-Kombinat in der Ukraine) mit den Hauptkonsumbezirken verknüpfen.

Für die Schiffahrt im Norden ist der unter großen Menschenopfern erbaute *Weißmeer-Ostsee-Kanal* wichtig. 3000-t-Schiffe können auf ihm während der fünf Sommermonate den Anschluß an den *Nördlichen Seeweg* finden. Dieser schafft in der Hauptsache Massengüter in den sowjetischen Fernen Osten. Er verkürzt den Seeweg nach Wladiwostok, der vordem über den Suez-Kanal ging, um die Hälfte. Außerdem werden von ihm die zahlreichen Polarstationen an

Stahlerzeugung in wichtigen Ländern

der Küste des Eismeers beliefert, die als Wetter-, Radar- und Flugstützpunkte die menschenleere sowjetische Nordfront kontrollieren. Aber der Nördliche Seeweg ist nur etwa zweieinhalb Monate befahrbar und selbst dann nur in Geleitzügen, denen Eisbrecher die Bahn öffnen müssen. Immerhin werden auf ihm auch bereits Erze, Felle und Holz von den Nordgebieten ausgeführt. Der Verkehr auf dem Nördlichen Seeweg läßt sich nur mit großen Staatszuschüssen durchhalten.

Die Industriegebiete

Wo es die räumlichen Umstände zuließen, wurden in der Sowjetunion Rohstofflager, Kraftwerke und Fabrikationsbetriebe zu „*Kombinaten*", d. h. zweckmäßig verbundenen Industriegruppen verflochten, vergleichbar unseren großen vertikalen Konzernen.

Das bedeutendste Gebiet der Schwerindustrie ist das *Don-Dnjepr-Kombinat* in der Ukraine, das auf dem vorzüglichen Erz von Krivoi-Rog und der Kohle des Donezbeckens beruht. Dazu treten noch das Eisenerz der Halbinsel Kertsch, die Manganlager von Nikopol und die Energie des Dnjeprkraftwerks von Saporoschje. Leistungsfähige Eisenbahnen verbinden die Bergwerke und Fabriken. Die Hochöfen sind über das Kombinat verstreut. Sie stehen an den günstigsten Standorten besonders dicht und stellen das Roheisen her, das anschließend zu Rohstahl veredelt wird. Walzwerke verarbeiten den Rohstahl zu Halbfertigwaren und führen Blöcke, Träger, Platten und Bleche den großen Maschinenfabriken am Rande des Kombinats zu: etwa dem Lokomotivenwerk von Lugansk oder den Traktoren-, Panzer- und Landmaschinenfabriken in Charkow, Wolgograd und Rostow. Das Don-Dnjepr-Kombinat erzeugt nahezu die Hälfte der gesamten schwerindustriellen Produktion der Sowjetunion. Die anderen Kombinate sind ähnlich aufgebaut. Die *Industrie des Moskau-Gebietes* benutzt die Kohle von Tula, die nur z. T. verkokbar ist und hauptsächlich der chemischen Industrie Moskaus als Rohstoff dient. Das Erz stammt von Kursk, wird bei Moskau und Tula verhüttet und im Umkreis der Hauptstadt bis nach Gorki hin weiter verarbeitet.

Am weiträumigsten war früher das *Ural-Kusnezk-Kombinat* (s. S. 91). Jetzt versorgen die Kohlenbergwerke aus dem Raum um Karaganda die großen Stahlwerke von Magnitogorsk und Nischni Tagil sowie die Maschinenfabriken von Swerdlowsk und Tscheljabinsk (DI 93 I, 93 II). Die Hochöfen von Kusnezk bekommen die meisten Erze aus neuen, nahegelegenen Gruben und beliefern ihrerseits die Maschinenfabriken von Nowosibirsk und Kemerowo.

Stetig wachsende Zentren der Grundindustrie wurden im Baikalgebiet um *Irkutsk*, im Fernen Osten um *Komsomolsk*, in Kasachstan um *Karaganda*, in Turkestan und in Transkaukasien bei *Tiflis* geschaffen (DI 93 III, 93 IV).

Über die wichtigsten Industriezweige gibt die Wirtschaftskarte Auskunft
(DI: 78/79, 80, 103. – D II: 47. – L: 94, 101. – UW: 47, 51. – H: 43.)

1. Berichten Sie nach der Wirtschaftskarte über die wichtigsten Standorte: a) der Textilindustrie, b) der chemischen Industrie, c) der Eisen- und Metallindustrie! – 2. Die Sowjetunion steht in der Reihe der Baumwollproduzenten auf der Erde an zweiter Stelle; sie braucht keine Baumwolle zu importieren. Wo wird die Baumwolle angebaut? (DI 102.) – 3. Nennen Sie die Erdölgebiete der Sowjetunion (DI 79; 103)!

Die Verteilung der sowjetischen Industrie über das Land verändert sich. Auffällig ist, wie sich ihr Schwerpunkt nach Osten verlagert. Das ist nicht so zu verstehen, als ob die industrielle Produktion im europäischen Bereich nachließe. Im Gegenteil: Sie wächst dort weiterhin, aber doch nicht so schnell wie jenseits des Urals.

Neue Städte in der Sowjetunion

Verteuert und erschwert wurde die Industrialisierung dadurch, daß ja nicht nur Fabriken, sondern auch Wohnungen für die Arbeiter und alle Versorgungseinrichtungen aufzubauen waren. Der Industrieausbau führte zur Verstädterung. Oft mußten ganze Städte neu errichtet werden. Zuerst wurden mit den neuen Werken riesige Barackenlager aufgestellt, dann einfache Holzhausviertel. Viel später erst folgten Steinhäuser, gepflasterte Straßen und Kanalisation. So waren die Lebensverhältnisse in den neuen Industrieorten lange Zeit sehr primitiv. Andererseits wurden aber auch Renommierbauten und Prachtstraßen, besonders in Moskau geschaffen. Bis 1966 entstanden in der Sowjetunion 844 neue Städte. Der Anteil der städtischen Bevölkerung stieg zwischen 1918 und 1963 von 16 auf 52 %.

Viele neue Städte besitzt Sibirien. Ein berühmtes Beispiel ist die Stadt *Magnitogorsk*. Ihre Eisenerzlager in öder Steppe, weitab von jeder größeren Siedlung und der Eisenbahn, waren schon längere Zeit bekannt. Aber erst mit dem Fünfjahresplan von 1928 begann der Aufbau. 1938 zählte die Stadt schon fast 150 000 Einwohner und besaß zahlreiche Industriewerke, Wohnviertel und gute Eisenbahnanschlüsse. Sie förderte 6 Millionen t Eisenerz und erzeugte zwei Millionen t Roheisen sowie die gleiche Menge an Rohstahl und an Walzgut. 1966 wohnten dort bereits 350 000 Menschen.

Entwicklung einiger sowjetischer Städte (Einwohner in 1 000)				
	1926	1939	1950	1967
Leningrad mit Vororten	1 846	3 650	3 300	3 665
Moskau mit Vororten	2 226	4 637	6 250	6 464
Murmansk	9	117	200	279
Magnitogorsk	—	146	180	352
Tscheljabinsk	59	273	600	820
Karaganda	—	166	300	489
Nowosibirsk	121	406	700	1 049
Nowo-Kusnezk	4	170	260	484
Komsomolsk	—	71	200	207
Wladiwostok	108	206	280	379

Die staatliche Gliederung der Sowjetunion

Dem Namen nach ist die Sowjetunion ein Bundesstaat. Aber nur auf nebensächlichen Gebieten haben die 15 Einzelstaaten einige Selbständigkeit. In Wirklichkeit sind sie Verwaltungsbezirke. Alle Entscheidungen von einiger Tragweite treffen allein die obersten Führer der Gesamtunion in Moskau.

Mehr als drei Viertel der Staatsfläche gehören zur *Russischen Sozialistischen Föderativen Sowjetrepublik*. Sie umfaßt den ausgedehnten Siedlungsraum der Großrussen und schließt kleine Völker und Volksreste mit ein. Damit erhalten die Russen von selbst das politische Übergewicht im Vielvölkerstaat. Dieses hat auch in der Nationalitätenstatistik einen Rückhalt: 55 % der Gesamtbevölkerung bezeichneten sich in der SU 1960 als Großrussen. Die Russifizierung wurde durch die Industrialisierung beschleunigt. Der industrielle Bereich ist in Sprache und Lebensweise vom Russentum so geprägt, daß Angehörige anderer Völker um so eher darin aufgehen, je weniger sie geschlossene Gruppen bilden. Der Militärdienst wirkt im gleichen Sinne; Russisch ist die einzige Kommandosprache.

Die übrigen Sowjetrepubliken liegen im Kranz um die russische Republik herum. Die Ukrainische und die Weißrussische Republik beherbergen die beiden ostslawischen Brudervölker der Großrussen. Mit den Ukrainern (17,8 %) und den Weißrussen (3,8 %) machte die slawische Gruppe 76 % der Unionsbevölkerung aus. Von den anderen Völkerstämmen der Sowjetunion unterscheiden sie sich außer durch Sprache, Kultur und nationales Bewußtsein vor allem durch die kyrillische Schrift und die griechisch-orthodoxe Tradition.

Ihre orientalischen Gebiete haben die Sowjets aufgesplittert. Das *Kaukasusland* wurde in drei, *Turkestan* gar in fünf Republiken aufgeteilt. Die Menschen Turans stammen überwiegend aus der Tradition des Islams; sprachlich gehören viele den Turkvölkern an. Erobert haben die Russen diese Gebiete im vorigen Jahrhundert, als andere imperialistische Nationen Europas ihre überseeischen Kolonien erwarben. Die orientalischen *Kolonialgebiete* der Russen und die ostasiatischen am Amur und an der pazifischen Küste unterscheiden sich dadurch von anderen europäischen Kolonien in fremden Erdteilen, daß sie über Land mit dem Herrschaftszentrum zusammenhängen und auch politisch fest mit diesen verklammert sind. „Entkolonisierung" und „Enteuropäisierung" lassen sich hier nicht beobachten.

Sowjetrepubliken		Fläche in 1 000 km²	Einwohner 1966 in Mill.			Fläche in 1 000 km²	Einwohner 1966 in Mill.
Russische SFSR¹	Slawische Gruppe	17 075	126,6	Georgien	Kaukasische Gruppe	70	4,5
Ukraine		601	45,5	Armenien		30	4,7
Weißrußland		208	8,6	Aserbeidschan		87	4,7
Litauen	Baltische Gruppe	64	2,9	Kasachstan		2 756	12,1
Lettland		64	2,3	Turkmenistan	Turkestanische Gruppe	488	1,9
Estland		45	1,3	Usbekistan		409	10,6
Moldauische Republik		34	3,4	Tadschikistan		143	2,6
				Kirgisistan		198	2,7
¹ Sozialistische Föderative Sowjetrepublik.				Sowjetunion		22 402	230,9

In dieser Tabelle sind die 15 Sowjetrepubliken zu sprachlich-kulturellen Gruppen geordnet: 1. Welchen Anteil haben die einzelnen Gruppen an der Fläche und der Menschenzahl der Sowjetunion? Stellen Sie die Rangliste auf! – 2. Stellen Sie nach der Religionskarte im Atlas fest, welche Bekenntnisse a) in der Baltischen Gruppe, b) in der Turkestanischen Gruppe vorherrschen! – 4) Stellen Sie nach der Völker- oder Sprachenkarte im Atlas fest, welche Sprache in der Moldauischen Republik vorherrscht, und begründen Sie danach, weshalb diese Teilrepublik hier keiner der großen Gruppen zugeordnet wurde!

Der Außenhandel der Sowjetunion

Außenhandelsumsatz 1965 (Ausfuhr und Einfuhr)	Mill. DM	Außenhandelsumsatz 1965 (Ausfuhr und Einfuhr)	Mill. DM
1. USA	199 140	6. Sowjetunion	64 880
2. BRD	142 099	7. Kanada	63 383
3. Großbritannien	117 365	8. Italien	58 141
4. Frankreich	81 581	9. Niederlande	55 430
5. Japan	66 299	10. Belgien und Luxemburg	51 021

Außenhandelsumsatz der Sowjetunion in Mill. DM

	insgesamt	mit den Ländern des jetzigen Sowjetblocks			insgesamt	mit den Ländern des jetzigen Sowjetblocks	
1938	2 080	368	= 18 %	1956	29 100	22 116	= 76 %
1948	10 000	5 530	= 55 %	1965	64 880	40 452	= 62 %

Außenhandelsumsatz der Sowjetunion in Mill. DM

mit:	1937	1959	1965	mit:	1937	1959	1965
DDR	140	7 676	10 566	Bulgarien	0	2 204	2 354
Tschechoslowakei	32	4 740	5 361	Rumänien	4	1 924	2 179
Polen	16	3 212	4 568	Albanien	—	256	166
China	—	8 220	3 801	Freie Welt	2 860	10 800	6 106
Ungarn	4	1 868	3 031				

1. Berechnen Sie den Außenhandelsumsatz je Kopf für a) Sowjetunion b) USA c) BRD d) Kanada (Einwohnerzahlen Tabelle S. 44) — 2. Welchen Wert erreichte a) der gesamte Außenhandel b) der Außenhandel mit den Ländern des jetzigen Sowjetblocks 1965, wenn man für die entsprechenden Zahlen von 1938 den Grundwert 100 ansetzt? — 3. Um wieviel % nahm der Außenhandel der Sowjetunion mit den in der unteren Tabelle angegebenen neun Partnern zwischen 1959 und 1965 zu bzw. ab? (Grundwert 1959 = 100 %)

Der Außenhandel der Sowjetunion

Die obere Tabelle zeigt, welchen internationalen Rang der Außenhandel der Sowjetunion hat. Berechnet man den Anteil des einzelnen Bürgers, dann fällt sie allerdings wegen ihrer hohen Einwohnerzahl stark zurück.
Es ist aber unverkennbar, daß die Sowjetunion seit ihrer teils selbstgewollten, teils erzwungenen Isolierung vor dem Zweiten Weltkrieg ihren *Außenhandel jetzt verstärkt*. Es läßt sich aber ebensowenig übersehen, daß gegenwärtig etwa zwei Drittel des sowjetischen Außenhandels allein mit den anderen kommunistischen Ländern, vorwiegend also innerhalb des von der Sowjetunion geschaffenen und gesteuerten Comeconblocks, abgewickelt werden. Auf diese Länder entfiel, obwohl sie Nachbarn der Sowjetunion waren, 1938 noch nicht einmal ein Fünftel des sowjetischen Außenhandels. Der Handel mit ihnen nahm von 1938 bis 1965 um das 110fache zu.
Der Außenhandel innerhalb der kommunistischen Staatengruppe hat durchaus verschiedenes Ausmaß. Wenn die Wirtschafts- und Lebensbedingungen in der DDR, mit denen der Bundesrepublik verglichen, ungünstig abschneiden, so sind sie im Rahmen der Comeconländer immerhin auf einer solchen Höhe, daß die DDR durchweg das stärkste Volumen aus dieser Gruppe mit der Sowjetunion austauscht. Seit 1960 ist sie der größte internationale Handelspartner der Sowjetunion überhaupt. In weitem Abstand folgt die Tschechoslowakei vor den übrigen Ostblockstaaten.
Wie sehr die Handelsbeziehungen zwischen der Sowjetunion und den anderen kommunistischen Ländern Wandel oder Bestand ihres politischen Verhältnisses spiegeln, geht aus dem Vergleich der Zahlen von 1959 und 1965 hervor.

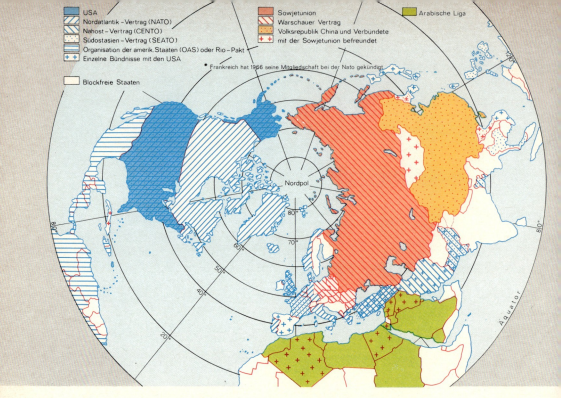

Die Sowjetunion als Weltmacht

100

In Europa brachte der Vormarsch der Roten Armee am Ende des Zweiten Weltkrieges der Sowjetunion den Besitz eines Vorfeldes abhängiger Länder (s. S. 78). In Asien gehört unangefochten nur die Äußere Mongolei zum sowjetischen Bereich. *China* besaß mit seiner riesigen Volkszahl und seiner kulturellen Eigenständigkeit auch in den Zeiten politischer Schwäche ein solches Schwergewicht, daß weder die europäischen Mächte der imperialistischen Zeit noch die SU nach dem Sieg der chinesischen Kommunisten sich seiner bemächtigen konnten. Der schon länger schwelende ideologische Konflikt, verknüpft mit handfesten materiellen Interessengegensätzen (s. S. 152), spaltete den kommunistischen Block 1963 in einen sowjetischen und einen chinesischen Flügel.

Einfluß besonderer Art hat die Sowjetunion in fast allen Ländern der Erde durch die *kommunistischen Parteien* und andere Organisationen, die offen oder versteckt in ihrem Dienst stehen.

Daß die Sowjetunion den Rang einer Weltmacht erringen konnte, verdankt sie mit an erster Stelle ihrer *militärischen Stärke*. Diese beruht hauptsächlich:

1. Auf den Massen gut ausgebildeter Truppen – an harte Entbehrungen gewöhnt und ideologisch straff ausgerichtet. 2. Auf der leistungsfähigen Rüstungsindustrie. Diese ist weit über die Sowjetunion verteilt und ganz auf Massenfertigung ausgerichtet. Sie versorgt die Truppen mit modernen, robusten, unkomplizierten Waffen und Geräten. 3. Auf der erfolgreichen Entwicklung der modernsten und abschreckendsten Kampfmittel: Der *Atomwaffen*, *Raketen* und sonstigen Flugkörper.

Japan (vergleiche auch S. 36 u. 37)

Grundlagen und Entwicklung

1. Nennen Sie Städte Europas und Afrikas, die auf der Breite von Nord-Hokkaido und Süd-Kiuschu liegen! – 2. Wie viele Millionenstädte hat Japan? Vergleichen Sie die Zahl mit der von Deutschland und Frankreich! – 3. Werten Sie die Karte ,,Gebiete wirtschaftlicher Unsicherheit" (D I, 159, III) aus und berichten Sie über die verschiedenartige Gefährdung Japans! Vergleichen Sie damit die Situation Europas und Nordamerikas! – 4. Berichten Sie über die Landwirtschaft am Fudschijama und über die Industrie an der Bucht von Osaka! (D I, 102, III und D I, 103, III).

Japan hat als einziges asiatisches Land die Phase des Entwicklungslandes bereits durchlaufen und ist zum *vollentwickelten Industriestaat* geworden, der anderen Ländern Entwicklungshilfe gewährt. Es ist nützlich zu untersuchen, welche Stufen Japan auf diesem Wege durchschritten hat, welche Struktur seine Landwirtschaft und Industrie hat und welchen Problemen es jetzt gegenübersteht. Die Einsichten, die wir dabei gewinnen, helfen uns, andere noch am Anfang der Industrialisierung stehende Länder zu verstehen.

Die *Natur* macht Japan für eine dichte Besiedlung wenig geeignet, denn es ist ein Hochgebirgsland, das zudem noch unter einem starken Vulkanismus zu leiden hat. Von seinen mehr als 250 Vulkanen sind heute noch 20 lebhaft tätig und weitere 40 ruhen zwar, hatten aber noch in historischer Zeit Ausbrüche. In diesem *Gebirgsland* bleiben für die menschliche Besiedlung nur kleine Küstenstreifen übrig.

Japan ist ein *meerbestimmtes Land*, im Süden mit subtropisch-warmen, im Norden mit kühlgemäßigten Temperaturen und überall mit hohen Niederschlägen, die im Winter bis in den Süden hinein als Schnee fallen. Bei diesem Klima wächst in Japan von Natur aus überall Wald; in den zum Ackerbau geeigneten kleinen Ebenen und Becken gedeihen außer den bei uns wachsenden Nutzpflanzen auch Gewächse, die in China erst viel weiter südlich angebaut werden können, wie Reis und Tee.

Anders als in China, wo Gelehrte und Beamte in der *Sozialordnung* eine führende Rolle spielten, war Japan ein Land strenger feudalistischer Ordnung mit Kaiser (Tenno), Fürsten (Daimyos), Rittern (Samurai), Gemeinfreien (Heïmin) und Abhängigen. Sehr bald nachdem Japan 1854 dem Handel mit den USA und den europäischen Mächten widerwillig die ersten Häfen geöffnet hatte, begann es mit der *Industrialisierung* des Landes *nach europäischem Vorbild*.

Landwirtschaft und Fischerei

Nur 16 % Japans sind Acker- und Gartenland, dagegen 69 % Wald, der die Gebirge überzieht. Der geringe Anteil der landwirtschaftlichen Nutzfläche auf den schmalen Küstensäumen und in den Gebirgskammern zwang die Japaner, sehr intensiv zu wirtschaften. Der *Getreidebau* beansprucht die großen Flächen. Dazu kommen Sojabohnen, Kartoffeln, Zuckerrüben sowie vielerlei Gemüse. Es wird mehr in der *Form des Gartenbaus* als des Feldbaus gearbeitet, und die Hacke ist fast mehr als der Pflug das Hauptgerät des Bauern. Die *Viehzucht* ist noch unbedeutend, nimmt aber langsam zu. Der Japaner lebt hauptsächlich von Reis und Fisch, Obst und Gemüse.

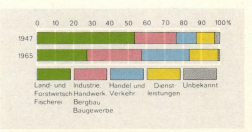

Die Deckung des Bedarfs aus der Eigenerzeugung Japans (1966)

Kohle	72 %	Holz	79 %
Eisenerz	5 %	Erdöl	0,8 %
Kupfer	38 %	Baumwolle	—
		Getreide	68 %
		Wolle	0,4 %

Bodennutzung 1966	Einwohner	landwirtsch. Nutzfläche	davon: Ackerland	Wiesen u. Weiden	Wald	Einwohner je ha landw. Nutzfläche
	in 1 000	in 1 000 ha	in 1 000 ha	in 1 000 ha	in 1 000 ha	
Japan	98 870	6 990	6 042	948	25 402	14,14
BRD mit Berlin-W.	59 676	14 029	8 227	5 802	7 184	4,25

Die Bauern waren bis 1868 Eigentümer ihres bewirtschafteten Landes. Dann wurde jedoch eine hohe Grundsteuer eingeführt, da der Staat für die Industrialisierung Geld brauchte. So verschuldeten die Bauern stark. Das Land wurde von kapitalkräftigen Grundherren aufgekauft und verpachtet. Die steigende Pachtabgabe (bis zu 60 % der Ernte) steigerte die Not unter den Bauern von Jahr zu Jahr.

Die *Bodenreform von 1946* machte die Pächter größtenteils wieder zu Besitzern ihres Landes. Heute sind ⅔ der Landwirte wieder Grundeigentümer (1941 nur 31 %). Die Pachtlandfläche ging von 46 % (1941) auf 9 % (1952) zurück, und die Pacht darf höchstens 25 % der Ernte betragen.

In Japan herrscht immer noch der landwirtschaftliche *Kleinbesitz* vor. Den 6 Mill. Bauernhöfen stehen nur 7 Mill. ha Kulturland zur Verfügung, auf jeden Hof entfällt im Durchschnitt nur 1,2 ha. Immer mehr Bauern ergriffen daher eine Nebenbeschäftigung meist in der Industrie oder gaben ihren Kleinbetrieb ganz auf und wanderten in die Städte ab. Die Zahl der Kleinbauern wird sich in Zukunft noch mehr verringern. Das aufgegebene Land kommt den übrigen Bauern zugute, die so langsam zu einer auskömmlichen Ackerfläche gelangen können. Trotz der geringen landwirtschaftlichen Nutzfläche konnte *Japan* sich noch 1920 voll aus dem eigenen Land ernähren und *lebt* dank der intensiven Bewirtschaftung und des hohen Kunstdüngerverbrauchs heute *noch zu mehr als 80 % von der eigenen Ernte*.

Einen bedeutenden Anteil an der Ernährung hat in Japan die *Fischerei*, in der 2 Mill. Menschen haupt- und nebenberuflich (als Fischerbauern) tätig sind. Japan hat die größte Fischereiflotte der Welt. Ihr Fanggebiet reicht vom südlichen Atlantischen bis zum östlichen Stillen Ozean. Die Fischindustrie nimmt große Teile des Fanges auf, und der Export von Fischkonserven ist groß. Um den Fettbedarf zu decken, unterhält Japan eine Walfangflotte. So ist das Meer eine bedeutende Nahrungsquelle des Landes. Es liefert 80–90 % des tierischen Eiweißes und ersetzt damit weitgehend die Viehzucht.

Die Industrie

Japan ist in den letzten 100 Jahren aus einem mittelalterlichen autarken Agrarstaat mit eigener Kraft zu einem der führenden Industriestaaten geworden. Die *Phasen des Industrieaufbaus* sind typisch für ein Entwicklungsland, das sich ohne fremde Hilfe emporarbeitet. Der Staat leitete die Industrialisierung ein. Die Landwirtschaft lieferte durch hohe Steuern das nötige Kapital. Durch Export von landwirtschaftlichen und handwerklichen Erzeugnissen, wie Seide, Tee, Porzellan und Lackarbeiten, war es möglich, die ersten Maschinen zu kaufen. Viele Betriebe gab der Staat bald an private Unternehmer ab. Japan begann mit der *Textilindustrie*,

Japans Import (1960)		
Rohstoffe		65 %
Lebensmittel		19 %
Fertigwaren		16 %
Japans Export	1935	1960
Textilien	56 %	30 %
Metallprodukte	7 %	19 %
Maschinen	6 %	27 %

Seefischfang (Anlandungen 1965 in Mill. t)			
Peru	7,46	Spanien	1,34
Japan	6,88	Indische Union	1,33
VR China	5,80	Kanada	1,26
Sowjetunion	4,98	Großbritannien	1,05
USA	2,70	Südwestafrika	0,68
Norwegen	2,28	BRD	0,62

Blick in das Innere einer japanischen elektrotechnischen Fabrik Hier werden unter anderem die kleinen Transistor-Radiogeräte hergestellt, die in aller Welt billig zu kaufen sind. Solche modernen Werke gehören mächtigen Konzernen, die zu den größten Unternehmen der Welt zählen.

Seiden- und Baumwollstoffe waren die ersten Erzeugnisse der Fabriken nicht nur für den Binnenmarkt, sondern auch bald für den Export. Niedrige Löhne, ermöglicht durch niedrige Lebensmittelpreise und eine erstaunliche Bedürfnislosigkeit der Japaner, machten die Textilien preiswert und nach Asien und Afrika verkäuflich. 1901 entstand das erste *Eisenwerk*, obgleich das Land mit Bodenschätzen schlecht ausgestattet ist.

Die *Kohlenvorkommen* sind wenig ergiebig, und die Kohle ist schlecht verkokbar. Der *Bedarf an Industrierohstoffen* kann heute *kaum zur Hälfte aus dem eigenen Land gedeckt* werden. Andererseits wird der reiche Niederschlag im Gebirge zu einer beträchtlichen *Elektrizitätserzeugung mit Wasserkraft* genutzt. Überall in den Bergländern wurden Stauanlagen errichtet, überwiegend kleine Bauten, aber auch einige sehr große. So stand Japan in der *zweiten Phase des Industrieausbaus* billiger Strom zur Verfügung, den sich besonders die weiterverarbeitende Industrie zunutze gemacht hat. Viele neue Klein- und Mittelbetriebe entstanden mit dem wachsenden Export. Zwischen beiden Weltkriegen war Japan hauptsächlich ein Ausfuhrland für einfache Verbrauchsgüter: Textilien, Schuhe, Werkzeuge, Haushaltgeräte, Fahrräder und anderes mehr. Langsam bildeten sich aber große Konzerne heraus und leiteten zur *dritten Phase der Industrieentwicklung* über.

Sie entfaltete sich erst nach dem Zweiten Weltkrieg. Jetzt erzeugt Japan auch Maschinen und ist damit Lieferant von Produktionsgütern. Die Textilindustrie ist auf Kunstfasern übergegangen, beschäftigte 1960 aber nur noch 20 % der industriellen Arbeitskräfte, 1931 waren es über 50 % gewesen. Die chemische Industrie wird ausgebaut und erzeugt sowohl Kunstdünger wie Plastikmaterial. Die *Elektroindustrie* hat sich zur Weltbedeutung entwickelt. Die *optische Industrie* macht der deutschen große Konkurrenz, nicht nur auf dem Weltmarkt, sondern sogar in Deutschland selbst. Die Autoindustrie exportiert

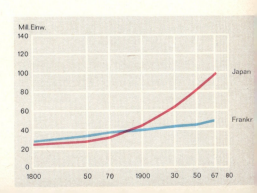

Große Halle des Tempels Byodoin bei Kioto in Japan aus dem Jahre 1053. In den Tempelbauten zeigt sich die Eigenart der japanischen Baukunst. Die Japaner sind etwa je zur Hälfte Schintoisten und Buddhisten, viele auch beides zusammen. Die Zahl der Christen beträgt nur ½ Million.

immer mehr Personen- und Lieferwagen. Im Schiffsbau ist Japan seit 1956 das führende Land der Erde.

Der Anstieg der Bevölkerung und die jüngste Entwicklung

Bis 1850 hatte Japan für mehrere Jahrhunderte eine fast gleichbleibende Bevölkerung von 25–30 Mill. Bewohnern. Mit der Industrialisierung nahm jedoch die Einwohnerzahl des Landes sprunghaft zu.

Vor dem Zweiten Weltkrieg glaubten die Japaner, daß die vermehrte Bevölkerung nur ernährt und voll beschäftigt werden könnte, wenn Japan zusätzliches Land auf den übrigen ostasiatischen Inseln und auf dem Festland eroberte. In der *imperialistischen Periode* des japanischen Reiches wurden so Formosa, Korea, Südsachalin, die Marianen, Karolinen, Marshallinseln und die Mandschurei in das japanische Herrschaftsgebiet einbezogen. Im Zweiten Weltkrieg verlor Japan jedoch alle diese Außenbesitzungen, und etwa 7 Mill. Japaner kehrten als *Flüchtlinge* zurück.

So steht Japan seit 1945 vor dem Problem, der wachsenden Bevölkerung auf dem engen Raum der japanischen Kerninseln eine Lebensmöglichkeit zu schaffen. Die Regierung bemüht sich, die Geburtenzahl durch Beratung der Bürger zu senken, und zwar mit einigem Erfolg, besonders in den großen Städten. Immer noch nimmt in Japan die Bevölkerung um etwa 1 Mill. Menschen im Jahr zu, für die, vorwiegend in der Industrie, Arbeitsplätze geschaffen werden müssen.

Japan mit seiner dichten Bevölkerung kann nur leben, wenn es Industriegüter verkaufen und dafür Rohstoffe und Nahrungsmittel kaufen kann. Das ist bei der starken Konkurrenz der Weltindustriemächte nicht leicht. Infolge niedriger Löhne unterbieten die Japaner die Preise der anderen Industrieländer, wogegen sich viele durch hohe Zölle schützen. Aber die japanische Bevölkerung drängt nach höheren Löhnen und größerem Wohlstand. So wird auch für Japan die Zukunft schwierig. Denn die Japaner müssen mit noch niedrigeren Preisen von Konkurrenten in neu aufsteigenden Exportländern rechnen, beispielsweise von Indien oder China (Hongkong).

Länder am Anfang der Industrialisierung

Vor Beginn der Industrialisierung arbeiteten 80–90 % der Bewohner der Erde für die Ernährung und Kleidung der Bevölkerung; doch immer wieder gab es Hungersnöte. Den Krankheiten war man meist hilflos ausgeliefert, weil man von Medizin und Hygiene kaum etwas wußte. Infolgedessen starben die Menschen sehr früh, vor allem war die Kindersterblichkeit hoch. So wuchs die Bevölkerung nur langsam. Der Wert dessen, was alle Arbeitenden im Laufe eines Jahres schufen, das *Volkseinkommen*, war sehr gering, obwohl die Menschen vom frühen Morgen bis zum späten Abend schwer arbeiteten. Sie waren fast ausschließlich für den Eigenbedarf der Familie tätig, kaum für den Markt und schon gar nicht für den Weltmarkt. Durch die *Industrialisierung* wandelte sich das grundlegend. In Kanada arbeiten zum Beispiel nur noch 11 % der Bewohner in der Landwirtschaft; sie erzeugen nicht nur genug für die Bevölkerung des Landes, sondern sie ernähren noch viele Millionen von Menschen in anderen Kontinenten (vgl. S. 52). Da durch Maschinen die Arbeitsleistung des einzelnen Arbeiters vervielfältigt worden ist, hat sich das Volkseinkommen sehr erhöht. Die Menschen sind nicht mehr zufrieden, wenn sie ihren Hunger gerade stillen können, sondern sie stellen hohe Ansprüche, die von der Industrie befriedigt werden. Die Zahl der Autos, der Rundfunk- und Fernsehempfänger oder der Verbrauch von Genußmitteln sind ein anschauliches Maß dafür, wie weit eine Volkswirtschaft sich bereits entwickelt hat (vgl. S. 68, 158). Die Industrialisierung blieb bis in dieses Jahrhundert hinein nur auf Teile Europas, auf Angloamerika, Australien und Japan beschränkt, die anderen Länder verblieben noch in alten Wirtschaftsordnungen. Doch fand oder findet bei ihnen eine gewisse Kenntnis der *Hygiene und der modernen Medizin* Eingang. Die Folge ist, daß in allen diesen Ländern die *Zahl der Bewohner stark anwächst*. Die Äcker reichen nicht mehr aus, um allen Nahrung zu verschaffen, auch dann kaum, wenn man neue Bearbeitungsmethoden einführt. Vor allem können viele Menschen keine Arbeit mehr auf dem Lande finden, denn die Landwirtschaft soll ja gerade unter Einsatz von Maschinen mit weniger Arbeitskräften mehr Lebensmittel erzeugen. So bleibt auch diesen Staaten nur der Weg der Industrialisierung, damit sie aus der Not herauskommen. Einige Länder haben diesen Schritt bewußt schon vor Jahrzehnten getan wie *Mexiko*, andere stehen erst ganz am Anfang des Wandels. *Diese am*

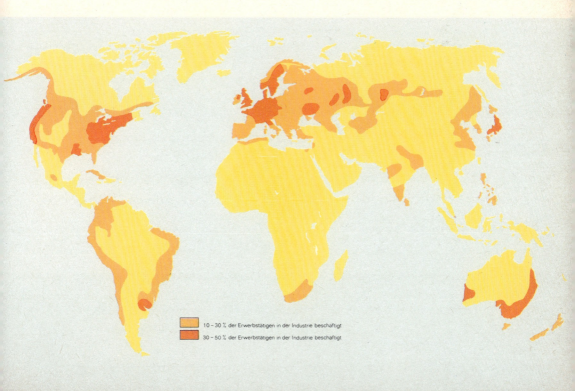

10 – 30 % der Erwerbstätigen in der Industrie beschäftigt
30 – 50 % der Erwerbstätigen in der Industrie beschäftigt

Beginn des Umbaues der gesamten Wirtschafts- und Sozialordnung stehenden Staaten bezeichnet man heute als „Entwicklungsländer". Nach der heutigen Auffassung war um 1860 auch Japan ein Entwicklungsland, die Sowjetunion war es noch 1928. Heute gelten diese Staaten für manches Entwicklungsland als Vorbild. Daraus ergeben sich neue Probleme, politische und kulturelle. Jeder alte Staat hat seine kulturelle Eigenart; eine kritiklose Übernahme des westlichen wie des östlichen Wirtschaftssystems gefährdet die eigene Kultur. Außerdem spielen auch die geographischen Gegebenheiten bei der unterschiedlichen Entwicklung der einzelnen Staaten eine große Rolle.

Wir wählen einige Staaten aus, um an ihrem Beispiel die Probleme der Entwicklungsländer kennenzulernen. Neben tropischen Ländern betrachten wir auch China, ein Entwicklungsland, das zugleich Großmacht ist.

Länder in Afrika

Ägypten (Vereinigte Arabische Republik)

1. Zwischen welchen Breitenkreisen liegt Ägypten? Beschreiben Sie die Naturausstattung anderer Länder dieser Breite! Vergleichen Sie die Bevölkerungsdichte und begründen Sie die Unterschiede! 2. Bestimmen Sie das Klima Ägyptens und der anderen Nilanlieger, besonders hinsichtlich der Niederschläge! 3. Stellen Sie die verschiedenen Bewässerungslandschaften des Nilgebietes einander gegenüber! Achten Sie auf die Größe des Kulturlandes, auf die Kanäle, die Höhen und die Verkehrswege! 4. Vergleichen Sie mit Hilfe der S. 109, 127, 142 die Landwirtschaft Ägyptens mit derjenigen: a) tropischer Entwicklungsländer, b) von Japan und den USA!
(D I: 86, 108–111, 113, 147. – D II: 45, 52–55, 68, 69. – L: 110, 120–125. 128. UW: 52, 54. – H: 36–38.)

In Ägypten treten die Aufgaben, die von den meisten Entwicklungsländern bewältigt werden müssen, besonders deutlich hervor, weil sich die Probleme in stürmischem Tempo vergrößern und weil die Natur des Landes die Arbeitsmöglichkeiten der Menschen stark einengt.

Das Wohl Ägyptens hängt seit dem Anfang der Geschichte vom Wasser des Nils ab. Doch die seit Jahrtausenden übliche Wirtschaftsweise kann die Ägypter nicht mehr mit allem Notwendigen versorgen, weil sich die Bevölkerung zu rasch vermehrt. Die Einwohnerzahl ist im letzten Jahrhundert explosionsartig angestiegen. Seit Jahrhunderten ernährte die Niloase etwa 2,5 Millionen Menschen, 1966 benötigten 30 Millionen Brot und Arbeit und jährlich vergrößert sich die Bevölkerung um fast 700 000 Menschen; das ist eine Folge der modernen Medizin und Hygiene. Diese Menschen sind jedes Jahr zusätzlich zu ernähren und zu kleiden, Jahr für Jahr müssen Hunderttausende von Arbeitsplätzen neu geschaffen werden.

Bevölkerungsentwicklung Ägyptens

	1800	1830	1870	1900	1930	1950	1960	1966
Einwohner in Mill.	2,5	4,5	5,2	10,2	14,8	20,4	26,1	30,1
Schweden z. Vergleich	2,4	2,9	4,2	5,1	6,1	7,0	7,5	7,8

1. Wieviel Jahrzehnte waren nötig, bis die Einwohnerzahlen sich verdoppelten? — 2. Wie groß ist der durchschnittliche Zuwachs in den Jahrzehnten zwischen 1800 und 1830, zwischen 1830 und 1870 usw.? — 3. In wieviel Jahren seit 1950 war der Zuwachs genauso groß wie die Gesamtbevölkerung von 1800? — 4. Auf wieviel Prozent der Zahl von 1800 vermehrte sich die Bevölkerung in Ägypten und in Schweden?

Die *Geburtenrate* ist sehr hoch, die *Sterberate* ist wohl hoch, sie nimmt aber rasch ab. Für die Zukunft ist in Ägypten ein weiterer Anstieg der Geburtenüberschüsse zu erwarten; denn erfahrungsgemäß sinkt die Geburtenzahl in den ersten Jahren der Industrialisierung nicht, wohl aber die Sterberate.

Der Altersaufbau der ägyptischen Bevölkerung unterscheidet sich grundlegend vom Bevölkerungsaufbau der alten Industriestaaten. Der Anteil junger Menschen ist in Ägypten ungleich größer als in hochindustrialisierten Ländern, etwa in Schweden, wo der Altersaufbau nicht durch Kriege gestört ist. Während man dort vor dem Problem steht, wie man später die Arbeitsplätze besetzen soll, weil zu wenig Menschen nachwachsen, steht Ägypten umgekehrt vor der Aufgabe, die vielen heute jungen Menschen als Erwachsene in der Wirtschaft zu beschäftigen.

Die Landwirtschaft ist auch heute noch der wichtigste Wirtschaftszweig. Dort sind etwa 55–60 % der Ägypter beschäftigt. In ihr können weitere Menschen keine produktive Arbeit mehr finden, im Gegenteil, die Landwirtschaft ist mit Arbeitskräften übersetzt. So bleibt nur der Ausweg, in der Industrie neue Arbeitsplätze zu schaffen. Um die notwendigen Maschinen im Ausland kaufen zu können, braucht man aber Devisen. Die Landwirtschaft, die bisher vornehmlich für den Eigenbedarf der Familie der Fellachen gesorgt hatte, muß sich auf neue Aufgaben umstellen: sie soll 1. jährlich rund 700 000 neue Konsumenten ernähren, also auch Überschüsse an Lebensmitteln für die wachsende städtische Bevölkerung auf den Markt bringen, und 2. Exportgüter produzieren, vor allem Baumwolle, um die nötigen Devisen für die Volkswirtschaft zu beschaffen. Die Fellachen müssen also für den wachsenden Binnenmarkt wie für den Weltmarkt Waren erzeugen.

Künstliche Bewässerung. Im Gegensatz zu den meisten anderen Entwicklungsländern kann man das Ernteergebnis der Landwirtschaft Ägyptens nicht genügend steigern. Ägyptens Anbaufläche ist im Verhältnis zur Gesamtfläche des Landes sehr klein (2,5 %). Das Nilwasser reicht im Höchstfalle für die Bewässerung von 4 % der Landesfläche, selbst wenn man modernste, sehr kostspielige Bewässerungsmethoden einführt. Man kann die Ackerfläche also höchstens um 50 % vergrößern. Auch die *Hektarerträge* sind kaum noch zu steigern, denn die Ägypter nutzen den Boden bereits sehr intensiv (Tab. S. 109).

Im alten Ägypten kannte man nur die *Bassinbewässerung* mit einer Ernte im Jahr. Das von der Nilflut im Herbst überschwemmte Land wurde von den Besitzern durch kleine Dämme in Becken gegliedert, die einen Teil des Überschwemmungswassers und den fruchtbaren Nilschlamm auf den Äckern festhielten.

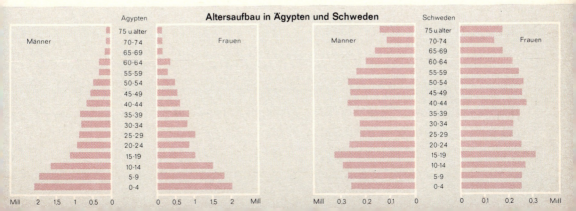

Wandbild aus dem Sennedjem-Grab in Deir el Medina.   Pflügender Fellache in der Niloase bei Luxor.

Seit Anfang des 19. Jahrhunderts baute man eine Reihe von *Staudämmen*, die einen Teil des Nilwassers länger festhalten. In der wasserarmen Zeit des Jahres geben diese das gespeicherte Wasser in ein weitverzweigtes Kanalsystem ab und ermöglichen mehrere Ernten im Jahr. Mit Hilfe der rund 25 000 km langen Bewässerungs- und 14 000 km langen Entwässerungskanäle wurde die Ackerfläche stark erweitert.

Da die Anbaufläche durch jeden Kanalbau vergrößert wurde und bei Früchten mit einer kurzen Wachstumsperiode drei Ernten im Jahr möglich geworden sind, ist die *Erntefläche* Ägyptens stark gewachsen. Sie übertraf die Anbaufläche 1956/57 um mehr als 70%. Aber noch immer können Katastrophen eintreten, wenn der Nil zu wenig oder zu viel Wasser spendet.

108 **Der neue Staudamm Sadd el-Ali,** 6 km oberhalb des alten Assuan-Staudammes, soll hier Wandel schaffen. Während die alten Stauanlagen nur einen Teil des Wasserüberschusses am Ende der „Nilschwelle" für die folgenden wasserarmen Monate des Jahres speichern, soll der neue Stausee über die Jahre hinweg eine gleichmäßige Wasserabgabe verbürgen. Außerdem will die Regierung mit Hilfe des gestauten Wassers die Ackerfläche um 25–30% vergrößern. Das wird aber frühestens 1975 möglich sein, und dann wird die Bevölkerungszahl bereits 35 bis 38 Millionen betragen, das neue Land wird also bestenfalls ausreichen, den Ägyptern den gleichen Lebensstandard zu sichern, den sie bei Baubeginn besaßen. Die Kraftwerke am Fuße des Staudammes werden genügend elektrische Energie für alle Bedürfnisse der Volkswirtschaft liefern. Dieses Unternehmen ist das größte und auch propagandistisch wirksamste der ägyptischen Regierung.

Solch ein Projekt berührt aber auch die Interessen der am oberen Nil liegenden Anliegerstaaten, die dem Strom ebenfalls Wasser entnehmen, so daß der letzte Anlieger, Ägypten, von ihnen abhängig ist. Die ägyptische Regierung hat deshalb 1959 einen Vertrag über die Verteilung des Nilwassers mit dem Sudan abgeschlossen. Bis zur Fertigstellung des Sadd el-Ali

Nilstaudämme

Alter Damm von Assuan — Staumauer 2 000 m lang, 51 m hoch, Stausee 5,4 Mrd. m³

Neuer Damm von Assuan „Sadd el-Ali" — Staumauer 5 000 m lang, 110 m hoch, Stausee 140 Mrd. m³, gestautes Flußbett 400 km lang, engste Stelle des Stausees 550 m breit, Oberfläche des Stausees 5 000 km², zusätzlich gewonnenes Ackerland 840 000 ha. Geplante elektrische Leistung: 10 Mrd. kWh jährlich. Stromverbrauch in Ägypten 1961: 3,5 Mrd. kWh (BRD: 130,7 Mrd. kWh).

Zum Vergleich: Hooverdamm-Stausee 36 Mrd. m³.

Besitzverhältnisse in einem oberägyptischen Dorf (1 Feddan = 0,42 ha)

1585 Fellachen besitzen 656,04 ha Land — durchschnittliche Betriebsgröße BRD 12,1 ha, Ägypten 0,88 ha
1346 besitzen unter 1 Feddan, 217 zwischen 1 und 5 F., 18 zwischen 5 und 20 F. und 4 zwischen 20 und 50 F.

Dammes betragen die Wasseranteile für Ägypten 48 Mrd. m³ und für den Sudan 4 Mrd. m³, danach 55,5 bzw. 18,5 Mrd. m³. Zukünftige Bauten zur Verminderung der Wasserverluste am Nil sollen gemeinsam bei gleichen Kosten- und Wasseranteilen ausgeführt werden. Wenn der riesige Stausee gefüllt ist, reicht er etwa 200 km weit in den Nordsudan hinein, überschwemmt dabei Wadi Halfa nebst zahlreichen Dörfern und weltberühmten Bauwerken und zwingt Zehntausende von Nubiern zur Aufgabe ihrer Heimat. Um die Menschen wieder ansiedeln und den dem Sudan zustehenden Wasseranteil auch nutzen zu können, werden am Atbara und am Blauen Nil mehrere große Staudämme zur Bewässerung neuer Äcker gebaut.

Bei der Bassinbewässerung blieb der fruchtbare Nilschlamm auf dem Land zurück. Die künstliche Bewässerung aber zwingt zur *Düngung*, denn mehrere Ernten im Jahr entziehen dem Boden viele Nährstoffe. Da die Fellachen nur sehr wenig Vieh halten, fehlt der Stalldünger; deshalb ist der Bau von Düngemittelfabriken vordringlich. Die nötige Energie wird das Kraftwerk am neuen Staudamm liefern. Weitere Energie wird benötigt, um das Wasser mit neuzeitlichen Pumpanlagen auf die Felder zu heben, oft bis über 10 m hoch. Heute geschieht das noch weitgehend mit Hilfe uralter Schöpfgeräte, wobei die Fellachen viel Zeit vertun und doch nur ein geringes Ergebnis erzielen.

Die *Mechanisierung* wirft weitere Probleme auf; das gilt für alle Entwicklungsländer. Geht man zu schnell vor und ersetzt die alten Einrichtungen durch moderne, dann verlieren viele Menschen ihren Arbeitsplatz und werden arbeitslos.

Der *Anbau von Industriepflanzen, insbesondere Baumwolle*, schafft die notwendigen Exportgüter. 1821 wurde die Baumwolle eingeführt. Sie wird nirgendwo auf der Erde in so hervorragender Qualität geerntet wie gerade in Ägypten. Die englische Industrie importierte die gute ägyptische Faser. Aber auch für die Ägypter war das vorteilhaft. Man kann aus dem Erlös für die Baumwolle weit mehr Weizen auf dem Weltmarkt kaufen, als man auf der gleichen Fläche ernten könnte. Dadurch ist Ägypten allerdings vom Weltmarkt abhängig geworden, sowohl von der Nachfrage nach den Fasern wie von dem Angebot an Lebensmitteln. Zudem hatten vom Baumwollanbau vor allem die Großgrundbesitzer Vorteile, während die armen Fellachen, die beim Weizenanbau geblieben waren, für das Getreide nur niedrige Preise erzielten.

Die *Bodenreform* von 1952 beseitigte den Großgrundbesitz. Kulturland, das über 42 ha hinausgeht, wird gegen Entschädigung enteignet und an besitzlose Fellachen verteilt. Die Aktion ist sehr kostspielig und dauert deshalb noch an. Viel Kapital verschlingen weitere Maßnahmen des Staates: unter anderem Schädlingsbekämpfung, Saatgutverbesserung, Wegebau, Vorratswirtschaft.

Die starke militärische Rüstung der „Vereinigten Arabischen Republik" belastet zusätzlich den Staatshaushalt. Ägypten hat es erreicht, daß westliche wie auch östliche Staaten seine Entwicklungsvorhaben unterstützen.

Hektarerträge in dz/ha und **Kunstdüngerverbrauch** kg/ha 1966

	Reis	Weizen	Baumwolle	Kunstdünger
Ägypten	46,9	26,8	6,5	122
Indische Union	13,1	8,4	1,1	5
Japan	51,3	24,3	—	319
USA	48,7	17,7	5,9	60
BRD	—	32,6	—	353

1. Vergleichen Sie die Erträge Ägyptens und der Indischen Union, Ägyptens und Japans, Ägyptens und der BRD! Achten Sie auf den Kunstdüngerverbrauch und ziehen Sie Folgerungen aus den drei Vergleichen! — 2. Vergleichen Sie die Hektarerträge Ägyptens und der USA! Weshalb bleiben die Erträge der USA gegenüber denen Ägyptens zurück? (Vgl. Tab. S. 88, 127.)

Das Stahlwerk Heluan (südlich Kairo) wurde unter Beteiligung der Bundesrepublik Deutschland erstellt.

Wandel der Gesellschaftsordnung. Die meisten Ägypter mußten seit Jahrtausenden für einheimische oder fremde Herren arbeiten. Die wirtschaftliche und politische Macht lag vor der Revolution in den Händen reicher Großgrundbesitzer, denen die armen Fellachen machtlos gegenüberstanden.

Nach dem 2. Weltkrieg schlossen sich junge Offiziere zu einer revolutionären Vereinigung zusammen. Sie setzten 1952 den König ab, enteigneten die Großgrundbesitzer und nahmen ihnen ihre Machtstellung. Die Herrschaft im Staate übernahm die Armee: ein Vorgang, der in vielen Entwicklungsländern zu beobachten ist, etwa in Spanien, im Irak, in Pakistan und in lateinamerikanischen und afrikanischen Staaten. Nasser, der Führer der Offiziersgruppe, wurde Staatspräsident und propagiert einen neuen arabischen Nationalismus auf islamischer Grundlage. Er will nicht nur die Gesellschaft und Wirtschaft Ägyptens neu ordnen, sondern für Ägypten zugleich die Führungsrolle unter den arabischen Ländern durchsetzen.

Die Industrialisierung ist der einzige Ausweg, um den Jahr für Jahr neu hinzuwachsenden Menschenscharen Ägyptens Arbeit und Nahrung zu verschaffen.

Die neuen Fabriken sollen den Eigenbedarf des Landes an Industriegütern decken, so daß man diese nicht mehr einzuführen braucht; sie sollen Exportgüter bereitstellen, um Nahrungsmittel und Rohstoffe im Ausland einkaufen zu können.

Am Anfang ist aber viel Geld für den Bau von Fabrikanlagen und Verkehrseinrichtungen notwendig. Ein Teil dieses Geldes muß in Form von Devisen zur Verfügung stehen, denn Maschinen für die neuen Fabriken gibt es nur im Ausland.

Die Erzeugnisse der Industrie müssen verkauft werden; ohne einen aufnahmefähigen *Absatzmarkt* nutzen die großen Investitionen niemandem. Die *Kaufkraft* der Ägypter ist aber sehr gering. Ägypten konnte zwar das Volkseinkommen zwischen 1956 und 1964 von 437 DM pro Kopf auf 736 DM steigern, doch ist das nur ein Bruchteil dessen, was die Menschen in den alten Industriestaaten jährlich

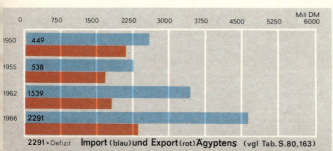

2291 = Defizit **Import** (blau) und **Export** (rot) **Ägyptens** (vgl Tab. S. 80, 163)

Anteile wichtiger Handelsgüter		
Ausfuhr 1965:	Baumwolle und -waren	72 %
	Reis	8 %
Einfuhr 1965:	Nahrungsmittel	24 %
	Maschinen u. Kraftfahrzeuge	23 %
	Chemikalien	13 %

ausgeben können; 5432 DM waren es 1964 in der BRD. Die Zukunftshoffnung ist der Export ins übrige Afrika. Dabei trifft die ägyptische Ware auf die scharfe Konkurrenz aus den Industrieländern.

Wie in allen Ländern, die am Anfang der Industrialisierung stehen, findet am ehesten die *Textilindustrie* einen aufnahmefähigen Markt im eigenen Lande. Dank der niedrigen Löhne ist sie dem Wettbewerb der Industrieländer gewachsen, ja sie kann sogar mit Erfolg auf dem Weltmarkt Fuß fassen. In Ägypten beschäftigt die Fabrikation von Textilien $^1/_6$ aller in der Industrie Tätigen. Ihr kommt zugute, daß der Rohstoff Baumwolle in hervorragender Qualität im eigenen Lande zur Verfügung steht. Weitere Rohstoffe für die Industrie besitzt Ägypten kaum. Für die nächsten Jahre und Jahrzehnte wird die Herstellung von *Zement* und von *Düngemitteln* immer wichtiger.

Die *Ausbildung von Technikern und Industriearbeitern* ist die wichtigste Aufgabe in Ägypten. Es gibt nur wenig Fachkräfte. Da die meisten Arbeiter zudem noch Analphabeten (1960 80 % der Bevölkerung über 15 Jahre) sind, wird viel Ausschuß gefertigt, und die Maschinen werden nicht genügend gewartet, da man die Anweisungen nicht lesen kann. Nur sehr langsam wirken die Maßnahmen des Staates. Bisher lag die Volksbildung fast ganz in den Händen der islamischen Geistlichkeit. Das Ziel ihrer Schulen hat wenig mit den Bedürfnissen der neuzeitlichen Industrie zu tun. Heute sind die beiden Millionenstädte Kairo und Alexandria die Hauptstandorte der Industrie (fast 60 %), und hier steht die größte Zahl an ausgebildeten Kräften zur Verfügung. *Die Ernährung* ist einseitig und unzureichend. Der Ägypter verzehrt viel zu wenig eiweißhaltige Nahrung wie Fleisch, Eier, Milch und Fisch; er ist daher gegenüber Krankheiten anfällig und kann nur wenig leisten. Es sind ähnliche Probleme wie in Indien. Auch das Fasten im Monat Ramadan von Sonnenaufgang bis -untergang schwächt den Körper gerade während der Arbeitszeit.

Der Außenhandel. Ägyptens Handelsbilanz ist passiv. 1966 wurden nur 51 % der Einfuhr durch Exporterlöse bezahlt. Je mehr Maschinen zur Einrichtung von neuen Fabriken man aber im Ausland kauft, um so größer wird zunächst das Handelsdefizit. Vor dieser schwierigen Frage stehen alle Entwicklungsländer. Ägypten hat allerdings zwei besondere Einnahmequellen: 1. den *Fremdenverkehr*, denn die altägyptischen Kulturdenkmäler ziehen viele Fremde an, die Devisen ins Land bringen; 2. den *Suezkanal*, der 1956 verstaatlicht wurde.

Von den Einnahmen des Suezkanals müssen allerdings 40 % verwendet werden, um den Kanal in gutem Zustand zu erhalten. Da man immer größere Tankschiffe baut, muß der Kanal vergrößert werden. Für die Schiffe von über 100 000 t Tragfähigkeit muß man ihn von 11,3 m auf etwa 14 m vertiefen. Bis 1970 wollen die Ägypter außerdem den Kanal so verbreitern, daß er zwei Fahrrinnen besitzt; bisher gibt es nur eine Fahrrinne mit einigen Ausweichstellen. Dann werden die langen Wartezeiten fortfallen, und die Durchfahrtszeit, die heute 15–18 Stunden beträgt, wird sich verkürzen. – Der Ausbau ist notwendig, weil sonst die großen Tanker um Südafrika fahren und die Einnahmen sich verringern würden.
Das alles gilt aber nur für Friedenszeiten. Kriege Ägyptens mit seinen Nachbarn, wie mit Israel 1967, können leicht zur völligen Sperrung des Kanals führen.

Schiffsverkehr und Einnahmen des Suezkanals			
	Tonnage Mill. t	davon Erdölfracht	Einnahmen Mill. DM
1937	32,8	6,1	?
1953	92,9	57,6	347
1962	197,8	130,2	621
1965	246,8	?	850
(Warenverkehr nach Westen 1965 177 Mill. t = 80 %, nach Osten 43,4 Mill. t = 20 %)			

Ausfuhrprodukte von Entwicklungsländern

Land	Produkte
Ägypten (VAR)	Baumwolle, Reis
Äthiopien	Kaffee, Häute
Argentinien	Getreide, Fleisch
Chile	Kupfer, Eisenerz
Columbien	Kaffee, Erdöl u. -produkte
Ecuador	Bananen, Kaffee
Ghana	Kakao, Diamanten
Indonesien	Erdöl, Kautschuk
Kenia	Kaffee, Tee
Kongo	Kupfer, Diamanten
Kuba	Zucker, Tabak
Mexiko	Textilfasern, Getreide
Nigeria	Ölfrüchte, Erdöl
Philippinen	Kopra, Zucker
Saudi-Arabien	Erdöl u. -produkte
Senegal	Erdnüsse u. -öl, Phosphate
Thailand	Reis, Kautschuk
Uganda	Kaffee, Baumwolle
Venezuela	Erdöl u. -produkte, Eisenerz

(Skala: 0–100 % des Gesamt-Exports 1965)

Welche Länder sind besonders anfällig für Krisen auf dem Weltmarkt (Monokultur)? Beachte auch das Preisdiagramm auf S. 103!

Ghana

1. Bestimmen Sie die Breitenlage Ghanas und nennen Sie Staaten auf gleicher Breite! — 2. Berichten Sie über die Bodenverhältnisse, das Klima und die Vegetation Ghanas! — 3. Unterscheiden Sie die Wirtschaftslandschaften Ghanas und vergleichen Sie mit Ägypten!
(D I: 108, 109, 111–115, 155. — D II: 52–55. — L: 120–125, 128. — UW: 52, 54, 74. — H: 36, 37).

Ghana nimmt unter den Entwicklungsländern Afrikas eine begünstigte Position ein. Die Natur des Landes erleichtert dank reicher Bodenschätze und guter Böden den Ausbau der Wirtschaft. So besitzen die Einwohner Ghanas den höchsten Lebensstandard in Schwarz-Afrika, und ihr Staat beansprucht eine politische Führungsrolle im gesamten Kontinent.

Der Norden Ghanas ist *Feuchtsavanne* mit zwei Regenzeiten und noch nicht einmal halb so dicht besiedelt wie der Süden, der ursprünglich von *tropischen Regenwäldern* bedeckt war, die früher der Rückzugsraum primitiver Völker und eine Barriere gegen das Eindringen der Europäer in den Kontinent waren. Heute sind die Urwälder teilweise gerodet und diese Gebiete gehören zu den am dichtesten besiedelten Teilen Afrikas, in die Ackerbauern aus der Savanne eingewandert sind. Ghanas Süden ist das Land des *Kakaobaumes*.

Hier entstanden keine Plantagen, sondern der Kakao wird von Bauern auf Feldern von 1–4 ha Größe angebaut. Rund 200 000 Bauernfamilien betreiben diese Kultur. Sie verzichten häufig auf den Anbau der für den Eigenbedarf der Familie notwendigen Nahrungsmittel, weil ihnen der Kakao mehr einbringt. Wir müssen deshalb von bäuerlicher *Monokultur* sprechen.

Der Kakaobaum wurde von Basler Missionaren aus Amerika nach Afrika gebracht. Groß sind die Gefahren der *Bodenerosion* und der *Pflanzenkrankheiten*. Eine Pflanzenkrankheit — Swollen shoot — vernichtet viele Kulturen. Man hat bis heute noch kein Gegenmittel gefunden und mußte bisher rund 100 Millionen Kakaobäume fällen. Viele Bauern verlassen daher ihr Land und siedeln sich weiter westlich an.

Das Kakaoland ist auch für die Menschen in der Savanne des Nordens sehr wichtig. Jährlich gehen etwa 200 000 Menschen aus Nordghana und aus Nachbarstaaten als *Wanderarbeiter* zur

Gliederung Ghanas

Landschaft	Bevölkerungsdichte	Wirtschaft	Gewerbe
Trockensavanne ca. 55 000 km²	ca. 20 E/km²	Regenfeldbau mit Brandrodung. Hirse, Reis, Yams, Maniok, Gemüse. Wenig Großvieh (Tsetsefliege)	Kleinhandel, Handwerk
Feuchtsavanne ca. 90 000 km²	unter 3 E/km²	Auswanderung	
Regenwaldgebiet ca. 80 000 km²	ca. 50 E/km²	Kakao-Monokultur (9 % der Fläche). Auf 56 % der Fläche Maniok, Yams, Taro, Bananen, Gemüse, Kaffee, Kola, Ölpalmen. Wanderarbeiter. Fruchtwechsel und Brandrodung.	Kleinhandel, Handwerk, Bergbau, Kleinindustrie
Gras- u. Buschland ca. 13 000 km²	mehr als 100 E/km²	Regenfeldbau mit 2 Ernten. Mais, Maniok, Tabak, Zwiebeln, Zuckerrohr, Kokos- und Ölpalmen. Verstädterung.	Handwerk, Kleinindustrie, Fischerei

Kakaobäume

Kakaoernte. Sie verdienen hier bares Geld und lernen neue Lebensverhältnisse kennen. Das wirkt sich auf ihre Stammesgebiete allmählich aus. Auch ganze Familien kommen aus der Savanne ins Kakaogebiet, um sich dort niederzulassen. Sie werden durch den Wohlstand der Kakaobauern angelockt, deren Einkommen im Jahr auf durchschnittlich 3000 DM geschätzt wird (vgl. Karte S. 157). Noch ist fruchtbares Land für neue Siedler vorhanden.

Ein wichtiges Problem für die Zukunft des Staates ist die Tatsache, daß die Arbeitserlöse in Savanne und Kakaoland so ungleich sind. Es sind ähnliche Fragen, wie sie bei uns die unterschiedliche Produktivität von Industrie und Landwirtschaft aufwirft. Um zu verhindern, daß immer mehr Menschen die Savanne verlassen und diese sich entvölkert, muß die Regierung durch planmäßige Hilfsmaßnahmen die wirtschaftliche Lage der Savannenbewohner verbessern. Das ist aber sehr schwer, weil das Entwicklungsland Ghana seine Mittel noch für viele andere, im Augenblick vordringlichere Aufgaben braucht.

Der Staat und die Wirtschaft. Der Kakao wird von selbständigen Bauern erzeugt, der Handel mit dem Kakao aber befindet sich in den Händen des Staates. Er garantiert den Kakaobauern einen festen, vom Weltmarkt unabhängigen Preis. Aus der Differenz zwischen dem Ankaufpreis und dem Exportpreis deckt der Staat den wesentlichen Teil seines Finanzbedarfs. In den Entwicklungsländern kann man durch direkte Steuern vom einzelnen Staatsbürger keine ausreichenden Einnahmen erzielen, weil die Mehrzahl der Bevölkerung zu arm ist. Auch fehlt oft eine Finanzverwaltung. Luxussteuern, Ausfuhrzölle, Einnahmen aus staatlichen Betrieben und Außenhandelsgewinne staatlicher Außenhandelsorganisationen treten an die Stelle der in Europa üblichen Steuern. Das hat aber einen hohen Export zur Voraussetzung, der auf dem Weltmarkt willig abgenommen wird. Ghana ist durch die Kakaoerzeugung, seine reichen Bodenschätze und seinen Holzreichtum einer der größten Exporteure Afrikas. Besonders deutlich wird das, wenn der Ausfuhrwert pro Einwohner einem Vergleich zugrunde gelegt wird *(vgl. Tabelle S. 163)*. Der Hauptteil dieser Staatseinnahmen wird allein von den Kakaobauern aufgebracht. Die Kakaozone trägt also weitgehend den Staatshaushalt.

Die Gesellschaftsordnung. Der Norden Ghanas lebt noch in der altüberkommenen Wirtschafts- und Gesellschaftsordnung. Man produziert nicht für den Markt oder gar für den Weltmarkt, sondern für die Selbstversorgung der *Großfamilie*.

Die positive Seite dieser traditionellen Gesellschaftsform ist die Sicherheit für Kranke und Alte innerhalb der Großfamilie. Andererseits hemmt sie die moderne Entwicklung des Staates dadurch, daß die Menschen konservativ am alten festhalten und neue Ideen ablehnen. Das Land gehört auch heute noch der Sippe oder dem Stamm, und der Häuptling oder der

Sippenälteste teilen den Familien Ackerstücke zu und wachen über die gemeinsam zu verrichtende Arbeit. Jeder hilft jedem im Notfalle. Die Alten beaufsichtigen die Kinder, damit die Eltern frei arbeiten können. Zur Großfamilie gehört die Polygamie. Ein Mann hat möglichst viele Frauen und Kinder, denn diese sind zusätzliche Arbeitskräfte und tragen zum Wohlstand des einzelnen wie der Sippe bei. Der Brautkauf hat den Sinn, der Sippe, aus der die Frau stammt, den Verlust der Arbeitskraft eines Sippenmitgliedes zu ersetzen.

Diese Gesellschaftsordnung erweist sich als unzulänglich, wenn Menschen in die Städte abwandern, um in Fabriken oder in anderen Berufen außerhalb der Landwirtschaft zu arbeiten. Da der einzelne nicht über verkäuflichen Besitz an Ackerland verfügt, sondern dieser der Gemeinschaft gehört, kommt der Auswanderer mittellos in die Stadt. Hier gibt es für ihn keine Sicherung im Krankheitsfall. Viele geraten in Not. Sie erhalten oft nicht einmal eine Anstellung. So bilden sich große Elendsviertel am Rande der Städte, die „Shanty Towns". Die Menschen geraten aber nicht nur in materielle Not, sondern sie sind auch Gefahren anderer Art ausgesetzt. Sitte und Brauch, in der Großfamilie einer strengen Ordnung unterworfen, fallen fort. Hinzu kommt die Verführung der nur an den Tauschhandel gewöhnten Menschen durch das bare Geld. Der Umbau der Wirtschaft erfordert auch eine Umgestaltung der gesamten sozialen Ordnung.

Der Wandel der Gesellschaftsordnung. In Ghana wie in vielen anderen Entwicklungsländern besteht ein starker Gegensatz zwischen der neuen Führungsschicht und den Dorfältesten und Häuptlingen. Nach europäischem Vorbild gebildete, englisch sprechende afrikanische Intellektuelle, die oft in England studiert haben, üben heute die politische Macht aus. Ihnen müssen die traditionellen Führungsschichten weichen, die die alte Gesellschaftsordnung bewahren wollen, die ihnen ihre Sonderstellung verbürgt. Sie sind auch oft mit dem Makel der Zusammenarbeit mit der Kolonialmacht belastet. Lange Zeit hatte sich die britische Kolonialverwaltung auf diese altüberkommenen Führungsschichten gestützt.

In Ghana ist die Auseinandersetzung mit den Häuptlingen sehr schwierig, weil die Aschantihäuptlinge im Kakaogebiet sehr reich und mächtig sind. So hat sich nach der Unabhängigkeit 1957 eine diktatorische Staatsform entwickelt. Der Präsident wollte aus den Stämmen in kurzer Zeit ein Volk, ja eine Nation machen. Er umgab sich mit einem starken Personenkult und versuchte so künstlich einen Nationalismus zu erzeugen. Bisher gab es nur das Gefühl der Zugehörigkeit zu einem – zahlenmäßig kleinen – Stamm. Ein Volk oder eine Nation besteht in Ghana ebensowenig wie in einem anderen der neuen Staaten. Das System der Finanzierung der Staatsausgaben mit Hilfe des staatlichen Handels gab der Regierung große wirtschaftliche Macht und führte zwangsläufig zu einem *Staatskapitalismus*. Privatkapital und privates Unternehmertum konnten nicht entstehen. Es gab nur eine Partei, denn die Opposition war verboten. Das führte 1966 zum Sturz des Diktators durch die Armee.

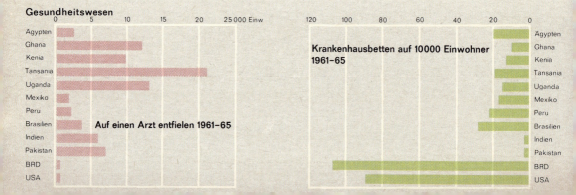

Der Aufbau der modernen Wirtschaft.
Die Regierung benötigt unbedingt wirtschaftliche Erfolge. Sie sollen durch Ausbau der Infrastruktur und durch Investitionen in Fabrikationsanlagen erreicht werden. *Infrastruktur* nennt man notwendige Einrichtungen, die viel Geld kosten, aber nicht sofort materiellen Gewinn bringen. Dazu gehört in Ghana der Ausbau der Verkehrswege ins Innere zu den reichen Bauxitvorkommen, der Bau von Häfen, von Schulen und Krankenhäusern, der Kampf gegen die Pflanzenkrankheiten sowie der Bau von Kraftwerken als Grundlage für eine eigene Industrie. Neben Ausgaben für die Infrastruktur sind *Investitionen* für den Bau von Fabriken notwendig. Solche Fabriken müssen rentabel arbeiten, d. h. Gewinn abwerfen. Entwicklungsländer erliegen leicht der Gefahr der Fehlinvestition. Oft überschätzt man die Absatzmöglichkeiten. Andererseits sind in den Entwicklungsländern die sichtbaren Großprojekte besonders beliebt, die vor allem dem Prestige dienen. Für Großinvestitionen reichen die eigenen Mittel der Volkswirtschaft oft nicht aus, man braucht „Entwicklungshilfe".

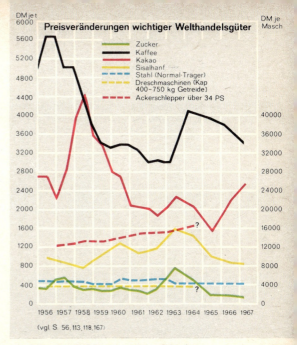

Der Voltastaudamm ist Ghanas Großprojekt (vgl. S. 108). Eine gewaltige, 113 m hohe und 640 m lange Mauer soll den Voltafluß aufstauen (Stausee 5200 km² groß. Zum Vergleich: Bodensee 540 km², Edersee 12 km²). Mit der gewonnenen Energie, anfangs 4,5 Mrd. kWh, später 6 Mrd. kWh (Energieerzeugung in der BRD 1962: 82 Mrd. kWh), will man aus dem im Lande reichlich vorhandenen Bauxit Aluminium gewinnen sowie die Energieversorgung des Landes decken. Ghanas Eigenbedarf betrug 1959 aber nur 0,34 Mrd. kWh, der Staudamm liefert also viel zu viel elektrische Energie. Sie kann vorläufig nicht sinnvoll genutzt werden, weil Aluminium nur für den Export produziert werden kann; der Eigenbedarf im Lande ist minimal. Auf dem Weltmarkt aber trifft Ghanas Aluminium auf die Konkurrenz von Kanada und Norwegen, die gegenüber Ghana einen großen Vorsprung haben.
Andererseits führt die *Entwicklungshilfe* zu neuen Problemen. Die Entwicklungsländer können mit neuen Anlagen unter Umständen zu günstigeren Bedingungen liefern als die bisherigen Erzeugerländer. So wirkt die Entwicklungshilfe zurück auf die Struktur der Weltwirtschaft.

Bildungswesen in Afrika 1964 (Schüler- bzw. Studentenzahlen in 1 000)						
	Grundschulen		Oberschulen		Universitäten	
	1960	1964	1960	1964	1960	1964
Ägypten	2 614	3 335	448	668	113	144
Ghana	483	1 088	170	299	1	4
Tansania	451	634	15	20	1	1
Kenia	870	1 015	21	37	1	3
Uganda	533	526	31	13	1	1
Peru	1 392	1 877	141	261	25	46
Brasilien	7 835	9 624	960	1 368	102	142
Mexiko	4 885	6 916	263	391	87	133
BRD	5 154	5 363	1 174	1 268	246	255

Tansania, Kenia und Uganda

1. Stellen Sie die Breitenlage der ostafrikanischen Staaten fest und vergleichen Sie sie mit der Lage Ghanas, Mexikos und Brasiliens! – 2. Bestimmen Sie Niederschläge und Vegetation an Afrikas Ostküste und Westküste: a) längs des Äquators, b) in 5° südlicher Breite, c) in 10° südlicher Breite! – 3. Vergleichen Sie Ostafrika in bezug auf Höhenlage, Niederschlag, Vegetation und Siedlungsdichte mit dem Gebiet gleicher Lage an der Ostküste Südamerikas! – 4. Stellen Sie mit Hilfe der Atlaskarten und Tab. S. 118 fest, welche Nutzpflanzen in Ostafrika angebaut werden und wo! – 5. Berichten Sie über den Anbau am Kilimandscharo! In welcher Höhenlage erstrecken sich a) Savanne und Nebelwald, b) die Anbauzonen von Kaffee, Sisal und Baumwolle! Beachten Sie die Luv- und Leeseiten! (D I: 108/109, 111, 114/115, 117, 155. – D II: 52–55. – L: 120–123, 126, 128. – H: 36, 37).

Die drei *Hochlandstaaten Ostafrikas* liegen im gleichen Gürtel beiderseits des Äquators wie Ghana und die anderen Länder an der Guineaküste und am Kongo. Und doch besteht zwischen ihnen ein großer Unterschied! Im Westen weite Regenwälder, die heute das wirtschaftliche Kerngebiet darstellen – im Osten herrscht die Savanne, auf weiten Flächen sogar die trockene Dornsavanne.

Im Osten gibt es wie im Westen *zwei Regenzeiten* mit Zenitalregen. Doch bringen der vom warmen Meere kommende Südwestmonsun der Guineaküste reichliche zusätzliche Niederschläge, die im ostafrikanischen Hochland vorherrschenden Winde dagegen nicht. Sie verhindern sogar zeitweilig das Aufsteigen der Luft und damit die Zenitalregen. So ist in Ostafrika die trockene Periode zu lang, und die meisten Landschaften erhalten zu geringe Niederschläge. Dabei ist der Feuchtigkeitsbedarf der Wirtschaftspflanzen in diesem heißen Lande weit höher als etwa bei uns. Mehr als 1000 mm Niederschlag fallen nur in Luv des Südostpassates und stellenweise an der Küste; im Süden Tansanias und im Norden Kenias bleiben die Regenmengen unter 750 mm.

So sind nur Teile dieser Länder für den *Ackerbau* geeignet, weite Flächen sind sogar für Hirtenvölker zu dürftig. Auch mit modernsten Methoden läßt sich der Ackerbau über die von der Natur gezogene Trockengrenze hinaus nicht ausdehnen, erst recht nicht, wenn nur die primitiven Ackerbaumethoden der Afrikaner angewandt werden. Große Teile des ostafrikanischen Hochlandes sind deshalb sehr dünn besiedelt.

Die Bevölkerung und ihre Entwicklung. Die Zahlen über die Bevölkerung in Ostafrika sind nicht so gesichert wie etwa in Europa. Selbst wenn wir einen Unsicherheitsfaktor berücksichtigen, zeigt die Tabelle S. 119 das außerordentliche Wachstum während der letzten Jahrzehnte. Die europäischen Kolonialvölker haben nicht nur die tropischen Krankheiten erfolgreich bekämpft; sie beendeten auch die Stammesfehden, die jahrhundertelangen Sklavenjagden und vor allem die blutigen Kriege zwischen Ackerbauern und Nomaden.

Die Bevölkerungszunahme ist ausgesprochen ungleichmäßig. Die Hirtenvölker und viele seßhafte Stämme der trockenen Gebiete gehen in ihrer Volkszahl zurück; bei den meisten Bantustämmen aber, die in gut beregneten Landschaften Ackerbau treiben, nimmt sie rasch zu. Hinzu kommt, daß viele Menschen aus den Trockengebieten und aus Nachbarländern in die günstigeren Räume abwandern. Das führt dazu, daß große Teile Ostafrikas menschenleer sind, andere dagegen mit der Übervölkerung zu kämpfen haben.

Die Bevölkerung ist stark aufgespalten. Allein in Tansania gibt es über 120 Stämme unterschiedlicher Rasse, Sprache, Religion und Lebensart. Die alten Gesellschaftsformen sind nur so lange lebensfähig, wie die Menschen sich auf dem verfügbaren Boden selbst ernähren können; der Übergang zur Arbeit für den Markt und der Aufbau der Industrie führen dazu, daß sich die alten Stammesbindungen auflösen. Der Sprung von den Großfamilien und Stämmen zu einem Staat mit einem Staatsvolk, das sich als Nation fühlt, ist in Schwarz-Afrika nur in kleineren Gebieten zu vollziehen – wenn es überhaupt möglich ist. Afrika muß dafür eine staatliche Aufsplitterung in Kauf nehmen, ähnlich wie Iberoamerika vor 150 Jahren. Zusammen zählen die drei Länder etwa 28 Millionen Einwohner; würden sie sich zu einem Staat vereinigen, so wäre es nach Nigeria und Ägypten das drittgrößte Land Afrikas. Der Wille zu einem Zusammenschluß ist aber in den drei Ländern nur sehr schwach, weil die Stammesgegensätze und die unterschiedliche Einflußnahme der Kolonialbehörden zu viel Trennendes aufgerichtet haben.

Einheimische und Fremde. In Ghana gibt es keine Gegensätze zwischen Afrikanern und weißen Siedlern, denn das Klima gestattet es Europäern nicht, sich hier länger niederzulassen. In Ostafrika ist es anders. Im kühleren und trockenen Hochland können Europäer mit ihren Familien gut leben. Aus Indien sind seit Generationen viele Menschen nach Ostafrika eingewandert; sie beherrschen den Handel – als Großkaufleute oder Ladenbesitzer in den Dörfern. Dazu kommen die Araber, die vor Europäern und Indern ins Land kamen.

In *Uganda* haben die wenigen Fremden kaum wirtschaftliche oder politische Bedeutung; sie dürfen auch kein Land erwerben. Auch in *Tansania* treten die Europäer zurück; sie bebauen nur 1% der Ackerfläche des Landes, allerdings besonders gute Böden. Ihnen stehen die Afrikaner nicht feindlich gegenüber, wohl aber den Indern und ihrer beherrschenden Stellung im Handel sowie den Arabern als Nachkommen der ehemaligen Sklavenjäger.
In *Kenia* dagegen sind die Europäer sehr viel zahlreicher und spielen in der Wirtschaft eine große Rolle, da viele Produkte für den Weltmarkt von ihren Besitzungen kommen. Sie siedeln in den verkehrsgünstig an der Eisenbahn gelegenen „weißen Hochländern" zwischen Mt. Elgon und dem Kenia. Diese Gebiete wurden von der britischen Kolonialmacht den Afrikanern weggenommen und zum weißen Siedelgebiet erklärt; Afrikaner durften sich hier nicht niederlassen, sondern nur auf den Farmen der Europäer arbeiten. Heute leben hier auf 43 250 km² – das sind rund ein Viertel der guten Böden Kenias – rund 2000 weiße Familien, die nur 10% des Bodens in Ackerland umwandelten. So entstand hier ein menschenleeres Lockgebiet

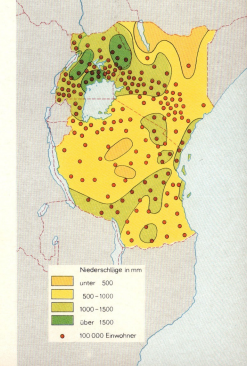

Niederschläge und Bevölkerungsdichte in Ostafrika

Niederschläge in mm
- unter 500
- 500–1000
- 1000–1500
- über 1500
- 100 000 Einwohner

Ghana und Ostafrika, Viehbestände 1965
in Mill. Stück

	Rinder	Schafe	Ziegen
Ghana	0,5	0,7	0,7
Kenia	7,3	6,6	6,4
Uganda	3,6	0,8	2,0
Tansania	8,8	3,8	4,8
Welt	1 064,5	1 009,1	356,2

zwischen stark übervölkerten Räumen der Afrikaner. Aus dieser Ungleichheit entwickelten sich 1952–56 die blutigen Mau-Mau-Aufstände gegen die Weißen.

So gibt es große Gegensätze zwischen Einheimischen und Fremden. Das Handelsmonopol der Inder und der übergroße Landbesitz der Europäer erregen das Mißfallen der Afrikaner, von deren gutem Willen heute das Los der Fremden abhängt. Doch brauchen sie die Tatkraft, das Wissen und nicht zuletzt die finanzielle Unterstützung der Europäer, Inder und Araber, um ihre Probleme lösen zu können.

Diese Erkenntnis veranlaßte die führenden afrikanischen Staatsmänner in Ostafrika zu einer Politik der Mäßigung. Der erste Präsident Kenias, Jomo Kenyatta, suchte in der Kolonialzeit unter dem Symbol „Uhuru" (Freiheit) mit allen Mitteln die Unabhängigkeit zu erreichen. Nachdem Kenia 1963 unabhängig geworden war, änderte er seine Haltung gegenüber den Fremden. Für „Uhuru" setzte er das Wort „Harambee" (Zusammenarbeit). Eine echte Partnerschaft zwischen den verschiedenen Rassen soll verwirklicht werden. Doch fühlen sich viele Europäer nicht mehr sicher und wandern ab. Von den 1960 in Kenia lebenden 61 000 Weißen sind bis 1965 20 000 ausgewandert. In letzter Zeit wanderten besonders viele Inder aus.

Die Wirtschaftsverhältnisse. Während Ghanas Wirtschaft stark auf den Weltmarkt ausgerichtet ist, arbeiten die meisten Eingeborenen Ostafrikas vornehmlich für den Eigenbedarf der Familie; der Export pro Kopf betrug 1965 nur 70 DM. Ein wesentlicher Teil der Ausfuhrgüter wird zudem von den wenigen weißen und indischen Siedlern mit Hilfe von afrikanischen Arbeitern produziert.

Doch haben sich einige Stämme umgestellt und erzeugen *Kaffee und Baumwolle* für den Export. Im Gegensatz zu Ghana sind es aber Güter, die auf dem Weltmarkt auf den Wettbewerb vieler alter Erzeugerländer stoßen.

Eine günstige Entwicklung zeigen besonders einige Bantustämme in Uganda und in Nord-Tansania. Am Kilimandscharo sind die Kaffeepflanzer um 1900 – unter Anleitung christlicher Missionare – sogar zu Terrassenbau und Düngung fortgeschritten. Heute haben sich die eingeborenen Kaffee- und Baumwollpflanzer genossenschaftlich organisiert und das indische Handelsmonopol gebrochen. Die Staaten unternehmen große Anstrengungen, um möglichst viele Afrikaner durch diese Vorbilder anzuregen und zu rationelleren Arbeitsmethoden zu bringen. Die Hauptschwierigkeit ist dabei der Mangel an geeignetem Ackerland.

Sisal und Tee stammen fast ausschließlich von Europäerplantagen. 32 % der Welterzeugung von Sisal kommen aus Ostafrika. Die Pflanze ist 1893 von einem deutschen Landwirtschaftsexperten aus Florida eingeführt worden. – Die *Viehzucht* der Afrikaner trägt nur wenig zur Ernährung der Menschen und zum Export bei, obwohl der Rinderbestand sehr groß ist; auf den Kopf der Bevölkerung umgerechnet, ist er nirgendwo auf der Erde so hoch wie in Kenia und Tansania. Moderne Milchwirtschaft kennen nur die Europäer, die nicht mehr als 5 % des Viehs halten, aber mehr als die Hälfte der Ausfuhr an tierischen Produkten liefern. – *Bergbau und Industrie* spielen nur eine bescheidene Rolle.

Ostafrika als „Entwicklungsland". In Ostafrika muß einerseits die landwirtschaftliche Produktion unbedingt gesteigert werden, damit die rasch anwachsende Be-

Ghana und Ostafrika Erntemengen 1965 in 1 000 t

	Mais	Hirse	Erdnüsse	Zucker	Baumwolle Faser	Baumwolle Saat	Kakao	Kaffee	Tee	Sisalhanf
Ghana	180	190	50	—	—	—	416	3,5	—	—
Kenia	1 070	320	4	41	6	13	—	35	20	60
Uganda	220	670	163	138	79	174	—	223	8	0,2
Tansania	560	1 100	11	76	67	124	—	44	6	218
Welt	226 153	78 036	15 315	63 103	11 769	21 851	1 236	4 525	1 134	878

Sisalagaven im Hinterland von Tanga und Daressalam   Arbeiter in einer Kaffeeplantage

völkerung Nahrung aus dem eigenen Lande erhält und nicht auch Güter der Ernährungswirtschaft importiert werden müssen. Andererseits ist eine allmähliche Industrialisierung nicht zu umgehen, um den vielen neuen Arbeitsuchenden produktive Arbeitsplätze zu verschaffen; dazu ist aber der Import von Investitionsgütern notwendig.

Die dafür notwendigen Devisen kann die Volkswirtschaft nicht aufbringen, wenn die Fremden bekämpft oder ausgewiesen werden; die Ausfuhr würde absinken. Man muß einen gangbaren Weg finden, um die beherrschende Ausnahmestellung der Fremden zu beseitigen, aber doch dem Lande ihre Hilfe zu erhalten. Viele schwierige Aufgaben lassen sich durch ihre Mitarbeit schneller und leichter lösen.

Dazu zählt die *Volksbildung*. Analphabeten kann man nicht zu Trägern der neuzeitlichen Wirtschaft machen, sie können höchstens untergeordnete Hilfsdienste leisten. So sind der Bau von Schulen und die Ausbildung von Lehrkräften eine wichtige Aufgabe der neuen Regierungen. Die Träger des Schulwesens in Ostafrika sind immer noch hauptsächlich die christlichen Missionen. Große Schwierigkeiten entstehen dadurch, daß die Afrikaner sehr viele verschiedene Sprachen sprechen, die noch nicht zu Schriftsprachen geformt worden sind. Hinzu kommt der Zwang, Ärzte auszubilden, das Gesundheitswesen zu organisieren und die nötigen Medikamente gegen kostbare Devisen zu importieren (vgl. Tab. S. 115).

Damit eine Marktwirtschaft überhaupt möglich ist, müssen die *Verkehrswege* ausgebaut werden und die notwendige *Energieversorgung* gesichert werden. Uganda ist verkehrstechnisch am weitesten, obwohl es ein Binnenland ist. Auch erzeugt es am Nilstaudamm so viel Energie, daß es davon nach Kenia liefern kann.

Dies alles muß unter dem gewaltigen Bevölkerungsdruck geschehen, unter Rücksichtnahme auf die Rivalitäten von vielen Stämmen. Jeder einzelne der wenigen Intellektuellen spielt dabei eine ungeheure Rolle, wie sie in den alten Industriestaaten einem um das Vielfache besser Vorgebildeten nur selten zufällt.

Fläche und Einwohner Ostafrikas

	Fläche	Einwohner in 1 000			Zuwachs	Volksdichte
	1 000 km²	1926	1948	1966	1948—1966	1966 E/km²
Kenia	583	2 737	5 406	9 643	78 %	17
Uganda	236	3 137	4 914	7 740	57 %	33
Tansania	940	4 870	7 744	10 515	36 %	11
Ghana	239	2 450	4 118	7 945	93 %	33

1. Wie groß ist der Bevölkerungszuwachs von 1926 bis 1966 absolut und prozentual? — 2. Wo ist der absolute Zuwachs am größten, wo der prozentuale? — 3. Vergleichen Sie mit einem entsprechenden Zeitabschnitt Ägyptens (S. 106)! — 4. Wie groß ist der jährliche durchschnittliche Zuwachs in den beiden Zeitabschnitten?

Länder in Iberoamerika

Mexiko

1. Zwischen welchen Breitenkreisen liegt Mexiko? Welche Länder liegen im gleichen Streifen? – 2. Berichten Sie über die Niederschläge längs eines Schnittes a) von Tampico über Mexiko City nach Acapulco, b) von Ciudad Juarez – Mexiko City – Acapulco! Begründen Sie die Verbreitung der Niederschläge, beachten Sie die Richtung der Winde! Vergleichen Sie mit Afrika nördlich des Äquators und Afrika südlich des Äquators und begründen Sie die Unterschiede! – 3. Stellen Sie fest, welche Nutzpflanzen in Mexiko wachsen a) in den vier Großlandschaften (s. Tab. S. 124), b) in den verschiedenen Höhenstufen! – 4. Vergleichen Sie mit Hilfe der Angaben auf S. 125, 129, 142 die Wirtschaft Mexikos mit der a) anderer Hochlandsstaaten, b) anderer Staaten in gleicher Breitenlage! – 5. Berichten Sie über Veränderungen der Bevölkerungsdichte längs des Schnittes Ciudad Juarez – Mexiko City – Acapulco! Begründen Sie die verschiedene Dichte!
(D I: 128, 129, 132–134. – D II: 58, 60–62, 64. – L: 129–134, 138, 141. – UW: 60, 62, 64. – H: 49, 50.)

Unter den Ländern, die erst in diesem Jahrhundert mit der Industrialisierung begonnen haben, nimmt Mexiko eine bevorzugte Stellung ein. Einmal tragen Größe und Einwohnerzahl des Staates dazu bei. Wesentlicher ist die wirtschaftliche und politische Stabilität, die das heutige Mexiko auszeichnen und die zu einem verhältnismäßig hohen Lebensstandard führten. Doch nehmen nicht alle Mexikaner in gleicher Weise daran teil, die sozialen Kontraste sind sehr groß.

Die Bevölkerung. Mexiko unterliegt einem starken Bevölkerungsdruck, die Zahl der Mexikaner vergrößert sich jährlich um mehr als 3 %. Der jährliche Bevölkerungszuwachs Mexikos ist im letzten Jahrhundert immer größer geworden. Um 1850 betrug er nur 40 000–50 000, um 1900 schon 150 000–200 000 und heute bereits mehr als eine Million Menschen. Innerhalb von fünf Jahren wächst die Einwohnerzahl um so viele Menschen, wie 1800 in Mexiko gelebt haben. Das Volkseinkommen wächst aber schneller als die Bevölkerungszahl, das ist der Grund, warum Mexiko in vielen Entwicklungsländern – besonders in Iberoamerika – als Vorbild angesehen wird.

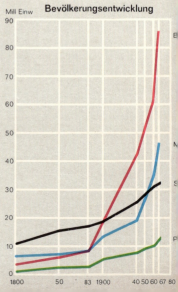

Wäschewaschen im alten Städtchen Taxco (Zentralregion)

Der Wandel der Gesellschaftsordnung. Drei Jahrhunderte lang war Mexiko ein Herzstück des spanischen Kolonialreiches. Die Indios waren völlig abhängig von den Kolonialherren. Noch ein Jahrhundert nach der Revolution von 1810–1822 gegen Spanien – die zur Unabhängigkeit des Landes führte – hatten sich die gesellschaftlichen Verhältnisse kaum geändert. Wie vorher stand eine kleine Schicht reicher Großgrundbesitzer der Masse armer Indios und Mestizen gegenüber. So kam es seit 1910 zu Aufständen der besitzlosen Massen unter der Führung einer kleinen Gruppe von Intellektuellen. Die Mexikaner sind stolz auf diese erste soziale Revolution in diesem Jahrhundert, die früher stattfand als die russische Oktoberrevolution. 1917 verkündete die noch heute geltende Verfassung die Aufteilung des Großgrundbesitzes, das staatliche Eigentum an allen Bodenschätzen, Arbeiterschutzgesetze und scharfe antikirchliche Maßnahmen.

Die katholische Kirche hatte sich auf die führende Schicht der reichen Kreolen gestützt, ähnlich wie sich die orthodoxe Kirche im zaristischen Rußland an die adeligen Großgrundbesitzer angelehnt hatte. Sie hatte kaum etwas getan, um die soziale Lage der unteren Klassen zu bessern. Bei den Gebildeten gilt die Kirche deshalb heute noch als konservative, ja restaurative Macht. Auf dem Lande hat sie aber dank der tiefen Religiosität des Volkes großen Einfluß.
In den blutigen Kämpfen der mexikanischen Revolution wurden weite Landstriche entvölkert, blühende Plantagen verwüstet. So war man nicht in der Lage, sofort alle Programmpunkte der Verfassung durchzuführen und ist heute noch nicht damit fertig. Seit der Revolution wird wieder die Erinnerung an die alte Kultur der Indios gepflegt. Man ist stolz darauf, indianische Ahnen zu besitzen. Doch leben die meisten Indios noch ohne wirtschaftliche und politische Aktivität. Sie müssen in die neue Wirtschafts- und Sozialordnung eingegliedert werden, sonst wird die Kluft zwischen städtischer Intelligenz und Industriearbeiterschaft auf der einen und bäuerlichen Indios auf der anderen Seite immer größer.

Ejido-Bauern pflügen mit dem hölzernen Hakenpflug in einem Maguey-Agaven-Feld. Aus dieser Agavenart wird im mexikanischen Hochland das berauschende Nationalgetränk Pulque gewonnen.

Das Landschulwesen. Die Schlüsselposition in der Entwicklung des Volkes nimmt die Erziehung ein. Für Iberoamerika ist das Schulsystem Mexikos vorbildlich. Die Schule vermittelt nicht nur die Kenntnis von Lesen und Schreiben, sondern verbindet damit praktische Anleitungen für Ackerbau und Viehzucht und macht die Schüler mit der modernen Hygiene vertraut. Abnehmende Kindersterblichkeit und steigende Lebenserwartung sind die Erfolge. Aus dem Staatsetat wurden 1967 21,4 % für die Erziehung vorgesehen (BRD 12,7 %). Aber noch immer können fast 30 % der schulpflichtigen Kinder nicht in die Schule gehen. Durch Dezentralisierung der Lehrerausbildung sucht man zu verhindern, daß die ausgebildeten Lehrer wie früher in der Stadt bleiben und nicht mehr zurück aufs Land wollen.
Auch Rundfunk und Fernsehen sind heute für die Erziehung eingesetzt. Das Schulprogramm wird von der Universität in Mexiko City zusammengestellt und richtet sich besonders an die Lehrer. Die Aktion wird straff zentral geleitet. Das ist nur möglich, weil Rundfunk und Fernsehen in Mexiko gut entwickelt sind.
Die Landreform. 50 Jahre dauert die Reform nun schon an, und noch immer gibt es Großgrundbesitz in Mexiko. 1950 waren etwa 18 % der Ackerfläche im Besitz von 1 % der Landwirte. Dagegen besaßen 61 % der Bauern nur 15 % des Ackerlandes. Man hält sich strikt an die Verfassung, die (anders als in Kuba) verlangt, daß die enteigneten Grundbesitzer angemessen entschädigt werden. So viel Geld konnte der Staat nicht auf einmal aufbringen, und so wird laufend enteignet; es geht aber langsam. Hinzu kam, daß anfangs die Pläne, die man aufstellte, um landlose Bauern anzusiedeln, nicht erfolgreich verliefen. Heute hat sich das *Ejidosystem* endgültig durchgesetzt.
Es gibt zwei Formen der *Ejidos.* In beiden wird das Land einer Dorfgemeinschaft gegeben, die es nun entweder kollektiv bestellt oder das Land nach der Familiengröße aufteilt. Hierbei entstehen kleine Bauerngrundstücke, die individuell bearbeitet werden. Nur Obliegenheiten

Schüler und Studenten	in 1 000			Energieverbrauch in kg Steinkohleneinheiten (StKE)			
in Mexiko	1949	1960	1964	je Kopf der Bevölkerung 1965			
Volksschulen	2 881	4 885	6 531	USA	9 201	Peru	588
Höhere Schulen	73	262	391	Japan	1 783	Brasilien	347
Lehrerbildungsanstalten	27	51	60	Mexiko	977	Ägypten	301
Hochschulen	36,4	87	117	Indien	172	Ghana	104
(Vgl. S. 90, 115).				BRD	4 234	Ostafrika	72

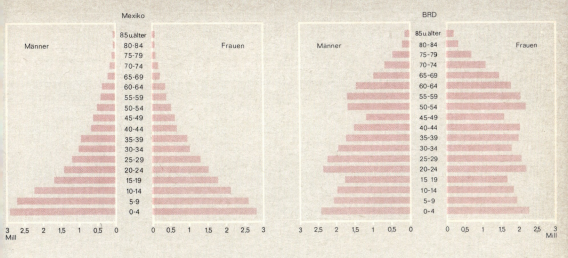

wie den Ankauf von Saat, Düngemitteln, Verkauf der Ernte und die Wasserverteilung regelt die Gemeinschaft. Dieses Landbausystem hat viele Ähnlichkeiten mit der Flurverfassung bei den Indios der Hochkulturen und wird von den heutigen Indios angenommen. 1956 umfaßten die Ejidos bereits 2,5 Millionen Familien.

Mexiko wendet viel Geld für die *Bewässerung* auf und vergrößert dadurch laufend die Anbaufläche. So kann der Staat heute seine seit 1930 auf das Doppelte gestiegene Bevölkerung aus eigener Ernte ernähren; es bleibt sogar noch Platz für den Anbau von Exportprodukten. Dank der Arbeit in den Schulen wenden die Bauern verbesserte Anbaumethoden an. So konnte Mexiko seit 1940 die Ernte verdreifachen. Trotzdem wandern viele Menschen vom Lande weg in die Stadt. Die *Landflucht* führt zu Elendsvierteln in den Städten, weil nicht alle Arbeit finden können. Doch ist in Mexiko wenigstens ein Ende abzusehen, weil die Zuwachsquote der Industrie schneller wächst als die der Bevölkerung des Landes.

Industrie, Bergbau und Verkehr. Mexiko hat eine gut ausgerüstete und leistungsfähige Industrie. Mit seinen zum Teil besseren und billigeren Industriewaren ist es zu einem scharfen Konkurrenten für die Industrien Argentiniens, Brasiliens und Chiles geworden.

Über zwei Millionen Menschen sind heute bereits in der mexikanischen Industrie beschäftigt; das ist ein Fünftel aller Beschäftigten des Landes. Sie erzeugen aber mehr als ein Drittel des Volkseinkommens von Mexiko.

Mexiko hat die Anfangsschwierigkeiten der Entwicklungsländer bei der Industrialisierung längst überwunden und kann für viele Staaten beim Aufbau einer eigenen Industrie als Musterbeispiel dienen. Neben der Konsumgüterindustrie, die im wesentlichen den Inlandsbedarf deckt, wächst heute besonders die Produktionsgüterindustrie. Chemikalien, Stahl und Zement stehen an der Spitze ihrer Artikel.

Beschäftigte (32,2% der Bevölkerung 1964) und Volkseinkommen nach Wirtschaftszweigen in Mexiko				
	Beschäftigte 1964		%-Anteil am Volkseinkommen	
	Millionen	%	1962	1965
Land- und Forstwirtschaft, Fischerei	6,73	52,6	18,8	17
Industrie und Bergbau	2,59	20,2	33,2	36
Handel, Banken, Verkehr	1,71	13,4	30,3	30
Dienstleistungen	1,68	13,2	17,7	17
Übrige	0,07	0,6	(Vgl. S. 72, 133)	

Zahlreiche Industriebetriebe wurden auf völlig legalem Wege verstaatlicht, indem die Regierung die Aktien aufkaufte. Ein wichtiger Industriezweig ist dadurch entstanden, daß das *Erdöl* der 1938 verstaatlichten PEMEX in Mexiko selbst verarbeitet wird.

Das Erdöl. Bis 1938 hatten ausländische Gesellschaften die mexikanische Erdölausbeute an der Atlantikküste in der Hand; Mexiko bekam nur einen Bruchteil vom Gewinn. Nach der Enteignung geriet Mexiko in Schwierigkeiten, weil man die PEMEX – die staatliche mexikanische Erdölfirma – auf dem Weltmarkt boykottierte; aber der Ausbruch des 2. Weltkrieges beendete diesen Boykott. Die Kriegführenden brauchten das Öl. Heute kann Mexiko seinen Energiebedarf durch seine eigene Erdöl- und Erdgasförderung decken. Pipelines für Erdöl und Erdgas führen hinauf ins Hochland und versorgen die Industrie und die Haushalte.

Der *Bergbau* beherrschte lange Zeit Mexikos Wirtschaft. Das ist lange vorbei. Viele Gruben sind erschöpft, oder man kann ihre Erträge nicht mehr steigern. Man beschränkt sich heute darauf, die verkehrsgünstig gelegenen Lagerstätten zu erschließen, wie das vor kurzem gefundene Eisenerz im Staate Michoacan am Pazifik oder die Schwefellager im Staate Durango.

Der Verkehr. Verkehrstechnisch ist Mexiko im Vergleich zu vielen anderen Ländern gut ausgerüstet. Eisenbahn- und Flugnetz wurden modernisiert, der Schwerpunkt der Förderungsmaßnahmen des Staates liegt aber heute beim Ausbau des Straßennetzes. Jedes Jahr werden etwa 2000 km neue Allwetterstraßen gebaut. So konnte man von 1939–1957 die Straßenlänge vervierfachen.

Der Außenhandel. Mexikos Handelsbilanz ist passiv. Aber der Staat hat eine ausgeglichene Zahlungsbilanz, weil der *Fremdenverkehr* jährlich Hunderttausende von US-Amerikanern als Touristen ins Land bringt. Sie werden angelockt von der südlichen Landschaft, den andersartigen Menschen und den alten Kulturzeugnissen Mexikos. Außerdem gehen jährlich mehr als 400 000 Mexikaner als Saisonarbeiter in die USA. Sie bringen ihrem Lande wertvolle Devisen. So bleibt die *Währung* fest. Das lockt privates Kapital nach Mexiko, selbst wenn dort viele Verstaatlichungen erfolgt sind. Im Unterschied zu anderen lateinamerikanischen Staaten legen auch die einheimischen Geldgeber ihr Kapital im Lande selbst an, weil die Geldanlage sicher ist. Einige Wirtschaftszweige, z. B. Energieversorgung und Elektrizitätserzeugung, sind davon ausgenommen, weil der Staat diese als seine Domäne ansieht und jede Konkurrenz besonders des Auslandes dabei ausschaltet.

Die einseitige Ausrichtung des mexikanischen Außenhandels auf den Warenaustausch mit den USA soll durch verstärkten Handel mit Europa und mit dem übrigen Iberoamerika verringert werden.

Wirtschaft Mexikos

Nordregion 1,215 Mill. km² ca. 9 E/km²	Bewässerungswirtschaft: Weizen, Früchte, Baumwolle, Zuckerrohr, Gemüse. Extensive Viehzucht.	Schwerindustrie Silber, Kupfer, Blei, Eisen, Kohle, Erdöl.	25 % der Bevölkerung sind Analphabeten. 750 Dollar betrug der Arbeitslohn im Norden im Durchschnitt. Hier verbrauchte man 30,8 % der Energie des Landes.
Zentralregion 275 000 km² ca. 68 E/km²	z. T. Bewässerung. Getreide, Bohnen, Kartoffeln, Obst, Gemüse, Milchwirtschaft.	65 % der Industrie des Landes	35 % Analphabeten (Mexiko City 15 %) 400 Dollar Arbeitslohn 62 % der Energie (Mexiko City 30 %)
Golfküste 239 000 km² ca. 18 E/km²	Plantagenwirtschaft: Zuckerrohr, Kakao, Kaffee Tabak, Sisal, Ananas.	Erdöl und Erdölindustrie	40 % Analphabeten 600 Dollar Arbeitslohn 6 % der Energie
Südpaz. Region 239 000 km² ca. 19 E/km²	Kaffee, Kakao, Tabak.	Kleinindustrie	60 % Analphabeten 380 Dollar Arbeitslohn 1,3 % der Energie

1. Suchen Sie aus den Angaben die Unterschiede zwischen den Regionen zu begründen. — 2. Stellen Sie die fortschrittlichen und die rückschrittlichen Gebiete gegenüber!

Landwirtschaftl. genutzte Fläche		für den Anbau vorgesehene Fläche	Wald	Ödland Wüste

Länge der Schnittlinie ~700 km

Marañón — Huallaga — Ucayali

COSTA	SIERRA	MONTAÑA
~125 000 km²	~400 000 km²	~750 000 km²

Jährl. Regenmengen in mm: unter 250 | 250–500 | 500–1000 | 1000–2000 | über 2000

Erdöl | Eisenerz, Kupfer, Blei, Zink, Gold, Silber, Stahlveredler | Holz Erdöl

Wüste | Páramo Strauchsteppe Bergwald Strauchsteppe | Trop Regenwald

Bewässerungsanbau: Baumwolle, Zuckerrohr, Reis, Obst, Gemüse, Wein | Extensive Viehzucht Bewässerungsanbau: Weizen, Mais, Quinoa, Gerste, Kartoffeln, Gemüse, Obst, Coca | Plantagenwirtschaft: Kaffee, Kakao, Tee, Reis, Mais, Früchte, Coca

Bevölkerungsdichte E/km² bezogen auf die geschnittenen Landschaften

Peru

1. Zwischen welchen Breitenkreisen liegt Peru? Welche Länder Afrikas liegen auf der gleichen Breite? — 2. Vergleichen Sie die Niederschläge an der Westseite und an der Ostseite der Anden in Peru! Begründen Sie die Unterschiede, beachten Sie die Richtung der Winde! — 3. Wie weit reicht die Zone der Zenitalregen nach Süden a) in Südamerika, b) in Afrika! (D I: 109, 134. — D II: 53, 74. — L: 128, 146. — UW: 70. — H: 60.) — 4. Ordnen Sie die einzelnen Landschaften Perus in die Landschaftsgürtel ein! Benutzen Sie dabei Querschnitt, Skizze und Übersicht. Welche Maßnahmen sind notwendig, um Ackerbau an der Küste Perus zu ermöglichen?
(D I: 134, 137, 138, 140. — D II: 59, 63–64, 67. — L: 142–148. — UW: 66, 68. — H: 52, 53.)

Peru hat dieselben Probleme zu bewältigen wie Mexiko. Die stark anwachsende Bevölkerung soll ernährt werden, und für die steigende Zahl von Arbeitsuchenden müssen Arbeitsplätze geschaffen werden. In Peru ist das sehr viel schwieriger als in Mexiko, denn es steht noch ganz am Anfang der Industrialisierung.

Bevölkerung und Gesellschaft. Seit vielen Jahrhunderten lebte die Mehrzahl der Menschen auf dem Lande. Nahm die Bevölkerung zu, so suchte man die wachsende Menschenzahl in der Landwirtschaft zu beschäftigen. Man machte ungenutztes Land urbar und verwandelte es in Ackerland, man teilte den der Familie zur Verfügung stehenden Besitz unter die Kinder und verkleinerte dadurch die Ackerfläche pro Kopf immer mehr.

In Peru leben fast 50% der Menschen von der Landwirtschaft. Bei dem großen Bevölkerungszuwachs ist es ausgeschlossen, daß weiterhin ein so großer Teil der Bevölkerung allein von der Landwirtschaft leben kann. Nur der Schritt zur Industrialisierung und die Umstellung auf die Bedürfnisse des Weltmarktes können das wirtschaftliche und soziale Elend beseitigen. Dazu muß aber nicht nur die Wirtschafts-, sondern auch die Gesellschaftsordnung des Landes von Grund auf verändert werden.
Die Gesellschaftsordnung. Die Nachkommen der eingewanderten Spanier, die kreolischen Großgrundbesitzer, haben 1821–1824 die Herrschaft Spaniens abgeschüttelt und den unabhängigen Staat Peru geschaffen. Doch an der bestehenden Gesellschaftsordnung wurde nichts geändert. 85% des Ackerlandes im Hochland — dem Land der Indios — befinden sich im Besitz von wenigen Tausend Familien. 65% aller landbesitzenden Familien verfügen dagegen nur über 2% des Kulturlandes.

Verarbeitung der Maisernte in Peru.
Welche Funktionen nehmen die einzelnen Arbeitskräfte ein?

Die größte Latifundie der Sierra ist 300 000 ha groß; dazu gehört aber auch viel Boden, der nicht für die Bodenbestellung nutzbar ist, sondern höchstens als Viehweide verwendet werden kann. Oft werden diese Ländereien mit Hilfe von Landarbeitern bestellt. Bis zu 1000 Familien von Indios oder Mestizen leben und arbeiten in einem solchen Großbetrieb. Sie erhalten ihren Lohn meistens in Form von Gutscheinen, die sie ausschließlich in den Läden des Grundbesitzers umtauschen können. Ebenso abhängig sind diejenigen, die überhaupt keinen Lohn bekommen, dafür aber ein kleines Stückchen Land zugeteilt erhalten, das sie dann für ihren Lebensunterhalt selbst bewirtschaften dürfen.

Viele Haziendas haben Pächter. Die Ernteabgaben des Pächters betragen gewöhnlich mehr als die Hälfte, so daß sie so viel wie möglich aus dem Boden herauszuholen suchen, ohne viel hineinzustecken. So verarmen die Böden oder werden durch Bodenerosion vernichtet.

80 % der Bauern Perus sind ohne eigenes Land, und die Familien, die ihre Felder selbst bearbeiten oder in einer der aus der Inkazeit übriggebliebenen 5000 Dorfgemeinschaften gemeinsam die Äcker bestellen, sind Selbstversorger.

Da wegen der primitiven Anbaumethoden die wachsende Bevölkerung der Sierra nicht ausreichend ernährt werden kann, wandern jährlich Tausende in die Städte und vergrößern dort das Elend. Die meisten dieser Menschen sind Analphabeten, auch sind sie dauernd unterernährt. Es fehlt ihnen am Nötigsten.

Diese Verhältnisse konnte man bisher nicht ändern. Wie in den meisten südamerikanischen Staaten gab es seit 1824 auch in Peru viele Revolutionen. Doch waren es nur Kämpfe der führenden Familien um die Macht im Staat, Sozialrevolutionen wie 1789 in Frankreich, 1910 in Mexiko oder 1917 in Rußland blieben aus.

Wie in vielen Ländern Iberoamerikas besteht die *Oberschicht* Perus aus den reichen Großgrundbesitzern, den *Kreolen*. Sie stützen sich auf die Führungsgruppe innerhalb des Militärs. Die Generalität stammt aus den Kreisen der Großgrundbesitzer und verfügt über die entscheidende Macht im Lande. Andere konservative Kräfte sind in der katholischen Kirche zu suchen.

Zwar unterstützt die Kirche nicht mehr vorbehaltlos – wie noch vor kurzem – die Oberschicht. Besonders durch das II. Vatikanische Konzil (1962–65) angeregt, mehren sich die fortschrittlichen Gruppen innerhalb der Kirche, die für eine aktive Sozialpolitik des Katholizismus in Iberoamerika eintreten. Der gute Wille dieser Menschen wird aber oft verkannt, weil die

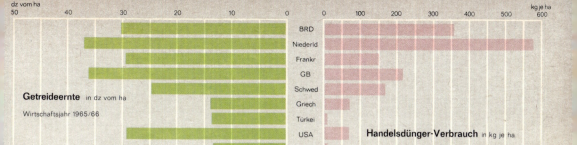

Kirche in der Vergangenheit stets darum bemüht war, die alten Zustände zu erhalten. Gerade unter den Angehörigen der an Zahl zunehmenden Mittelschicht in den Städten verliert der Katholizismus viele Anhänger. Von 1916–66 wuchs zum Beispiel die Zahl der Protestanten in Peru, meist nordamerikanische Sektenanhänger, von 2 000 auf rund 100 000; in ganz Iberoamerika von 170 000 auf rund 6 Millionen.

Überall in der Welt, wo man noch in altüberkommenen Ordnungen lebt, sind die Intellektuellen, die nach europäisch-nordamerikanischem Vorbild in Schulen und Universitäten Gebildeten, die Führer der politischen Opposition. Sie verlangen soziale Neuordnung. In Mexiko haben sie sich schon vor über 50 Jahren gegenüber den konservativen Mächten durchgesetzt, in Peru ist ihre Zahl zu klein, als daß sie bisher Erfolg haben konnten. Doch ist die Gefahr sehr groß, daß die kubanischen Kommunisten Einfluß auf die Massen gewinnen.

Wie in vielen andern Ländern Südamerikas gibt es auch in Peru häufig Aufstandsversuche von kommunistischen Freischärlern. Die Regierung sieht wohl die aufkommenden Gefahren, doch ist es ihr bisher nicht gelungen, einen Wandel auch nur einzuleiten. Sie beginnt große Landgewinnungsprojekte, um dort die armen unzufriedenen Menschen aus den Slums der Städte anzusiedeln; und sie erläßt Sozialgesetze, die nur auf dem Papier stehen. Sie werden bei den großen Überfluß an Arbeitskräften einfach nicht beachtet. Die internationalen Hilfsorganisationen, besonders die UNESCO, tun sehr viel für die Indios. Der Erfolg steht aber in keinem Verhältnis zur aufgewandten Mühe. Aus der Arbeit der *Weltgesundheitsorganisation* (WHO) ein Beispiel: Ein Hygienetrupp mit Arzt und ausgebildeten Helfern wollte im Hochland von Peru die Frauen eines kleinen Städtchens von 200 Familien zum Abkochen des Trinkwassers anhalten, denn mangels hygienischer Vorsichtsmaßregeln breiten sich unter ihnen die Krankheiten ungehemmt aus. Nach zweijähriger Mühe folgten ganze 11 Familien der Beratung, weitere 15 handelten bereits vorher so. Die übrigen aber blieben beim alten.

Auch in Peru müssen am Anfang des sozialen Wandels der *Ausbau des Schulwesens*, der Bau von Schulgebäuden und die Heranbildung von Lehrkräften stehen. Lehrer stellen aber in der Regel die intellektuellen Führer der unzufriedenen Massen. Da Indios, die Lesen und Schreiben können, nicht so fügsam wie Analphabeten sind, bedeutet der Ausbau des Bildungswesens eine ernste Gefahr für die führenden Schichten. Ohne Wandel der Gesellschaftsordnung gibt es aber keinen wirtschaftlichen Fortschritt.

Der Binnenmarkt. Die gewerbliche Wirtschaft kann sich nur entwickeln, wenn die Kaufkraft der Bevölkerung groß genug ist. Die Indios können aber kaum etwas kaufen, weil sie fast ausschließlich für den notwendigsten Bedarf der Familie arbeiten.

An der Küste betrug das Durchschnittseinkommen pro Kopf und Jahr 1960 rund 1060 DM, im Gebirge dagegen 390 DM und im Urwald nur etwa 180 DM. Die Kaufkraftschwäche wirkt sich auch auf die Preise aus. Produkte des Inneren kosten an der Küste oft das Zehnfache von dem, was man am lokalen Markt des Erzeugungsgebietes zahlen muß.

Absatzmöglichkeiten für Lebensmittel und gewerbliche Güter gibt es nur in der Küstenzone und in den Bergbausiedlungen. In der Costa sind in den letzten Jahrzehnten mit Hilfe künstlicher Bewässerung, die das Wasser aus den Andenflüssen entnimmt, Plantagen geschaffen worden, die für den Weltmarkt arbeiten. Die bewässerte Fläche kann man aber nur mit großen Kosten erweitern, weil die nach Westen in den Pazifik fließenden Gewässer fast völlig genutzt werden und man Wasser aus den Amazonaszuflüssen entnehmen und zum Pazifik umleiten müßte. Die Regierung setzt große Hoffnungen auf eine Besiedlung der östlichen Hänge der Anden. Es ist billiger, den Regenwald urbar zu machen, als das bewässerte Land der Wüste zu erweitern. Für den Weltmarkt liegen diese Gebiete aber sehr ungünstig, weil die Verkehrswege in Peru schlecht ausgebaut sind. Auch kann man hier nur einen Teil der wachsenden Bevölkerung beschäftigen und ernähren.

Der Außenhandel Perus. Die Ausfuhr und die Einfuhr Perus sind im Vergleich zu vielen anderen Entwicklungsländern auffällig hoch. Man darf sich dadurch aber nicht zu voreiligen Schlüssen verleiten lassen. Mehr als die Hälfte des Wertes der Ausfuhr entfallen auf die Plantagenprodukte der Küstenzone und die Bergbauprodukte. Diese werden vornehmlich von ausländischen Gesellschaften gewonnen und fast vollständig exportiert. Das Leben der Masse der Hochlandindios wird von dieser für den Export arbeitenden Wirtschaft wie auch von der aufblühenden Fischereiwirtschaft kaum berührt. Die Bergbauunternehmen sind überwiegend mit fremdem Kapital geschaffen worden. Wie in anderen Entwicklungsländern besteht deshalb in Peru die Gefahr, daß diese Produktionsanlagen als Einrichtungen zur Ausbeutung des peruanischen Volkes in Verruf gebracht werden. Aber ohne ausländisches Kapital und ohne Abnehmer im Ausland gäbe es in Peru kaum Bergbau und Plantagenwirtschaft. Ohne den Abbau von Bodenschätzen und ohne Produkte der Plantagen hätte Peru zu wenig Exportüberschüsse und könnte keine Devisen einnehmen. Die relativ hohe Ausfuhr bedeutet für das Land eine beachtenswerte Hilfe.

So kann Peru bei seiner stark steigenden Bevölkerung – um 1900 betrug der Bevölkerungszuwachs 30 000–40 000 Menschen jährlich, um 1930 etwa 100 000 Einwohner und heute bereits über 300 000 Menschen – die sich auftürmenden Aufgaben nicht ohne Auslandshilfe bewältigen. Ausländisches Kapital kommt aber nur ins Land, wenn es sicher ist vor Enteignung durch Nationalisierungsmaßnahmen. So hat das Verhältnis der Peruaner zu den fremden Firmen für die wirtschaftliche Weiterentwicklung des Landes entscheidende Bedeutung. In ähnlicher Form besteht dieses Problem bei vielen anderen Entwicklungsländern.

Ausfuhrentwicklung Perus	1950	1960	1964/65	
Baumwolle, Zucker, Kaffee	50 %	32 %	25,9 %	1. Für wieviel DM führte Peru 1950, 1960, 1964/65 a) Baumwolle, Zucker, Kaffee, b) Fische und Fischwaren aus. — 2. Vergleiche den Exportwert für Fische und Fischwaren 1964/65 mit dem Gesamtexport 1950.
Fische und Fischwaren	3 %	12 %	26,4 %	
Erdöl	13 %	4 %	1,4 %	
Erze und Metalle	24 %	36 %	40,4 %	
Gesamtausfuhr (Mill. DM)	815	1 812	2 672	

Brasilien

1. Bestimmen Sie die Breitenlage Brasiliens und ordnen Sie das Land in die Klima- und Vegetationszonen der Erde ein! – 2. Vergleichen Sie nach Skizze und Übersicht auf S. 129, 130 die Wirtschaftslandschaften Brasiliens in bezug auf Klima, Vegetation, Siedlung und wirtschaftliche Nutzung miteinander! Versuchen Sie herauszufinden, warum einige Landschaften vor anderen bevorzugt sind! – 3. Vergleichen Sie a) Südbrasilien sowie Brasilien als Ganzes mit Peru und Italien, b) Mittelbrasilien sowie Brasilien als Ganzes mit Indien und der BRD in bezug auf die Produktion von lebenswichtigen Nahrungsmitteln! Schließen Sie daraus auf die Situation Gesamtbrasiliens!
(D I: 134–140. – D II: 59, 63–64. – L: 142–148. – UW: 66, 68. – H: 52, 53.)

Brasilien, der größte Staat der südlichen Erdhälfte, könnte auf Grund seiner Naturausstattung eines der reichsten Länder der Erde sein. Große Erzlagerstätten sind vorhanden, riesige Flächen kulturfähiger Böden liegen noch ungenutzt, und die Wassermassen gewaltiger Ströme lassen sich für elektrische Energie nutzen. Und doch hat dieses Land nur wenigen seiner Bewohner bisher Wohlstand gebracht, die Mehrzahl ist sehr arm.

Die Bevölkerung. Obgleich das 85-Millionen-Volk eine der höchsten Wachstumsraten aufweist (3%, das sind über 2 Millionen pro Jahr), ist das größte Problem des Staates der *Menschenmangel*. Der überwiegende Teil des Landes ist menschenleer und muß erst noch erschlossen werden. Es fehlen aber nicht Menschen überhaupt, sondern vor allem Menschen, die etwas können. Fast 40% der Brasilianer sind Analphabeten, von den übrigen sind viele auch nur sehr mangelhaft ausgebildet.

In den *Schulen* fehlen Lehrkräfte, und die vorhandenen sind meist nicht ausreichend vorgebildet. Immer noch kann fast die Hälfte aller jungen Menschen Brasiliens nicht auf eine Schule gehen, und nur sehr wenige besuchen weiterführende Schulen. Darum beschränkt Brasilien die Einwanderung: Nur ausgebildete Menschen dürfen jederzeit einwandern. Bildung ist in Südamerika entscheidend für den Aufstieg, wenn man nicht in die führende Schicht hineingeboren ist. Trotz der großen gesellschaftlichen Unterschiede kennt das Land keine Rassenprobleme. Brasilien ist der *Schmelztiegel aller Rassen*. Geld und Bildung entscheiden über die soziale Stellung, nicht die Hautfarbe. Aber die Schwarzen Brasiliens waren stets arm und haben deshalb nur selten Gelegenheit, die Schule zu besuchen. Nur wenigen Negern und Mischlingen ist es bisher gelungen, die gesellschaftlichen Schranken zwischen Reich und Arm

Wirtschaft Brasiliens
In (): prozentualer Anteil 1959 an der Erzeugung

Amazonien (Regenwald)	Anbau: Maniok (5), Kakao, Reis, Jute, Tabak, Ananas, Bananen, Fische (9), Holz (5). Sammeln: Kautschuk, Palmöl, Paranüsse.	Kaum Industrie. Abbau von Manganerz (77)
Innerbrasilien (Trop. Savanne)	Rinder (22), Schweine (11). Anbau: Reis (15), Maniok (7), Bohnen (6), Kaffee, Tabak, Mais, Bananen, Ananas, Zuckerrohr, Apfelsinen	Abbau: Titan, Kobalt
Nordosten (Palmen, Trockenwald, Regenwald)	Anbau: Baumwolle (44), Kakao (95), Maniok (43), Zuckerrohr (36), Tabak (32), Reis (14), Ananas (40), Bananen (29), Zitrusfrüchte (9), Gemüse (30), Ölfrüchte. Rinder (16), Ziegen (75), Schweine (18). Fische (30)	8% der Industrie. Abbau: Erdöl, Blei und Chrom. Vorkommen von Eisenerz
Mittelbrasilien (Hochlandsavanne, Küstenregenwald)	Anbau: Kaffee (51), Baumwolle (47), Zuckerrohr (54), Reis (42), Mais (41), Wein (22), Bananen (55), Ananas (48), Zitrusfrüchte (65), Kartoffeln (47), Gemüse (40). Rinder (40), Schweine (33). Fische (35)	78% der Industrie. 80% der Wasserkraft. Eisenerz (99), Mangan
Südbrasilien (Wälder und Steppe)	Kaffee (45), Weizen (99), Mais (42), Baumwolle (9), Reis (28), Wein (78), Tabak (54), Gemüse (25), Zitrusfrüchte (22), Kartoffeln (48), Maniok (25), Rinder (18), Schweine (33). Holz (85). Fische (25)	13% der Industrie. Steinkohle und Kupfergewinnung

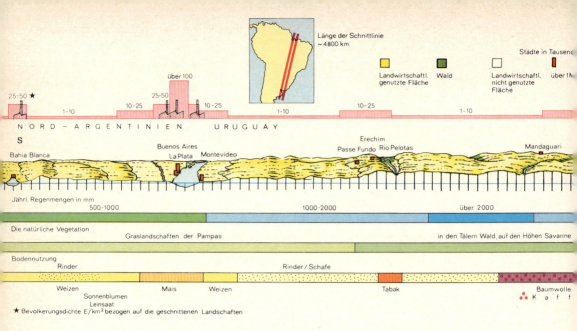

zu überspringen. Dagegen sind Mischehen zwischen Weiß und Schwarz nichts Seltenes. Der Staat bekämpft durch Gesetze jeden Versuch einer Bevölkerungsgruppe, sich gegenüber den anderen abzukapseln. Die Einwanderer dürfen z. B. nur dort siedeln, wo mehr als 30% der Einwohner geborene Brasilianer sind, und in allen Schulen muß Portugiesisch die Hauptsprache sein. Der Staat will dadurch die Bevölkerungsgruppen mischen und Gegensätze zwischen den Brasilianern verschiedener Abstammung vermeiden, so daß eine Nation entstehen kann.

Die Besiedlung. *Dichtbesiedelte Küste – menschenleeres Inneres.* In Brasilien stehen sich sehr gegensätzliche Landschaften und Menschengruppen gegenüber; der wirtschaftliche Fortschritt kommt nur einzelnen Gebieten zugute; dadurch wird die Bildung der Nation erschwert.

Daß das Land so ungleich erschlossen wurde, liegt an der historischen Entwicklung. Unter den portugiesischen Kolonisten waren die *Kaufleute* tonangebend, nicht Bauern oder Handwerker. Sie gründeten *Handelsniederlassungen,* in deren Nähe man Plantagen anlegte. Zuckerrohr und

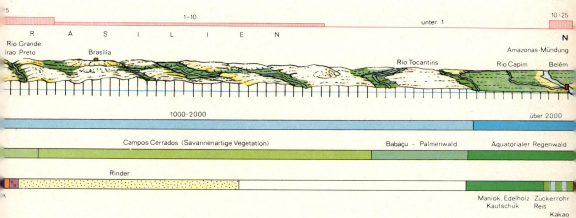

Tabak wurden anfangs durch versklavte Indios, dann in wachsendem Maße mit Hilfe von Negersklaven an der Nordküste angebaut. Im 18. Jahrhundert verlagerte sich das Zentrum der Kolonie nach Mittelbrasilien. Im Hochland wurde Gold entdeckt (Minas Gerais), und eine große Einwanderung in diese Gebiete setzte ein. Nach wenigen Jahrzehnten lebte um Rio und São Paulo die Hälfte aller Bewohner Brasiliens. Im Gegensatz zu den spanischen Kolonien löste sich Brasilien friedlich vom Mutterland; es zerfiel nicht in viele kleine Länder, sondern blieb ein einheitlicher Staat, anfangs als Kaiserreich. Seit der Mitte des 19. Jahrhunderts verlagerte sich das wirtschaftliche Schwergewicht immer stärker nach dem Süden. 1850 wurde die Sklaveneinfuhr beendet und 1888 die Sklaverei überhaupt aufgehoben. Die aufgebrachten Großgrundbesitzer des Nordostens stürzten daraufhin den Kaiser und riefen die Republik aus. In der gleichen Zeit wuchs die Einwanderung von Europäern. Von 1889 bis 1927 wanderten 4,3 Millionen Menschen nach Mittel- und Südbrasilien ein, zwei Drittel davon waren Italiener und Portugiesen. Seitdem sind die Kaffeeprovinzen der Mittelpunkt des Landes.

Die Küstenlandschaft und ein Streifen des angrenzenden Hochlandes sind verhältnismäßig dicht besiedelt. Im Norden leben die meisten Neger und Mulatten, das Land aber ist überwiegend im Besitz weißer Großgrundbesitzer. Im Süden wohnt die Mehrzahl der hellfarbigen Brasilianer.

Mit der kühnen Neugründung der Hauptstadt *Brasilia* – mitten im unbesiedelten Innerbrasilien im Jahre 1956 – begann der großangelegte Versuch, einen Teil der Küstenbewohner in die Zukunftsgebiete des Inneren zu ziehen. Das Unternehmen hat aber die Kräfte des Staates übermäßig beansprucht.

Der Verkehr. Der Mangel an guten Verkehrswegen erschwert die Besiedelung des Landesinneren. Das brasilianische *Straßennetz* hatte 1961 nur in einer Länge von 12 700 km eine feste Decke; das ist weniger als die Länge der öffentlichen Straßen in Hessen. So nimmt es nicht wunder, daß der zweirädrige Ochsenkarren und die „Tropa", die Maultierkarawane, noch heute das Straßenbild beherrschen. Die meisten Straßen Brasiliens sind nach unseren Begriffen nur Feldwege, die zur Regenzeit keinen Autoverkehr zulassen. Die Flüsse kann man oft nur an Furten überqueren.

São Paulo, die größte Industriestadt der südlichen Erdhälfte

Die *Schienenwege* des Landes, das fast so groß wie Europa ist, erreichen nur die Länge des in der BRD befahrenen Streckennetzes; zudem gibt es mehrere Spurweiten, auch werden die Lokomotiven meist noch mit Holz beheizt. Nur in Mittelbrasilien besteht ein zusammenhängendes Eisenbahnnetz. Sonst sind nur Stichbahnen von der Küste ins Landesinnere vorhanden. Nach Bolivien und nach Uruguay gibt es je eine direkte Eisenbahnverbindung.

Bei diesem Mangel an Eisenbahnen und Straßen hat der *Luftverkehr* große Bedeutung. Er wird fast ausschließlich von brasilianischen Gesellschaften betrieben, und alle größeren und viele der kleinen Orte haben dadurch Verbindung untereinander. Die Flughäfen von Rio und São Paulo gehören zu den am häufigsten angeflogenen Plätzen der Welt.

Die *Binnenschiffahrt* ist in Brasilien wenig entwickelt. Entweder liegen die Flüsse außerhalb der wirtschaftlichen Kerngebiete – das gesamte Amazonassystem und der Rio Paraguay –, oder sie sind durch Stromschnellen und Wasserfälle nicht als Verkehrsweg geeignet.

Die Kapazität der *Seehäfen* reicht nicht aus, so daß Schiffe oft lange warten müssen, bis ein Ladeplatz frei geworden ist. Deshalb sind die Tarife für Frachten nach Brasilien hoch. Die staatlichen Schiffahrtsunternehmen, die einen Anteil von 70% am brasilianischen Schiffsraum besitzen, sind Zuschußbetriebe.

Der Aufbau der Gesellschaft. Die sozialen Verhältnisse sind in Brasilien sehr ungesund. Doch gibt es von Landschaft zu Landschaft sehr große Unterschiede. Man kann die Bevölkerung – wie in vielen Entwicklungsländern – in drei soziale Klassen einteilen.

1. *Die kleine Oberschicht* setzt sich aus der alten Aristokratie der Großgrundbesitzer zusammen. Zu dieser Schicht gehören auch die Generalität und die hohe Geistlichkeit, deren Mitglieder größtenteils Söhne von Großgrundbesitzern sind. Ihnen ist nichts an einer Änderung der Zustände gelegen.

2. Die *Mittelklasse* zeigt dagegen einen starken Fortschrittswillen. Diese Menschen – Beamte, Geschäftsleute und Intellektuelle – bilden die für die Entwicklung des Landes entscheidende Gruppe.

Favelas inmitten von Rio de Janeiro. Diese Elendsviertel liegen am Rand der felsigen Hügel, von denen sich mehrere im Stadtgebiet erheben; hier ist der Boden fast wertlos.

Sie ist in Süd- und Mittelbrasilien – besonders im Staate São Paulo – sehr groß, infolgedessen wird der Abstand zwischen diesen Bundesstaaten und dem übrigen Land immer größer.

3. Zur *Unterschicht* gehören in erster Linie die Analphabeten. Besonders schlecht ist die Lage der Plantagenarbeiter und der Bewohner der Favelas, der Slums! Die Industriearbeiter befinden sich bereits in einer günstigeren Position.

Am größten sind die sozialen Gegensätze im *Nordosten* Brasiliens. Hier herrschen die Latifundienbesitzer noch unumschränkt. In ganz Brasilien gibt es nur 2,2 Millionen Grundbesitzer, von denen noch nicht 180 000 Familien allein 73 % der bebauten Fläche besitzen; ihnen gehören durchweg die besten Böden. Auf den Plantagen werden Exportprodukte wie Zuckerrohr, Baumwolle, Kakao und Kaffee angebaut, während die Landarbeiter die Lebensmittel für den eigenen Bedarf der Familie auf kleinen Feldstücken ernten, die ihnen der Großgrundbesitzer zur Nutzung überläßt.

Nun treten im Nordosten häufig Dürren auf, die alle Ernten gering ausfallen lassen. Besonders hart trifft das die Arbeiter. Es kommt zu Hungersnöten, und die hungernden Menschen wandern nach Süden in die Industriestädte. Aber auch die Pächter verelenden häufig; sie müssen in schlechten Erntejahren beim Großgrundbesitzer Schulden machen, um nicht zu verhungern, und geraten dadurch in immer größere Abhängigkeit.

So ist Nordostbrasilien ein großes Elendsgebiet. Es ist aber auch ein politisches Problem geworden. Hier hat sich eine radikale Massenbewegung gebildet, deren Aufbau und Vorgehen viele Ähnlichkeiten mit der Bewegung Fidel Castros in Kuba aufweist.

Ebenso schlecht geht es den Bewohnern der Favelas, der Elendsviertel am Rand der großen Städte. In ihnen drängen sich Hunderttausende von Familien, die vom Lande in die Großstädte abgewandert sind, weil sie glaubten, dort bessere Lebensbedingungen vorzufinden. In

Brasilien, Wirtschaftszweige in %				
	1957		1960	
	Anteil an der Zahl der Beschäftigten	Anteil am Volkseinkommen	Anteil an der Zahl der Beschäftigten	Anteil am Volkseinkommen
Landwirtschaft	56	28,5	52	28
Industrie	15	22,8	15	26
Handel	5	10,6	7	12
Verkehr	3	10,8	5	8
Dienstleistungen } Sonstige }	21	{ 21 { 6,3	21	{ 26

(Vgl. auch Tab. S. 72, 123)

Kaffeeanbau in Brasilien auf fruchtbarem Terra-rossa-Boden.

den Favelas von Rio de Janeiro leben in einer herrlichen Landschaft rund 700 000 Menschen unter den elendesten Bedingungen. Weite Flächen des Stadtgebietes werden eingenommen von Hütten aus Wellblech, Lehm, Kistenholz, Blechdosen und anderen primitiven Baumaterialien, zwischen Schmutz und Abfällen wühlen Schweine, die hier zu Tausenden gehalten werden.
Hunger und *Unterernährung* gehören zum Leben dieser Menschen. Es wird nicht nur zu wenig, sondern auch zu einseitig gegessen. Weil man kaum Gemüse ißt oder Milch trinkt und weil Käse, Eier und Fleisch ein unerschwinglicher Luxus sind, fehlen die wichtigen Proteine und Vitamine sowie die notwendige Menge an Fett und Eiweiß in der Nahrung der armen Bevölkerung.

Die Landwirtschaft ist der wichtigste Wirtschaftszweig Brasiliens. In ihr arbeiten immer noch fast 50% der Erwerbstätigen. Die Landwirtschaft erzeugt auch die meisten Ausfuhrgüter (vgl. Tabelle S. 136).
Allerdings werden noch nicht 2,3% der Landfläche als Ackerland genutzt und zudem sind die Bearbeitungsmethoden sehr rückständig; man beutet den Boden nur aus und denkt nicht an seine Pflege.
Nur im Süden Brasiliens gibt es moderne landwirtschaftliche Betriebe und Bauerndörfer mitteleuropäischer Einwanderer, die mit unseren vergleichbar sind. Auf den Ländereien der Großgrundbesitzer mit ihren Monokulturen fehlt die Viehwirtschaft, infolgedessen kennt man auch keine Düngung. Daß auch weitgehend verwüstetes Land durch fleißige Arbeit wieder in fruchttragende Äcker verwandelt werden kann, zeigen die japanischen Einwanderer, die aufgelassene Kaffeeplantagen in der Umgebung von São Paulo aufgekauft haben; sie ziehen auf dem Boden, der vorher für völlig ausgelaugt und wertlos gegolten hatte, im Gartenbau Gemüse und Kartoffeln für die Bevölkerung der nahen Millionenstädte.

Erträge wichtiger Feldfrüchte 1965 in Mill. t

	Einw. in Mill.	Weizen	Mais	Reis	andere Getreide	Kartoffeln
Brasilien	81	0,585	10,369	5,072	0,067	1,246
Mexiko	43	2,088	8,865	0,333	0,920	0,436
Peru	12	0,148	0,530	0,284	0,212	1,5
Argentinien	22	5,4	5,140	0,268	2,338	2,489
Ägypten (VAR)	30	1,6	2,1	1,862	0,872	0,441
Ghana	8	—	0,18	0,041	0,17	—
Kenia	9	0,131	1,07	0,015	0,334	0,195
Indonesien	105	—	2,283	13,245	—	0,042
Pakistan	103	4,625	0,543	17,795	0,774	0,575
BRD	57	4,348	0,096	—	9,443	18,088

Berechnen Sie die Erntemengen je Kopf; schließen Sie daraus auf die Ernährungslage der einzelnen Staaten! (Vgl. S. 150.)

Bauernhof deutscher Siedler in Südbrasilien

Anbauzonen. Nur das küstennahe Gebiet wird landwirtschaftlich intensiv genutzt. Im Nordosten baut man auf Plantagen an der Küste vornehmlich Zuckerrohr, Tabak und in Bahia auch Kakao an. Dazu kommen in jüngster Zeit Bananen- und Ananaspflanzungen. Hier befand sich ehemals das landwirtschaftliche Zentrum Brasiliens. Im trockenen Inneren wird überwiegend Baumwolle angebaut und extensive Viehzucht betrieben. Wegen der zunehmenden Wassernot gehen die Erträge aber ständig zurück.

Im Küstenstreifen *Mittelbrasiliens* werden die gleichen Produkte wie im nördlichen Abschnitt erzeugt. Das Hochland hinter der Küstenebene ist das wichtigste Gebiet Brasiliens geworden. Die Staaten São Paulo und Paraná sind die Kaffeeprovinzen, und Kaffee ist der Hauptexportartikel des Landes. Der *Kaffeeanbau* verlagert sich immer weiter nach Süden, weil die ehemals fruchtbaren Böden durch die Kaffee- und Baumwoll-Monokultur verarmt sind. In Mittelbrasilien liegen die großen Industriestädte des Landes, die einen ausgezeichneten Markt für Gemüse, Milchprodukte und alle leicht verderblichen Waren abgeben. Um sie zieht sich ein Ring von Gartenbaubetrieben, die den Bedarf der Städter decken.

Der Süden hat sich erst in unserem Jahrhundert wirtschaftlich stark entwickelt. Hier erzeugt man die meisten Lebensmittel, vor allem Getreide, Knollenfrüchte und Fleisch. Außerdem kommen aus dieser Landschaft große Mengen von Kaffee, Tabak, Wein und die Produkte der Forstwirtschaft. Diese Staaten liegen bereits am Rand der Tropen. In dem ganzen Küstenabschnitt von Recife bis Rio Grande do Sul erntet man Reis, der den Weizen an Bedeutung weit übertrifft. Das wichtigste Getreide des Landes ist der Mais.

Innerbrasilien ist noch kaum besiedelt und wird landwirtschaftlich wenig genutzt. Die trockenen Savannen geben Rinderherden dürftige Nahrung. Bei künstlicher Bewässerung und bei richtiger Wirtschaftsweise können hier in Zukunft Nahrungsmittel für viele Millionen Menschen erzeugt werden.

Amazonien dürfte auch in Zukunft der Wirtschaft keine großen Möglichkeiten bieten. Der üppige Pflanzenwuchs der Regenwälder darf nicht darüber hinwegtäuschen, daß der Boden nährstoffarm ist und daß die Pflanzen hauptsächlich von den Nährsalzen leben, die von den

Elende Siedlerhütten im Nordosten Brasiliens (vgl. S. 133)

abgestorbenen Pflanzen hinterlassen werden. Sobald der natürliche Rhythmus durch Rodungen unterbrochen wird, ist der Boden rasch erschöpft und gibt keine Erträge mehr.

Zwei Versuche der Weltfirma Ford, den in Amazonien heimischen Kautschukbaum anzupflanzen und wie in Südostasien auf Plantagen zu nutzen, scheiterten trotz Terrassierung und zusätzlichen Anbaus anderer Pflanzen. Zuletzt setzten Schädlingsbefall und Arbeitskräftemangel dem Unternehmen ein Ende (1929–1946).

Bergbau und Industrie. Brasilien ist reich an Bodenschätzen, doch werden zumeist nur die verkehrsgünstig gelegenen Lagerstätten ausgebeutet. Seit dem 2. Weltkrieg hat die Industrie in Brasilien einen großen Aufschwung genommen, und das Land ist heute der größte Industriestaat der südlichen Erdhälfte. Um São Paulo bildete sich in den Staaten Minas Gerais, São Paulo und Rio de Janeiro ein *Industriebecken*. Die Verkehrslage ist günstig, die Energieversorgung durch Wasserkraft gesichert, Bodenschätze sind vorhanden und auch qualifizierte Arbeitskräfte. Allein im Staate São Paulo befanden sich 1959 54 % der brasilianischen Industrie. Hier liegt auch der größte Absatzmarkt Lateinamerikas. Dort betrug 1950 das Durchschnittseinkommen pro Kopf und Jahr rund 1400 DM, im Nordosten dagegen nur etwa 280 DM.

Früher hatten nur die Textil- und die Nahrungsmittelindustrie einige Bedeutung, seit wenigen Jahren erzeugen neue Fabriken in steigendem Maße Chemikalien und Baustoffe (Zement), Maschinen, Fahrzeuge und elektrotechnische Artikel. Obwohl Koks aus den USA eingeführt werden muß, ist die aufblühende Schwerindustrie lebensfähig, weil der Eisengehalt der Erze

Brasiliens Außenhandel 1965							
	Einfuhr %	Ausfuhr %	Einfuhr				Ausfuhr
Rohstoffe	24,47	30,35	29,7 %	aus	USA	nach	31,3 %
davon: Erze	—	7,13	17,1 %	aus	EWG	nach	25,9 %
Erdöl	14,88	—	(9,0) %	aus	(BRD)	nach	(8,9 %)
Baumwolle	—	7,69	2,8 %	aus	Gr.-Brit.	nach	3,9 %
Lebens- u. Genußmittel	23,75	64,48	4,386	Gesamtwert in Mrd. DM			6,382
davon: Kaffee	—	53,15					
Kakao	—	3,91	*Vergleichen Sie die Werte des brasilianischen Außenhandels mit den Angaben auf Seite 77! Vgl. auch Diagramm S. 61, 62.*				
Weizen	16,63	—					
Industrieprodukte	51,78	5,17					

Entwicklung der Industrie Brasiliens		
	Beschäftigte	Anteil an der Gesamtzahl der Beschäftigten
1920	293 000	3 %
1940	800 000	7 %
1950	1 300 000	10 %
1960	2 800 000	19 %
1961	3 400 000	21 %

Lebenshaltungskosten am Beispiel Rio de Janeiro (Basis 1948 = 100)				
	Insgesamt	Lebensmittel	Miete	Verkehr
1952	200	189	476	149
1956	410	375	999	334
1960	755	757	2 978	859

Banknotenumlauf Brasiliens	
1939	5 Mrd. Cruzeiros
1964	1483 Mrd. Cruzeiros

sehr hoch ist. Diese Entwicklung hat der Staat durch gesetzliche Maßnahmen gefördert; einen großen Anteil daran haben auch ausländische Firmen, besonders solche aus den USA und aus der Bundesrepublik Deutschland, die in Brasilien Kapital investierten. Die Industrie arbeitet in Brasilien aber oft viel unwirtschaftlicher als bei uns. Zudem steigerte der Staat den Geldumlauf, ohne daß den neuen Banknoten die entsprechende zusätzliche Ware gegenübersteht. Die in Brasilien hergestellten Kraftwagen sind viel teurer als Einfuhrwagen. Durch Einfuhrstopp und Zollaufschläge wird aber der Absatz im eigenen Land gesichert. Das führte zum Steigen der Preise und Löhne sowie der Geldentwertung, der *Inflation*. 1962 erhielt man für einen US-Dollar 303, 1966 2127 Cruzeiros. Reiche Brasilianer legen ihr Geld lieber im Ausland an, wo sich das ausgeliehene Kapital nicht laufend entwertet.

Außenhandel. Kaffee und Baumwolle stellen den Hauptanteil der Ausfuhr Brasiliens. So ist das Land von der jeweiligen Situation auf dem Weltmarkt abhängig. Dabei verschlechtert sich die Lage Brasiliens wie der meisten Entwicklungsländer noch dadurch, daß die Rohstoff- und Nahrungsmittelpreise in den letzten Jahren gesunken sind, die Preise für Industrieartikel aber meist angezogen haben. Die Industriewaren Brasiliens sind wegen ihrer hohen Herstellungskosten auf dem Weltmarkt vorläufig nicht konkurrenzfähig.

Eine Steigerung der Kaffeeproduktion ist dagegen nicht nur zwecklos, sondern belastet den Staat zusätzlich. Denn auf der Erde wird mehr Kaffee erzeugt als verbraucht, und jedes Kaffeeland bekommt jährlich bestimmte Exportquoten zugeteilt (internationales Kaffeeabkommen). Was mehr erzeugt wird, wird von der Regierung angekauft und gelagert. 1961 betrugen die brasilianischen Vorräte allein 45 Millionen Sack Kaffee (je 60 kg), das ist fast soviel wie die gesamte Jahresernte Lateinamerikas.

So ist in den letzten Jahren durch den steigenden Bedarf an Industriewaren eine passive Handelsbilanz entstanden. Brasilien muß in der Zukunft von der Monokultur loskommen und sich zusätzlich der Pflege anderer landwirtschaftlicher Produkte zuwenden. 1964 waren fast ein Viertel der Importe Lebensmittel, die im eigenen Lande erzeugt werden könnten, wie z. B. Weizen.

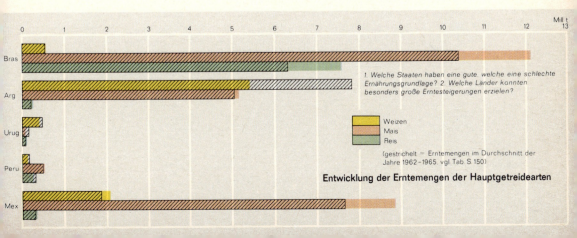

Entwicklung der Erntemengen der Hauptgetreidearten

1. Welche Staaten haben eine gute, welche eine schlechte Ernährungsgrundlage? 2. Welche Länder konnten besonders große Erntesteigerungen erzielen?

(gestrichelt = Erntemengen im Durchschnitt der Jahre 1962–1965, vgl. Tab. S. 150)

Länder Asiens

Vorderindien

1. In welchen Landschaften Indiens ist die Bevölkerungsdichte größer als 200 E/km², in welchen 100–200 E/km² und wo ist sie am geringsten? – 2. In welchen Teilen Indiens zeigt die Wirtschaftskarte a) Reisanbau, b) Baumwollanbau, c) Zuckerrohranbau, d) Teeanpflanzungen? Vergleichen Sie die Bevölkerungsdichte mit den jeweiligen Anbaugebieten! Welche Beziehungen lassen sich erkennen? – 3. Bringen Sie die Niederschlagsmenge in Beziehung zum Anbau und zur Bevölkerungsdichte! – 4. Untersuchen Sie die Januar- und Julitemperaturen von Colombo, Bombay, Kalkutta, Delhi und Lhasa! Stellen Sie die Unterschiede fest und erklären Sie sie! – 5. Vergleichen Sie die Bewässerung des Indusgebietes und des Gangesdeltas!
(D I: 95, 97, 102, 103, 106, 152, 156. – D II: 46, 47, 50, 73. – L: 96, 100, 109, 111. – UW: 47, 48, 70. – H: 39–42).

Die Indische Union und Pakistan — Staatliche Ordnung und Gliederung. 1947 endete die Kolonialherrschaft der Engländer in Indien. Sie gaben dem Drängen der Mohammedaner nach und errichteten gegen den Wunsch der Mehrheit der Inder zwei Staaten auf dem vorderindischen Festland, die Indische Union (Bharat) und den aus zwei getrennten Teilen bestehenden Moslem-Staat Pakistan.

Durch die Teilung entstanden beträchtliche politische, wirtschaftliche und soziale Schwierigkeiten, mit denen beide Staaten heute noch zu kämpfen haben:
1. Die *Grenzen* wurden allein danach festgelegt, in welchen Gebieten die Hindus oder die Moslems die Mehrheit hatten. Weder auf naturräumliche Einheiten noch auf wirtschaftliche, verkehrsmäßige und sprachliche Zusammenhänge wurde Rücksicht genommen. Die Bodenschätze und die auf ihnen aufbauenden Industrien fielen fast ganz an die Indische Union. Die Juteanbaugebiete Bengalens kamen zum größten Teil an Pakistan, während die Verarbeitungsbetriebe sich um Kalkutta in der Indischen Union befanden. Ähnlich war es mit der Baumwolle. Die Teepflanzungen liegen größtenteils in der Union. Die Tee-Ernte betrug 1963 in der Union: 365 000 t, Pakistan: 27 100 t, Ceylon: 228 200 t, Indonesien: 36 100 t.
2. Das System der *Bewässerungsanlagen* im Fünfstromland (Pandschab) wurde zerrissen. Der obere Satledsch fließt durch das Staatsgebiet der Union. Wird hier dem Fluß zu viel Wasser

Religionen in Indien 1960		Indische Union	Pakistan
	Hindus	84,6 %	11,6 %
	Moslems	10,8 %	88,1 %

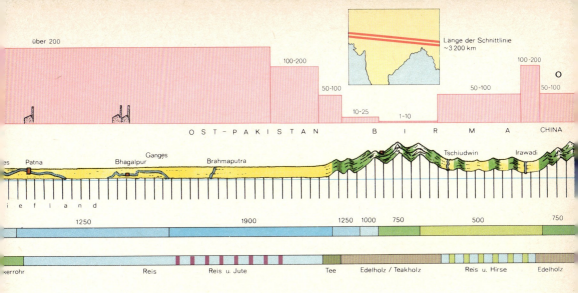

entnommen, so bekommen die Bewässerungsflächen am mittleren und unteren Satledsch in Pakistan zu wenig Wasser und die Kulturen verdorren. Erst 1960 wurde mit dem Indusvertrag zwischen beiden Staaten eine tragbare Regelung über die Wasserversorgung erreicht.

3. Bei der Teilung Indiens wurde die *Zugehörigkeit Kaschmirs* nicht entschieden, in dem ein Hindu-Maharadscha über eine Mehrheit von Moslems regierte. Das Land wurde von Truppen der Union und Pakistans besetzt und ist bis heute geteilt. Die Indische Union wehrt sich gegen eine Volksabstimmung. Pakistan weist darauf hin, daß die Wasser des Fünfstromlandes zum größten Teil aus Kaschmir kommen und daß dieses Gebiet für Pakistan lebenswichtig ist.

4. Das Verkehrsnetz wurde stark zerschnitten. Die Indische Union mußte erst eine neue Bahnlinie bauen, um eine Verbindung zum Landesteil Assam zu schaffen. Pakistan, dessen beide Landesteile fast 2000 km voneinander getrennt liegen, hat Verkehrsaufgaben zu lösen, die kaum ein anderer Staat der Erde kennt. So mußten neue Telefon-, Fernschreib- und Funkverbindungen für die Nachrichtenübermittlung geschaffen werden, Fluglinien eingerichtet werden, die zeitweilig die Indische Union nicht überqueren durften, und Schiffsverbindungen für Post, Menschen und Waren hergestellt werden, für die wiederum neue Häfen zu bauen waren.

5. Die Indische Union übernahm bei der Gründung 76 % der Bevölkerung, aber nur 70 % der Reisfläche und 60 % der Weizenfläche Indiens, sie steht dadurch ernährungsmäßig wesentlich schlechter da als Pakistan.

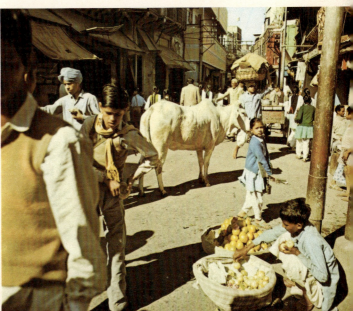

Straßenbild in Indien. An beiden Seiten ziehen sich offene Läden und Werkstätten der Handwerker hin. Überhängende Dächer mit Stützpfosten und Sonnensegel spenden ihnen Schatten. Straßenhändler hocken auf dem Boden und bieten ihre Waren feil. Dazwischen laufen die heiligen Kühe umher. Sie leben und sterben hier in den Straßen.

6. Seit der Teilung sind nach Pakistan über 10 Millionen Moslem-Flüchtlinge gekommen. Sie gingen überwiegend in die Städte, wo sie immer noch ein soziales Problem bilden, da es weder genug Wohnungen noch genug Arbeitsplätze gibt. So hausen noch immer Millionen in erbärmlichen Hütten ohne Wasser- und Lichtanschluß. Aus Pakistan sind in die Indische Union etwa 9 Millionen Hindus abgewandert. Trotz dieses gewaltsamen Bevölkerungstausches leben dort noch 47 Millionen Mohammedaner.

Das Ende der britischen Kolonialherrschaft verdanken Indien, Pakistan und Ceylon einer kleinen Gruppe Gebildeter, von denen viele in England studiert und dort die Formen der angelsächsischen Demokratie kennengelernt haben. Unter ihnen ist besonders Mahatma Gandhi zu nennen, dem es gelang, die Volksmassen gegen die Engländer zu mobilisieren und mit der Politik des „passiven Widerstands" die Selbständigkeit Indiens zu erreichen.

Bis 1947 hatten sich die Briten für die Verwaltung großer Teile des Landes auf die über 500 indischen Fürsten (Maharadschas) gestützt. Diesen hatte die britische Regierung vertraglich ihre Vorrechte gesichert. Die Maharadschas waren konservativ und darauf bedacht, mit der altüberkommenen Gesellschaftsordnung ihre eigenen Vorrechte zu bewahren. Das entsprach den Verhältnissen in den meisten afrikanischen Kolonien, in denen die Kolonialmächte ebenfalls aufgrund von Verträgen mit den Häuptlingen regierten, denen sie ihre alten Rechte garantiert hatten. Als Indien selbständig wurde, setzte die neue Regierung die Fürsten ab. Die Maharadschas behielten aber ihr Privatvermögen und bekamen dazu eine Staatspension.

Die Indische Union wird nach angelsächsischem Vorbild regiert und verwaltet. Sie besteht aus 17 Bundesstaaten und 8 von der Zentralregierung verwalteten Unionsgebieten. Kleine Kolonien der Franzosen und Portugiesen sind zum Teil gewaltsam in die Union eingegliedert worden. In der Verfassung werden *15 Hauptsprachen* und 24 weitere selbständige Sprachen anerkannt, außerdem gibt es noch

Mittlere Lebenserwartung der Neugeborenen in Jahren				Bevölkerungszahl	in der Indischen Union	in Pakistan
	Indische Union 1951—60	Ceylon 1954	BRD 1963—64	Zählung vom 1. 3. 1951	356 742 000	75 842 000
				Zählung vom 1. 3. 1961	435 512 000	93 832 000
				Durchschnittl. Zuwachs pro Jahr für 1961—66	12 634 000	2 242 000
männliche Kinder	41,89	60,3	67,32			
weibliche Kinder	40,55	59,4	73,13	Schätzung für 1966	498 680 000	105 044 000

23 Stammessprachen und 720 Dialekte. 1967 wurde Hindi gegen den Willen der anderen Sprachgruppen zur allgemeinen Staatssprache erhoben. Der Verständigung von Indern unterschiedlicher Sprachen dient immer noch das Englische. Am Sprachenproblem entzünden sich immer wieder innere Gegensätze, die die Bildung einer einheitlichen Nation erschweren.

Pakistan nennt sich eine „Islamische Republik". Die Hauptstadt war zuerst die große Hafenstadt Karatschi. Die Regierung ist aber 1965 nach Islamabad, einer großzügigen Neuanlage bei Rawalpindi im Norden Westpakistans, übergesiedelt. Sitz des Parlaments ist Dakka in Ostpakistan.

Nach der Volksrepublik China ist die Indische Union der volksreichste Staat der Erde. Lange Zeit war das Bevölkerungswachstum in Indien gering, da Seuchen, Naturkatastrophen und Kriege bis in die jüngste Zeit hinein einen großen Teil der Menschen hinwegrafften. Hiergegen haben die Engländer bereits energische Schritte unternommen. Der Erfolg zeigte sich besonders in der *Abnahme der Kindersterblichkeit*. Als Folge hiervon wuchs die Bevölkerungszahl in beängstigendem Maße an. Von 1950 bis 1960 nahm die Indische Union um 48 Mill. Menschen, 1960–66 um weitere 96 Millionen zu, die alle Nahrung, Wohnung und Arbeit haben wollen. Der Zuwachs steigert sich von Jahr zu Jahr. Diese „Bevölkerungslawine" ist das Hauptproblem des indischen Staates. Aufrufe und Maßnahmen zur Geburtenbeschränkung hatten bisher kaum Erfolg. Wie versucht Indien mit diesem Problem fertigzuwerden? Wie baut es seine Wirtschaft aus, um die Nahrungsmittelerzeugung zu steigern und neue Arbeitsplätze in der Industrie zu schaffen? Was geschieht, um den Menschen die für einen Beruf nötige Ausbildung zu schaffen?

Bevölkerungswachstum der Indischen Union in ⁰/₀₀

	1850	1938	1960	BRD 1966
Geburtenrate	35	24,8	32,8	17,6
Sterberate	30	13,6	11,1	11,5
Zuwachsrate	5	11,2	21,7	6,1

1. Wie groß ist der Bevölkerungszuwachs für das Gebiet der Indischen Union von **1800—1850**, von **1850—1900** und von **1900—1950**? — 2. Woher kommt das unterschiedliche Wachstum?

Bevölkerungswachstum Einwohner in Mill.

Jahr	Indische Union	Pakistan	Ceylon
1800	122	28	1,2
1850	140	30	1,5
1900	234	51	3,3
1950	355	75	7,7
1960	403	90	9,9
1966	499	105	11,5

Feier einer Hindu-Hochzeit im Slum von Alt-Delhi

Die indische Landwirtschaft

In der Landwirtschaft der Indischen Union arbeiten 70% der Bevölkerung hauptberuflich und weitere 10–15% nebenberuflich (z. B. Handwerker mit etwas Ackerland). Indien ist somit ein Agrarland, und *die Landwirtschaft ist der Hauptwirtschaftszweig*. Aber sie kann gegenwärtig weder in Pakistan, noch in der Indischen Union die wachsende Bevölkerung ausreichend mit Nahrungsmitteln versorgen. Fachleute rechnen, daß mindestens ein Drittel, in manchen Jahren mehr als die Hälfte des Notwendigen fehlt. In beiden Staaten herrscht unter der armen Bevölkerung Hunger und Unterernährung. Indien ist daher auf die Hilfe reicher Staaten, vor allem auf Weizenlieferungen der USA angewiesen.

Die Landwirtschaft hängt ganz vom Sommermonsun ab, der den Regen bringt. Die reich beregneten Küsten (Malabarküste im W, Koromandelküste im O) haben einen intensiven Reisanbau, Kokos- und Ölpalmpflanzungen, Kaffee-, Tee- und Kautschukanbau an den unteren Berghängen. Hier werden auch, wie in früheren Jahrhunderten und in der Kolonialzeit, Pfeffer, Zimt, Nelken, Koriander, Muskat, Ingwer und Zuckerrohr angebaut. In den trockenen Landschaften des Dekhan nimmt Hirse die größten Flächen ein neben Weizen, Mais, Baumwolle, Hülsenfrüchten, Erdnüssen und Sesam. Hier kann durch Bewässerung aus Brunnen und uralten Stauanlagen („Tanks") in der Trockenzeit eine zweite Ernte im Jahr gewonnen

Anbauflächen und Ernteerträge

	Indische Union			Pakistan		
	Anbaufläche in 1 000 ha		Ernte in 1 000 t	Anbaufläche in 1 000 ha		Ernte in 1 000 t
	1934/38	1964/65	1964/65	1934/38	1964/65	1964/65
Reis	23 700	35 693	52 236	9 590	10 582	12 787
Hirse	27 700	35 872	13 524	1 360	1 465	691
Weizen	10 800	13 478	11 076	4 270	5 224	4 419
Mais	2 970	4 650	4 645	430	518	537
Ölsaaten	8 135	15 070	7 549	750	835	391
Baumwolle	5 200	8 049		1 191	1 525	
Saat			1 880			796
Faser			933 (Vgl. Tab. S. 134)			399

werden. Das Gangestiefland ist die Reiskammer Indiens und liefert im Mündungsgebiet außerdem Jute. Assam erzeugt große Mengen von Tee. Das Indusgebiet bringt Weizen, Baumwolle und im Mündungsgebiet Reis hervor.

Der Viehbestand Indiens ist groß. Das Land ist *das rinderreichste der Erde*. Aber der Hindu darf aus religiösen Gründen kein Tier töten, also kein Rind schlachten und Fleisch essen. Rinder sind Arbeitstiere und Milchlieferanten der Bauern. Erst bei 4–5 ha Ackerfläche ist ein Paar Ochsen mit Arbeit ausgelastet. Sie brauchen dabei bis zu 1 ha Futterfläche (= 20% der Betriebsfläche). Der *Milchertrag einer indischen Kuh* betrug 1965 nur 190 Liter im Jahr gegenüber 3642 Liter einer Kuh in der Bundesrepublik und 4207 Liter in Holland. Eine indische Kuh erreicht damit nicht einmal die Leistung unserer Ziegen; sie ist nicht Wirtschaftsobjekt, sondern wird religiös verehrt. Die Tiere leben bis zu ihrem Tode auf dem Hofe der Hindu und schmälern die Ernährungsbasis der Menschen. Arme Bauern entlassen das alte Vieh auf die Straßen, wo man es in der Union gruppenweise antreffen kann. Bei Hindus und Mohammedanern gilt das Schwein als unrein, und es gibt daher bei ihnen kaum Schweinezucht. Schafe und Ziegen werden bei den Hindus nur der Wolle und der Milch wegen gehalten. Bei dem großen Rinderbestand fällt viel Dünger an. Er kommt aber nicht aufs Feld, sondern dient getrocknet als *Brennmaterial*. So trägt der beträchtliche Rinderbestand nicht zur Steigerung des Ackerertrages bei wie bei uns. Er liefert nur wenig für die Ernährung und braucht große Futterflächen.

Auch *die Erträge des Ackerbaus* sind in Indien sehr gering, obgleich in großen Teilen des Landes 2–3 Ernten im Jahr möglich sind. Wie der natürliche Dung ist auch der Handelsdünger weithin noch unbekannt. Gerade die Böden der Tropen, die durch die starken Regengüsse und den üppigen Pflanzenwuchs sehr ausgelaugt werden, müssen kräftig gedüngt werden, wenn der Ertrag gut und andauernd sein soll (vgl. auch Tab. S. 109).

Untersuchungen auf Versuchsgütern haben ergeben, daß man in Indien bei entsprechender Düngung die hohen japanischen Erträge erreichen kann. Voraussetzung dafür ist eine entsprechende Ausbildung der Bauern. Wie vor über dreitausend Jahren sammeln die Inder das Regenwasser in kleinen Staubecken mit Erddämmen. Auch das Flußwasser wird in vielen Kanälen weit ins Land hineingeführt und mit mannigfaltigen Schöpfsystemen auf die Felder gebracht. Aber immer noch sind nur 16% der Ackerfläche der Indischen Union künstlich bewässert, und noch nicht 10% des verwendbaren Wassers werden auf die Äcker geleitet. Die Regierung hat erkannt, daß folgendes für die indische Landwirtschaft nötig ist:

1. Der Viehbestand muß einschneidend verringert, die Milchleistung gleichzeitig gesteigert werden.
2. Die Bauern müssen lernen, die Äcker regelmäßig zu düngen.
3. Die Äcker müssen weit besser für die Saat vorbereitet werden.
4. Die künstliche Bewässerung ist auszubauen, damit man mehrere Ernten im Jahr erzielen und Dürrezeiten überwinden kann.

Viehbestand der Indischen Union 1964/65 in Mill. Stück			
Rinder	188,7	Pferde	1,28
Wasserbüffel	55,4	Esel	1,17
Schafe	43,5	Maultiere	0,55
Ziegen	65,9	Kamele	1,00
Schweine	5,9	Geflügel	123,6
Auf 1 000 Inder entfielen			389 Rinder
Auf 1 000 Westdeutsche entfielen			235 Rinder
Jahres-Milchertrag einer Kuh in Indien			190 l
Jahres-Milchertrag einer Kuh in der BRD			3 642 l

Gliederung der landwirtschaftlichen Bevölkerung in der Indischen Union im Jahre 1951	Millionen	Anteil an der landwirtschaftl. Bevölkerg.
Landbesitzende Bauern und ihre Angehörigen	167	67 %
Teilpächter und Angehörige	32	12,8 %
Landarbeiter und Angehörige	45	18,1 %
Verpächter und Angehörige	5	2,1 %
Insgesamt	249	100,0 %

Das Stahlwerk Rourkela, ein Projekt der deutschen Entwicklungshilfe.

Bodenreform

144 Weitere Schwierigkeiten bringen die Besitzverhältnisse und die geringen *Betriebsgrößen* mit sich. Von der bäuerlichen Bevölkerung in der Indischen Union sind 67 % Landbesitzer, 13 % sind Pächter, 18 % Landarbeiter und 2 % Verpächter von Land. *Ein großer Teil des Landes gehört Großgrundbesitzern*, die den Boden durch Landarbeiter bebauen lassen oder verpachten. Die Pächter müssen meist die Hälfte, ja bis zu zwei Drittel, in Pakistan sogar bis zu 75 % des Ertrages als Pacht abliefern. Die große Zahl der Landsuchenden treibt die Pachtsummen ständig höher.
39 % der Bauern in der Union haben weniger als 1 ha Land, weitere 40 % 1–4 ha. Nur 1,4 % aller Betriebe sind größer als 20 ha. So wird verständlich, daß eine riesige Zahl nur Kleinbetriebe sind, die ausschließlich für den Eigenbedarf arbeiten, und daß große Familien von ihrem Ackerertrag nicht einmal satt werden.
In *Pakistan* gingen einige Großgrundbesitzer dazu über, ihre Ländereien mit Traktoren bestellen zu lassen. Dadurch verloren zahlreiche Pächter ihren Lebensunterhalt. Mit *Mechanisierung* allein ist dem Problem der indischen Landwirtschaft nicht beizukommen. Sie würde nur ein Riesenheer von Arbeitslosen hervorrufen. Der größte Teil der Bauern erzeugt nichts für die Versorgung der großen Städte und keine Produkte für den Export.
Auch eine *Bodenreform*, die lediglich das schon bearbeitete Land neu verteilt, kann keine erträglichen Betriebsgrößen schaffen. Es muß neues Ackerland gewonnen werden. Man schätzt, daß mindestens 40 Millionen ha noch kultiviert werden können, wenn die nötigen Bewässerungsanlagen und Staubecken geschaffen werden. (Ackerfläche der BRD 8,2 Millionen ha).

Bewässerungsprojekte	Bewässerte Fläche	**Anwachsen der Industrieproduktion** in Mill. t. bzw. Mrd. kWh					
			Indische Union		BRD		
			1950	1956	1966	1950	1956	1966
Damodar-Projekt nordwestlich von Kalkutta	330 000 ha							
Tungabhadra-Projekt östlich von Goa	330 000 ha							
Mahanadi-Projekt südwestlich von Rourkela	180 000 ha	Steinkohle	32,8	40	68	126	151	126
Kosi-Projekt zwischen Mt. Everest u. Ganges	1 000 000 ha	Eisenerz (Fe-Inh.)	1,9	2,5	17	2,9	4,5	2,6
Tschambal-Projekt zwischen Indur und Agra	560 000 ha	Rohstahl	1,5	1,8	6,6	14	26,6	35,3
Rihand-Projekt im westlichen Bihar	850 000 ha	Zement	2,7	5	11	10,9	20	35
Bhakra-Nangal-Projekt in Ost-Pandschab	2 606 000 ha	Elektr. Strom	5,1	9,6	31	44	87	178
zum Vergleich:								
Ackerfläche der Bundesrep. Deutschland	8 200 000 ha							

Eine tiefgreifende Bodenreform in einem Lande mit 72% Analphabeten durchzuführen ist sehr schwierig. Die Regierung entsendet Berater in die Dörfer, die den Bauern moderne Wirtschaftsweisen zeigen, Neuland roden lassen, die Wasserwirtschaft verbessern und für größere Betriebsflächen bei den Bauern sorgen. Von 1951 bis 1965 stieg die landwirtschaftliche Produktion in der Indischen Union um 40% an. Aber das reicht zur auskömmlichen Versorgung der wachsenden Bevölkerung nicht aus. Wir dürfen nicht erwarten, daß der indische Bauer, der in einer ärmlichen Lehmhütte mit einem Dach aus Palmblättern wohnt, der nicht lesen und schreiben kann und nur einen winzigen und primitiven Selbstversorgungsbetrieb hat, bald die Leistungen eines deutschen oder japanischen Bauern erreichen kann. Sozialer Rückstand kann meist nur langsam beseitigt werden.

Die Großbauten der Wasserwirtschaft

Für den Aufbau der Industrie und die Verbesserung der Landwirtschaft gleichermaßen wichtig sind neue Anlagen der Wasserwirtschaft. Größere Bauten solcher Art sind sehr teuer. Nur der indische Staat kann sie mit ausländischer Hilfe schaffen.
Der Bau jedes dieser Projekte mit den Staudämmen, Bewässerungskanälen und Kraftwerken kostet mehrere Milliarden DM und dauert viele Jahre. Aber sie müssen gebaut werden, um den Hunger in Indien zu lindern. Die Stauanlagen beschränken sich überwiegend auf den Indus und die Nebenflüsse des Ganges. Zur Zeit ist aus technischen, finanziellen und politischen Gründen nicht daran zu denken, das Wasser schon im Hochgebirge zu stauen; solche Stauanlagen könnten erst einen vollkommenen Ausgleich zwischen Zeiten des Wasserüberschusses und des Wassermangels gewährleisten.

Die Industrieentwicklung

Da die wachsende indische Bevölkerung nicht in der Landwirtschaft Arbeit finden kann, muß Indien neue Arbeitsplätze in Fabriken schaffen. Bis 1900 haben die Engländer den Aufbau einer Industrie verhindert. Das früher blühende bodenständige Handwerk erlag fast ganz dem Import britischer Industriewaren. Erst in den beiden Weltkriegen nahm in Indien die Industrie einen ersten Aufschwung. Weit an der Spitze steht die Textilindustrie, die zum Teil bereits exportiert. Nach 1947 begann der Staat neue große Industriebetriebe der *Grundstoffindustrie* zu errichten und überließ die Gründung *kleinerer weiterverarbeitender Fabriken* privaten Unternehmern. Diese Aufteilung hat Gründe: Nur der *Staat* ist in der Lage, das Kapital für Großbetriebe aus Steuermitteln oder über ausländische Staatsanleihen aufzubringen. Mit deutschem Kapital wurde so das Hüttenwerk Rourkela, mit sowjetischem das Hüttenwerk Bhilai und mit britischem das von Durgapur aufgebaut. Diese staatlichen Hüttenwerke erzeugen bereits so viel Eisen,

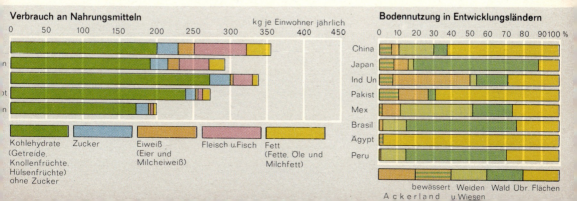

Indischer Atomreaktor bei Bombay

daß es von den weiterverarbeitenden Industrien nicht vollständig aufgenommen werden kann; und man versucht, Walzwerkerzeugnisse zu exportieren.

So sehr die Zahlen auch den Anstieg der Industrieproduktion und den Erfolg der Bemühungen der indischen Regierung zeigen, so ist doch die *Erzeugung pro Kopf der Bevölkerung noch niedrig.* Das durchschnittliche Einkommen und damit die Kaufkraft sind deshalb gering. Während die Sowjetunion beispielsweise die Kaufkraft mit Absicht niedrig hält, muß die Kaufkraft der Inder wesentlich gesteigert werden, damit für die erzeugten Güter ein ausreichender *Markt* entsteht. Das *Volkseinkommen* je Einwohner pro Jahr, das aber wegen der teilweise vorherrschenden Naturalwirtschaft nur schwer festzustellen ist, betrug 1957 nur 264 DM und stieg 1964 auf 564 DM. Es lag in der Bundesrepublik 1964 bei 5432 DM.

146 Die indischen Fünfjahrespläne — staatliche Maßnahmen zur Wirtschaftsentwicklung

Die Industrialisierung in Westeuropa wurde in langsamer Entwicklung von Handel, Handwerk und Gewerbe getragen. In der Sowjetunion wird der Industrieaufbau überwiegend dadurch finanziert, daß der Staat die landwirtschaftlichen und einen Teil der industriellen Erzeugnisse billig übernimmt und teuer an die Bevölkerung weiterverkauft. Die Fabriken werden durch *Konsumverzicht* der sowjetischen Bevölkerung finanziert. Beide Wege will Indien nicht beschreiten. Dem indischen Gewerbe fehlt es an Kapital und an technischen Kenntnissen, um aus sich heraus eine Industrie aufzubauen; den unterernährten Indern kann der Staat keinen Konsumverzicht zumuten, sondern er muß den Konsum im Gegenteil steigern, damit die Menschen leistungsfähiger werden.

Ohne Entwicklungshilfe der hochentwickelten Industriestaaten kann Indien nicht auskommen. Im Jahre 1950 fand in Colombo eine Konferenz über die Entwicklungshilfe für die südasiatischen Staaten statt, auf der sich Großbritannien, die USA, Kanada, Australien, Neuseeland und auch später Japan bereit erklärten, den Ländern Indien, Pakistan, Ceylon, Brunei, Nordborneo und Sarawak zu helfen. Wenige Jahre später wurde diese Entwicklungshilfe auch

Die Fünfjahrespläne der Indischen Union	I 1951—56	II 1956—61	III 1961—66	IV 1966—71
Gesamtsumme der Investitionen	20,7 (18,3	46,0 40,7	102 85,7	160 Mrd. Rupien 85,3 Mrd. DM)[1]
Verwendung:				
für die Landwirtschaft	17,0 %	11,5 %	14,1 %	15,9 %
für Bewässerungsprojekte und Energiewirtsch.	27,0 %	18,7 %	21,8 %	18,7 %
für Hausgewerbe und Heimindustrie	—	3,9 %	3,4 %	2,3 %
für Bergbau und Industrie	8,0 %	19,1 %	20,7 %	18,8 %
für das Verkehrs- und Nachrichtenwesen	25,0 %	28,1 %	20,0 %	24,6 %
für Sozialeinrichtungen	4,0 %	—	—	10,1 %
für Sonstiges	6,0 %	—	2,8 %	9,6 %

[1] nach Abwertung der Rupie

auf Kambodscha, Laos, Vietnam, Burma, Nepal, Indonesien, die Philippinen, Thailand, die Malaiische Föderation und Singapur ausgedehnt. (1963 wurden die Malaiische Föderation, Singapur, Brunei, Nordborneo und Sarawak zum neuen Staat Malaysia zusammengeschlossen. Singapur jedoch trat wieder aus). Damit dieses Geld auch wirklich zweckmäßig verwendet wird, muß jedes Land angeben, wofür es gebraucht werden soll. So kam die Indische Union dazu, von 1951 ab *Fünfjahrespläne* für die Entwicklung ihrer Wirtschaft aufzustellen; die einjährigen Perioden des staatlichen Haushaltes sind für die notwendigen Planungen viel zu kurz. Aus eigenen Mitteln muß Indien hauptsächlich die Straßen und Eisenbahnen, Post und Fernmeldeeinrichtungen, Schulen und Universitäten, Verwaltung, Banken und Versicherungen, Krankenhäuser, Wasserwerke und andere Versorgungseinrichtungen ausbauen, Dinge, die man als *„Infrastruktur"* (Grundausstattung eines Staates) bezeichnet. Das ausländische Kapital wird hauptsächlich für den Bau von Staudämmen, Bewässerungskanälen, Elektrizitätswerken und Industriebetrieben verwendet. Es wird zu einem sehr niedrigen Zinssatz ausgeliehen, muß aber wieder zurückgezahlt werden. Außer den Geberländern des Colombo-Planes leisten auch die BR Deutschland und die Sowjetunion beträchtliche Entwicklungshilfe. Daneben gewährt die Weltbank in New York der Indischen Union große Anleihen.

Die Voraussetzungen für einen verstärkten Industrieaufbau sind in Indien an sich gut. Die Stauwerke liefern in steigendem Maße *elektrische Energie.* Industriepflanzen wie Baumwolle, Jute, Erdnüsse werden im eigenen Lande in großen Mengen geerntet. Bodenschätze gibt es in Fülle. *Billige Arbeitskräfte* stehen im Übermaß zur Verfügung. Die große Bevölkerungszahl bietet einen riesigen *Markt,* der zwar noch nicht kaufkräftig genug ist, aber es langsam werden kann, wenn das Einkommen der Bevölkerung steigt. Die Hauptschwierigkeit besteht darin, für die neuen Industrien *Kapital und Fachleute* zu bekommen. Das geliehene ausländische Geld muß jedoch verzinst und amortisiert werden. Dazu sind Exporte notwendig. Es wird aber von Jahr zu Jahr mehr eingeführt als ausgeführt, so daß sich das Land weiter verschuldet und keineswegs die geliehenen Gelder durch Exportüberschüsse abtragen kann. In der *passiven Handelsbilanz* liegt ein schwerwiegendes Problem der Entwicklungsländer. Es wird nicht einfach damit gelöst, daß man mehr Waren für den Weltmarkt anbietet; es müssen Waren sein, die der Weltmarkt aufnehmen kann. Dieser ist aber gerade mit den Waren gesättigt, die Indien anbieten kann und die in der Ausfuhrtabelle genannt sind.

Insgesamt steht die Indische Regierung trotz ihrer großen Bemühungen vor einem unbefriedigenden Ergebnis. 1960 gab es in den Städten rund 9 Millionen Arbeitslose und auf dem Lande etwa 40 Millionen Unterbeschäftigte. 1961–66 sollte der dritte Fünfjahresplan 14 Millionen neue Arbeitsplätze schaffen, aber es wurde nur eine Zahl von 9 Millionen erreicht. In der gleichen Zeit kamen jedoch rund 19 Millionen Arbeitskräfte aus dem Bevölkerungszuwachs hinzu. Wie lassen sich, so fragen die Fachleute in aller Welt, die indischen Probleme lösen? Wie kann der Hunger in diesem Lande beseitigt werden?

Außenhandel der Indischen Union
1. 4. 1965 — 31. 3. 1966

Ausfuhr	Mill. DM	%	Einfuhr	Mill. DM	%
Juteerzeugnisse	1 013	15	Getreide	2 540	22,5
Tee	965	14,3	Maschinen, Fabrikeinrichtg.	2 281	20
Eisen- und Manganerz	493	7,3	Eisen und Stahl	412	3,9
Baumwollwaren	466	6,8	Baumwolle	388	3,3
Gewürze und Kaffee	225	3,3	Röhren, Schienen usw.	312	3
Leder	170	2,5	Erdöl und -erzeugnisse	280	2,5
Baumwolle und -abfälle	109	1,7	Fahrzeuge	280	2,5
Gesamt	6 745		Gesamt	11 283	

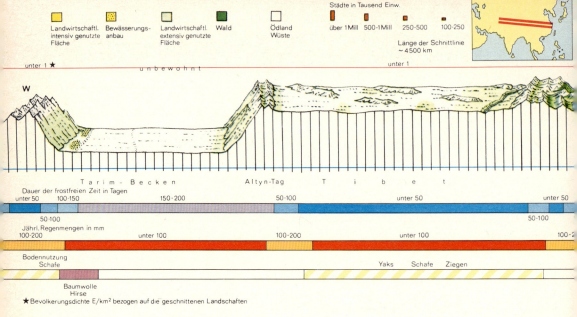

Die Volksrepublik China

148

1. Was sagen die Atlaskarten über die Völker und Religionen in China? – 2. In welchen Landschaften Chinas besteht eine Bevölkerungsdichte von über 200 E/km² und welche Räume sind nur dünn besiedelt? – 3. Was sagen die Klimakarten über die Klimaverhältnisse in Nord-, Mittel-, Südchina, in Tibet, Sinkiang und in der Mandschurei aus? Welcher Zusammenhang besteht zwischen den Klimaerscheinungen und der Bevölkerungsdichte? – 4. Was geben die Wirtschaftskarten über die Bodennutzung und die Bodenschätze in den Hauptlandschaften Chinas an? – 5. Schätzen Sie möglichst genau, wieviel Prozent der Fläche von den einzelnen Feldfrüchten auf dem Kartenausschnitt südlich von Schanghai (D I: 102, II) eingenommen werden! Wie kann man eine solche Agrarlandschaft nach den Hauptprodukten bezeichnen?
(D I: 100, 102, 103, 106, 107. – D II: 45–51. – L: 96–102. – UW: 45, 47, 49. – H: 39–43.)

China ist nicht nur das *volkreichste Land der Erde*, sondern hat auch den *größten absoluten Bevölkerungszuwachs*. Alle Probleme der Entwicklungsländer hat auch China zu bewältigen, doch sind sie hier wie in Indien ins Riesenhafte gesteigert.
Die Chinesen sind sich der Bedeutung ihrer großen Zahl sehr bewußt; zudem fühlen sie sich als uraltes Kulturvolk, das den Europäern und Amerikanern überlegen sei. In den jahrelangen Kämpfen um die Macht in China setzte sich die kommunistische Gruppe um Mao Tse-tung durch, während der von den Amerikanern unterstützte Tschiang Kai-schek nach Formosa weichen mußte. Mit Hilfe der USA errichtete er dort, auf Taiwan, die Republik Nationalchina, die in den letzten Jahren einen großen wirtschaftlichen Aufschwung genommen hat.
Das kommunistische China erhielt die Unterstützung der Sowjetunion. Doch seit 1963 sind die Beziehungen zwischen den beiden kommunistischen Riesenstaaten vor allem aus ideologischen Gründen fast zur heftigen Gegnerschaft geworden.

Die Bevölkerungsverteilung in China 1957					
Nordchina	200 Mill. E. auf	1 440 000 km²	Tibet u. Tschinghai	3 Mill. E. auf	1 943 000 km²
Mittelchina	189 Mill. E. auf	897 000 km²	Sinkiang	6 Mill. E. auf	1 647 000 km²
Südchina	188 Mill. E. auf	1 662 000 km²	Innere Mongolei	9 Mill. E. auf	1 178 000 km²
Mandschurei	52 Mill. E. auf	802 000 km²	Randgebiete Chinas	18 Mill. E. auf	4 768 000 km²
Chin. Kernland	599 Mill. E. auf	4 801 000 km²	Gesamt-China	647 Mill. E. auf	9 569 000 km²

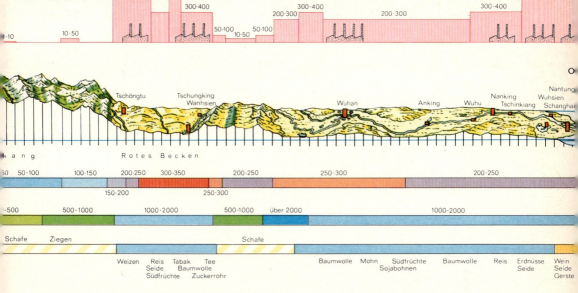

China tritt uns einmal als Staat mit einem großen Machtanspruch entgegen, andererseits ist es jedoch ein Entwicklungsland, das gewaltige innere Aufgaben zu lösen hat und dies kaum ohne äußere Hilfe kann.

149

Die Bevölkerungsprobleme Chinas

Nachdem Seuchen und innere Kriege aufgehört haben, die Bevölkerung zu dezimieren, wächst die Zahl der Bewohner in ungewöhnlich starkem Maße an.
Aus der Tabelle über die Bevölkerungsverteilung ist zu ersehen, daß im Kernland Chinas (zu dem wir trotz der jungen Besiedlung durch Chinesen auch die Mandschurei zählen müssen) auf nur 50 % der Fläche 97 % der Bevölkerung wohnen und in den weiten Randgebieten im Westen nur 3 %.
Augenblicklich wächst die Zahl der Chinesen um rund 20 Mill. Menschen jährlich. Eine solch riesige Menschenzahl zusätzlich zu ernähren und für sie Arbeitsplätze zu beschaffen, stellt für die Regierung der Volksrepublik eine sehr schwer lösbare Aufgabe dar. Auswanderung kann das Problem der Überbevölkerung in China nicht lösen. China muß damit im eigenen Lande fertig werden.

Die chinesische Landwirtschaft. 80 % der Chinesen wohnen auf dem Lande und 63 % aller Berufstätigen waren 1965 in der Landwirtschaft beschäftigt. Wie in Indien hängt damit die große Masse der Bevölkerung von der Landwirtschaft ab, die nicht nur die wachsende Bevölkerung ernähren, sondern auch neue Arbeitsplätze schaffen sowie Kapital für die Industrialisierung erarbeiten soll. Dazu war sie bisher nicht in der Lage.

Die Landwirtschaft ist von besonderer Eigenart. Im chinesischen Kernland betreiben die Bauern fast nur Ackerbau. Die Rinderzucht spielt hier eine geringe Rolle. Über 4000 km erstreckt sich das chinesische Kerngebiet vom kalten und trockenen Amurgebiet im Norden bis zum heißen und feuchten Raum um Kanton und auf der Insel Hainan. Daher ist die Landwirtschaft nach Anbaufrüchten und Betriebsweise in diesem weiten Bereich recht unterschiedlich. In der Mandschurei bis in den Raum von Peking hinein ist der Winter so hart, daß kein Wintergetreide angebaut werden kann. Hier gibt es, wenn die Regenfälle im Sommer ausreichen, nur *eine Ernte im Jahr*, hauptsächlich von Sommerweizen, Hirse und Sojabohnen. Die Schwemmlandebene des Hwangho mit ihrem fruchtbaren Lößlehm bringt *drei Ernten in zwei Jahren* hervor. Ein Feld wird beispielsweise im Herbst mit Winterweizen bestellt. Ihm folgen nach der Ernte im Juli als späte Sommerfrüchte Gemüse, Sojabohnen, Erdnüsse oder Mais und nach einer Winterbrache im nächsten Frühjahr Hirse oder Baumwolle. Auf den höher gelegenen Lößflächen, auf denen keine Bewässerung möglich ist, gibt es nur eine Ernte von Wintergetreide im Jahr, meist Weizen, oder eine Sommerfruchternte von Hirse, Sojabohnen oder Baumwolle. Im Stromgebiet des Jangtse mit seinen großen Becken bringt das Land *in jedem Jahr zwei Ernten* hervor, wenn es künstlich bewässert wird. Dem Frühjahrsanbau von Reis folgen nach der Ernte Winterfrüchte wie Weizen und Gerste oder Hülsenfrüchte und Gemüse als Nachfrucht. Im südchinesischen Bergland wird Reis nicht nur auf dem fetten Lehmboden der Täler ausgepflanzt, sondern auch an den terrassierten und bewässerten Berghängen. Hier sind *drei Ernten im Jahr* üblich, im völlig frostfreien Südchina sogar bis zu *vier Ernten im Jahr*, und zwar Reis, Weizen, Gerste, Hirse, Baumwolle, Tabak, Mais, Ölfrüchte, Gemüse und Wurzelfrüchte wie Bataten, in den Niederungen Zuckerrohr und auf den Höhen der trockene Bergreis.

Je weiter man nach Süden kommt, um so kleinparzelliger und intensiver ist der Ackerbau, der im Norden als Pflugbau mit Traktoren, im Süden als Gartenbau mit Hacke und Spaten betrieben wird. Da die Chinesen aus religiösen Gründen keine Milch von Tieren trinken und keine Butter essen, beruht die Viehzucht hauptsächlich auf der Haltung von Schweinen, Hühnern und Enten, die vom häuslichen Abfall leben. In Mittelchina ist die Seidenraupenzucht noch wichtig, aber in dauerndem Rückgang. *Obstbau* wird in vielen Landesteilen betrieben und bringt im Hwanghogebiet Birnen, Pfirsiche und Kirschen, in Südchina Zitrusfrüchte und Bananen hervor. Das ganze westliche China gehört zur Wüsten- und Hochgebirgszone. Es ist ein Gebiet nomadisierender Viehzucht mit einigen Ackerbauoasen auf dem Schwemmland der Flüsse.

Seit Jahrhunderten, ja seit Jahrtausenden müssen sich immer mehr Menschen in das vorhandene Ackerland teilen; deshalb wurde der Landbesitz der Bauern von Generation zu Generation kleiner. Im chinesischen Kernland betrug er schließlich nur noch 1 ha (in Westdeutschland hat ein Normalhof etwa 20 ha). Ein Drittel aller Bauern hatte 1945 sogar weniger als 0,6 ha Land. Dies mußte so intensiv bewirtschaftet werden, daß eine Familie davon leben konnte, weshalb man nur noch von *Gartenbauwirtschaft* sprechen kann. Bei der Heirat der

Erträge wichtiger Feldfrüchte 1965 in Mill. t

	Einwohner in Mill.	Weizen	Mais	Reis	Hirse	Sojabohnen
China	ca. 700	26,0	ca. 19,0	89,0	ca. 16,0	11,2
Japan	98	1,3	0,1	16,8	0,04	0,23
Ind. Union	485	12,1	4,6	58,1	14,0	—
Europa[1]	444	65,5	26,9	1,4	0,23	—
USA	195	36,1	106,0	3,5	17,1	23,0
Sowjetunion	231	59,6	19,7	—	2,2	0,3

[1] ohne Türkei und Sowjetunion
Berechnen Sie die Erntemengen je Kopf; welche Getreidemenge entfällt auf den Kopf der Bevölkerung?

Weizenernte in der Lhasa-Ebene in Tibet. Mitglieder einer „Gruppe der gegenseitigen Hilfe" bei der Arbeit.

Tochter, bei Krankheiten und Mißernten lieh man sich Geld, kam in große Schulden und verlor sein Land an einen reichen Mann aus der Stadt, der es gegen hohe Pacht – bis zu 80% der Ernte – bewirtschaften ließ. Mindestens die Hälfte des Ackerlandes im chinesischen Kernland geriet dadurch bis 1945 in die Hände von Großgrundbesitzern. Die *Unzufriedenheit der chinesischen Bauern* konnte weder in der späten Kaiserzeit noch nach 1911 in der Republik beseitigt werden, sondern wuchs von Jahr zu Jahr an. Daß der Kommunismus in China 1948/49 die Oberhand gewann, ist besonders auf die Unterstützung durch die breite Masse der Bauern zurückzuführen, die eine grundlegende Änderung der landwirtschaftlichen Besitz- und Pachtverhältnisse forderten.

Eine solche *radikale Bodenreform* führte Mao Tse-tung 1949 durch. Der Großgrundbesitz wurde abgeschafft und alle Schulden der Bauern für ungültig erklärt. Bei der neuen Landverteilung erhielten alle Kleinbauern, Pächter und Landarbeiter je 1 ha Eigenland. Dies war die *erste Phase* der Umwandlung der Landwirtschaft; sie entsprach der Bodenreform der Sowjetunion von 1917. Da die neuen Bauern nicht genug landwirtschaftliche Geräte hatten, empfahl die Regierung die gegenseitige Hilfe und gründete Nachbarschaftsgemeinden. Das führte bald zur zweiten Phase: 1955 ordnete die Regierung *die vollständige Kollektivierung der Landwirtschaft* an. Mitte 1956 waren nahezu 120 Mill. Bauernfamilien in 752 000 *landwirtschaftliche Produktionsgenossenschaften* nach dem Vorbild der sowjetischen Kolchosen zusammengeschlossen, die 90% des Ackerlandes in Gesamtchina umfaßten. (Zweite Phase der Landwirtschaftsrevolution in der Sowjetunion 1928, in der Sowjetzone 1960.) Jedem chinesischen Bauern blieben je Kopf seiner Familie noch 54 m² als Eigenland sowie 1–2 Schweine und etwas Geflügel.

Bemerkenswert ist, daß China hierbei nicht stehenblieb, sondern schon bald in einer dritten Phase die Agrarrevolution weitertrieb, die selbst die übrigen kommunistischen Länder überraschte. Im Herbst 1958 wurden die 752 000 landwirtschaftlichen Produktionsgenossenschaften in 23 400 *Volkskommunen* (mit 500 000 Produktionsbrigaden gegliedert in 3 Mill. Produktionsmannschaften) umgewandelt und alle Reste privater Landbewirtschaftung abgeschafft. Mehrere Dörfer mit ungefähr 4000 bis 6000 Familien wurden zu einer Volkskommune zusammengeschlossen; das waren je nach der Gegend Chinas 20 000 bis 40 000 Menschen. Sie bildeten eine neue Verwaltungs-, Arbeits-, Wirtschafts- und Lebensgemeinschaft.

Nach den großen Mißernten von 1959–62 hat man die Volkskommunen verkleinert (jetzt

74 000 zu je 2000–3000 Familien) und auch die Größe der Produktionsbrigaden – den untersten Wirtschafts- und Rechnungseinheiten – herabgesetzt. 95 % der Arbeitskräfte müssen in den Dorfschaften als Produktionsmannschaften in der Landwirtschaft eingesetzt sein, damit Saat und Ernte gesichert werden. 5–10 % des Ackerlandes wurde wieder zur privaten Nutzung freigegeben, von denen seither 20 % aller Ernteerträge kommen. Das gibt wiederum den Parteitheoretikern Anlaß zur Kritik.

Die Familienordnung, die seit über 3000 Jahren die streng zusammenhaltende grundlegende Gemeinschaftsform der Chinesen gebildet hatte und mit der Ahnenverehrung auch religiös fest verankert war, löst sich langsam auf. Frauen und Männer werden in gleicher Weise zur Arbeit herangezogen. Alle Mitglieder der Volkskommune werden aus Gemeinschaftsküchen verpflegt. Die Kleinkinder leben in Kinderhorten, die größeren in Tagesschulen und Gemeinschaftshäusern. Wo es gerade nötig ist, wird die Dorfbevölkerung zur Arbeit eingesetzt, und zwar nicht nur zu landwirtschaftlicher Tätigkeit, sondern auch zum Straßen- und Eisenbahnbau, zum Deichbau an den Flüssen, zum Bau von Schulen und Gemeinschaftshäusern und besonders für Bewässerungsanlagen, ja selbst zur Arbeit in der Industrie. Ein Familienleben in der überlieferten Weise ist kaum noch möglich.

Eine Zeitlang glaubte man, mit Hilfe der Volkskommunen die Entwicklung Chinas zum modernen Industriestaat schnell vorwärtstreiben zu können. Große Projekte suchte man im „Volksbauverfahren" unter Einsatz von mehreren Volkskommunen zu verwirklichen. 1960 begann man, auch in den Städten Volkskommunen einzurichten, dies wurde aber wieder aufgegeben. Die Volkskommunen sind die großen Gemeinschaften der ländlichen Gebiete.

Die Gründung der Volkskommunen erfolgte in ideologischer Absicht. Innerhalb Chinas wollte man eine neue kollektive Gesellschaft schaffen, die vom Staat jederzeit lenkbar und einsetzbar sei, und die alte Familienordnung auflösen, die mit dem Streben nach Vorteil, Reichtum und Besitz für die Familie dem Kommunismus entgegenstand. Nach außen wollte China den übrigen kommunistischen Ländern, die noch auf der „Stufe des Sozialismus" stehen, in der Entwicklung zum vollen Kommunismus voraus sein und dadurch die Führung der kommunistischen Welt übernehmen. Dies führte zu einem heftigen Streit mit der Sowjetunion, die bisher diese Rolle für sich beanspruchte.

Bis 1958 hatten die Chinesen einige Erfolge, sie vermochten die *landwirtschaftliche Erzeugung* zu steigern. Sie nahmen neues Land unter den Pflug, vermehrten die Bewässerungsanlagen, verbesserten die Anbauweise und das Saatgut und bemühten sich um eine gute Düngung. Selbst aus den Städten holt man den menschlichen Dünger als „goldenen Segen" und bringt ihn in offenen Fässern auf die umliegenden Äcker. Aber Dürren, Überschwemmungskatastrophen und das Experiment mit den Volkskommunen warf von 1959 bis 1962 die Produktion so zurück, daß *Hungersnöte* auftraten und Getreide in Kanada und Australien gekauft werden mußte. Diese Jahre zeigen deutlich, daß die Ackerflächen ohne künstliche Bewässerung von Kernchina aus nicht weiter in die Randgebiete ausgedehnt werden können. Damit ist eine *Siedlungsbewegung*, die seit 1900 30 Mill. Chinesen als Bauern in die Mandschurei, 10 Mill. in die Innere Mongolei und nach Sinkiang sowie weitere 10 Mill. Bauern in die östlichen Randgebiete Tibets nach Tschinghai geführt hatte, bis an die Grenze der Anbaumöglichkeit nach den Trocken- und Kältegebieten hin zum Stillstand gekommen. Der Bevölkerungsüberschuß kann deshalb nicht mehr in der Landwirtschaft untergebracht werden, daher wird die Industrialisierung ständig vorangetrieben.

Viehbestand 1966 in Mill. (Einwohner z. Vgl.)				
	Einwohner	Rinder	Schweine	
Indische Union	499	189	5	1. Berechnen Sie die Zahl der Nutztiere auf je 100 Einwohner. Vergleichen Sie mit der Bundesrepublik! — 2. Vergleichen Sie die Zahl der Rinder und der Schweine in Indien und China bzw. Japan! — 3. Erklären Sie das Fehlen von Schweinen in Pakistan und den geringen Bestand an Schweinen und Rindern in Japan!
Pakistan	105	34	0	
China	787	45	180	
Japan	99	3	5	
BRD	59	14	18	

Die wachsende Bevölkerung aus dem eigenen Land zu ernähren, wird damit in China immer schwieriger. Aber noch sind nicht alle Möglichkeiten der Intensivierung erschöpft. Durch die Verwendung von Kunstdünger könnte man die Agrarerzeugung noch um 10–33 % steigern. Die in der Sowjetunion mit Erfolg betriebene Mechanisierung der Landwirtschaft ist in China bei dem großen Arbeitskräfteüberschuß heute noch unangebracht. Großflächige Maschinenwirtschaft ist auch nur im Norden Chinas möglich. Naßfeldbau, Terrassierung des Bodens und intensiver Gartenbau machen in Mittel- und Südchina einen *Maschineneinsatz schwierig*. So wurden 1959 nur 4 % der Ackerfläche Chinas maschinell bearbeitet, und 1962 gab es erst 100 000 Traktoren im Riesenreich (die BRD hatte 1962 1 Million Traktoren). Auf allen Gebieten der Wirtschaft ist der Maschineneinsatz in China heute noch ein Problem. Wo unterbeschäftigte Volksmassen zur Verfügung stehen, die Arbeit finden wollen, muß in den Entwicklungsländern häufig auf die Verwendung von Maschinen in der Landwirtschaft oder im Bauwesen verzichtet werden.

Die kommunistische Regierung hat ferner begonnen, die großen Plagen des Landes energisch zu bekämpfen: die Dürren und die Überschwemmungen. Den *Dürren* wird, wo immer möglich, mit künstlicher Bewässerung begegnet. Gegen die *Überschwemmungen*, besonders des Hwangho, wurden umfassende staatliche Maßnahmen eingeleitet:

1. Man pflanzt am Mittel- und Oberlauf Waldstreifen, die das Regenwasser festhalten sollen.
2. Man terrassiert die Hänge, um die Lößabschwemmung in den Fluß zu verhindern.
3. Man baut Talsperren, die das Wasser des Hwangho und seiner Nebenflüsse schon im Ober- und Mittellauf festhalten und Wasser für künstliche Bewässerung und Energiegewinnung liefern.
4. Am Unterlauf baut man Deiche. Unter dem Motto: „Ein Volk bezwingt den Gelben Fluß" hat die chinesische Regierung Millionen von Arbeitskräften hierzu eingesetzt, die als „blaue Ameisen" oft mit einfachen Mitteln (Spaten, Körbe, Schulterstangen) arbeiten. Auch am Jangtsekiang und Hwaiho sind ähnliche Arbeiten im Gange.

Der Ausbau der Industrie

China ist ein Land mit reichen Bodenschätzen. Besonders groß sind die Kohlenlager, die sich verstreut in allen Teilen des Landes mit Ausnahme von Tibet finden. Bedeutend sind auch die Erzvorkommen. Erdöl ist bisher nur in mäßigen Mengen festgestellt worden.

Es ist eigenartig, daß China zwar ein bedeutendes Handwerk hervorgebracht hat, daß hier viele Erfindungen gemacht wurden, daß aber keine moderne Technik mit Maschinenarbeit entwickelt wurde. Die Besitzer von Kapital legten dieses lieber in Handelsgeschäften an als in gewerblichen Betrieben. Erst sehr spät wurden Fabriken errichtet, und oft waren Ausländer die Besitzer. Diese Betriebe lagen vor allem in den Hafenstädten. Nur in der Mandschurei hatten die Japaner ein großes Schwerindustriezentrum mit Hochofen- und Stahlwerken errichtet, das von den Chinesen in den letzten Jahren noch weiter ausgebaut wurde.

Die kommunistische Regierung in China stellte nach 1949 ein *großes Industrialisierungsprogramm* auf. Sie wurde hierzu aus drei Gründen veranlaßt:

1. Die wachsende Bevölkerung, die in der Landwirtschaft nicht untergebracht werden konnte, mußte Arbeit und Verdienst finden.
2. Das Land soll möglichst rasch auf technischem Gebiet den Vorsprung Europas aufholen, und die neue Industrie soll China mit den nötigen Maschinen und Verbrauchsgütern selbst versorgen und vom Ausland unabhängig machen.
3. Die Regierung will Waffen und anderes Kriegsgerät selbst erzeugen, um eine aktive Großmachtpolitik betreiben zu können.

Bei diesem industriellen Aufbau half die Sowjetunion. Von 1953–1957 lief der *erste chinesische Fünfjahresplan*, in dem die Sowjetunion die Industrieausrüstung für 166 moderne Werke lieferte und Techniker zum Aufbau schickte. Besonders gefördert wurden der *Bergbau* und die *Schwerindustrie*. Nicht nur in der Mandschurei, sondern auch in anderen Teilen des Landes baute man Hüttenwerke.

Sehr erschwert wird die Industrialisierung dadurch, daß es zu *wenig Straßen und Eisenbahnen* gibt. Nur der Osten hat ein weitmaschiges Eisenbahnnetz. Zur Sowjetunion wurden zwei neue Eisenbahnverbindungen geschaffen, von denen die Strecke durch die Mongolei bereits in Betrieb genommen wurde; die Bahnlinie durch Sinkiang nach Russisch-Turkestan ist noch nicht vollendet. Sie soll die Bodenschätze dieser fernen Randgebiete erschließbar machen. China fehlt außerdem ein ausgebautes Straßennetz, und die Kanäle sind völlig veraltet.

Der erste Fünfjahresplan wurde vorzeitig erfüllt. 1958 begann der *zweite Fünfjahresplan*, „Chinas großer Sprung nach vorn". Mit mächtigem Propagandaaufwand wurde die Aktion „*Jeder macht Stahl*" eingeleitet. In einer großen Zahl von „Kleinhochöfen" sollte die Eisenerzeugung sozusagen im handwerklichen Betrieb mit einem Schlage vervielfältigt werden. Es war ein gewaltiger Versuch; beim Bau und Betrieb der primitiven Eisenschmelzöfen waren 60 Mill. Menschen und in kleinen Kohlen- und Erzgruben 20 Mill. Menschen eingesetzt. Aber das so erzeugte Eisen war so schlecht, daß man das Unternehmen wieder einstellen mußte.

Die Mißernten der Jahre 1959–62 zwangen die chinesische Regierung, wieder viele Millionen Arbeitskräfte aus der Industrie herauszuziehen und in der Landwirtschaft einzusetzen. Gleichzeitig begann mit der Sowjetunion der ideologische Streit um die beste Form und zukünftige Politik des Kommunismus; die Sowjets stellten ihre Hilfslieferungen ein und zogen 10 000 russische Techniker aus China zurück.

Die Industrieproduktion Chinas in Mill. t							Volkseinkommen in Mrd. DM	China		zum Vergl. BRD
Grundstoffe	1949	1966	Fertigwaren	1949	1960			1952	1959	1959
Steinkohle	32,4	440	Autos, Autobusse	—	2 500 Stück			102	254	251
Erdöl	0,1	10	Lastkraftwagen	—	17 500 ,,					
Eisenerz	1,0	31	Traktoren	—	10 000 ,,		Anteil der Wirtschaftsgruppen			
Roheisen	0,3	14	Lokomotiven	—	800 ,,		Industrie	18 %	36 %	52 %
Rohstahl	0,2	12	Eisenbahnwagen	—	32 000 ,,		Landw.	59 %	39 %	7 %
Zement	0,7	12	Baumwollgewebe	1 890	7 600 Mill. m²		Handel, Verkehr			
Kunstdünger	0,1	5—6					u. Dienstleist.	23 %	25 %	41 %

Links: Arbeitsbrigaden bei Erdarbeiten. Die Menschenzahl ersetzt, was bei uns durch Maschinenkraft geleistet wird.

Rechts: Eine Propagandatruppe der Volksarmee betreibt während der Frühjahrsbestellung in der Nähe Schanghais politische Schulung während der Arbeitspause in einer Volkskommune.

Damit brach der zweite Fünfjahresplan zusammen. Der *dritte Fünfjahresplan* 1963–67 förderte zuerst die Landwirtschaft, damit die Bevölkerung wieder ausreichend ernährt wird, dann die Leichtindustrie und baute danach erst die Schwerindustrie aus, die bisher entsprechend dem Vorbild der Sowjetunion weitaus an der Spitze der Entwicklung gestanden hatte.

China, Entwicklungsland und Großmacht zugleich

Die gewaltige Bevölkerungszunahme zwingt China zum raschen Bau von Fabriken. Die Zahl der Arbeitsuchenden wächst aber viel schneller als die Zahl der neuen Arbeitsplätze in der Industrie. Deshalb sucht China nach neuem Siedlungsland für seine Bauern, und es strebt danach, seinen Einfluß nach Süden auszudehnen, und meldet Ansprüche auf Grenzgebiete der Sowjetunion an.
Bei dem Aufbau seiner Industrie hat China dieselben Probleme wie jedes Entwicklungsland. Seit dem Konflikt mit Rußland versucht es, die *Industrialisierung aus eigener Kraft* zu leisten, macht aber nur noch langsam Fortschritte. Dazu kamen seit 1966 innere Unruhen, die als „Kulturrevolution" bezeichnet werden. Für die europäischen Industrieländer und Japan könnte China ein großer Markt für Industriewaren werden, aber es hat kaum Exportgüter anzubieten, mit deren Gegenwert Fabrikeinrichtungen im Ausland gekauft werden könnten.
Wenn China den *Wettlauf zwischen dem Bevölkerungsanstieg und dem Anstieg der Zahl der Arbeitsplätze* nicht gewinnt, wächst die Gefahr, daß sich der Bevölkerungsdruck nach außen auswirkt. China hat ohne Rücksicht auf die Bedürfnisse der Bevölkerung gewaltige Rüstungsanstrengungen unternommen. 1964 wurde die erste chinesische Atombombe und 1967 die erste Wasserstoffbombe gezündet. China ist seither eine Atommacht geworden.
Die Chinesen versuchen nicht nur in Südostasien Fuß zu fassen. Sie haben Tibet gewaltsam besetzt, sie bemühen sich, in Afrika Einfluß zu gewinnen, und sie bedrohen sogar die Grenzgebiete der Sowjetunion. Die Welt ist vor Überraschungen durch die Chinesen niemals sicher und muß sehr genau beobachten, was in Ostasien vor sich geht.

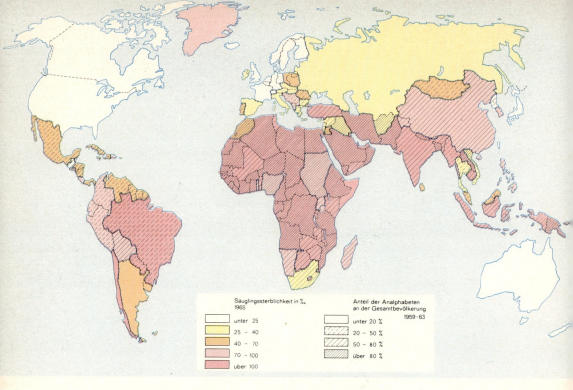

156 Allgemeine Probleme der Entwicklungsländer

1. Stellen Sie auf Grund der Kartogramme fest, welche Länder mit Analphabetenanteilen über 50%, von 20—50% und unter 20% ein Volkseinkommen von weniger als 400 DM, von 400—800 DM, von 800—1200 DM usw. aufweisen! Gruppieren Sie sie! — 2. Weshalb sollen die Menschen in den Entwicklungsländern Lesen und Schreiben lernen? — 3. Vergleichen Sie die Ernährungslage in Entwicklungsländern und Industriestaaten nach S. 145! Stellen Sie fest, in welchen Ländern die Kalorienmenge zur Unterernährung führen muß (der Bedarf eines Erwachsenen schwankt zwischen 2200 und 2800 Kalorien), und in welchen Ländern die Bewohner wahrscheinlich an Mangelerscheinungen leiden! Vergleichen Sie mit Analphabetenzahl und Volkseinkommen. — 4. Vergleichen Sie auf Grund der Tab. S. 68 und 158 die einzelnen Angaben über den Lebensstandard ür die BRD, die SU, Ghana, Mexiko, Indien, Brasilien und Ägypten mit der Landesgröße und der Zahl der Einwohner in den Ländern!

Jedes Land hat sein eigenes Gesicht. Schon die Naturausstattung gibt jedem ein besonderes Gepräge. Und wie unterschiedlich sind die Fähigkeiten der Bewohner verschiedener Länder, die Gaben der Natur zu nutzen! So hat sich die Gesellschaft und die Wirtschaft eines jeden Landes in anderer Weise entwickelt. Dennoch gibt es unter den Entwicklungsländern viel Gemeinsames, dessen Kenntnis es uns erleichtert, ihre Probleme zu erkennen und zu beurteilen:

1. Die Entwicklungsländer sind meist *Agrarstaaten*, in denen der überwiegende Teil der Erwerbstätigen in der Landwirtschaft arbeitet (Ägypten, Ghana, Ostafrika, Indien, China). Einige Entwicklungsländer sind *Rohstoffproduzenten* (Peru); die Bergbauprodukte werden aber noch nicht für die einheimische Industrie, sondern für die anderer Staaten gefördert.
2. Die *Methoden der Landwirtschaft* sind sehr primitiv; man wirtschaftet, wie es die Vorväter getan haben. Es wird fast ausschließlich für den Eigenbedarf der Familie gearbeitet, nicht für den Markt. Die Arbeitsteilung ist sehr gering.

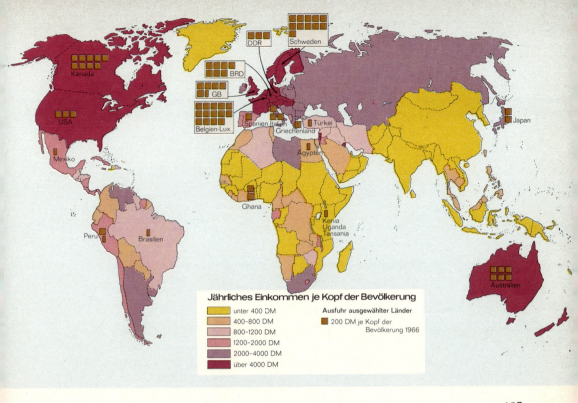

3. Es herrscht *Mangel an vielen Einrichtungen*, die Voraussetzung für eine moderne Entwicklung jedes Staates sind, aber nicht unmittelbar feststellbaren materiellen Gewinn bringen. Neben dieser mangelhaften Grundausrüstung (Infrastruktur) der Wirtschaft muß das Bildungswesen verbessert werden. Besonders fehlt es an ausgebildeten Fachkräften.

4. Die *Arbeitsproduktivität* pro Kopf ist deshalb sehr gering. Im Verhältnis zum Arbeitsaufwand ist die Produktion klein gegenüber den Erträgen in den europäischen Industrieländern (vgl. S. 167). Außerdem schwanken die Erträge von Jahr zu Jahr stark, weil Dürren eintreten oder Überschwemmungen, weil Schädlinge die Ernten vernichten oder Seuchen das Vieh befallen. Viele Entwicklungsländer leiden auch darunter, daß die Weltmarktpreise für landwirtschaftliche Güter und für viele Bodenschätze wegen Überangebotes sinken. Eine Produktionssteigerung führt also nicht unbedingt zur Erhöhung der Erlöse. Besonders betroffen sind die Staaten mit Monokultur (vgl. Brasilien, Ghana), vgl. Tab. S. 112.

5. Solange wenig produziert wird, bleiben die Einnahmen gering und der einzelne kann nur wenig verbrauchen. Die Menschen bleiben deshalb sehr arm, oft hungern sie.
In einigen Staaten können die Einwohner nicht einmal 2 % von dem verbrauchen, was dem Bürger der USA im Durchschnitt zur Verfügung steht. In den „reichsten" Entwicklungsländern beträgt das *Volkseinkommen* je Kopf weniger als ein Drittel dessen, worüber wir in der Bundesrepublik verfügen (siehe Kartogramm oben).

6. Das Volkseinkommen ist oft auch sehr ungleichmäßig verteilt. Eine kleine Gruppe von Reichen steht der Masse der Bevölkerung gegenüber, die nichts besitzt. (Brasilien, Peru, Indien.)

7. Oft ist der *Lebensstandard* der Menschen so niedrig, daß sie dauernd unterernährt sind. Meist haben sie gerade soviel, um nicht zu verhungern; außerdem fehlen wichtige Aufbaustoffe in ihrer Nahrung. Diese Menschen sind daher nicht so leistungsfähig wie die gut ernährten Bewohner der Industriestaaten (s. Diagramm S. 145).

8. Die Masse des Volkes ist nicht in der Lage zu sparen, es wird also *kein Sparkapital* gebildet. Und das Geld, welches die wenigen Reichen zusammenbringen, wird oft dem Entwicklungsland

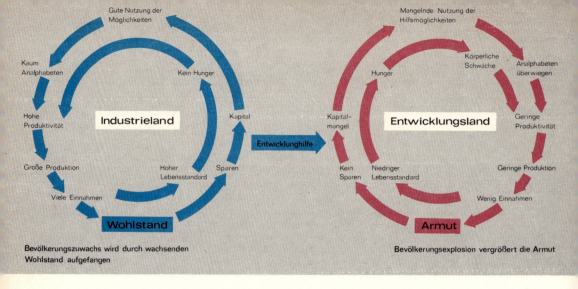

Bevölkerungszuwachs wird durch wachsenden Wohlstand aufgefangen

Bevölkerungsexplosion vergrößert die Armut

entzogen, weil sie es wegen der unsicheren politischen Verhältnisse ins Ausland transferieren. Ohne Investitionen ist in einem Entwicklungsland aber keine moderne Entwicklung durchzuführen. So hat sich der Teufelskreis (siehe Diagramm oben) geschlossen, der dazu führen müßte, daß ein solches Land auf dem Stand der Armut seiner Bevölkerung stehenbleiben würde. Zu den wirtschaftlichen treten aber erschwerend noch weitere Probleme hinzu:

9. Alle Entwicklungsländer leiden unter einem ungeheuren *Bevölkerungszuwachs*. Die Erfolge von Hygiene und Medizin führten zum Sinken der *Sterberate*, insbesondere der Säuglingssterblichkeit, wodurch die Lebenserwartung des einzelnen Menschen gestiegen ist. Auch ist die Geburtenrate in den ersten Jahrzehnten der Industrialisierung eher gewachsen als gefallen. Diese Bevölkerungsexplosion hat ein Ausmaß angenommen, das alles bisher Dagewesene übertrifft. Innerhalb von 1800 Jahren seit Christi Geburt war die Erdbevölkerung von 200 auf 900 Mill. gewachsen; in den folgenden 100 Jahren stieg die Zahl ebenfalls um 700 Millionen an. Um mehr als 700 Millionen nahm aber die Menschheit allein von 1940 bis 1960 zu. Innerhalb von 4 Jahren wächst heute die Erdbevölkerung um so viele Menschen, wie um Christi Geburt überhaupt lebten. Im vorigen Jahrhundert vergrößerte sich besonders die Bevölkerungszahl in den alten Industrieländern; die außereuropäischen Erdteile beginnen die Entwicklung nachzuholen, die Europa in den letzten 150 Jahren erlebt hat (siehe Diagramm S. 120).

10. Die vielen zuwachsenden Menschen wollen nicht nur ernährt und gekleidet werden, sondern müssen auch Arbeit finden. Viele Entwicklungsländer können die Arbeitsuchenden nicht mehr in der Landwirtschaft unterbringen. Ihr einziger Ausweg ist, *neue Arbeitsplätze in der Industrie* zu schaffen (Ägypten, Indien, China).

11. Die *altüberkommenen Gesellschafts- und Wirtschaftsformen* behindern oft die moderne Entwicklung. Viele Menschen nehmen überhaupt noch nicht am Wirtschaftsprozeß ihres Landes teil. Die Mehrzahl lebt noch in feudalähnlichen Ordnungen mit einer kleinen Oberschicht, den Fürsten, Häuptlingen oder Großgrundbesitzern, und einer davon abhängigen Unterschicht, der Masse des Volkes. Ein gesunder Mittelstand fehlt. Die *Neuformung der Gesellschaft* wird in der Regel von den Intellektuellen getragen, die höhere Schulen besucht und oft an Universi-

Lebensstandard von Entwicklungsländern 1965 (vgl. S. 68)						
	Ausfuhr je Kopf 1965/DM	PKW je 1 000 E.	Fernsehgeräte je 1 000 E.	Rundfunkgeräte je 1 000 E.	Fernsprechstellen je 1 000 E.	Zeitungen je 1 000 E.
Ägypten	81	3	11	54	11	15
Ghana	154	4	?	72	5	29
Ostafrika	73	5	0,5	24	4	5
Mexiko	106	18	42	191	19	116
Peru	223	13	18	180	11	47
Brasilien	79	14	28	93	16	32
Indische Union	14	1	?	9	2	12
Pakistan	21	1	0,1	5	1	8
USA	555	384	360	1 237	480	310
BRD	1 255	158	199	456	154	326

täten in Europa oder Amerika studiert haben. Sie stehen in scharfem Gegensatz zu der alten Oberschicht. Die Verantwortung und die Wirkungsmöglichkeit eines jeden einzelnen der wenigen Gebildeten ist um ein Vielfaches größer als der Einfluß eines besser vorgebildeten Engländers oder Deutschen in seiner Heimat.

12. Erschwert werden die modernen Bestrebungen in den Entwicklungsländern auch durch die starke *Aufsplitterung der Bevölkerung* in Rassen, Stämme und Religionsgemeinschaften. Die Führer der neuen Staaten versuchen die verschiedenrassigen und -sprachigen Menschen zu einem Staatsvolk zusammenzufassen und diese Menschen zu einer Nation im europäischen Sinne zu machen.

Viele Gefahren für die Entwicklungsländer entstehen aus verfehlten Maßnahmen ihrer Regierungen:

13. Die Staatsmänner der neuen Staaten neigen dazu, *Großprojekte* in Angriff zu nehmen, die das Neue weithin sichtbar demonstrieren, aber *eine* Grundaufgabe nicht erfüllen: mit möglichst wenig Kapital möglichst vielen Arbeitsuchenden eine produktive Beschäftigung zu verschaffen. *In den Entwicklungsländern sind insbesondere arbeitsintensive Betriebe nötig*, nicht nur kapitalintensive.

14. Vielfach wird versucht, die Landwirtschaft wie in den USA, in Europa und der Sowjetunion zu mechanisieren. Dort sollen unter Einsatz von Maschinen mit immer weniger Arbeitskräften immer mehr Güter produziert werden. In den Industrieländern wird also die Produktivität erhöht, und Menschen werden frei für die Industriearbeit. In den meisten Entwicklungsländern würde dieses Verfahren aber nur das Heer der Arbeitsuchenden noch weiter vergrößern. *Bei der Modernisierung der Landwirtschaft darf die Zahl der Erwerbstätigen* in diesem Wirtschaftszweig deshalb *nicht sinken*.

15. Die neuen Führenden versuchen häufig die Probleme mittels *Planwirtschaft* zu lösen. Sie beginnen oft mit dem Vorbild der europäischen Demokratie und gleiten bald in eine *Diktatur* über. Sie versuchen, die westlichen Völker, die Russen und die Chinesen als Helfer gegeneinander auszuspielen. Diese Länder geraten nicht selten in eine starke Abhängigkeit von den Kommunisten. Oft kontrollieren Fremde die wichtigsten Schlüsselpositionen solcher Staaten. Der Entwicklungsprozeß wird oftmals durch Rüstungsausgaben gehemmt.

Diese Gesichtspunkte, denen man weitere hinzufügen kann, können wir bei den im Vorangehenden behandelten Ländern verfolgen. Sie sollen aber vor allem dazu dienen, auch die Probleme in den übrigen Entwicklungsländern zu verstehen, die ebenfalls unsere ständige Aufmerksamkeit verdienen.

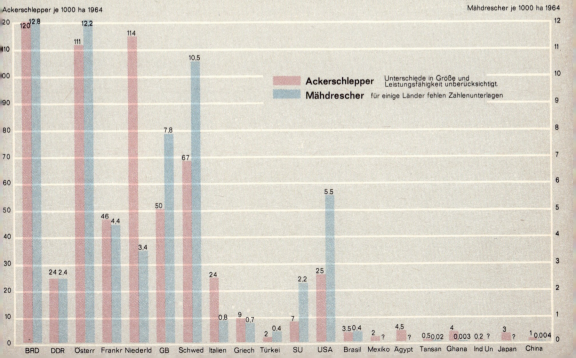

Die Entwicklungshilfe

Ohne Hilfe von außen verarmen die Entwicklungsländer und ihre Bewohner immer mehr. Die Hilfsmaßnahmen nennt man zusammenfassend Entwicklungshilfe. Bei der Vielzahl der Probleme der Entwicklungsländer ist aber das Helfen äußerst schwierig und setzt beim Gebenden gute Kenntnisse der Gesamtsituation eines Landes, dem man helfen will, voraus. Unüberlegte Hilfe führt oft zu Rückschlägen und kann auf beiden Seiten Verärgerung erregen. Zwei Gesichtspunkte sind grundlegend für die Entwicklungshilfe:

1. *Ohne Geld können viele Probleme der Entwicklungsländer nicht gelöst werden.* Dieses muß so angelegt werden, daß es einen wirtschaftlichen Erfolg auslöst. Kapital kann verzehrt oder verplant werden und ist dann gleichsam verschwunden. Nicht jede Straße ist rentabel, nicht jede Fabrikanlage ein Erfolg.

2. Jede Hilfe ist dort sinnlos, wo die Menschen, denen geholfen werden soll, untätig zuschauen. *Die Menschen in den Entwicklungsländern müssen sich selbst helfen,* d. h., sie müssen eigene Initiative entwickeln, um eines Tages ohne fremde Hilfe erfolgreich weiterarbeiten zu können.

Folgende Möglichkeiten einer Hilfe durch die Industrieländer sind vorhanden:

1. *Finanzielle Unterstützung, Hilfsmaßnahmen der Regierungen* der Industriestaaten gelten vor allem der Infrastruktur der Entwicklungsländer. Besonders der *Ausbau des Bildungswesens* ist eine Grundvoraussetzung für jeden Fortschritt. *Investitionen in wirtschaftliche Unternehmungen,* die unmittelbaren Gewinn bringen sollen, werden oft auch von der Privatwirtschaft der Industriestaaten aufgebracht. Meist sind dazu aber Garantien ihrer Regierung erforderlich. Man sollte *arbeitsintensive Betriebe,* die viele Arbeitskräfte beschäftigen und im Verhältnis weniger Kapital als Großbetriebe erfordern, mit Arbeitsgeräten und Geld unterstützen. Bäuerliche Familienbetriebe, die Überschüsse erzeugen, das vorhandene Handwerk und die kleinen gewerblichen Betriebe sowie die Heimarbeit gehören dazu; die Arbeitslosigkeit wird vermindert, und es entstehen breite Käuferschichten.

2. *Personelle Hilfsmaßnahmen.* Es werden Menschen gebraucht, die in die Entwicklungsländer gehen und sich dort mit ihrem Sachwissen zur Verfügung stellen. Das „*Peace Corps*" Präsident Kennedys (1961) ist das bekannteste Projekt und Vorbild für den „*Deutschen Entwicklungsdienst*". Die UNESCO hat sich um die Verbesserung des Bildungswesens in den Entwicklungsländern bemüht.

3. *Hilfe durch Förderung des Handels.* Handelserleichterungen helfen den Entwicklungsländern oft mehr als finanzielle Zuwendungen. Die Preise von landwirtschaftlichen Produkten und Rohstoffen sind aber von den Ernten und den Verbrauchern abhängig und dabei enormen Schwankungen ausgesetzt. Die Regierungen der Entwicklungsländer wünschen Garantien für feste, hohe Preise, wie sie die kommunistischen Staaten gewähren, um Einfluß zu gewinnen. Dies ist aber in einer Marktwirtschaft nicht möglich; hohe Preise würden zu Überproduktion, diese aber zu Preisverfall führen. Dennoch nehmen die Länder mit Planwirtschaft nur unbedeutende Teile des Exports der Entwicklungsländer auf (vgl. Tabelle S. 80). Die Entwicklungsländer fordern weiter, daß die Industriestaaten Zölle und Verbrauchssteuern senken, damit die Absatzmöglichkeiten etwa für Textilien aus Indien, Kaffee aus Iberoamerika sich verbessern. So ist z. B. die Kaffeesteuer umstritten (in der BRD 1966: 948 Mill. DM). Es ist den Erzeugern kaum glaubhaft zu machen, daß sich der Kaffeeabsatz durch Wegfall der Steuer nur unwesentlich vergrößern würde. Es bleibt der Anschein, als erziele die BRD Gewinne aus der Arbeit der Kaffeebauern.

Anzahl der Menschen, die von einem in der Landwirtschaft Tätigen ernährt werden (1965)

Deutschland

Deutschland soll nicht isoliert, sondern in seinen Beziehungen zur übrigen Welt gesehen werden. Der Vergleich mit anderen Ländern läßt die Eigenart und die Probleme eines Landes besser hervortreten, verschafft aber auch Einsicht in die Sorgen anderer Völker. Deutschland ist dabei ein Beispiel für die kleinräumigen, hochindustrialisierten und mit der Weltwirtschaft aufs engste verbundenen Länder rings um die Nordsee. Die folgende Darstellung muß sich dabei auf einige Probleme der Wirtschafts- und Gesellschaftsordnung beschränken. Selbstverständlich wird nicht an der Zonengrenze haltgemacht. Während die *Bundesrepublik Deutschland* nach 1945 nach der Wirtschafts- und Gesellschaftsordnung des Westens geformt wurde, entstand mit der „*Deutschen Demokratischen Republik*" ein Land, welches die von der Sowjetunion entwickelte Ordnung übernahm.

Die Entwicklung von Siedlung, Wirtschaft und Sozialstruktur

Die Wirtschafts- und Gesellschaftsordnung in den hochindustrialisierten Ländern Europas ist keinesfalls nach den Bedürfnissen der Gegenwart oder der nächsten Zukunft ausgerichtet; sie hat sich vielmehr im Laufe der Jahrhunderte allmählich entwickelt und ist noch mit vielem belastet, das zwar in der Vergangenheit sinnvoll war, aber heute ein Hemmnis darstellt. Der Fortschritt von Wirtschaft und Technik sowie der weltweite Wettbewerb erzwingen einen ständigen Wandel unserer Ordnung; dieser läßt sich aber nicht vom „grünen Tisch" her ohne Rücksicht auf Vergangenes planen. Die gegenwärtigen Strukturen werden im folgenden an fünf *Entwicklungslinien* aufgezeigt. Dabei zeigt sich, wie sehr die Vergangenheit das heutige Leben auf Schritt und Tritt mitbestimmt.

1. Die Entwicklung der Agrarlandschaft. Wie die Völker der heutigen Entwicklungsländer, so mußte auch das deutsche Volk seit mindestens tausend Jahren viel Mühe aufwenden, um die steigende Menschenzahl zu ernähren.

Ausgehend von wenigen *altbesiedelten Landschaften*, die schon in vorgeschichtlicher Zeit von Bauern bewohnt waren, wurden zuerst die benachbarten Wälder in den Ebenen und Gebirgen gerodet. Hinweise darauf geben die *Orts- und Flurnamen* sowie die *Siedlungs- und Flurformen*. Um den Boden nicht zu schnell zu erschöpfen, entwickelten die Bauern in Gebieten des Getreideanbaus die *Dreifelderwirtschaft*, bei der stets ein Drittel der Äcker brachlag und während dieser Zeit als Weide diente.

Als kein neues Siedlungsland in der Nachbarschaft mehr zu finden war, zogen die Menschen in weit entfernte, noch nicht erschlossene Landschaften. Die „Kolonisten" rodeten etwa vom 12. Jahrhundert an weite Waldgebiete östlich der Elbe und Saale und ordneten die Äcker in den bereits besiedelten Gebieten nach dem im Westen entwickelten *Gewannsystem* mit Dreifelderwirtschaft. Die Siedlungs- und Flurformen des *Waldhufen-* sowie des *Straßen-* und *Angerdorfes* sind Urkunden dieser Kolonisationstätigkeit (D I. 38). Diese endete im 14. Jahrhundert, als Seuchen die Bevölkerung dezimierten. Damals verschwanden viele der Dörfer wieder, vor allem wenn sie auf ungünstigen Böden angelegt worden waren.

Nach dem Abklingen der großen Krankheiten stieg die Bevölkerungszahl wieder rasch. Nun begann man auch dürftige Böden unter den Pflug zu nehmen. In den Waldgebieten entstanden viele Dörfer, die von Anfang an als Bauerndörfer nicht recht lebensfähig waren. Oft teilte man dem Kolonisten nur ein Viertel der Nutzfläche zu, die im Mittelalter das übliche Maß gewesen war. Es war die Zeit der Kultivierung der großen Brüche und Moore.

Der einzelne war dieser Arbeit nicht gewachsen, die Mittel der Gemeinschaft mußten eingesetzt werden. Im Zeitalter des Absolutismus waren das die Mittel der Landesfürsten, von denen viele danach strebten, die Einwohnerzahl ihres Territoriums zu erhöhen.

Die Möglichkeiten, in Deutschland selbst Neuland zu gewinnen, waren nun schon sehr beschränkt. Viele landlose Bauernsöhne wanderten aus, jetzt aber in noch weiter entfernte Landschaften, etwa in die gerade von den Türken befreiten Donauländer, nach Wolhynien, Bessarabien, ja bis an die Wolga und an den Kaukasus. Die Fürsten der Einwanderungsländer förderten die Zuwanderung, weil jeder neue Bauer einen neuen Steuerzahler bedeutete. Die *Auswanderung* war viele Jahrhunderte hindurch das wesentliche Ventil um den Bevölkerungsdruck aufzufangen. Für die meisten der heutigen Entwicklungsländer gibt es dieses Ventil nicht.

Innerhalb der alten Dörfer vollzog sich zu dieser Zeit in großen Teilen Europas ein Wandel, der die heutige Landwirtschaft schwer belastet. Nicht alle Jungen wanderten ab, deshalb wuchs die Einwohnerzahl. Man schuf durch gemeinsame Rodung neue *Gewanne* und jeder Bauer erhielt davon einen schmalen Ackerstreifen. Mit der Zahl der Gewanne wuchs die Zahl der verstreuten Ackerstücke, die zu einer Hofstelle gehörten. Nach dem Tode des Besitzers wurde in den Realteilungsgebieten der Hof unter die Erben geteilt. Das führte zu einer wirtschaftlich unsinnigen Zersplitterung des Besitzes und einer ständigen Verringerung der Besitzgrößen. Die gegenwärtigen Maßnahmen zur Verbesserung der Agrarstruktur haben vor allem das Ziel, dieses Ergebnis der historischen Entwicklung zu beseitigen.

2. Entwicklung der Städte. Ursprünglich waren die einzelnen Höfe weitgehend autark. Erst um die Jahrtausendwende setzte die *Arbeitsteilung* zwischen Bauern und Handwerkern ein. Die Gewerbebetriebe lagen nicht verstreut zwischen den Höfen, sondern in den neu entstehenden mittelalterlichen Städten.

Jeder *Stadt* war ein Bezirk von Dörfern zugeordnet, deren Bewohner in ihr zu Markte gehen mußten, dort ihre Überschüsse verkauften und Handwerkswaren einkauften. Das ganze Land war durch ein Netz von in sich geschlossenen kleinen *Wirtschaftsbezirken* aufgegliedert, deren Mittelpunkt eine Stadt mit einem Markt war. Die mittelalterlichen Städte waren also *zentrale Orte* für einen klar begrenzten ländlichen Umkreis. Sie wurden wohlhabend, wenn die Zahl der ihnen zugeordneten Bauernhöfe groß war und wenn diese über gute Böden verfügten.

Von diesen Städten wurden solche, die günstig im Netz der *Fernhandelswege* lagen, Umschlagplätze und Übernachtungsstätten für die Kaufmannszüge. Sie wurden die übergeordneten zentralen Orte für die kleineren Marktorte. Die Kaufleute der umliegenden Kleinstädte kamen in diese *Handelsorte* und kauften die Waren, die durch den Fernhandel herbeigebracht wurden. Durch die ostdeutsche Kolonisation wurde diese Ordnung des Landes in Wirtschaftsbezirke mit Kleinstädten als Marktorte für die nähere Umgebung und mit Handelsstädten als übergeordnete zentrale Orte auch nach Osten übertragen. Dort ist sie heute noch klarer zu erkennen als im Westen und auch urkundlich zu verfolgen.

In Deutschland ist es üblich, den *Römerstädten* eine besondere Bedeutung zuzuerkennen. Diese Römergründungen hatten jedoch über ein halbes Jahrtausend hindurch keine städtischen Funktionen wirtschaftlicher Art gegenüber den umliegenden Dörfern. Zunächst behielten sie ihre vorwiegend militärischen Funktionen bei, dann wurden sie oft wichtige *Orte der Kirche*. Erst nach der Karolingerzeit wuchsen auch ihnen die zentralen wirtschaftlichen Funktionen der überall neu entstehenden Städte zu.

Die Städte waren mit dem umgebenden Land wirtschaftlich eng verbunden; sie sicherten sich aber meist durch Stadtmauern gegen die Außenwelt ab.

Eine *neue Entwicklung* der Städte begann im Zeitalter des *Absolutismus* im 17. und 18. Jahrhundert. Viele der vorher sehr reichen Städte verloren ihren Wohlstand, und die Bürger büßten ihre politische Selbständigkeit ein. Die Zeit der großen Bürger- und Kirchenbauten in den Städten ist damit zu Ende. Die Fürsten förderten jetzt ihre Residenzen, zogen Gewerbe und Handel in diese Orte und erbauten dort große Schlösser und Häuser für ihre Bediensteten. München z. B. überflügelte Augsburg, Berlin Frankfurt a. O. und Magdeburg, Mannheim trat an die Stelle von Heidelberg, Karlsruhe an die Stelle von Durlach, Dresden entwickelte sich neben Leipzig zur zweiten Großstadt Sachsens. Viele dieser Städte haben ihre Bedeutung nicht verloren, als sie ihren Charakter als Residenzstädte aufgeben mußten. Die Fürsten hatten sie an das Eisenbahnnetz angeschlossen und damit Fabrikationsstätten, Banken, Versicherungen und Behörden angelockt. So erhielten die ehemaligen Residenzstädte neue Funktionen.

3. Die Entwicklung des Gewerbes. Ganze Landschaften entwickelten sich jetzt zu *Gebieten des Gewerbes*, das seine Erzeugnisse über weite Entfernungen hin absetzen konnte.

So wurden beispielsweise das Siegerland, das Sauerland, Teile des Bergischen Landes, des Westerwaldes und der Eifel zu Gebieten der *Eisenerzeugung und -verarbeitung*. Der Harz und das Erzgebirge wurden zu *Bergbaulandschaften*, in Clausthal und Freiberg i. S. entstanden die ersten hohen technischen Schulen auf der Erde. Überragende Bedeutung gewannen die Städte des Salzbergbaus in dieser Zeit, in der Salz noch das einzige Konservierungsmittel für Fleisch, Fische und Gemüse war. Solche Orte waren etwa Lüneburg, Halle, Schwäbisch Hall, Reichenhall. All diese Gewerbe waren in ihrem *Standort* an die Lagerstätten gebunden.

Anders das *Textilgewerbe* in vorindustrieller Zeit: Es entwickelte sich in einigen Landschaften, in denen der Ackerbau wegen der langen Winter oder wegen der dürftigen Bodenerträge die Menschen nicht ausreichend beschäftigen oder ernähren konnte, zum tragenden Erwerbszweig. Solche *Gebiete des Textilgewerbes* waren das Erzgebirge, die Sudeten, die Schwäbische Alb, der Nordwesten der Eifel und das Vorland dieser Gebirge, das Land um Bielefeld und die Lausitzer Heide. Jeder Webermeister gab einer Anzahl von Frauen in einem weiten agrarischen Umkreis einen zusätzlichen Verdienst und verarbeitete das Garn, das diese lieferten, zu Leinen und Wolltuch. Zu jedem Bezirk der Weberei gehört also ein *Ergänzungsgebiet*, in dem die Fäden aus Wolle und Flachs gesponnen wurden. Flachs wuchs in diesen Landschaften gut. Die mageren Heiden und Gebirgshochflächen, auch die Brachflächen der Bördenlandschaften mit Dreifelderwirtschaft, ernährten große Schafherden. Die notwendigen Rohstoffe standen also zur Verfügung. Auch gab es genug weiches Wasser, das man zum Walken, Färben und Bleichen brauchte. Die Geschäftsbeziehungen der Textilbezirke gingen weit über die Grenzen des deutschen Sprachgebietes hinaus.

4. Industrialisierung. Diese Entwicklungsreihen zeigen wichtige *Voraussetzungen für die Industrialisierung*, die im vergangenen Jahrhundert einsetzte, und erklären viele *Standorte* der heutigen Industrie. Sie klären aber nicht, warum die Industrialisierung gerade in den Ländern des nordwestlichen und zentralen Europa einsetzte und nicht anderswo auf der Erde.

Ein Gesichtspunkt, der zur Erklärung dieser Tatsache beitragen kann, ist die *geistige Entwicklung dieser Völker*: Industrie und Technik beruhen auf der Anwendung der Naturwissen-

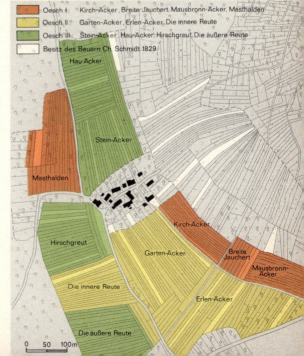

Lohenrot, nordöstlich von Esslingen im Schurwald, ist eine kleine Rodungssiedlung mit überaus schmal parzellierter *Gewannflur*. Den ursprünglichen Gewannen (Kirch-Äcker, Garten-Äcker, Stein-Äcker) wurden durch Rodung neue hinzugefügt. Mehrere Gewanne wurden nach der Ordnung der *Dreifelderwirtschaft* zu drei großen Feldern zusammengefaßt – in Süddeutschland „Oesche" genannt, in anderen Teilen Deutschlands *Zelgen* oder *Schläge*.

Oesche sind Flächen gleichartiger betriebswirtschaftlicher Nutzung, *Gewanne* dagegen dienen der Besitzordnung des einzelnen Bauern. In der Dreifelderwirtschaft mußte jeder Bauer möglichst in jedem Oesch gleich viel Ackerland haben.

(Nach: Forschungen zur deutschen Landeskunde, HF. 47, 1949)

schaften, die sich in den Ländern entwickelte, die von der Renaissance und der Reformation stark erfaßt wurden. Diese Bewegungen haben offenbar die geistigen Kräfte der Menschen mobilisiert. Unberührt davon blieben die Völker der orthodoxen Kirche und des Islam, dessen Wissenschaft im Mittelalter die des Abendlandes weit überragt hatte. Sehr oft wird erklärt, Deutschland und seine Nachbarländer im Westen und Norden verdankten ihre frühe Industrialisierung und ihren jetzigen Wohlstand dem Reichtum an Bodenschätzen, vor allem an Kohle. Zweifellos haben diese Bodenschätze die Entwicklung erleichtert. Anderswo auf der Erde gibt es aber noch größere Bodenschätze, die technisch viel leichter gefördert werden können. Doch wurden sie erst dann genutzt, als die in Europa und Angloamerika entwickelten technischen Anlagen übernommen werden konnten. Das gilt von den Russen genauso wie von den Chinesen, den Indern und allen anderen Völkern der Erde. Die Erdöllagerstätten in den Wüsten der arabischen Länder wären heute noch in der Tiefe verborgen, wenn sie nicht von Unternehmen aus Europa oder Angloamerika mit Hilfe der dort entwickelten technischen Mittel gefördert würden. Ihren Wert erhalten sie durch den Bedarf der Industriestaaten. Ohne die Erdölleitungen und Pumpstationen, die Erdölhäfen und die Raffinerien, ohne die Tankschiffe und ohne die vielen Autos und Fabriken der Industriestaaten wäre das Erdöl wohl heute noch wertlos. Nicht die Schätze in der Erde, sondern ein neuer dynamischer Lebensstil der Menschen und ihre neue Einstellung gegenüber der Arbeit haben die Industrialisierung in Gang gebracht. An der ersten Phase der Entwicklung der Naturwissenschaften hatten die Franzosen und die Italiener einen wesentlichen Anteil, während die Spanier und Portugiesen ihre Kräfte auf die Eroberung der Neuen Welt, Afrikas und Ostasiens konzentrierten. Den Schritt zur Anwendung der Technik vollzogen zuerst die Engländer, ihnen folgten die anderen Völker Nord- und Mitteleuropas. Die Länder im Süden Europas müssen in manchen Gebieten erst jetzt die Industrialisierung durchführen.

5. Industrieländer und Entwicklungsländer. Die technische Welt erfordert zahlreiche qualifizierte *Fachkräfte*. Je komplizierter die Maschinen sind, je weiter die Automation fortschreitet, um so höher werden die Anforderungen an die Intelligenz und den Ausbildungsstand der in Fabriken und Forschungsstätten Tätigen. Diese geistigen Vorbedingungen für den Aufbau einer modernen Industriewirtschaft können von den *Entwicklungsländern* nicht in wenigen Jahren und nicht im Laufe einer Generation entwickelt werden. Es genügt nicht, einige hundert oder tausend Menschen aus diesen Ländern zu Fachleuten und Führungskräften auszubilden. Vielmehr muß ein Erziehungs- und Bildungswesen errichtet werden, welches alle Schichten und Altersgruppen der Bevölkerung erfaßt. Nur so kann ein dauerhafter und umfassender Wandel der Gesellschafts- und Wirtschaftsstrukturen erreicht werden, kann der technische Rückstand aufgeholt werden und können sich die *neuen Lebensformen* entwickeln, die eine rationelle und sachlich geprägte Wirtschaftswelt ermöglichen. Erst wenn diese Grundvoraussetzung verwirklicht ist, werden die „Habenichtse" unter den Völkern langsam ihre Armut und Rückständigkeit überwinden können. Die Arbeit der Führungskräfte kann nur dann Erfolg haben, wenn hinter ihnen ein großes Heer von Arbeitern steht, die zu Fleiß, Pünktlichkeit, Genauigkeit und Arbeitsdisziplin erzogen sind. Es ist in den hochentwickelten Industriestaaten selbstverständlich, daß schon das sechsjährige Kind pünktlich in der Schule erscheint, daß jeder Mensch sein ganzes Leben hindurch sozusagen nach der Uhr lebt. Das ist das Ergebnis einer seit Generationen wirksamen stillen Erziehung. Wo diese Voraussetzungen fehlen, kann eine noch so gut eingerichtete Fabrik nicht die Produktion pro Kopf oder pro Maschine erreichen, die in den Industrieländern üblich ist.
Aber auch die Industriestaaten befinden sich in ständigem und raschem *Wandel* ihrer Wirtschaftsstrukturen und ihrer Lebensformen. Dies vergrößert den Abstand zwischen den Entwicklungsländern und den hochindustrialisierten Staaten immer mehr. Der rasche Wandel zwingt Politiker und Planer zu genauer Beachtung der Tendenzen, die in die Zukunft weisen. Die in den Industriestaaten entstandenen Ordnungsgefüge können jedoch — die Betrachtung des geschichtlichen Werdegangs hat es erwiesen – nicht einfach auf andere Völker übertragen werden. Maschinen und Fabrikanlagen bekommen erst durch den arbeitenden Menschen ihren Wert. Die statistischen Angaben, auf die sich die folgenden Abschnitte stützen, müssen immer im Zusammenhang mit den Menschen, die dahinterstehen, gesehen werden.

Die Berufsgliederung

Das Ergebnis des Wandels zum Industriestaat und zur Industriegesellschaft kann aus den Zahlen zur Berufsgliederung abgelesen werden. Der Vergleich der Jahre 1950 und 1965 zeigt, daß die Bundesrepublik Deutschland keinen stabilen Endzustand erreicht hat. Die Zahlen, die für die USA gelten, zeigen die Entwicklungstendenz.

1. Berufsgliederung in der Bundesrepublik. Die Zahl der Erwerbstätigen ist in der Bundesrepublik Deutschland in den Jahren zwischen 1950 und 1965 um etwa 4,5 Millionen Erwerbspersonen gewachsen. Nach einer Schätzung des Statistischen Bundesamtes vermindert sich der Anteil der Erwerbstätigen zwischen 1961 und 1967 von 63,5 % auf 59,5 %, bei gleichzeitiger Zunahme der Bevölkerung um 5 %.

In *agrarischen Berufen*, um die Begriffe Fourastiés zu gebrauchen: im primären Bereich, arbeiten nur noch 10 % aller Erwerbstätigen – gegenüber etwa 80 % in den Entwicklungsländern. In der DDR sind es 16 %. Diese Zahlen schließen auch die mithelfenden Familienangehörigen ein.
Die Zahl der in dieser Gruppe Beschäftigten ist in den Jahren 1950–1965 um 2,15 Millionen zurückgegangen. Sie muß stetig weiter zurückgehen. Gleichzeitig kann aber immer mehr produziert werden. Das gilt für alle Industriestaaten: In Großbritannien arbeiten nur noch 4 % der Erwerbstätigen in der Landwirtschaft, in den USA sind es nur noch 6 %. Diese 6 % erzielen aber so große Überschüsse, daß ein Hauptteil der Produktion auf den Weltmarkt drängt. Auch unsere Landwirtschaft gerät dabei unter den Druck des Wettbewerbs mit Angloamerika.
Im sekundären Bereich, also im *produzierenden Gewerbe*, arbeitet in der BRD etwa die Hälfte aller Erwerbstätigen, in den USA dagegen nur ein Drittel. Die Zahlen für die USA zeigen klar die Tendenz, daß auch in dieser Gruppe, wie in der Primärgruppe, immer weniger Menschen unter Einsatz von immer mehr Maschinen und technischer Energie immer mehr Güter erzeugen.

Das Schaubild gibt den Extrakt der Theorie des französischen Soziologen *Fourastié* wieder. Demnach nimmt im Laufe der Industrialisierung die Zahl der Bauern (primärer Sektor) schnell ab, die der Arbeiter (sekundärer Sektor) zunächst stark zu (erste industrielle Revolution), dann aber immer mehr ab. Jetzt steigen die Zahlen der Angestellten (tertiärer Sektor). Nach der zweiten industriellen Revolution, in der „Tertiären Zivilisation" arbeiten ca. 80 % der Erwerbstätigen im Dienstleistungsbereich.
An welchem Punkte der Entwicklung steht die BRD (vgl. Tabelle S. 166), die Türkei (vgl. S. 72), Japan (vgl. S. 101), Mexiko (vgl. S. 123) und Brasilien (vgl. S. 133)? Wo befinden sich die europäischen Staaten (vgl. Diagramm S. 72)?

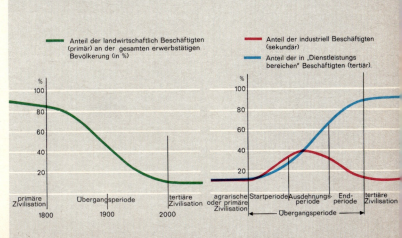

Schema der sozialwirtschaftlichen Entwicklung
Quelle: Jean Fourastié, Die große Hoffnung des 20. Jahrhunderts, Köln 1954, S. 135 f.

Erwerbstätige nach Wirtschaftsbereichen in der BRD (vgl. auch Diagramm S. 72)

Nach: Stat. Jahrbuch 1966, S.148 u. Veröffentlichungen des Stat. Bundesamtes	1950		1965		1966		1967	
	in 1000	in %	in 1000	in %	in 1000	in %	in 1000	in %
I. Agrarsektor: Landwirtschaft, Forstwirtschaft, Fischerei	5 114	23	2 757	10	2 757	10	2 672	10
II. Produzierendes Gewerbe: Industrie, Handwerk, Baugewerbe, Energiewirtschaft einschließlich Bergbau	9 400	43	13 222	49	13 222	49	12 371	48
III. Dienstleistungssektor einschließlich Handel und Verkehr	7 076	32	11 100	40	11 100	41	11 303	42
Übrige	484	2	82	1				

Diese Tabelle benutzt die Berufsgliederung nach Fourastié und zeigt die Entwicklungstendenz, die für jeden Industriestaat gilt. Es ist zu beachten, daß die Statistik das tatsächliche Bild sehr stark vergröbert. Sie rechnet zum Beispiel alle Ingenieure, Kaufleute oder Putzfrauen, die in einer großen Fabrik angestellt sind, statt zum tertiären zum sekundären Sektor.

1. Wie viele Erwerbstätige sind 1950—1965 aus der Gruppe I ausgeschieden? Wieviel Prozent sind das, gemessen an der Zahl von 1950? — 2. Vergleichen Sie den Zuwachs in der Gruppe II und in der Gruppe III a) absolut, b) prozentual gegenüber der Zahl von 1950! — 3. In welcher Berufsgruppe ist der prozentuale Zuwachs am größten? — 4. Welcher Anteil der Erwerbstätigen war 1967 in der Landwirtschaft beschäftigt? Vergleichen Sie mit dem Anteil am Volkseinkommen (S. 190)! — 5. Vergleichen Sie den Anteil der Dienstleistungsberufe mit dem Anteil der Landwirtschaft!

Unter den hochindustrialisierten Staaten zeigt die BRD eine *Sonderentwicklung:* Die Zahl der im produzierenden Gewerbe Tätigen ist zwischen 1950 und 1965 um 3,8 Millionen gestiegen. Im hochindustrialisierten Belgien arbeiteten dagegen 1961 nur 1,6 Millionen im produzierenden Gewerbe. Dies ist die Folge des Zustromes der über 10 Millionen *Heimatvertriebenen* und *Flüchtlinge*, der den stürmischen Ausbau der Industrie erzwang und der in Deutschland gerade zum Motor für die weitere Industrialisierung wurde. Griechenland dagegen gelang es 1922 nach dem Krieg gegen die Türkei nicht, die 1,6 Millionen anatolischen Flüchtlinge in den Arbeitsprozeß einzugliedern oder gar die Wirtschaft dadurch zum Wachstum anzuregen. Ähnliches gilt heute für die arabischen Flüchtlinge in Jordanien oder im Gazastreifen. Bei uns reichten die Arbeitskräfte nicht mehr aus, und seitdem die DDR 1961 die Zonengrenze hermetisch abgeriegelt hat, muß die BRD in den südeuropäischen Ländern Gastarbeiter anwerben. Entsprechendes gilt auch für andere Industriestaaten, wie die Schweiz oder Schweden.

Dem tertiären Bereich, also den *Dienstleistungen* strömten seit 1950 prozentual weit mehr Menschen zu als dem sekundären Bereich. Gerade die rasche Entwicklung dieses Wirtschaftsbereichs kennzeichnet alle hochindustrialisierten Staaten. In den USA kamen bereits 1965 auf 100 im produzierenden Gewerbe Tätige 160 im Dienstleistungsbereich Beschäftigte. Diese Tendenz zeichnet sich auch in der BRD ab und wird noch verstärkt, wenn die EWG einen großen Wirtschaftsraum ohne hemmende Grenzen darstellen wird, dessen Konsumentenzahl hinter der Angloamerikas nicht zurückbleibt.

2. Die Berufsgliederung der Deutschen Demokratischen Republik . Die Entwicklung in der DDR unterscheidet sich von der in der BRD in einem Punkte entscheidend: Gegenüber 1939 war die Einwohnerzahl der DDR und Ostberlins bis 1964 kaum gewachsen. Deshalb konnte auch die Zahl der Beschäftigten nach dem Kriege nicht so erstaunlich ansteigen wie westlich der Zonengrenze. Gegenüber 1949 war die Zahl der Erwerbstätigen 1965 um etwa 350 000 höher als 1939.

Der Zuwachs entfiel aber ausschließlich auf die weiblichen Arbeitskräfte, die Zahl der männlichen Erwerbstätigen ist sogar zurückgegangen. Während die Zahl der Einwohner und der Erwerbstätigen in der BRD wie in keinem anderen westlichen Lande von Jahr zu Jahr wuchs, mußte die DDR zusehen, wie die Menschen über die Zonengrenze flohen. So waren und sind die Sperre an der Zonengrenze und der Bau der Mauer in Berlin für das Regime der DDR Akte der Selbsterhaltung. Es ist nicht damit zu rechnen, daß die Regierung in Pankow aus Achtung vor dem demokratischen Grundrecht der Freiheit der Wahl des Arbeitsplatzes und des Wohnsitzes in der BRD diese Sperre aufgeben wird, solange das Gefälle des Lebensstandards von West nach Ost bestehen bleibt und solange der Widerstand gegen den Zwang in der DDR nicht erlischt.

Die *Berufsgliederung* der DDR unterscheidet sich dagegen nicht grundsätzlich von der im westlichen Teil Deutschlands. Allerdings können die Zahlen wegen der unterschiedlichen Systematik in der Statistik nur mit Vorsicht verglichen werden. In der Gruppe Land- und Forstwirtschaft, zu der in der DDR auch die Wasserwirtschaft hinzugezählt wird, arbeiten 16 % der Erwerbstätigen. Im Vergleich zur Bundesrepublik Deutschland sind das viele, im Vergleich zu Frankreich (20 %) wenige. Der hohe Prozentsatz ist eine ungewollte Folge der Kollektivierung der Landwirtschaft; viele Bauern, die zum Eintritt in die landwirtschaftlichen Produktionsgenossenschaften gezwungen waren, bleiben in der Landwirtschaft. Sie müßten das Dorf sonst bettelarm verlassen. Unter den 16 % in der Land- und Forstwirtschaft Tätigen befinden sich deshalb relativ viele alte Menschen. Erst wenn diese aus dem Erwerbsleben ausscheiden werden, wird der Anteil dieser Berufsgruppe an der Gesamtzahl der Erwerbstätigen zurückgehen. Dabei muß bedacht werden, daß ein wesentliches Ziel der Kollektivierung darin bestand, mit besser ausgenutzten Maschinen und mit geringerer Zahl von Arbeitskräften mehr zu produzieren.

3. Die Berufsgliederung in Polen. Außer der DDR soll auch Polen mit westlichen Ländern verglichen werden. In Polen ist die Bevölkerungszahl zwischen 1950 und 1963 um fast 6 Millionen gewachsen, fast ausschließlich durch den Geburtenüberschuß. In der DDR ist die Einwohnerzahl dagegen in diesem Zeitabschnitt zurückgegangen. Für die DDR, das am stärksten industrialisierte Land des Ostblocks mit dem größten Export nächst der Sowjetunion, bedeutet das Stagnieren der Bevölkerung auf die Dauer eine Schwächung seiner Position innerhalb des Ostblocks. Die stark industrialisierte DDR braucht genauso wie die westlichen

---

Von der männlichen bzw. weiblichen Bevölkerung waren erwerbstätig:

Land	männlich %	weiblich %	Land	männlich %	weiblich %
BRD 1966	61	31	Jugoslawien 1961	60	31
DDR 1965	55	41	Libyen 1964	47	3
USA 1965	54	27	Ägypten 1960	55	5
Sowjetunion 1964	49	44	Guatemala 1964	54	8
Spanien 1965	60	18			

1. Wie ist es zu erklären, daß in der BRD verhältnismäßig mehr Männer erwerbstätig sind als in anderen Ländern? — 2. Wie ist die im Verhältnis sehr geringe Zahl der erwerbstätigen Frauen in Spanien, Libyen, Ägypten, Guatemala zu erklären? — 3. Gruppieren Sie die Länder danach, wie viele der Frauen erwerbstätig sind, und nach ihrer Wirtschafts- und Sozialstruktur!

Industriestaaten ständig mehr Arbeitskräfte. Polen dagegen zeigt eine völlig andere Bevölkerungsentwicklung. Es ist noch nicht genügend industrialisiert, um den erstaunlichen Bevölkerungszuwachs in den Wirtschaftsprozeß einfügen zu können. Es leidet nicht Mangel an Arbeitskräften, sondern umgekehrt Mangel an Arbeitsplätzen.

4. Der Anteil der erwerbstätigen Frauen an der Gesamtzahl der Frauen zeigt charakteristische Unterschiede zwischen Entwicklungsländern und Industriestaaten, zwischen westlichen und östlichen Ländern.

In den alten Industriestaaten ist er – etwa im Vergleich zu Spanien – sehr hoch.
In den Entwicklungsländern dagegen, beispielsweise in Ägypten und Marokko, stehen Frauen noch kaum im Erwerbsleben. Sie bleiben auf die Arbeit im Haus und innerhalb der Familie beschränkt. Da nicht einmal für die Männer die nötigen Arbeitsplätze beschafft werden können, ist nicht daran zu denken, daß die Frauen im Laufe der nächsten Jahrzehnte nach europäischem Vorbild erwerbstätig werden können. Solange das aber nicht gelingt, wird sich hier auch die *soziale Stellung der Frauen* nicht grundlegend ändern. Die wenigen europäisch gekleideten und gebildeten Damen in den Großstädten dürfen darüber nicht hinwegtäuschen. In marokkanischen Städten werden in den Hotels selbst die Zimmer von Männern geputzt, man begegnet keinerlei weiblichem Personal, und hinter den Verkaufsständen der Marktstraßen stehen ausschließlich Männer. Verschleierte Frauen erscheinen nur als Käuferinnen.
In der DDR dagegen ist, wie in allen Ostblockländern, der Anteil der Frauen am Erwerbsleben weit höher als in der BRD. Besonders auffällig ist der Gegensatz zwischen der Sowjetunion und der BRD oder zwischen der Sowjetunion und den Vereinigten Staaten. Da in den Ostblockstaaten das Kapital nicht ausreicht, um die Produktivität des einzelnen mit Hilfe von Maschinen und technischer Energie in gleicher Weise zu steigern wie im Westen, muß die Zahl der arbeitenden Menschen um jeden Preis erhöht werden. So läßt sich wohl das Produktionsergebnis der Volkswirtschaft steigern, nicht aber die Produktivität des einzelnen und damit auch nicht sein Lohn. Die relativ geringen Löhne der Männer zwingen die Frauen in den Arbeitsprozeß, um das Familieneinkommen auf die nötige Höhe zu bringen.
Die USA zeigen die Entwicklung, die auch die BRD zu erwarten hat. Dort sind viel weniger Frauen erwerbstätig als in den europäischen Industriestaaten, erst recht als in den Ostblockstaaten. Je mehr die Männer verdienen, um so eher geben die Frauen den Beruf auf und widmen sich ganz der Familie. Gefördert wird diese Entwicklung durch das *Wohnen in Wohnstädten* weit entfernt vom Arbeitsplatz des Mannes und von den möglichen Arbeitsplätzen für die Frauen. Wenn die Kinder erwachsen sind, kehren die Frauen, vor allem die gebildeten, kaum ins Erwerbsleben zurück, sondern widmen sich dem öffentlichen Leben in einem Maße, das bei uns unbekannt ist.
Am Anteil der erwerbstätigen Frauen in verschiedenen Ländern lassen sich *Stufen der Entwicklung zum Industriestaat* ablesen: Erstens die Gruppe der Entwicklungsländer mit sehr geringem Anteil der Frauen am Erwerbsleben; zweitens die Gruppe der Ostblockländer mit dem höchsten Anteil der Frauen am Erwerbsleben; drittens die Gruppe der hochindustrialisierten europäischen Staaten mit hohem Anteil der Frauen am Erwerbsleben und viertens die USA, die auf die Erwerbstätigkeit vieler Frauen verzichten können, in denen die Frauen dagegen im öffentlichen Leben eine außergewöhnlich wichtige Rolle spielen.
Die Bundesrepublik Deutschland und die *DDR* haben gegenüber den meisten anderen Ländern ein *Sonderproblem:* In den beiden Weltkriegen sind Millionen von Männern gefallen. Millionen von Frauen sind daher unverheiratet geblieben oder sehr lange verwitwet. Aus den betroffenen Jahrgängen stehen ungewöhnlich viele Frauen im Erwerbsleben. In den sechziger Jahren scheiden die letzten infolge des Ersten Weltkrieges erwerbstätigen Frauen aus dem Erwerbsleben aus. Nach etwa 15 Jahren folgen die Frauen, die durch den Zweiten Weltkrieg in das Erwerbsleben gezwungen wurden. Die entstehenden Lücken an erwerbstätigen Frauen können in beiden Gebieten nicht durch den Eintritt junger Frauen ins Berufsleben ausgefüllt werden. Für die Volkswirtschaft bedeutet das Arbeitskräftemangel und Anstieg der sozialen Lasten.

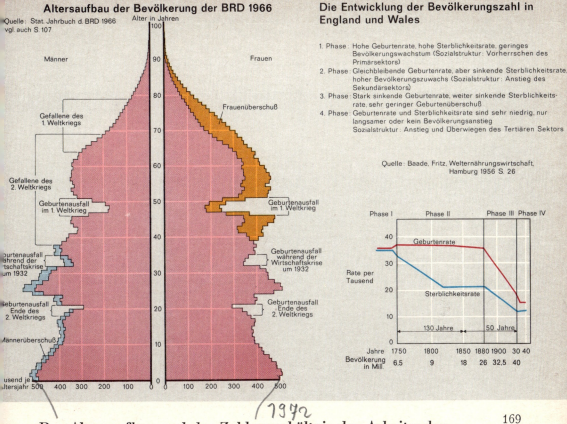

169

Der Altersaufbau und das Zahlenverhältnis der Arbeitenden zu den Rentnern

1964 waren in Deutschland verhältnismäßig mehr Menschen über 65 Jahre alt als in jedem anderen Lande der Erde. Für die Zukunft ist es allerdings wichtig, die Altersgruppe der jetzt 45-65jährigen zu betrachten, die nach 20 Jahren aus dem Arbeitsprozeß ausgeschieden sein werden. Über 45 Jahre alt sind in der Bundesrepublik 36 %, aller Menschen, in der DDR sogar 38 %. In Frankreich sind es nur 33 %, in den Vereinigten Staaten nur 29 %, in der Sowjetunion und in Polen sogar nur 25 %. In den Entwicklungsländern liegt der Anteil weit unter 20 %. Die von der DDR veröffentlichte Statistik zeigt, wie sich der Anteil der außerhalb des Erwerbslebens stehenden Personen seit 1939 entwickelt hat.
1939 kamen auf 100 Menschen im arbeitsfähigen Alter in der BRD wie in der DDR weniger als 50 Menschen im nichtarbeitsfähigen Alter. (Das besagt allerdings nicht, daß alle Personen im arbeitsfähigen Alter tatsächlich erwerbstätig waren.) 1965 ist in der BRD die Zahl der Nicht-Arbeitsfähigen von 44 auf 61 gestiegen, in der DDR von 48 auf 72. Hierbei ist die Zunahme der Rentner und Pensionäre besonders zu beachten.

Was bedeuten diese Zahlen für die Zukunft der Wirtschaft und der Gesellschaft?

a) *Das Verhältnis der Zahl der Arbeitenden zu der Zahl der Alten* ist in Deutschland ungünstiger als in jedem anderen Staate der Erde. In den kommenden Jahren wird das Mißverhältnis

Altersgruppen in Prozenten der Gesamtbevölkerung 1966

Jahre	unter 15	15—30	30—45	45—65	65 und darüber
BRD	23	21	20	24	12
DDR	24	20	18	24	14
Frankreich	25	22	20	21	12
Großbritannien	23	21	19	25	12
Schweden	21	22	19	26	12
USA	31	22	18	20	9
Sowjetunion	37	18	20	21	4
Polen	31	22	21	19	7
Ägypten	43	23	18	13	3
Ghana	45	26	17	9	3
Japan	26	29	22	17	6
Israel	35	23	18	18	6

weiter wachsen. Renten und Pensionen werden die deutsche Wirtschaft stärker belasten als etwa die Wirtschaft der EWG-Partner, Amerikas oder gar der Sowjetunion.

b) *Die Zahl der ins Erwerbsleben eintretenden* jungen Leute kann die Zahl der Ausscheidenden in Zukunft nicht mehr voll ersetzen. Die Zahl der Jungen ist zu gering, zudem bleiben immer mehr von ihnen weit über das 14. Lebensjahr hinaus in der Ausbildung. Die Wirtschaft leidet bereits jetzt Mangel an Arbeitskräften und greift auf *Gastarbeiter* zurück.

c) *Die Sozialversicherungsträger* sorgen sich darum, wie sie in Zukunft die zu einer Lawine anwachsenden Renten aufbringen können. Aus ihren Rücklagen allein können sie ihren Verpflichtungen nicht nachkommen. Die *Lebenshaltungskosten* sind im Laufe der letzten Jahrzehnte gestiegen, die Kaufkraft des Geldes ist gesunken. Der *Lebensstandard* der Arbeitenden ist trotzdem dank der höheren Löhne kräftig gewachsen. Durch ein Bundesgesetz ist die Rente deshalb dynamisiert worden, d. h. der Rentenbetrag wurde mit der Entwicklung der Einkommen der Erwerbstätigen gekoppelt und wächst mit diesen. So werden die Renten ständig an den allgemeinen Lebensstandard angeglichen, und zugleich wird der Kaufkraftschwund des Geldes aufgefangen. Die angesammelten Beiträge reichen dazu aber nicht aus. Aus dem Bundeshaushalt müssen deshalb immer höhere Beträge an die Versicherungsanstalten gezahlt werden. Es ist dabei unwesentlich, daß der Versicherungspflichtige selbst nur die Hälfte, der Arbeitgeber die andere Hälfte der Beiträge aufbringt. Die Wirtschaft muß letzten Endes alle Sozialbeiträge verdienen.

d) *Die Produktivität pro Kopf* steigt im Industriestaat dank der ständigen *Investitionen*. Das erfordert aber *Kapital*. Bisher sind die Versicherungsanstalten und Lebensversicherungsgesellschaften für den Kapitalbedarf der Wirtschaft und der „öffentlichen Hand" wichtige Quellen. Müssen sie aber einen steigenden Teil der einkommenden Beiträge für die Rentenzahlungen verwenden oder gar angelegtes Kapital zurückziehen, so wird der Wirtschaft Kapital entzogen, das sie jetzt gerade besonders nötig hat, um die Produktivität zu steigern.

e) Je mehr vom *Sozialprodukt* für die Alten und die Kranken aufgewendet werden muß, um so weniger bleibt für die anderen Bereiche des Lebens übrig. Das betrifft die Ausgaben für Bildung, Erziehung, Forschung, Landesplanung und Raumordnung wie für Straßenbau und Wohnungsbau und die Verteidigung. Selbst die Frage einer Arbeitszeitverkürzung und Urlaubsverlängerung sieht in einem Volk mit relativ vielen Alten anders aus als bei Völkern mit relativ vielen im Erwerbsleben Stehenden.

f) Im *sozialen Bereich* stehen wir vor der Frage, wie die ständig wachsende Zahl der Alten in Zukunft in unsere Gesellschaft eingegliedert werden soll. Wo werden sie wohnen, ohne zu vereinsamen; wie können sie betreut werden, wenn sie pflegebedürftig werden?

Wer aber möchte die Alten von dem Anstieg des Lebensstandards ausschließen und sie mit einer Rente abfinden, die der sinkenden Kaufkraft des Geldes nicht angepaßt wird?

Die Zahlen zur Bevölkerungsstruktur des Landes, zur Berufsgliederung, zum Altersaufbau und zur Teilnahme der Frauen am Erwerbsleben zeigen die wirtschaftlichen und sozialen Probleme, die in den nächsten Jahrzehnten zu bewältigen

Personen im nichtarbeitsfähigen Alter in Prozenten der Bevölkerung im arbeitsfähigen Alter

Rentenalter bei Männern über 65 Jahre; bei Frauen über 60 Jahre. Personen, die vorher aus dem Erwerbsleben ausgeschieden sind, werden in der Tabelle nicht erfaßt.

	Insgesamt		Kinder unter 15 Jahren		Rentner, Pensionäre usw.	
	BRD	DDR	BRD	DDR	BRD	DDR
1939	43,7	48,1	31,1	32,6	12,6	11
1950	54,1	56	36,3	35	17,8	22
1960	54,7	63	33	34,3	21,7	29
1965	61,3	72	36,5	40	24,8	32

1. Wie viele Menschen im Erwerbsalter standen 1939 einhundert außerhalb des Erwerbsalters stehenden Alten und Jungen gegenüber? Wie viele waren es 1965? Stellen Sie dies für beide Teile Deutschlands fest! — 2. Vergleichen Sie die Belastung der Erwerbstätigen in der Bundesrepublik mit der Belastung in anderen Ländern.

sind. Die Kenntnis dieser Zahlen ist die wichtigste Voraussetzung für eine sinnvolle *Planung*. Es ist klar, daß alle Veränderungen in Wirtschaft und Gesellschaft auch Auswirkungen auf die räumliche Struktur und den räumlichen Wert einzelner Gebiete der Länder haben, auch wenn sie sich zunächst noch nicht am Landschaftsbild ablesen lassen.

Die gewerbliche Wirtschaft

Die Wirtschaft in einem hochindustrialisierten Lande ist so vielseitig und so unterschiedlich strukturiert, daß nur ausgewählte Fragen besprochen werden können. Die amtliche Systematik bringt in die Vielfalt der Zweige im Sekundärbereich eine gewisse Ordnung.

Wer die Aufgliederung der Wirtschaft in Industriezweige (vgl. Tabelle unten) überdenkt, muß sich fragen, ob diese Klassifikation eindeutig ist. Die Nähmaschine, die von der Hausfrau gekauft wird, ist zweifellos ein Konsumgut, wird sie dagegen

Die Beschäftigten und die Umsätze der Industriegruppen in der BRD 1966

Industriegruppe	Beschäftigte in 1000	Umsatz in Mrd. DM	davon Auslandsumsatz in %	Umsatz je Beschäftigter in 1000 DM	Anteil d. Löhne u. Gehälter am Umsatz in %
Bergbau	435	10	21	23	50
davon Kohlenbergbau	389	8	18	21	54
Verarbeitende Industrien	7949	378	17	47,5	22
a) Grundstoff- und Produktionsgüterindustrie	1771	112	18	63	18,5
davon Eisenschaffende Industrien	347	20	24	58	20
Chemische Industrie	539	36	27	67	19
Mineralölverarbeitung	33	14	3,8	407	3,6
b) Investitionsgüterindustrie	3617	139	27	38	27,5
davon Maschinenbau	1097	41	34	37	29
Fahrzeugbau	519	28	37	55	21
Elektrotechnik	965	33	20	34	29
Feinmech., Opt., Uhrenind.	154	4	34	27	34
c) Verbrauchsgüterindustrien	2040	72	8	36	24
davon Feinkeramik	83	2	29	24	38
Holzverarbeitung	218	9	4,6	40	24
Textilindustrie	538	21	10	39	21
d) Nahrungs- u. Genußmittelindustrien	521	55	2	106	9
davon Molkereien					
Milchverarbeitung	54	9	1	157	7
Tabakverarbeitung	37	8	1	224	4

von einer Kleiderfabrik erworben, so ist sie ein Investitionsgut. Die vorliegende Klassifikation begnügt sich damit, die für die überwiegende Zahl der Erzeugnisse eines Industriezweiges zutreffenden Merkmale zu berücksichtigen. *Die wirtschaftliche Bedeutung* der einzelnen Industriegruppen soll mit Hilfe der Zahl der Beschäftigten, des Umsatzes und des Anteils der Löhne am Umsatz untereinander verglichen werden. Es wird auch der Exportanteil hinzugefügt, denn es ist nicht gleichgültig, ob die Fabrikate größtenteils auf dem *Binnenmarkt* verkauft werden, oder ob ein wesentlicher Teil ins Ausland *exportiert* wird.

Das öffentliche Interesse richtet sich nicht auf die Industriegruppen, die den größten Umsatz haben, die die größte Zahl von Menschen beschäftigen oder die meisten Waren exportieren. Die Erörterungen und Fehden, die in Parlament, Presse, Rundfunk und Fernsehen geführt werden, gelten vielmehr einigen Wirtschaftszweigen, die im freien Wettbewerb und durch die Errichtung der Europäischen Wirtschaftsgemeinschaft in Schwierigkeiten geraten sind und staatlicher Unterstützung bedürfen (Kontingente, Zölle, Subventionen). Vor allem aber richtet sich die Aufmerksamkeit mehr auf die Produktions- und Grundstoffindustrien, besonders auf den Bergbau und die Landwirtschaft, und weniger auf die Zweige der Investitionsgüter- und Verbrauchsgüterindustrie.

1. Der deutsche Bergbau

Jahrhundertelang galt Deutschland als das führende Bergbauland der Erde. Diese Spitzenstellung hat es seit langem verloren. Nur noch mit Salz und mit Stein- und Braunkohle kann die Wirtschaft ausreichend aus dem eigenen Lande versorgt werden. Die erzfördernden Zechen werden allmählich stillgelegt. Die deutschen wie die britischen *Steinkohlenlager* und die mit ihnen verbundene *eisenschaffende Industrie* galten bis vor kurzem als Musterbeispiele dafür, in welch hohem Maße die *Standorte* der eisenschaffenden und eisenverarbeitenden Industrie an die Zechen und damit an die *geologisch bedingten Steinkohlenvorkommen* gebunden sind. Es wurde sogar angenommen, daß die Industrie überhaupt nur dem Vorkommen an Steinkohle in einigen Revieren Deutschlands, Belgiens, Großbritanniens und der USA ihre Entstehung verdanke (vgl. S. 163).

Die heutigen Sorgen der Industrie und der Menschen in unseren Steinkohlenrevieren zeigen deutlich, wie sich heute die *Vorstellungen von Standortgunst und Standortungunst* gewandelt haben. Die Entwicklung der Naturwissenschaften und der technische Fortschritt, die geologische Erforschung der Bodenschätze auf der Erde und besonders der Ausbau eines weltweiten Verkehrsnetzes können eine bisherige Standortgunst innerhalb weniger Jahre in ihr Gegenteil verkehren.

Entwicklung der Industrie in der Bundesrepublik Deutschland 1950—1967

Jahr	Beschäftigte in Mill.	Geleistete Arbeitsstunden in Mrd.	Löhne und Gehälter in Mrd. DM	Umsätze Mrd. DM	
1950	4,8	9,2	15,2	80,4	1. Vergleichen Sie den Anstieg der Beschäftigtenzahl und den Anstieg der Arbeitsstunden! — 2. Vergleichen Sie desgleichen den Anstieg der geleisteten Arbeitsstunden und den Anstieg der Löhne und Gehälter! — 3. Beobachten Sie das Verhältnis der Umsätze zu den Löhnen!
1957	7,2	12,6	36,4	199,6	
1962	8,0	12,6	60,6	294,6	
1966	8,4	12,2	86,5	388,0	
1967	7,8	11,0	83,5	380,7	

Beschäftigte in der Industrie im September 1962 nach Regierungsbezirken

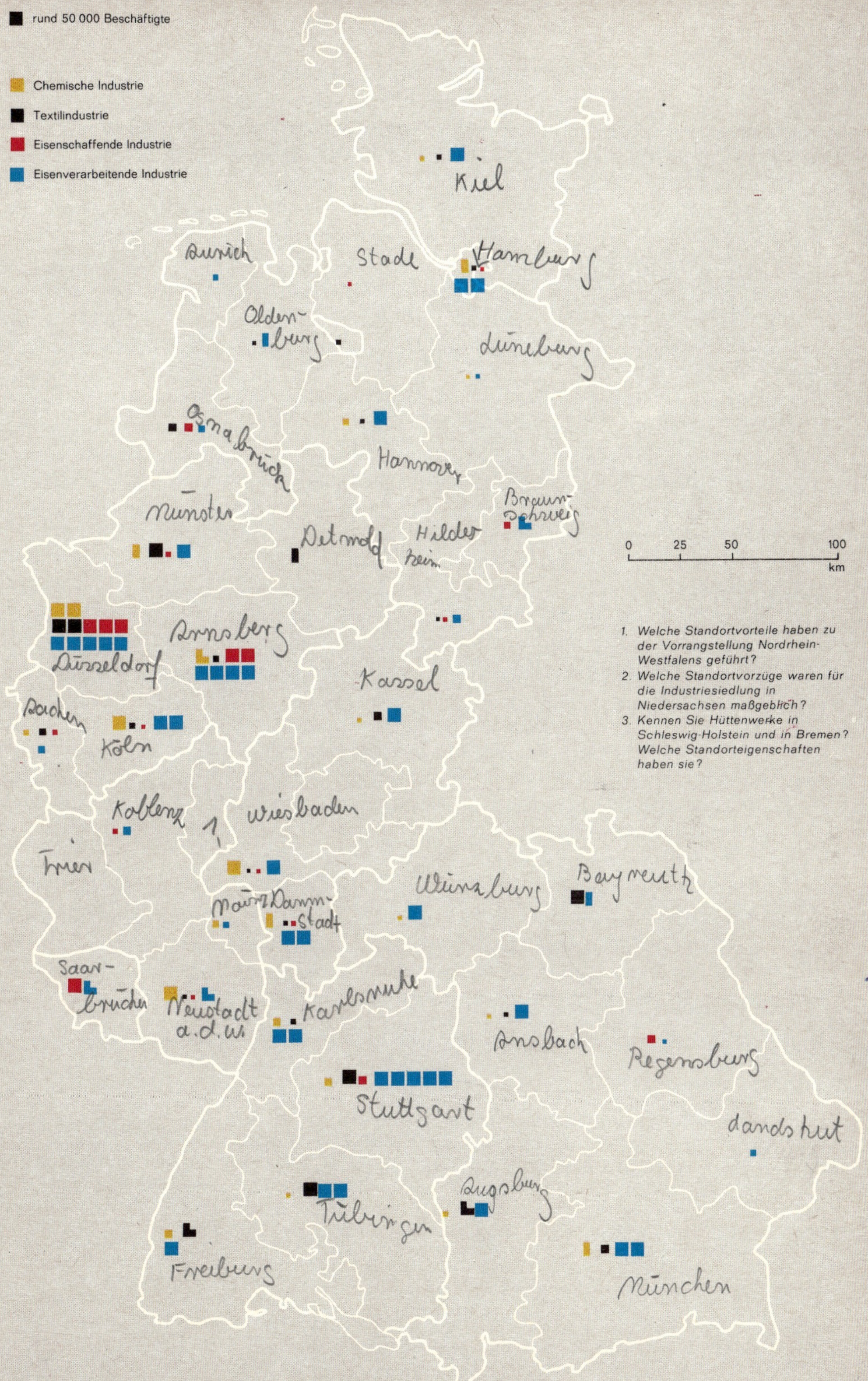

■ rund 50 000 Beschäftigte

■ Chemische Industrie
■ Textilindustrie
■ Eisenschaffende Industrie
■ Eisenverarbeitende Industrie

1. Welche Standortvorteile haben zu der Vorrangstellung Nordrhein-Westfalens geführt?
2. Welche Standortvorzüge waren für die Industriesiedlung in Niedersachsen maßgeblich?
3. Kennen Sie Hüttenwerke in Schleswig-Holstein und in Bremen? Welche Standorteigenschaften haben sie?

Die deutschen Steinkohlenreviere an Rhein und Ruhr, im Saargebiet und in Oberschlesien wurden etwa seit 1850 zu den *industriellen Kernräumen Mitteleuropas*. In der ersten Periode der Industrialisierung waren die verkokbaren Fettkohlen am wertvollsten. Im *Ruhrgebiet* wuchsen neben den Fettkohlezechen zwischen Duisburg und Oberhausen im Westen und Dortmund im Osten die Hüttenwerke empor. Die großen Stahl- und Chemiekonzerne der Vorkriegszeit besaßen 1945 einen großen Teil der Steinkohlenbergwerke mit fast neun Zehnteln der Förderung. Die organisatorische und kapitalmäßige Verflechtung von Eisen, Stahl und Steinkohle galt als die sicherste Voraussetzung für das Blühen des *Reviers*.

1948 war die Förderung gegenüber 1938 als eine Folge des Krieges in allen europäischen Ländern gesunken, am stärksten in Deutschland. In allen Ländern wurde die Produktion in den folgenden Jahren gesteigert. In der BRD waren die Zechen und die Bergleute bevorzugt vor anderen Industrien. Der Bergmann war damals der bestbezahlte, mit Wohnungen und mit Lebensmitteln am besten versorgte Arbeiter. Der Bedarf an Steinkohle schien auf Jahrzehnte hinaus die Produktion zu übersteigen. Die deutsche Wirtschaft band sich durch langjährige Verträge an die exportierenden Zechen der USA; nur so glaubte sie, ihren Energiebedarf sichern zu können.

Die *Zechen der USA* haben einen äußerst hohen Mechanisierungsgrad, der sich in großen Schichtleistungen pro Kopf auswirkt und durch die günstigen geologischen Bedingungen ermöglicht wird. In den USA würde man Flöze, die so tief oder so stark geneigt gelagert sind wie in europäischen Steinkohlegebieten, überhaupt nicht in Abbau nehmen. Trotz hoher Löhne und großer Transportkosten sind die Zechen der USA daher in Europa wettbewerbsfähig.

1956 war der Höhepunkt des Steinkohlenbedarfs erreicht; seitdem fanden die Zechen immer weniger Abnehmer. Die bisherigen Auslandskunden kauften lieber die billige amerikanische Kohle oder das noch günstigere Erdöl. Die betroffenen Länder, die Bundesrepublik, Großbritannien und Belgien, bekamen das hart zu spüren. Auf Drängen der Zechengesellschaften und der Gewerkschaften versuchte die Bundesregierung, der deutschen Kohle eine feste Absatzmenge zu garantieren. Sie nötigte die Eisen- und Stahlindustrie sowie die großen Elektrizitäts- und Gaswerke, die Verpflichtungen gegenüber den USA zu kündigen und dafür große Ablösungssummen zu zahlen. *Zölle* und *Kontingente* sollen die Kohle aus den USA fernhalten. Nur die Küstengebiete dürfen festgelegte Mengen zollfrei weiterbeziehen. Unsere Hüttenwerke bezahlen für die Tonne Kohle 10–15 DM mehr als

Förderung, Import und Export von Eisenerz 1957 und 1966 in Mill. t

Land	Förderung 1957	Förderung 1966	Fe-Gehalt %	Import 1957	Import 1966	Export 1957	Export 1966
BRD	18,3	10,8	27	20,2	37,4	0,4	0,3
DDR	1,5	1,6	30	?	1,4	—	—
Frankreich	58,5	60,1	32	1,0	0	14,6	21,0
Großbritannien	17,2	15,6	27	16,2	19,1	—	—
Belgien-Luxemburg	7,8	6,4	27	16,1	23,9	0,7	0,3
Schweden	20,0	19,4	61	—	—	17,7	25,0
Japan	2,2	2,4	55	9,5	46,1	—	—
USA	107,1	88,8	54	30,8	45,8	5,1	7,2
UdSSR	84,0	153,0	50—60	?	—	?	?
Welt	445,0	605,9	—	rd. 98	rd. 190	rd. 98	rd. 180

1. Betrachten Sie die Entwicklung des Welthandels mit Kohle und Eisenerz. — 2. Vergleichen Sie den Anteil Großbritanniens und der USA 1957 und 1966! — 3. Vergleichen Sie die Stellung der Bundesrepublik im Kohlenexport! Was würde es für den deutschen Bergbau bedeuten, wenn der Export fortfiele? (s.a. Tab. S. 175) — 4. Vergleichen Sie den Anstieg des Erzimportes Japans mit dem der BRD, desgleichen das Verhältnis von Eigenförderung und Import!

etwa die italienischen und französischen Werke für die amerikanische Kohle an den Küsten. Trotz aller Hilfsmaßnahmen ist es sehr schwer, die geförderte Kohle abzusetzen. Bei den Zechen türmen sich gewaltige Halden.

Dadurch wurden die Zechen gezwungen, ihre Förderung zu drosseln. Es begann die Zeit der *Stillegung der Zechen*. Zuerst waren es die alten kleinen Schachtanlagen im Süden des Reviers, jetzt sind es auch große moderne Betriebe. Die Bundesregierung fördert diese Entwicklung, indem sie Stillegungsprämien zahlt; die älteren Bergleute werden vorzeitig pensioniert, die jüngeren umgeschult. Da der Bergarbeiterberuf seine Anziehungskraft verloren hat, haben Bergbau und Bergakademien Nachwuchssorgen.

Es ist verständlich, daß sich in dieser Notlage die verschiedenen Interessengruppen bemühen, ihre Belange zu verteidigen und von der Regierung Hilfe zu erhalten. Ebenso wie in der BRD müssen die Zechen in Großbritannien ihre Förderung verringern und stillgelegt werden.

Die Zechenleitungen sind bestrebt, die Betriebe zu erhalten. Auf dem Markt jedoch ist der Preis entscheidend. Die Gesellschaften können aber wegen der hohen Lohnkosten die Preise nicht ermäßigen und die Bergarbeiter sind nicht gewillt, Lohnminderungen hinzunehmen.
Die Gewerkschaften kämpfen ebenfalls darum, die Arbeitsplätze zu erhalten und wollen die Löhne eher steigern als kürzen. Ihre Forderungen an die Regierung decken sich mit denen der Zechenleitungen. — Dennoch müssen die Bergleute Lohnverluste hinnehmen, wenn die unverkäuflichen Kohlenhalden zu groß geworden sind, und deshalb Feierschichten eingelegt werden. Die Gewerkschaften forderten einen Lohnausgleich für solche vom arbeitswilligen Bergmann unverschuldete Feierschichten. Es wird also Lohn für eine Arbeit gezahlt, die nicht verrichtet worden ist. Das geht zu Lasten der gesamten Volkswirtschaft.
Die Gemeinden verlieren ihre Steuerquellen; denn die Haupteinnahmequelle der Gemeinden ist neben der Grundsteuer die Gewerbesteuer. Eine Zeche aber, die ihre Produktion nicht absetzen kann, zahlt weniger Gewerbesteuer, stillgelegte Zechen überhaupt keine. *Herne* zum Beispiel, das im Zweiten Weltkriege nicht zerstört worden war, hieß nach 1945 das „Goldene Herne". Heute ist es eine arme Stadt.
Nehmen die Gemeinden keine Steuern ein, so können sie all die Einrichtungen nicht schaffen und unterhalten, die ihre Bürger brauchen: Schulen, Schwimmbäder, Krankenhäuser, Parkanlagen. Das Verkehrsnetz kann nicht weiter verbessert und ausgebaut werden. All dies hat Auswirkungen auf alle Bereiche des Lebens der betroffenen Gebiete und des Staates und wirft schwerwiegende Probleme für die Planung auf.
Arbeiter mit geringerem und dazu noch unsicherem Einkommen kaufen *dem Handel und dem Gewerbe* weniger ab, so daß auch diese Betriebe den wirtschaftlichen Rückgang zu spüren bekommen und geringere Gewerbesteuern an die Gemeinden zahlen.

Förderung, Import und Export von Steinkohle und Koks, Roheisen- und Stahlerzeugung 1957 und 1966 in Mill. t

Land	Steinkohle und Koks						Roheisen-erzeugung		Rohstahl-erzeugung	
	Förderung		Import		Export					
	1957	1966	1957	1966	1957	1966	1957	1966	1957	1966
BRD	133,2	126,0	22,9	8,7	23,2	25,8	18,4	25,4	24,5	35,3
DDR	2,8	2,2	?	?	?	?	1,7	2,4	2,9	4,1
Frankreich	56,8	50,3	21,7	15,6	6,5	0,9	11,9	15,6	14,1	19,6
Großbritannien	227,2	177,4	2,9	—	9,9	3,8	14,5	16,0	22,0	24,7
Belgien-Luxemburg	29,1	17,5	9,5	11,6	4,7	2,4	8,9	12,3	9,8	13,3
Schweden	0,3	0,3	5,1	3,2	—	—	1,4	2,2	2,5	4,8
Japan	51,7	75,5	6,4	19,5	—	—	6,8	32,0	12,6	47,8
USA	467,6	491,1	0,4	0	73,9	46,5	72,0	83,6	102,2	121,6
UdSSR	328,4	433,1	—	—	?	?	37,0	70,0	51,2	96,9
Welt	1725,0	2194,8	rd. 126	rd. 96	rd. 126	rd.96	203,1	335,0	291,7	470,5

Die Zechenkolonien, die meist von den Zechengesellschaften für die Bergarbeiter erbaut wurden, werden nur noch mangelhaft unterhalten. Sie bieten oft das Bild der Armut, ja manchmal des sichtbaren Verfalls.

Zechenleitungen, Gewerkschaften und Gemeinden haben deshalb den Wunsch, daß der Bergbau erhalten bleibt, was nur auf Kosten der übrigen Volkswirtschaft möglich ist: das Revier müßte von der Wirtschaft des ganzen Bundesgebietes ständig unterstützt werden, indem die billige Importkohle und das noch billigere Erdöl ferngehalten werden. Sind revierferne Betriebe und Bundesländer dazu bereit? Ist ihnen das überhaupt zumutbar, da sie jetzt die Aussicht haben, den bisherigen Nachteil der Revierferne abzuschütteln? Soll die Wirtschaft Bayerns auf das billigere und technisch verwendungsfähigere Erdöl verzichten, um dem Revier seinen Wert zu erhalten? Das würde bedeuten, neue Entwicklungen zu hemmen. Sollen Hamburg und Bremen gezwungen werden, Ruhrkohle zu kaufen und auf die weit billigere amerikanische Kohle verzichten? Bleiben die Betriebe an der Küste in der EWG und auf dem Weltmarkt dann noch wettbewerbsfähig?

Auch die fortschreitende Automatisierung führt dazu, daß immer weniger Menschen in den Grundstoffindustrien Beschäftigung finden können. Was kann getan werden, um die Wirtschaftskraft des Ruhrgebietes zu erhalten und um den fast 7 Millionen Menschen dieses riesigen verstädterten Gebietes Arbeitsplätze zu erhalten oder zu schaffen? Eine Möglichkeit der Umstrukturierung bietet die *Ansiedelung neuer Industriezweige*, die für die verschwindenden Arbeitsplätze Ersatz bieten können. Die *Nachfolgeindustrien*, wie die Konsumgüterindustrie und die Investitionsgüterindustrie, können durch das Vorhandensein einer gut ausgebildeten Arbeiterschaft und der Lage in einem Gebiet mit großen Konsumentenzahlen zur Niederlassung gelockt werden. Jedoch muß in großen Gebieten mit *Bergsenkungsschäden* gerechnet werden. Welcher große Betrieb will auf einem unsicheren Gelände kostspielige Anlagen errichten, wenn er nicht die Garantie hat, daß Schäden infolge nachträglicher Bergsenkungen ersetzt werden? Die Besitzer stillgelegter Zechen sind für solche Garantien ungeeignet. Wieweit können die Gemeinden, das Land oder der Bund solche Garantien auf Kosten des Steuerzahlers übernehmen?

Das Revier darf kein „Armenhaus" werden. Armenhäuser werden sehr rasch zu sozialen und politischen Unruheherden. Es ist Aufgabe einer weitschauenden sorgfältigen Planung, den Strukturwandel zu lenken. In die Erörterungen des Für und Wider in der Wirtschaftspolitik gegenüber dem Steinkohlenbergbau, der Eisen- und Stahlindustrie und der gesamten Energiewirtschaft fließen auch andere Argumente ein: darf es sich eine Volkswirtschaft leisten, auf die eigenen Energie- und Rohstoffquellen zu verzichten, weil sie teurer sind als die ausländischen Importe? Gerät nicht dadurch die Wirtschaft in eine unverantwortbare Abhängigkeit von den ausländischen Lieferanten? Was wird aus den Werken und damit auch den Arbeitern in der BRD, wenn etwa die Kohlelieferungen aus den USA ausbleiben, weil die Schiffe wegen einer Krise – irgendwo auf der Erde – anderswo gebraucht werden? Was geschieht, wenn wegen Frachtraummangels Kohle und Erdöl plötzlich im Preise unvorhergesehen steigen, wie etwa nach der Sperrung des Suezkanals im Jahre 1967? Es stellt sich die Alternative: Sicherheit durch Autarkie zu Lasten des Lebensstandards oder Wettbewerbsfreiheit auf dem Weltmarkt und Steigerung des Lebensstandards durch weltweite Arbeitsteilung?

Ein Blick auf die *Ostblockstaaten* zeigt deutlich, daß dort die *Autarkie* an erster Stelle der Wirtschaftsziele steht. Man nimmt hier höhere Preise und einen niedrigeren Lebensstandard in Kauf. Um den Vergleich mit dem Ausland zu erschweren und Unzufriedenheit unter der Bevölkerung zu unterdrücken, hat man lange Zeit die eigene Wirtschaft hermetisch gegenüber dem freien Weltmarkt abgeschlossen. Die Produkte sind auf diesem freien Weltmarkt deshalb oft nur zu Preisen abzusetzen, die weit unter den von den eigenen Bürgern geforderten liegen.

Die Preise etwa für den Wartburg und den Skoda diesseits und jenseits der Grenze zwischen Ostblock und freier Welt zeigen das deutlich. Jedoch versucht man in den letzten Jahren immer mehr mit dem Westen ins Geschäft zu kommen. Kann sich die Bundesrepublik Deutschland eine solche Autarkie leisten? Können die Werke der eisenschaffenden und eisenverarbeitenden Industrie auf dem Weltmarkt wettbewerbsfähig bleiben, wenn Sie für Vorprodukte und Energieträger mehr bezahlen müssen als die Konkurrenten? Können sie innerhalb der EWG oder einer noch größeren Wirtschaftsgemeinschaft wettbewerbsfähig bleiben? Will man eine Entwicklung hinnehmen, wie bei der Textilindustrie (vgl. S. 183)?
Dieselben Fragen werden auch in Großbritannien diskutiert. Dort ist der Steinkohlenbergbau verstaatlicht worden; an den Grundfragen und an den Sorgen der Beschäftigten und der Gemeinden ändert das nichts. Die Betroffenen hoffen nur, dadurch leichter zu einer Staatshilfe auf Kosten des Steuerzahlers zu kommen.

2. Das Verhältnis der Energieträger untereinander

Schon 1957 gab es den Gegensatz zwischen den konservativen Steinkohlenländern Großbritannien und Bundesrepublik Deutschland auf der einen Seite und Ländern, die die neuen Energiequellen bevorzugten, auf der anderen. Die *Kohle* behauptete damals noch einen Anteil von etwa 85% am Gesamtenergieverbrauch der deutschen Volkswirtschaft, das *Erdöl* dagegen brachte es in der Bundesrepublik nur auf 12%, in Großbritannien auf 13%. In Italien, Norwegen und Schweden dominierte schon damals das Erdöl. Dabei handelt es sich um hochindustrialisierte Länder.
Das Verhältnis Erdöl zu Kohle war 1966 in der Bundesrepublik Deutschland trotz aller Förderungsmaßnahmen zugunsten der Kohle 1 zu 1, in Großbritannien 2 zu 3. In Italien, Norwegen und Schweden und in der Schweiz stellt die Kohle nur noch 1–10% des Energiebedarfs. Die Entwicklung ist eindeutig und spiegelt sich im Rückgang des Welthandels mit Steinkohle wieder (vgl. Tab. S. 175). Im Jahre 1967 hatte das Erdöl schon die Kohle als Energieträger überholt.
Zur gleichen Zeit hat sich der Energiebedarf der Welt vervielfacht. Der relative Anteil der Kohle ist also noch weit stärker zurückgegangen als es die absoluten Zahlen anzeigen.

Anteil von Kohle, Erdöl, Erdgas und Wasserkraft am Energieverbrauch in Prozenten
Energiearten (eigene Quellen und Import) in der OECD*

	Anteil der Kohle		Anteil des Erdöls		Anteil der Wasserkraft	
	1956	1966	1956	1966	1956	1966
BRD	85	48,5	12	48	3	3,5
Großbritannien	86	59	13	40	1	1
Belgien-Luxemburg	79	56	21	44	—	0
Niederlande	65	31	35	69	—	—
Frankreich	60	37	29	50	11	13
Griechenland	19	31	76	61	5	8
Italien	22	10	39	64	28	17
Norwegen	8	1	24	18	69	81
Schweden	43	5	18	54	39	41
Dänemark	51	31	49	69	—	—
Irland	43	35	47	25	5	8
Spanien	54	31	26	49	20	20
Gesamt-OECD in Europa	69	38	21	45	9	12

1. a) Welchen Anteil hatte die Steinkohle 1956 am Energiebedarf der BRD, Großbritanniens, Schwedens, Italiens, Norwegens? — b) Wie hat sich der Anteil der Kohle von 1956 bis 1966 verändert? — 2. In welchen drei der genannten Länder ist der Anteil der Kohle an den Energieträgern noch am größten? — 3. In welchem der genannten Länder ist der Verbrauch an Erdöl und Erdölprodukten am größten? Wo werden also die meisten Menschen betroffen, wenn die Erdölzufuhr stagniert? — 4. Was bedeutet der hohe Anteil von Erdöl und Wasserkräften an der Gesamtenergie für die Wettbewerbsfähigkeit der Fabriken in den Ländern?
* Kalorienwert von 3 kg Braunkohle gleich Kalorienwert von 1 kg Steinkohle.

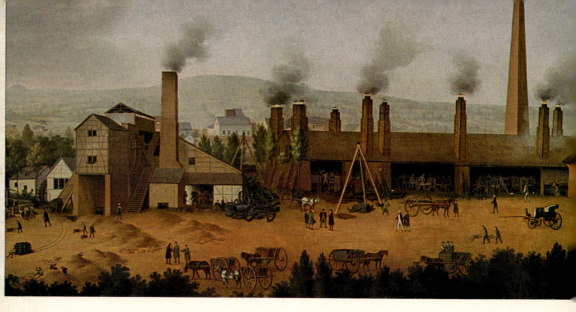

Die Braunkohle gibt der *Bundesrepublik* eine Sonderstellung in der westlichen Welt, denn nur hier fällt ihr Anteil am Energieverbrauch ins Gewicht. Innerhalb der EWG entfallen 96% der Braunkohlenförderung auf die Bundesrepublik Deutschland. Die Braunkohle, die im *rheinischen Revier* zwischen Köln, Düsseldorf und Aachen gefördert wird, wird größtenteils in der Nähe der Grube in elektrische Energie verwandelt. Über ein Viertel der gesamten Stromerzeugung der Bundesrepublik stammt aus diesem Energiezentrum. Die Industrie der *DDR* stützt sich fast ausschließlich auf die heimische Braunkohle. Obwohl 1 Tonne Braunkohle nur ein Drittel der Energie einer Tonne Steinkohle hergibt, ist die Versorgung der DDR mit Kohleenergie auf den Kopf umgerechnet nicht geringer als im Westen.

Der Anteil der Wasserkräfte an der Energieerzeugung ist bei uns überraschend gering. Bei weit geringerer Einwohnerzahl gewinnen Norwegen und Schweden fast doppelt so viel Hydroelektrizität wie die Bundesrepublik Deutschland. Selbst die Schweiz übertrifft die BRD, und Frankreich bleibt für sie unerreichbar. Die großen Stauanlagen und Kraftwerke dieser Länder liegen oft abgelegen in schwer zugänglichen Gebieten, so daß auch der Fremdenverkehr zur Kenntnis dieser Entwicklung bei den Nachbarn Deutschlands wenig beiträgt.

3. Die Eisenhüttenindustrie

Die Stellung in der Weltwirtschaft und in der EWG. In Europa westlich der Sowjetunion ist die Bundesrepublik Deutschland der größte *Eisen- und Stahlerzeuger*. Gemessen an der Bevölkerungszahl ist die Produktion bei uns sogar größer als in den USA und in der SU. Auch in der EWG scheint die Spitzenstellung der Bundesrepublik unerschüttert zu sein, obgleich ihr Anteil – gemessen etwa am Jahr 1938 – weit zurückgegangen ist. 1938 hatte der Anteil der Bundesrepublik an der Stahlproduktion der Welt noch über 18% betragen und innerhalb der heutigen

Links: Das Walzwerk Düren um 1838 Gemälde von Carl Schütz

Rechts: Hüttenwerk Rheinhausen

EWG-Länder 62%; heute sind die Anteile 8% und 42%. Seit 1964 übertrifft auch *Japan* die Produktion der Bundesrepublik Deutschland. Das statistische Bild, das für die Bundesrepublik immer noch eine Spitzenstellung zeigt, darf nicht darüber hinwegtäuschen, daß auch die eisenschaffende Industrie im Laufe der Jahre durch den weltweiten Wettbewerb in Bedrängnis geraten ist.

Die Standorte innerhalb der Bundesrepublik Deutschland. Die eisenschaffende Industrie ist fast ganz auf das *Ruhrgebiet* konzentriert. An zweiter Stelle, aber weit zurückliegend, steht das *Saarland*. Die Bindung der Standorte an die Steinkohlenlager ist offensichtlich. Die *Fettkohle* fördernden Zechen waren in der Vergangenheit die günstigsten Standorte für den Bau von Hochofen- und Stahlwerken. Diese Gunst ging allerdings schon seit einem halben Jahrhundert verloren. Vor 80 Jahren brauchte man weit größere Mengen Kohle als Erz, um eine Tonne Roheisen zu gewinnen. Dank des technischen Fortschritts ist das Verhältnis heute umgekehrt: Um eine Tonne Roheisen zu gewinnen, braucht man 2 Tonnen 50 prozentigen Erzes, aber nur noch 650–700 kg Koks und 350–400 kg Kalk. Koks ist also nur noch ein Viertel dessen, was man dem Hochofen zuführen muß. Das hat schon von der Jahrhundertwende an dazu geführt, daß die Hüttenwerke ihre Standorte verlegten und an den Rhein und an die Kanäle des Reviers zogen. Am Niederrhein werden heute über zwei Drittel des Stahls des Reviers produziert, im westfälischen Teil dagegen zwei Drittel der Kohle gefördert. *Der Rhein wird zur „Industrieschiene" des Kontinents.*

Die Erzversorgung. Deutschland hatte in den dreißiger Jahren, als die Wirtschaft vom Autarkiestreben beherrscht war, den Abbau der eigenen Lagerstätten mit allen Mitteln gefördert, auch wenn der Erzgehalt nur 30% betrug oder sogar darunterblieb. Neben neuen Erzgruben wurde das moderne *Hüttenwerk Salzgitter* errichtet. Die Gefahr einer falschen Standortwahl und die Fragwürdigkeit staatlicher Maßnahmen wird dadurch grell beleuchtet, daß der Salzgitterkonzern, dessen Aktien sich im Besitz des Staates befinden, 1967/68 sein Aktienkapital von 460 Millionen auf 50 Millionen zusammenlegen mußte. Es soll nachträglich mit

Hilfe von Steuermitteln wieder aufgestockt werden. In den drei Geschäftsjahren 1964 bis 1967 mußte der Konzern einen Verlust von über 450 Millionen DM hinnehmen, also praktisch des gesamten Aktienkapitals. Betroffen wird vor allem das Zonenrandgebiet. Schon 1957 war der deutsche Erzimport größer als die Eigenförderung. Der deutsche Eisenerzbergbau ist mit dem ausländischen nicht mehr wettbewerbsfähig.

Die Zahl der im Eisenerzbergbau Beschäftigten ist vom Jahre 1957 bis 1967 von 24 100 auf 5 300 zurückgegangen. Die Zahl der Betriebe verringerte sich im gleichen Zeitraum von 73 auf 41.

Für die betroffenen Gemeinden ist es ein schwerer Schlag, wenn die Arbeitsstätte für viele Männer und die Einnahmequelle für Gewerbesteuern geschlossen wird. Diese Entwicklung ist aber nicht aufzuhalten, denn wo man *Gangerze* abbaut und dabei in große Tiefen gehen muß, werden die Förderkosten zu hoch. In den neuzeitlichen Gruben am *Harzrand* ist das Erz zu arm an Eisen und es bedarf kostspieliger Aufarbeitungsverfahren, um es im Hochofen einsetzen zu können. Die Hüttenwerke müssen an Kosten sparen, wenn sie im freien Wettbewerb mit den anderen Ländern bestehen wollen und kaufen deshalb das billigere und technisch besser verwertbare Erz aus *Schweden*, *Spanien*, *Labrador* oder einem anderen Lande (vgl. S. 71 u. 174).

Damit geht aber die Standortgunst der Nähe von Erzgruben genauso verloren wie die Gunst der Nähe von Kohlenzechen. Bei dem heutigen technischen Stand sind die Küsten die günstigsten *Standorte!* Dort können Erze und Kohle aus den Seeschiffen unmittelbar in die Bunker vor den Hochöfen geschüttet werden. Wo man heute unbelastet durch Tradition Hüttenwerke errichtet, baut man sie an die Küsten. Innerhalb der Montanunion hat vor allem *Italien* diese Möglichkeit ausgenutzt. Für *Frankreich* erwiesen sich inzwischen die Küsten am Kanal und am Atlantik als Standorte rentabler als die zum Teil erst nach dem Kriege errichteten neuen Werke im Erzrevier Lothringens.

In *Deutschland* können die Werke ihre Betriebe nicht stillegen und an die Küsten verlegen, auch wenn innerhalb der EWG keine Grenzen mehr bestehen. Zu große Investitionen wurden nach dem Kriege für die Werksanlagen geleistet, als daß man die Betriebe aufgeben könnte. Manches große Werk hat seit 1948 mehr als eine Milliarde DM investiert. Wollte ein Konzern solch ein großes Werk stillegen, würde das auf den geschlossenen Widerstand der Arbeiterschaft, der Gewerkschaften, der betroffenen Gemeinden und schließlich des Staates stoßen. Man kann nicht eine *Stadt* von 75 000–100 000 Einwohnern oder gar eine ganze Gruppe von Städten oder Stadtteilen dieser Größenordnung dem wirtschaftlichen Verfall überlassen. Hinzu kommt, daß kein Unternehmen die finanziellen Mittel hat, um auf freiem Feld ein neues Werk gleicher Größe und die entsprechende Wohngemeinde für die Beschäftigten zu errichten. Das könnte nur der Staat, indem er die Steuergelder des ganzen Landes für einige sehr kostspielige Anlagen verwendet. Dieses Verfahren ist in den Ländern des Ostblocks üblich; dort entstehen innerhalb weniger Jahre völlig *neue Industriegebiete* und *Städte* (vgl. S. 97).

4. Die Automobilindustrie als Beispiel für die verarbeitende Industrie

Der Kraftfahrzeugbau ist in der Bundesrepublik Deutschland wie in anderen hochindustrialisierten Ländern zu einem das gesamte Wirtschaftsleben bestimmenden Faktor geworden. Der Produktionswert, die Beschäftigtenzahl, die Zahl der für die Pflege und Reparatur der Kraftfahrzeuge Tätigen, aber auch das Interesse vieler Millionen von Autofahrern gibt diesem Wirtschaftszweig geradezu eine Schlüsselstellung. Er hat für die Eisen- und Stahlverarbeitung eine ähnliche Bedeutung wie vor hundert Jahren der Eisenbahnbau.

Andere wichtige Wirtschaftszweige hängen ebenfalls vom Auto ab, so zum Beispiel der Straßenbau und die Straßenbaumaschinenindustrie. Von Anfang an stand Deutschland unter den autobauenden Ländern an der Spitze. Die Bundesrepublik Deutschland produziert innerhalb der EWG mehr Personenkraftwagen als alle anderen Länder zusammen. 1938 produzierte Großbritannien mehr Kraftwagen als Deutschland, 1965 dagegen erzeugte die deutsche Autoindustrie 1 Million Wagen mehr (vgl. auch Tab. S. 94).

Der deutsche *Markt* ist für unsere Automobilfabriken zu klein, sie sind exportabhängig.

Nur dank der großen *Serienproduktion* können die Autos so billig verkauft werden, daß sie überall in der Welt ihren Absatz finden. Müßten sich die Werke auf den *Binnenmarkt* allein beschränken, so wären die Produktionskosten pro Stück wesentlich höher, der Preis würde also steigen und damit der Absatz sinken; als Folge würden die Produktionskosten der schrumpfenden Serie weiter steigen und so käme die Industrie sehr rasch in eine sehr ernste Absatzkrise. Der Rückgang auf dem Binnenmarkt im Jahre 1967 konnte beispielsweise durch gesteigerten *Export* weitgehend aufgefangen werden.

Die Abhängigkeit vom *Weltmarkt* bringt allerdings viele Gefahren mit sich. Preis und Güte des Fabrikats entscheiden über den Absatz nicht in gleicher Weise wie auf dem Binnenmarkt, wo bevorzugt der Wagen gekauft wird, den die Kunden für den besten und zugleich preiswertesten halten.

Das zeigen die unterschiedlichen *Preise* deutscher Wagen in der Bundesrepublik und in Frankreich und umgekehrt französischer Wagen in Frankreich und in Deutschland. Es bedarf also selbst innerhalb der EWG, in der die Binnenzölle seit 1968 ganz abgebaut sind, noch vieler Verhandlungen, bis tatsächlich nur noch Güte und Verkaufspreis ab Werk über die Absatzmöglichkeiten entscheiden.

Die wichtigsten Abnehmer deutscher Kraftwagen und Zugmaschinen im Jahre 1966			Herstellung von Kraftwagen in 1000 Stück					
				Personenwagen			Lastwagen	
	Anzahl	Wert in Mill. DM		1938	1953	1966	1953	1966
USA	575 712	2 670	BRD (DR)	205	388	2 830	102	214
Belgien–Luxemburg	124 055	1 330	DDR		29	106	11	20
Niederlande	94 411	616	Frankreich	182	368	1 761	129	263
Schweden	88 758	657	Italien	59	143	1 282	32	84
Österreich	83 386	593	Großbritannien	341	595	1 604	239	439
Schweiz	67 857	755	Japan	2	7	878	39	1 179
Dänemark	53 271	337	USA	2 001	6 117	8 568	1 206	1 728

1. Welche Stellung hatte das Deutsche Reich im Personenkraftwagenbau 1938? Wie war die Stellung der BRD und der DDR 1966 innerhalb Europas? — 2. In welchem europäischen Lande ist der Personenkraftwagenbau seit 1953 prozentual am stärksten angestiegen, in welchem Lande am geringsten? — 3. Welches europäische Land führt im Lastwagenbau? Welche Stellung nimmt die Bundesrepublik ein? — 4. Vergleichen Sie die Entwicklung der Produktion Japans und der BRD! — 5. Wieviel Kraftfahrzeuge nehmen die Beneluxländer der BRD ab? — 6. Welchen Anteil hat der Anteil des Kraftfahrzeug-Exportes nach Schweden am gesamten Export nach Schweden? Stellen Sie dasselbe für Belgien-Luxemburg fest! — Berücksichtigen Sie dabei die Tabelle S. 202!

Im Lastwagenbau übertraf Frankreich die Bundesrepublik im Jahre 1965 in der Stückzahl, und Großbritannien produziert genauso wie 1938 weit mehr Lastwagen als alle anderen europäischen Staaten.

a) *Die Standorte* der deutschen Automobilindustrie zeigen keinen Vorzug bestimmter Landschaften. *Opel* in Rüsselsheim liegt am Main, *Ford* in Köln am Rhein und das *Volkswagenwerk* am Mittellandkanal. *Mercedes-Benz* in Stuttgart dagegen hat erst jetzt eine Wasserstraße bekommen, ist also unabhängig von ihr groß geworden. *BMW* liegt fern von den Wasserstraßen in München, ebenso *Opel* in Bochum.

Wir beobachten, daß die Werke sich immer stärker zusammenschließen, um ihr Produktionsprogramm aufeinander abzustimmen und so die Serie der einzelnen Fabrikationsstätten zu erhöhen. Auch eine steigende *Verflechtung* der Automobilindustrie über die Grenzen der EWG-Staaten hinweg ist schon zu beobachten. Die amerikanischen Tochterfirmen werden auf *ein* Werk innerhalb der EWG konzentriert. So hat Ford seinen Betrieb in Frankreich aufgegeben und hat als Standort in den EWG-Ländern nur noch Köln und ein Zweigwerk bei Gent.

Die *Mobilität* in der Automobilindustrie ist weit größer als in anderen Industriezweigen: Neue Werke werden gebaut, alte aufgegeben oder in der Produktion umgestellt. Eine weitere Verlagerung der Standorte ist in den kommenden Jahren durchaus möglich. Das Ziel der Firmen wird es bleiben, möglichst große Serien herzustellen.

Wie sehr dieser Industriezweig das Wirtschaftsleben bestimmt, ergibt sich aus den Zahlen: Über 560 000 Menschen arbeiten in der Autoindustrie, 260 000 in der Kraftfahrzeug-Reparatur. Der Umsatzerlös der Kraftfahrzeug- mit Luftfahrtindustrie beträgt 17,4 Milliarden DM, fast soviel wie der Umsatz der gesamten chemischen Industrie, fast doppelt soviel wie der des Steinkohlenbergbaus.

b) *Die Autoindustrie in der DDR* bleibt weit hinter derjenigen der westlichen Länder zurück. Viele bekannte Automarken waren vor 1945 im Gebiet der DDR beheimatet: Wanderer, DKW, Horch und Audi, die sich in den dreißiger Jahren zur Autounion zusammengeschlossen hatten. Zündapp in Zwickau war vor 1939 das bedeutendste deutsche Motorradwerk. In Eisenach stand ein großes Werk von BMW. An der *Autoindustrie der DDR* zeigt sich besonders deutlich, wie wirksam dort die dirigistischen Maßnahmen des Staates und des Comecon sind. In der DDR dürfen nur kleine Wagen hergestellt werden: der Wartburg und der Kleinwagen Trabant. Die Produktion größerer Wagen bleibt der Sowjetunion vorbehalten. Die produzierte Stückzahl erscheint neben den Zahlen der westeuropäischen Länder sehr klein; das ist zugleich ein Hinweis auf Gefälle im Lebensstandard zwischen den beiden Deutschland. Die Lastwagenproduktion war 1966 mit 20 166 Stück gering, denn sie wurde von der DDR an Ungarn abgegeben.

c) *An der Autoindustrie Japans* zeigt sich, wie schnell sich der Markt ändern kann. Noch 1953 produzierte Japan nur etwas über 7 000 Autos, 1965 waren es fast 700 000. 1965 wurden in Japan bereits doppelt so viele Lastwagen wie in der EWG insgesamt produziert. Die japanischen Autos werden in Zukunft eine harte Konkurrenz auf dem Weltmarkt werden. Japan hatte bereits 1967 die Produktion von Personenkraftwagen in der Bundesrepublik Deutschland überholt. Gleichzeitig war Japan zum größten Schiffsbauer der Erde aufgestiegen.

Handwritten notes at top: Krefeld - Seide, Wuppertal - Leinen, Bielefeld - Baumwolle, Rheine → Niederl. Baumwolle, Leinen

5. Die Textilindustrie als zweites Beispiel für die verarbeitende Industrie

In Deutschland wie in Großbritannien begann die industrielle Revolution mit dem Übergang zur Fabrikarbeit in der *Textilindustrie*. Erst später folgten der Maschinenbau und die Eisen- und Stahlindustrie. In ähnlicher Weise wird heute die Industrialisierung in vielen Entwicklungsländern mit der Errichtung einer Textilindustrie in die Wege geleitet. Seit einigen Jahren sind daher die Entwicklungsländer ernste Konkurrenten für die traditionellen Industriestaaten geworden.
Die Standorte der Textilindustrie in Deutschland lassen sich aus der Verbreitung des Gewerbes vor der ersten Phase der Industrialisierung erklären. Die alten Standorte blieben erhalten, als man dazu überging, Rohstoffe – Wolle und Baumwolle – aus Übersee zu verarbeiten. Nicht etwa naturgeographische Vorzüge sind der Hauptgrund für das Festhalten an den ursprünglichen Standorten, sondern sozialgeographische: In den Textilgebieten lebten schon viele Facharbeiter; Wohnungen und Versorgungseinrichtungen waren damit vorhanden; eine große Zahl von Zuliefererbetrieben, etwa für Knöpfe, Bänder und Farben, lagen in der nächsten Umgebung, die Geschäftsverbindungen waren schon gut ausgebaut. Auch die *sozialpsychologisch* begründete *Bindung* der Unternehmer an die ererbte Fabrik und die bewährten Mitarbeiter mag dabei mitgespielt haben.
Neue Standorte wählte die Textilindustrie in *Nordwestdeutschland*, wohin die geringen Transportkosten (Küstennähe) und der günstige Feuchtigkeitsgehalt der Luft lockten, und in der Nähe der *Ballungsräume* mit großer Konsumentenzahl. So bildete sich zum Beispiel rings um das *Ruhrgebiet* ein ausgeprägter Ring der Textilindustrie. Auch hier gehen die einzelnen Standorte oft auf vorindustrielle Gewerbe zurück.
Die Krise der Textilindustrie kommt im Rückgang der Beschäftigten, der Betriebe und der Produktion (1967 rund 7 Prozent) zum Ausdruck. Gründe für diese Krise sind:
a) Der *Wettbewerb asiatischer Länder* mit geringen Löhnen, geringen Sozialleistungen und langer Arbeitszeit, die dazu führt, daß die Maschinen sehr intensiv ausgenutzt werden. Die deutsche Textilindustrie wirft der Bundesregierung vor, daß sie unter den EWG-Ländern dem Wettbewerb der asiatischen Länder weit stärker ausgesetzt sei als etwa die Fabriken in Frankreich oder Italien.

Einfuhr von Textilien in Mill. DM

		1950	1966	
Gesamteinfuhr BRD				
davon Rohstoffe	Baumwolle	835,1	759,7	
	Wolle	711,5	766,6	
	Flachs, Hanf, Jute, Hartfasern	180,2	161,9	
	Reyon	88,0	443,3	538,3
	Zellwolle und synth. Fasern		95,0	
davon Gespinste aus	Zellwolle usw.	4,2	98,2	
	Baumwolle	66,0	129,2	
	Wolle	160,7	471,0	
	Flachs, Hanf, Jute, Hartfasern	22,4	61,4	
Gewebe und Gewirke aus	Kunstseide, synth. Fäden		519,0	794,5
	Zellwolle usw.	43,3	275,5	
	Baumwolle	113,7	420,3	
	Wolle	188,5	1 148,8	
	Flachs, Hanf, Jute, Hartfasern	3,0	169,2	

1. Vergleiche den Wert der Importe von Textilrohstoffen und den Wert der Gespinste und vor allem der Gewebe und Gewirke für die Jahre 1950 und 1966! — 2. Auf das Wievielfache hat sich der Import von Wollgeweben erhöht? Wie hoch ist die Zahl für unbearbeitete Wolle? — Was bedeutet das für die deutsche Textilindustrie? — 3. Welchen Wunsch haben die Textilfabriken der Entwicklungsländer?

b) *Die Struktur des Familienbetriebes* erweist sich heute als Nachteil. Familienbetriebe waren oft die einzige gewerbliche Arbeitsstelle vieler Gemeinden und ihre wichtigste Steuerquelle. Die Stillegung dieser kleinen Fabriken trifft die Arbeitskräfte und die Gemeinden nicht weniger schwer als den Besitzer. Verstreut liegende Betriebe dieser Art, die vom Besitzer und seinen Familienmitgliedern technisch und kaufmännisch geleitet werden, lassen sich schwer zu einem Großbetrieb vereinigen. Auch können Familienbetriebe oft das Kapital für die nötigen hohen Investitionen nicht aufbringen, da bei dem Tode des Besitzers der Erbe seine Geschwister „auszahlen" muß – ähnlich wie in der Landwirtschaft. Deshalb bekommen solche Unternehmen sehr schwer Kredite. Bei Kapitalgesellschaften fällt dieses Hemmnis fort; nach dem Tode des Besitzers der Aktien werden die Anteile geteilt, dem Betrieb wird aber dadurch kein Kapital entzogen.

c) *Der Strukturwandel.* Durch den Wechsel der Rohstoffe von den herkömmlichen Naturfasern zu den modernen Chemiefasern wurde ein einschneidender Strukturwandel der Textilindustrie in allen westlichen Ländern erzwungen.

6. Der Beitrag der Wirtschaftsbereiche zum Sozialprodukt

Der Vergleich der verschiedenen Wirtschaftsbereiche untereinander (vgl. Diagramm S. 185) oder die Untersuchung ihrer Entwicklungstendenzen sind mit Hilfe der Errechnung des Beitrages zum Sozialprodukt möglich. Ebenso lassen sich die Volkswirtschaften verschiedener Länder durch ihr Sozialprodukt vergleichen. *Das Sozialprodukt ist die Summe aller Leistungen einer Volkswirtschaft in einem bestimmten Zeitraum*, normalerweise im Kalenderjahr. Zum *Sozialprodukt* tragen nicht nur die Landwirtschaft und das produzierende Gewerbe bei: Ohne die Arbeit der Kaufleute in der Industrie, im Großhandel und im Einzelhandel, ohne den Beitrag der Banken und Versicherungen, der Transport- und Verkehrsbetriebe, der Verwaltung in Gemeinden, Ländern und im Bund, ohne die Arbeit der Verbände, der Rechtsanwälte, der Richter, ohne die vielen anderen Berufe ist unsere Wirtschaft undenkbar. Zweifellos haben das produzierende Gewerbe und die Landwirtschaft einen besonderen Anteil am Sozialprodukt. In diesen beiden Bereichen allein arbeiten fast 60 % der Erwerbstätigen. Wird nichts erzeugt, so kann auch nichts transportiert, verkauft, versichert, gelagert und an die Bevölkerung verteilt werden. Umgekehrt ist jede Produktion wertlos, wenn sie nicht abgesetzt werden kann, und das ist nur mit Hilfe der vielen Berufstätigen möglich, die selbst keine materiellen Güter produzieren. Nur in einem Staat, dessen Wirtschaft genug materielle Güter erzeugt, können sich ausreichend viele Menschen intellektuellen Berufen zuwenden. Unsere Gesellschaft schätzt die Arbeit gerade dieser Berufe besonders hoch ein, billigt ihnen ein hohes Einkommen,

Beispiele für die Entwicklung von Handwerksbetrieben

	Zahl der Betriebe		Zahl der Beschäftigten		
	1949	1963	1949	1963	1967
Herren- und Damenschneider	144 042	63 115	289 350	124 768	84 100
Putzmacher	8 077	3 921	23 263	9 583	6 900

Beschäftigte in der Textilindustrie und Bekleidungsindustrie in 1 000

Jahresdurchschnitt	Textilindustrie	Bekleidungsindustrie
1950	648	557
1962	590	384
1963	573	388
1964	551	388
1965	556	398
1966	539	406
1967	490	371

1. a) Wie viele Arbeitskräfte sind zwischen 1950 und 1967 aus der Textilindustrie ausgeschieden? b) Wie viele sind zwischen 1950 und 1967 aus dem Bekleidungsgewerbe ausgeschieden? c) Ziehen Sie auch die Entwicklung der Einfuhren von Textilien (s. Tabelle S. 183) zu Rate. d) Was ist der letzte Grund für diese unter a—c erkennbare Entwicklung? — 2. Vergleichen Sie die Entwicklung der Beschäftigtenzahl in der Textilindustrie mit der Entwicklung im Steinkohlenbergbau (S. 175)! — 3. Verfolgen Sie die Entwicklung in den Handwerksbetrieben des Bekleidungsgewerbes: Wie groß ist der Rückgang der Zahl der Betriebe? Wie groß ist ungefähr der prozentuale Rückgang der Beschäftigtenzahl?

Wertschöpfung der einzelnen Wirtschaftsbereiche in der BRD 1965 in Mrd. DM und Prozenten %

primärer Bereich	sekundärer Bereich	tertiärer Bereich
5 %	51 %	44 %

primärer Bereich	Mrd. DM	%	tertiärer Bereich	Mrd. DM	%
Landwirtschaft, Forstwirtschaft und Fischerei	18,0	5,2	Handel	42,9	12,4
			Verkehr	19,1	5,6
			Banken, Versicherungen	12,6	3,7
sekundärer Bereich			Wohnungsvermietung	9,4	2,7
			Staat	36,4	10,6
Industrie	133,3	38,8	sonstige Dienstleistungen	24,2	7,0
Bergbau, Energiewirtschaft	12,3	3,6	Private Haushalte und Organisationen ohne Erwerbscharakter	6,8	2,0
Bauwirtschaft	28,7	8,4			

1. Vergleichen Sie den Prozentanteil der Landwirtschaft am gesamten Volkseinkommen mit dem Anteil der in der Landwirtschaft Beschäftigten an der Gesamtzahl der Beschäftigten! Was ist über den Anteil zu sagen, der auf den einzelnen entfällt? – 2. Wie groß ist der Anteil der Gruppe Handel und Verkehr im Vergleich zum Anteil der Landwirtschaft? – 3. Welche Bedeutung haben die Gruppen Land- und Forstwirtschaft sowie Bergbau und Energiewirtschaft innerhalb der Volkswirtschaft, wenn man allein ihren Beitrag zum Volkseinkommen als Maßstab benützt? (Siehe Tabelle S. 166)

also einen hohen Anteil an dem zur Verteilung kommenden *Sozialprodukt*, zu, denn die *intellektuelle Arbeit* entscheidet auch über unsere *materielle Zukunft*. Es ist daher notwendig, der *Forschung* große Mittel zur Verfügung zu stellen. Zum Sozialprodukt tragen also nicht nur die Berufe bei, die materielle Güter produzieren, sondern alle Erwerbstätigen.

Als *Bruttosozialprodukt* bezeichnet man die Summe aller Gewinne von Gesellschaften und Unternehmen, aller Einkommen von Selbständigen, aller Löhne und Gehälter und aller Einkünfte aus Kapital, Vermietung und Verpachtung für ein Kalenderjahr.

Vom Bruttosozialprodukt muß ein Teil für die Erhaltung des Produktionsapparates, also zum Beispiel die Aufwendungen für die Erneuerung abgenutzter Maschinen, abgerechnet werden. Nach Abzug dieser Abschreibungen erhält man das *Nettosozialprodukt* zu Marktpreisen. Dabei sind in den Preisen, die der Berechnung zugrunde liegen — wie der Zusatz „zu Marktpreisen" andeutet — die bei der Gewinnermittlung abzugsfähigen Steuern noch enthalten. *Bruttosozialprodukt – Abschreibungen = Nettosozialprodukt zu Marktpreisen.*

Das *Nettosozialprodukt zu Faktorkosten* entsteht, indem man das Nettosozialprodukt zu Marktpreisen um die bei der steuerlichen Gewinnerteilung abzugsfähigen Steuern (z. B. die Mehrwertsteuer oder die Verbrauchssteuer) mindert und um staatliche Subventionen erhöht. Es gilt also die kurze Formel: *Nettosozialprodukt zu Marktpreisen – abzugsfähige Steuern + Subventionen = Nettosozialprodukt zu Faktorkosten*. Dieses Volkseinkommen ist identisch mit der *Wertschöpfung der Volkswirtschaft*. Die Tabelle S. 68 und die Karte S. 157 zeigen, wie verschieden das Volkseinkommen pro Kopf der Bevölkerung in Industriestaaten und in Entwicklungsländern ist.

Der *Beitrag der einzelnen Wirtschaftsbereiche zur Wertschöpfung* (Tabelle oben) ist ganz anders, als man nach der Zahl der Beschäftigten in den verschiedenen Bereichen vermuten könnte. In der *Land- und Forstwirtschaft* arbeiten 10 % der Erwerbstätigen, der Beitrag zur Wertschöpfung beträgt aber nur etwa 7 % und ist trotz steigender Produktion stetig gesunken. Dieser Prozentsatz wäre noch niedriger, wenn die Subventionen die abzugsfähigen Steuern nicht übertreffen würden und wenn der Staat nicht zu Lasten der gesamten Volkswirtschaft für die Produktionsgüter Preise festlegte, die weit über denen des Weltmarktes liegen. Der Beitrag der *Kreditinstitute und der Versicherungen* zur Wertschöpfung ist fast so groß wie der Beitrag des *Bergbaues und der Energiewirtschaft*. Auch hier darf man nicht übersehen, daß die erzielten Verkaufserlöse des Steinkohlenbergbaues nur durch staatliche Garantien und andere Maßnahmen erreicht werden können.

Immer wieder tritt der *Staat* als Institution auf, von der die Verkaufserlöse einzelner Wirtschaftsbereiche mitbestimmt werden. Wenn dem Staat 10 % Beitrag zur Wertschöpfung zuerkannt werden, so ist darin die Entscheidung des Staates mitenthalten, wie hoch er seine Bediensteten besoldet. Es handelt sich nicht um beliebig festsetzbare Gehälter und Löhne, sondern diese müssen sich an den Vergütungen ausrichten, die in der Wirtschaft bezahlt werden; sonst bekäme der Staat keine Bediensteten oder zumindest nicht genügend qualifizierte Kräfte.

Auch diese Übersicht hat gezeigt, daß in der öffentlichen Diskussion gerade diejenigen Wirtschaftsbereiche die Hauptaufmerksamkeit beanspruchen, die keinen großen Beitrag zum Sozialprodukt leisten können, sondern die sich in einer Krise befinden und staatliche Subventionen brauchen.

Die Landwirtschaft

In allen hochindustrialisierten Ländern ist die Landwirtschaft ein „Sorgenkind". Verschiedene Probleme geben der Landwirtschaft eine Bedeutung, die weit über das hinausgeht, was die statistischen Zahlen angeben können.
Die Sicherung der Ernährung. Die Bevölkerung fordert, daß ihre Ernährung immer gesichert ist. Keine Regierung kann sich darüber hinwegsetzen. Gleichzeitig fordert die Bevölkerung nicht minder energisch, daß alle hochwertigen Nahrungs- und Genußmittel, die man irgendwo auf der Erde kaufen kann, stets in Fülle und zu niedrigen Preisen angeboten werden.
Würden alle landwirtschaftlichen Produkte dort gekauft, wo sie am billigsten und in bester Qualität angeboten werden (vgl. Tabelle S. 189), würden die Preise für viele Nahrungsmittel weit niedriger sein. Dann würde aber die landwirtschaftliche Produktion aller hochindustrialisierten europäischen Staaten auf einen Bruchteil zusammenschrumpfen, denn die Bauern müssen einen Lohn für ihre Arbeit erhalten, der den in der Industrie gezahlten Löhnen vergleichbar ist. Alle europäischen Staaten, ebenso die USA, haben die Landwirtschaft aus dem freien Spiel der Kräfte herausgenommen, weil sie in der Ernährung der Bevölkerung nicht völlig vom Weltmarkt abhängig werden wollen.
Die Maßnahmen des Staates. Jahrtausendelang hingen Erfolg oder Mißerfolg der Landwirtschaft von Gunst und Ungunst des *Klimas* und des *Bodens* ab. Heute werden die Einkünfte der Landwirtschaft in weit höherem Maße als von den Naturgegebenheiten von den Maßnahmen bestimmt, die der *Staat* zugunsten der Landwirtschaft ergreift. Bodengüte und Klimaunterschiede in den verschiedenen Teilen Deutschlands sagen noch nichts aus über die wirkliche Situation der Landwirtschaft in den einzelnen Landschaften. Die Probleme der Landwirtschaft in Gegenwart und Zukunft erkennt man erst, wenn man die Agrarstrukturen und die agrarpolitischen Probleme untersucht.
Der internationale Wettbewerb. Der gegenwärtige *Strukturwandel* wird vor allem beschleunigt durch die Tatsache, daß sich die Landwirte auf den Wettbewerb innerhalb der EWG umstellen müssen. Die Regierungen der europäischen hochindustrialisierten Länder haben sehr unterschiedliche Maßnahmen zugunsten ihrer Landwirtschaft getroffen. Das Hineinwachsen in den größeren Markt der EWG wird für alle beteiligten Länder neue Probleme aufwerfen. Der Wettbewerb

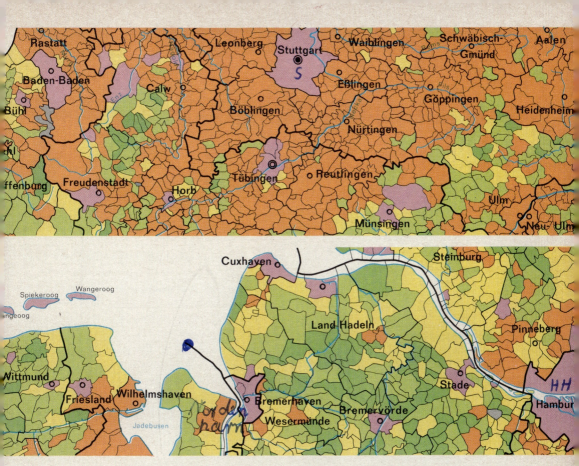

Gemeinden der Bundesrepublik nach der Unterhaltsstruktur der Bevölkerung 1961

Quelle: Erarbeitet aus Unterlagen der Volks- und Berufszählung 1961

Bundesministerium für Ernährung, Landwirtschaft und Forsten

Farbsymbol	Gemeindetypen nach der Unterhaltsstruktur	Wohnbevölkerung nach dem Hauptberuf der Erwerbstätigen in %		
		I Land- und Forstwirtschaft (Primärsektor) *Agrar*	II Industrie, Handwerk einschließlich Baugewerbe (Sekundärsektor) *Prod.*	III Dienstleistungsbereich (Tertiärsektor) *Dienst*
(grün)	Agrargemeinden	40 und mehr	unter 25	unter 60
(hellgrün)	Agrarisch-industrielle Gemeinden	40 und mehr	25 bis 60	unter 35
(gelb)	Gewerblich-industrielle Gemeinden	unter 40	unter 50	unter 50
(orange)	Industriegemeinden *arbeiterwohngemeinde*	unter 40	50 und mehr	unter 50
(rosa)	Dienstleistungsgemeinden	unter 40	unter 50	50 und mehr
(grau)	Wald und unbewohnte Gebiete			

mit Landwirtschaften, die weit günstigere natürliche und strukturelle Voraussetzungen besitzen, erschwert der Bundesrepublik den Übergang in die EWG.

Da *Produktionssteigerungen* innerhalb der EWG die traditionellen Exportländer landwirtschaftlicher Erzeugnisse schwer treffen können, wird durch die Entstehung der Wirtschaftsgemeinschaft nicht nur das Verhältnis der EWG-Partner untereinander berührt. Für die Länder, die bisher Europa mit Nahrungsmitteln versorgten, entstehen ebenfalls neue Probleme. Unter den betroffenen Ländern befinden sich sowohl hochindustrialisierte Staaten als auch Entwicklungsländer.

Die durch Klima und Boden *bevorzugten Agrargebiete Deutschlands* und der EWG-Länder zeigt der Atlas (D 25 III; D 22 I u. II; D 23 I–V). „Gunst und Ungunst" von Boden und Klima sind durch die wirtschaftspolitischen Entwicklungen der letzten Jahre relativiert worden. Landschaften, die innerhalb der Grenzen der BRD klimatisch bevorzugt sind, verlieren ihre Lagevorzüge im großen Wirtschaftsraum der EWG. Schließlich ist es das Ziel des Zusammenschlusses, daß alle Produkte, seien sie industrieller oder landwirtschaftlicher Art, von allen Mitgliedsländern der EWG dort gekauft werden können, wo sie in bester Qualität, zum günstigsten Zeitpunkt und zum niedrigsten Preis auf den Markt gebracht werden.

So kann in der Bretagne und in Südfrankreich, erst recht in Süditalien, das Frühgemüse schon zu einer Zeit geerntet werden, zu der es in Mitteleuropa erst zu wachsen beginnt. Wenn die nordafrikanischen Länder der EWG assoziiert werden, muß für die landwirtschaftlichen Produkte auch mit der Konkurrenz von Marokko und Algerien gerechnet werden. Dort kommen bereits im März Gemüsearten auf den Markt, die in der Bundesrepublik erst im Juli geerntet werden können. Flugzeuge können das Frischgemüse innerhalb kürzester Zeit aus diesen Gebieten in die Großstädte transportieren.

In der durch die assoziierten Länder erweiterten EWG ist Deutschland das landwirtschaftlich, klimatisch und strukturell am schlechtesten gestellte Land.

Das Produktionsergebnis der deutschen Landwirtschaft war bereits vor dem Kriege erstaunlich hoch. Doch haben in der Zwischenzeit die anderen hochindustrialisierten Staaten Europas die deutschen Ergebnisse eingeholt und übertroffen. 1936 waren beispielsweise die Hektarerträge beim Weizenanbau in Frankreich nur etwa halb so hoch wie bei uns, die Gesamternte allerdings wegen der größeren Fläche

Anteil der Inlandsproduktion an der gesamten verbrauchten Menge in Prozenten im Durchschnitt der Jahre 1960/61

	Brotgetreide	Butter	Rind- und Kalbfleisch	Schweine	Eier	Käse
BRD	91	93	85	93	59	65
Niederlande	53	154	104	168	230	210
Belgien-Luxemburg	66	96	99	100	112	38
Frankreich	113	94	104	110	97	105
Italien	74	67	72	97	82	97
Großbritannien	40	10	69	96	93	48
Dänemark	97	311	297	304	243	270
Schweiz	57	87	85	99	51	149
USA	178	104	98	101	102	97

1. Welches EWG-Land erzeugt mehr Getreide als es verbraucht? Welche Folgen hat das für die EWG-Partner? — 2. Welche Länder sind auf den Export von tierischen Veredelungsprodukten angewiesen? Wohin exportieren sie die Überschüsse? — 3. Wie groß ist der Überschuß, gemessen am Eigenverbrauch, in Dänemark und in den Niederlanden? (Die Konsumentenzahl in Dänemark: 4,7 Millionen, in den Niederlanden über 12,1 Millionen.) Was bedeutet das für die absolute Höhe der Überschüsse? — 4. In welchen Ländern stützt sich die Viehwirtschaft besonders stark auf importiertes Futtergetreide? — 5. Was möchte Dänemark in der Bundesrepublik verkaufen, was die Niederlande, was Frankreich? Kommen noch andere, hier nicht genannte Produkte in Frage?

wesentlich höher. 1965 hatte sich die Weizenernte Frankreichs gegenüber 1950 fast verdoppelt und die Hektarerträge waren höher als in Deutschland. Frankreichs Weizenernte ist jetzt dreimal so hoch wie die der Bundesrepublik Deutschland, die Zahl der Konsumenten ist aber um 10 Millionen geringer. Selbst in Großbritannien erntet man kaum weniger Weizen als in der BRD, und die Hektarerträge übertreffen die deutschen um etwa 30 %. Auch Schweden mit seinem ungünstigen Klima hatte schon zeitweise höhere Weizen-Hektarerträge als Deutschland; es erntet mehr Weizen, als verbraucht werden kann.

Die Erträge anderer landwirtschaftlicher Produkte in den hochindustrialisierten Staaten wurden durch Mechanisierung und Intensivierung am stärksten gesteigert. Die früher übliche Unterscheidung zwischen „Industriestaaten" und „Agrarstaaten" hat heute ihren Sinn verloren. Viele Agrarstaaten können ihre Bevölkerung heute nur dank der Hilfe der Industriestaaten vor dem Verhungern bewahren. Der gewaltige Produktionsanstieg der Landwirtschaft in den europäischen Industrieländern wäre ohne die staatlichen Subventionen nicht erreicht worden. Die Staaten im Westen reizen die Landwirte durch relativ hohe Preise dazu, durch *Mechanisierung* und *Intensivierung* die Erträge zu steigern, um auf diese Weise zu einem Einkommen zu gelangen, das den von der Industrie gezahlten Löhnen nahekommt. Die Agrarwirtschaft der hochindustrialisierten europäischen Länder blüht nur dank der Schutzmauern, die von den Regierungen errichtet worden sind. Es wird in den Ländern ständig zwischen Landwirten und Konsumenten um die „gerechten Preise" gerungen. Da die Produktion vom Staat über den Preis gelenkt wird, ergibt es sich unvermeidlich, daß immer wieder mehr produziert wird, als der Markt aufnehmen kann. So ist innerhalb der EWG kein Mangel an Weizen mehr festzustellen, es wird viel Milch abgeliefert und so viel Butter erzeugt, daß die EWG-Länder „auf einem Butterberg sitzen". Die Weizenüberschüsse Frankreichs sind inzwischen so hoch wie der Einfuhrbedarf der anderen EWG-Partner, und es ist verständlich, daß Frankreich darauf dringt, daß die Partner ihren Bedarf in Frankreich decken, nicht bei den traditionellen außereuropäischen Getreidelieferanten.

Die Tabelle der Erzeugerpreise zeigt, wie unterschiedlich die Preise im Jahre 1961/62 in den einzelnen Mitgliedstaaten des europäischen Marktes waren.

Unterschiede der Erzeugerpreise für ausgewählte Güter 1961/62

Land	Weizen DM/dz	Gerste DM/dz	Schweine DM/Stück	Eier DM/100 kg	Vollmilch DM/100 kg
BRD	41,70	42,10	234,8	306,5	35,5
Niederlande	33,39	32,32	187,4	183	29,29
Belgien	36,93	34,44	210,4	226,9	31,79
Frankreich	32,60	25,33	226,1	277	28,51
Italien	42,53	28,04	228,2	313,8	30,10
Großbritannien	29,10	29,24	202,6	295,2	35,46
Schweiz	61,29	48,76	297,6	378,8	38,62
Griechenland	40,28	28,62	191,6	246,6	?
USA	26,87	17,99	140,7	206,3	36,14

1. In welchen EWG-Ländern ist der Weizen, in welchen die Gerste am teuersten? Wie hoch ist die Preisdifferenz zwischen der BRD und Frankreich und zwischen den USA und der BRD? — **2.** In welchem Land sind die angegebenen Produkte am teuersten? — **3.** Was würde der Handel tun, könnte er die Waren frei dort kaufen, wo sie am billigsten sind? Was bedeutet das für die Verwirklichung der EWG? — **4.** Wie würden die Bauern der EWG-Länder reagieren, wenn alle Preise auf die Höhe des teuersten EWG-Landes angehoben würden? — **5.** Wie sind die im Vergleich zur BRD sehr niedrigen Preise in den Niederlanden für Schweinefleisch, Eier und Milch zu erklären?

Auch für die übrigen landwirtschaftlichen Produkte besteht ein ähnlicher Unterschied im Preisniveau. Alle Mitgliedsländer haben dadurch Anpassungsschwierigkeiten bei der gegenseitigen Angleichung der Preise.

Würden die Preise auf den höchsten Stand angehoben, also auf das Preisniveau, wie es in der Bundesrepublik und in Italien besteht, so müßten sich die Lebenshaltungskosten der Verbraucher merklich erhöhen, und gleichzeitig käme es zu einer Überproduktion. Um die Ernten aber im Ausland noch absetzen zu können, müßten hohe Exportsubventionen zur Verfügung gestellt werden – diese gingen aber letzten Endes noch zu Lasten der Steuerzahler. Andererseits aber würden diese Subventionen die Handelspartner der EWG zu Gegenmaßnahmen veranlassen, die auch den Export der Industriewaren treffen könnten. Durch eine Senkung der Preise auf ein niedriges Preisniveau, wie es in Frankreich besteht, entstände die Gefahr daß die Bauern geringere Einnahmen hinnehmen müßten. Es ist also das Hauptproblem, innerhalb der Gemeinschaft ein für alle Mitgliedstaaten – und auch für die Einfuhrländer – akzeptables *Preisniveau* zu finden. Im Jahre 1967 mußte die Bundesrepublik den Preis für 1 t Weizen von 475 DM auf 425 DM senken.

1. Die Veredlungswirtschaft und die Verkaufserlöse der Landwirtschaft

62 % der Ackerfläche werden mit Getreide bestellt, aber nur 8 % der Verkaufserlöse stammen aus dem Verkauf von Getreide und Hülsenfrüchten. Der Verkauf von Hackfrüchten (Kartoffeln und Rüben), die nur etwa ein Drittel der Getreidefläche beanspruchen, bringt fast ebensoviel ein.

Nur noch ein Viertel der landwirtschaftlichen Nutzfläche liefert pflanzliche Nahrungsmittel für die Verbraucher, drei Viertel dienen dem Anbau von Futtermitteln. Die Produkte der Viehzucht bringen den landwirtschaftlichen Betrieben zusammen 75 % ihrer Einkünfte. Allein die Erlöse aus dem Verkauf von Milch sind über 5mal so hoch wie die Erlöse aus dem Verkauf von Weizen. Bei allem Streit um die Getreidepreise dürfen wir nicht übersehen, daß Preiserhöhungen für Erzeugnisse der Viehzucht weit höher zu Buche schlagen als Getreideverkäufe. Ändert sich beispielsweise der Preis für 1 l Milch nur um einen Pfenning, so bedeutet das bei 16,8 Milliarden Litern abgelieferter Milch eine Mehr- oder Mindereinnahme von 168 Millionen DM. Um dies zu veranschaulichen, sei darauf hingewiesen, daß die Bundesrepublik den Bauern 1967 eine Subvention von 4 Pfennigen pro Liter zahlte und daß von den Länderregierungen weitere Subventionen hinzukamen. Für die

---

Anteil der Land- und Forstwirtschaft sowie Fischerei an der Wertschöpfung der Volkswirtschaft 1961 (a) und Anteil der in dieser Wirtschaftsgruppe Beschäftigten 1965 (b)

	a	b		a	b
BRD	6,6 %	11 %	Dänemark	15,4 %	17,5 %
Belgien	6,8 %	6 %	Schweiz	5 %	11,6 %
Niederlande	9,9 %	10,7 %	Großbritannien	4,1 %	4,4 %
Frankreich	9,2 %	23 %	USA	4,2 %	8,6 %
Italien	17 %	31 %	Türkei	41,2 %	75 %

1. *Charakterisiere die Stellung der Landwirtschaft im Rahmen der Volkswirtschaft der genannten Länder!* — **2.** *Wie erklärt sich der relativ hohe Anteil am Sozialprodukt in Dänemark und in den Niederlanden?* — **3.** *Vergleiche die Zahlen dieser beiden Länder mit denen Frankreichs; was könnte man von der Agrarproduktion Frankreichs erwarten?* — **4.** *Vergleiche die hier angeführten EWG-Länder mit den hier angeführten EFTA-Ländern!*

Verkaufte Mengen in der BRD						Verkaufserlöse 1966/67 in Mill. DM	
	Milch	Eier	Rinder¹	Schweine¹	Geflügel	Pflanzliche Erzeugnisse	6004
1949/50	9,85 Mill. t	81 000 t	842 000 t	592 000 t	20 000 t	davon Getreide	1949
1965/66	18,2 Mill. t	544 000 t	1 627 000 t	2 292 000 t	158 000 t	Gemüse	508
¹ Lebendgewicht						Obst	833
1. Um das Wievielfache haben sich die verkauften Mengen erhöht? — 2. Haben auch die Dänen und Niederländer von dem Konsumanstieg in der BRD Nutzen gehabt? — 3. Inwiefern haben die Bauern Vorteile aus dem Anstieg der Ausgaben der Städter gezogen?						Tierische Erzeugnisse	21 281
						davon Schlachtvieh	11 766
						Milch	7 488
						Eier	1 867

anderen hochindustrialisierten Länder gilt dasselbe: Überall in den Industrieländern sind die Bauern bestrebt, die Feldfrüchte nicht direkt auf den Markt zu bringen, sondern sie zu Erzeugnissen der Viehzucht zu *veredeln*. Andere Staaten, auch EWG-Partner, importieren weit mehr billige Futtermittel, insbesondere Mais, als die BRD.

Mit Hilfe billiger Futtergetreideeinfuhren haben die Niederländer ihre Viehzucht so stark entwickelt, daß 1965 54% der Produktion an Butter und 68% der Produktion von Schweinefleisch exportiert werden mußten; auf 100 in den Niederlanden verbrauchte Eier kamen 130 exportierte, auf 100 kg verbrauchten Käse 110 kg Export. Noch weit höher sind die Exportanteile Dänemarks.

Solche hochwertigen und teuren Waren kann man nur in wohlhabenden Industriestaaten mit hohem Lebensstandard gewinnbringend absetzen. Für Dänemark und die Niederlande sind die Bundesrepublik Deutschland und Großbritannien die überragenden Abnehmer. Strebte etwa die EWG eine Autarkie für diese Produkte an, so hätte das für das traditionelle Exportland Dänemark schwerwiegende Folgen. Wer für Deutschland im Interesse hoher Einkünfte der deutschen Bauern solche Autarkie fordert, darf die Folgen für unsere Nachbarn nicht übersehen. Schließlich gehören sie zu den wichtigsten Abnehmern für deutsche Industrieerzeugnisse. Der Außenhandelsüberschuß der Bundesrepublik Deutschland gegenüber den drei nordeuropäischen Ländern betrug 1966 fast 3 Milliarden DM, mehr als der Außenhandelsüberschuß gegenüber den EWG-Partnern zusammen.

Die Bundesregierung hat die Produktion von Eiern, Milch, Butter, Käse durch Preisgarantien und durch Subventionen entscheidend gefördert. Weit wichtiger ist aber, daß die Konsumenten in den Städten dank des steigenden Lebensstandards Jahr für Jahr mehr Eier, Butter, Milch, Käse, Fleisch und andere hochwertige Produkte der Landwirtschaft, wie Obst und Gemüse, kaufen können. Ohne diesen Anstieg des Lebensstandards der städtischen Konsumenten wäre es trotz aller Preisgarantien und Subventionen nie zu einer solchen Produktionssteigerung gekommen. In 15 Jahren (1950–1965) hat sich die Milcherzeugung fast verdoppelt, die Eierproduktion fast versiebenfacht, die Erzeugung von Rindfleisch verdoppelt, von Schweinefleisch vervierfacht, von Geflügel versiebenfacht. Der Markt hat alles aufgenommen. So hatte auch die Landwirtschaft ihren Anteil am Wohlstand in den Städten. Dank dieses Konsumanstiegs ging der Anstieg der Produktion bisher nicht zu Lasten der Außenhandelspartner Dänemark, Niederlande, Schweden, Norwegen, Amerika. Im Gegenteil, diese Länder konnten ihre Exporte

Produktionsmengen der Landwirtschaft

1) Flächenerträge von Weizen in dz/ha			2) Erzeugung tierischer Produkte 1965 in 1000 t				
	1956/60	1963/66	Rind- und Kalbfleisch*)	Geflügel	Milch	Butter	Eier
BRD	30,9	33,6	958	1 520	21 275	501	6 800
Frankreich	22,8	29,1	1 600	5 500	27 728	336	5 361
Niederlande	38,2	44,0	245	1 060	7 142	103	2 507
Dänemark	40,0	41,4	228	781	5 367	166	900
Großbritannien	32,6	39,85	881	3 880	12 862	41	8 417
Schweden	23,3	31,1	152	86	3 644	80	950
USA	15,2	17,6	8 952	48 616	56 727	609	38 107
Türkei*)	10,6	14,6	99	243	4 085	?	724
Sowjetunion	11,1***	10,1**)	3 470	12 742	70 442	1 185	20 884

*) Durchschnitt 1963/64. **) Durchschnitt 1962/65. ***) Durchschnitt 1958/69

nach Deutschland sogar erhöhen. Auch sie hatten also am Wohlstand in der Bundesrepublik Deutschland Anteil. Jetzt drohen die neuen Zollmauern rings um die EWG die Einfuhren aus „Drittländern", zum Beispiel aus den nordischen Staaten oder aus Polen, abzudrosseln.

2. Die Betriebsgrößen und die Zahl der in der Landwirtschaft Beschäftigten

Von 1950 bis 1967 hat sich die Zahl der im Primärsektor Beschäftigten um 2,442 Millionen verringert, das sind 48 % der im Jahre 1950 landwirtschaftlich Tätigen. Immer weniger Menschen haben also mit mehr Maschinen von Jahr zu Jahr mehr produziert. Trotzdem ist die Zahl der in der Landwirtschaft Tätigen in der Bundesrepublik noch immer zu hoch. Als *optimale Betriebsform* gilt hier der Hof, der einer *Vollfamilie* Arbeit und Einkommen sichert, also der *Familienbetrieb*. Im Zuge der Mechanisierung wächst die optimale Größe der Familienbetriebe selbstverständlich. Hier liegt ein entscheidendes Problem der *Agrarreform*. Da die Flächen durch diese Politik des Familienbetriebes sich nicht im gleichen Tempo steigern lassen wie der Einsatz von Maschinen, bleiben die meisten Höfe hinter der optimalen Größe weit zurück. Auch kostspielige Flurbereinigungen führen nicht zum Ziel, wenn die Betriebsgrößen nicht dadurch gleichzeitig anwachsen. Die Statistiken zeigen, daß die Zahl der Betriebe seit 1950 von Jahr zu Jahr sinkt: Zwischen 1949 und 1965 verschwanden fast 516 000 Betriebe. Der Rückgang hat jedoch nicht alle Betriebsgrößen erfaßt: Die Zahl der Kleinbetriebe unter 10 ha Fläche ist um 550 000 zurückgegangen, die Zahl der Höfe über 10 Hektar, vor allem der Höfe in der Größenordnung zwischen 20 und 50 ha, hat sich dagegen erhöht. Unter dem Gesichtspunkt des Betriebsergebnisses geht die Entwicklung zum großen Hof jedoch viel zu langsam vor sich. Solange die Betriebe mit Arbeitskräften überbesetzt sind, muß das Einkommen pro Kopf in der Landwirtschaft hinter dem Verdienst in den anderen Berufsgruppen zurückbleiben.

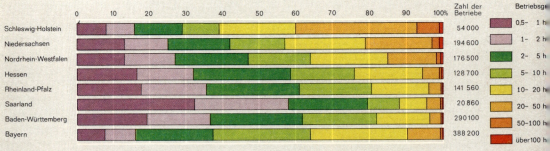

1. Welche Bundesländer haben die ungünstigsten Betriebsgrößen, also großen Anteil an Kleinbetrieben? – 2. Wieviele Betriebe der BRD sind zu klein, um einer Familie ausreichende Einkünfte zu sichern? Wieviele haben eine ausreichende Größe (20 ha und darüber)? – 3. Auf wieviele Betriebe müßten die 55 600 Betriebe der Größenklasse I in Baden-Württemberg reduziert werden, wenn man als neue Größe einmal 10 ha, dann 20 ha ansetzt? (Annahme: Alle Betriebe der Größenklasse I haben 2 ha.) a) Wieviele neue Betriebe könnten auf der Fläche der Kleinbetriebe entstehen? b) Welche sozialen Probleme entstünden dadurch in den Dörfern? – 4. In welchen Gebieten sind kleine Betriebe lebensfähig, indem sie sich auf arbeitsintensive Sonderkulturen (Wein, Hopfen, Tabak, Obst, Gemüse) spezialisieren?

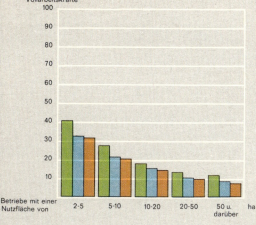

Auch in den *USA* sind seit dem Zweiten Weltkrieg Millionen von Farmen verschwunden. In allen europäischen Ländern ist die gleiche Entwicklung zu beobachten. Die Ausgangslage jedoch ist in der mit einer veralteten Agrarstruktur belasteten Bundesrepublik weitaus ungünstiger als in anderen Ländern. Innerhalb der Europäischen Wirtschaftsgemeinschaft sind die durchschnittlichen Betriebsgrößen in der Bundesrepublik am geringsten.
Wie sehr die kleineren Betriebe mit Arbeitskräften überbesetzt sind, zeigt das Diagramm der *Vollarbeitskräfte* pro 100 ha landwirtschaftlicher Nutzfläche. Die Vollarbeitskraft ist die errechnete Maßeinheit der Arbeitsleistung einer nach ihrem Alter voll leistungsfähigen Person, die das ganze Jahr über in dem Betrieb tätig ist. Größere Betriebe haben bessere Mechanisierungsgrade und kommen daher mit weniger Arbeitskräften aus.

3. Der Grüne Plan

Die Bundesregierung fördert die Landwirtschaft mit Hilfe von Haushaltsmitteln. Diese agrarpolitischen Hilfsmaßnahmen werden unter dem Namen „Grüner Plan" zusammengefaßt. Sie sollen helfen, die Landwirtschaft durch Verbesserung der Agrarstruktur an die Erfordernisse einer modernen Landwirtschaft anzupassen und ihr so den Eintritt in den europäischen Markt zu erleichtern.
Die Aufwendungen zur *Verbesserung der sozialen Lage* entlasten die Landwirte von den erhöhten Beitragszahlungen für die landwirtschaftliche Alterskasse und die Berufsgenossenschaften sowie von den Beiträgen der Unfallversicherung. Die Aufwendungen dienen also der sozialen Sicherung der landwirtschaftlich tätigen Bevölkerung.
Für die Maßnahmen zur *Verbesserung der Agrarstruktur* wird das meiste Geld aufgewendet. Die *Flurbereinigung* soll die zersplitterte Besitzstruktur vor allem in

Realerbteilungsgebieten beseitigen helfen. Durch *Aussiedlung* und *Aufstockung* will man die Betriebsstrukturen weiter verbessern; allzu kleine Betriebe sollen entweder beseitigt oder durch Vergrößerungen lebensfähig gemacht werden. Weitere agrarstrukturelle Maßnahmen sind: die Verbesserung und Neuanlage befestigter landwirtschaftlicher Wirtschaftswege, wasserwirtschaftliche und kulturtechnische Maßnahmen wie Hochwasserschutz, Bau von Talsperren, Küstenschutz, ländliche Wasserversorgung, Kanalisation, Abwasserbeseitigung, Verstärkung der ländlichen Stromversorgung. Forstliche Maßnahmen sind: Aufforstung von Böden mit zu geringem Ertrag, Umwandlung von Niederwald in Hochwald, oder der Bau von Windschutzanlagen. Dazu kommen Sonderprogramme wie das Programm Nord (Schleswig) und das Emslandprogramm.

Subventionen sollen die *Einkommenslage* der landwirtschaftlichen Bevölkerung unmittelbar verbessern. Die dafür aufgewendeten Gelder waren 1968 fast so hoch wie die Summe, die für die Verbesserung der Agrarstruktur zur Verfügung stand.

Der Anteil der Landwirtschaft am gesamten Steueraufkommen des Bundes, der Länder und der Gemeinden betrug im Rechnungsjahr 1950/51 noch 5,4 % und 1964/65 noch 0,67 %. Von den 672 Millionen DM Gesamtsteueraufkommen im Jahre 1964/65 entfielen allein 430 Millionen auf die *Grundsteuer*, die den Gemeinden zufließt, und 150 Millionen auf den *Lastenausgleich*. So bleiben für Bund und Länder nur etwa 100 Millionen Steuern übrig. Der Bericht der Bundesregierung für das Jahr 1965 bewertet die Steuererleichterungen zugunsten der Landwirtschaft mit über 1 Milliarde DM.

4. Veränderung der Wirtschafts-, Sozial- und Siedlungsstruktur auf dem Lande

Die Wandlungen der Wirtschafts- und Sozialstruktur, wie sie am Beispiel der Berufsgruppen gezeigt wurden – um die Begriffe nach Fourastié zu benutzen: der Übergang der sozialwirtschaftlichen Gruppen vom primären in den sekundären und in den teriären Sektor – haben geographische Veränderungen zur Folge, die sich

Finanzielle Aufwendungen des Bundes im Rechnungsjahr 1968

Zweckbestimmung	DM
1. *Verbesserung der sozialen Lage:*	
Altershilfe und Unfallversicherung	745 000 000
2. *Modernisierung der betrieblichen Ausstattung* (Investitionsbeihilfen)	108 577 600
3. *Verbesserung der Agrarstruktur*	1 270 170 000
davon: Flurbereinigung	230 000 000
agrarstrukturelle Maßnahmen	350 000 000
Förderungsmaßnahmen für von Natur benachteiligte Gebiete	90 000 000
Förderung wasserwirtschaftlicher und kulturtechnischer Maßnahmen	106 500 000
Kreditverbilligung (ohne Fischerei)	379 000 000
4. *Rationalisierung der Vermarktung*	208 640 000
5. *Verbesserung der Einkommenslage der landwirtschaftlichen Bevölkerung*	1 180 900 000
davon: Betriebsbeihilfen zur Verbilligung von Gasöl	545 400 000
Erhöhung des Auszahlungspreises für Qualitätsmilch	75 500 000
Maßnahmen im Zuge der Getreidepreisangleichung	560 000 000
6. *Übrige Maßnahmen*	312 576 500
Insgesamt	3 825 864 100

Quelle: Der Grüne Plan 1968, Bericht über die Landwirtschaft

schließlich in ländlichen und städtischen Siedlungsgebieten am Landschaftsbild zeigen: In einigen Landschaften vollzog sich, zum Beispiel im Neckarland, eine Veränderung der Siedlungsstruktur und des Landschaftsbildes in Zusammenhang mit der Umwandlung der gesamten Wirtschafts- und Sozialstruktur.

Arbeiter-Bauern-Gemeinden. In zahlreichen Dörfern haben sich gewerbliche Betriebe angesiedelt. Ihnen, nicht den bäuerlichen Betrieben, verdanken die Gemeinden den Hauptteil des Steueraufkommens. Wenn mehr Menschen im Gewerbe ihres Wohnortes arbeiten als in der Landwirtschaft, wird aus dem Bauerndorf eine gewerbliche Gemeinde.

Aus vielen *kleinbäuerlichen Gemeinden*, in denen die Höfe eine Familie nicht mehr voll beschäftigen können, in denen jedoch keine gewerbliche Arbeitsmöglichkeit ist, pendeln die Söhne und Töchter der Kleinbauern in die erreichbaren gewerblichen Orte, um dort in den Fabriken ihren Unterhalt zu verdienen. Der überwiegende Teil des Familieneinkommens wird hier durch die Fabrikarbeit verdient, nicht durch die Arbeit auf dem Hof. Die Arbeit auf den Äckern des kleinen Hofes und in den Ställen überläßt man weitgehend den Alten, der Hausfrau und den größeren Kindern. Für die *Pendler* wird die Landarbeit zur Nebenbeschäftigung, der sie am Feierabend und am Wochenende nachgehen. Solche Gemeinden bezeichnet man als *Arbeiter-Bauern-Gemeinden*. Dieser Gemeindetyp ist in Deutschland besonders charakteristisch für die Realerbteilungsgebiete.

Arbeiter-Wohn-Gemeinden. Viele Kinder von Kleinbauern aus solchen Arbeiter-Bauern-Gemeinden begnügen sich damit, aus dem Erbe eine Baustelle mit Gartenland zu bekommen. Sie behalten das Dorf als Wohnsitz bei, arbeiten in der am Ort entstandenen Fabrik oder pendeln in die nächste gewerbliche Gemeinde. Sie verlieren die Beziehung zur Landarbeit völlig. Aus der Arbeiter-Bauern-Gemeinde oder Pendlergemeinde wird eine *Arbeiter-Wohn-Gemeinde*. Errichtet ein Werk oder ein Siedlungsunternehmen auf der Gemarkung der Gemeinde eine *Wohnsiedlung*, so spielt das kleinbäuerliche Element im wirtschaftlichen und sozialen Leben, zum Beispiel auch in der Gemeindevertretung, bald nur noch eine untergeordnete Rolle. Je besser die Straßen und je schneller die Verkehrsmittel werden, um so größer wird der Kreis der Gemeinden, die in diese Entwicklung geraten. Besonders rasch *verstädtern* die Lebensformen solcher Gemeinden, die in der Kontaktzone von Stadt und Umland liegen.

Durch den Übergang der Kleinbauern in eine andere Sozialgruppe, in die Gruppe der Nebenerwerbsbauern oder in einen gewerblichen Beruf, kam es in vielen Gegenden Deutschlands – besonders in der Nähe von Großstädten zur sogenannten *Sozialbrache*. Bisher genutzte Äcker blieben brachliegen, weil die Besitzer entweder in der Fabrik genug verdienen oder keine freie Zeit zur Bearbeitung der Äcker haben und weil sie andererseits nicht auf zusätzliche Einnahmen aus Verpachtung oder Verkauf angewiesen sind und deshalb ihren Landbesitz als Sicherheit für die Zukunft behalten, aber nicht nutzen. Solche Wüstungserscheinungen verschwinden aber wieder, wenn bei einer planmäßigen Neuordnung der Agrarstruktur, zum Beispiel bei der Flurbereinigung, das gesamte Acker- und Weideland einer Gemeinde auf einige wenige landwirtschaftliche Betriebe vereinigt wird.

Kleinbäuerliche Gemeinden, die fern von Industriegebieten und Großstädten in rein agrarisch bestimmten Landschaften liegen, sind die *Problemgebiete* der hochindustrialisierten Staaten. Die Strukturschwächen dieser Gebiete, wie wirtschaftliche Randlage, Überalterung der Bevölkerung, weiteres Absinken des Lebensstandards, Marktferne können nur durch große Investitionen und Maßnahmen des Staates aufgehoben werden.

Die jungen Leute, vor allem die begabten, verlassen ihre Heimatdörfer, denn dort gibt es kaum Bildungs- und Aufstiegsmöglichkeiten, und sie haben dort keine Aussicht, ihren Lebensstandard zu verbessern. Die Dörfer können ihnen auch nicht die Annehmlichkeiten für die Freizeitgestaltung bieten, wie die fernen Großstädte.

Sollen die Höfe, um den Besitzern eine sichere Lebensgrundlage zu bieten, von ihrer durchschnittlichen Größe von 5 ha auf eine Größe von mindestens 20 ha gebracht werden, dann müßte die Anzahl der landwirtschaftlichen Betriebe auf ein Viertel zusammengelegt werden. Setzt man jedoch, wie es die moderne Landwirtschaft eigentlich fordert, die optimale Größe der landwirtschaftlichen Nutzfläche noch höher, so können nur wenige Höfe übrigbleiben.

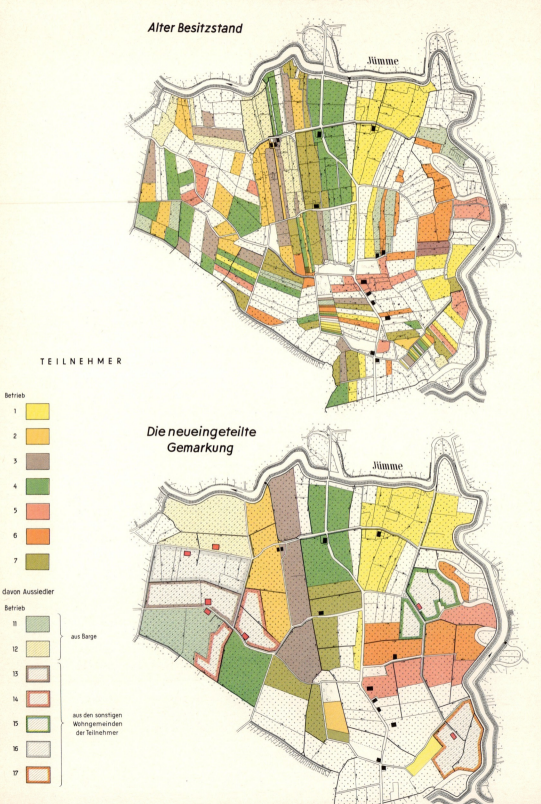

Wenn es nicht gelingt, der aus der Landwirtschaft ausscheidenden Bevölkerung durch Strukturverbesserung Arbeit und Verdienst zu beschaffen, müssen sich solche Gebiete dann weitgehend entvölkern.

Die *Ansiedlung* von gewerblichen Betrieben ist nur möglich, wenn solche Gemeinden durch Eisenbahn und Straßen für den Verkehr erschlossen werden und wenn sie ein Mindestmaß an den Einrichtungen erhalten, die für die Stadtbewohner selbstverständlich sind, wie Schulen und Lehrer, Krankenhäuser und Ärzte, Geschäfte mit gutem Warenangebot, Kinos, Sportanlagen und kulturelle Veranstaltungen.

Schon die Stillegung einer Eisenbahnlinie, die betriebswirtschaftlich notwendig sein mag, wirkt sich auf das Leben in solchen Gebieten lähmend aus. Ohne gut überlegte Maßnahmen zu Lasten der gesamten Volkswirtschaft ist solchen agrarischen Problemgebieten nicht zu helfen, die eigene Kraft der Bevölkerung reicht nicht zur Selbsthilfe aus. Es ist eine der vielfältigen Aufgaben von *Raumordnung und Landesplanung*, die Strukturschäden dieser Landschaften zu erforschen und abzubauen und so zu verhindern, daß diese Gebiete zu Entwicklungsländern innerhalb des hochentwickelten Industriestaates werden.

Das gilt nicht nur für zahlreiche deutsche Landschaften, wie zum Beispiel die Zonenrandgebiete. Jedes europäische Land hat solche Probleme zu bewältigen. In Großbritannien geben uns Wales und Schottland böse Beispiele, in Frankreich die trockenen Kalklandschaften im Süden. Schweden, Norwegen und Finnland haben schwierige Probleme zu lösen, um die Menschen in den überaus dünn besiedelten nördlichen Landesteilen zu halten: Die Volkswirtschaft dieser Staaten muß hohe Beträge für die nördlichen Landesteile aufbringen, sei es aus Haushaltsmitteln des Staates, sei es auf Kosten der Konsumenten im Süden, die durch hohe Preise für alle Güter des täglichen Bedarfs die zusätzlichen Transport- und Vertriebskosten für die nördlichen Landesteile mitbezahlen, so daß die Waren dort nicht mehr kosten als im Süden.

Kritiker werfen der Bundesregierung und den Länderregierungen vor, daß die gewaltigen Mittel zur Verbesserung der Agrarstruktur nutzlos vertan seien, weil man dem entscheidenden Problem, der *optimalen Betriebsgröße*, bisher nicht die notwendige Aufmerksamkeit geschenkt habe. Der Grundsatz der Unverletzlichkeit des Eigentums dürfe nicht dazu führen, daß lebensunfähige Betriebe durch ständige Subventionen am Leben erhalten werden; nur Betrieben ausreichender Größe könne und dürfe ein angemessenes Einkommen garantiert werden.

4. Die Landwirtschaft in der Deutschen Demokratischen Republik

Die historisch bedingte Agrarstruktur Mittel- und Ostdeutschlands wurde durch die *Kollektivierung* nach sowjetischem Muster weitgehend beseitigt. Die einzelnen Höfe wurden zu großflächigen Betriebseinheiten zusammengefaßt, und es wurden genossenschaftliche oder staatliche *Produktionsgemeinschaften* gebildet. Theoretisch müßte man bei solchen Flächenmaßen der Betriebe die Maschinen weit rationeller einsetzen können, und damit sollten auch die Investitionen für den Maschinenpark niedriger sein als in der Bundesrepublik. Auch die Zahl der Beschäftigten je Flächeneinheit könnte hier weit niedriger sein als in der Bundesrepublik. Doch zeigen die von der DDR veröffentlichten Statistiken, daß der wirtschaftliche Effekt der Maßnahmen hinter den Erwartungen zurückgeblieben ist.

Der *Anteil der in der Landwirtschaft Beschäftigten* an der Gesamtzahl der Erwerbstätigen ist höher als in der Bundesrepublik. Allerdings ist die landwirtschaftliche Nutzfläche – bezogen auf die Einwohnerzahl des Landes – in der DDR größer als in der Bundesrepublik Deutschland. Die Zahl der Beschäftigten je 100 ha landwirtschaftlicher Nutzfläche ist erstaunlich hoch. Der Gegensatz gegenüber der Bundesrepublik Deutschland wird besonders deutlich, wenn man nur die westdeutschen Betriebe über 50 ha Größe (Durchschnittsgröße: 82 ha) mit den weit größeren *Landwirtschaftlichen Produktionsgenossenschaften* (LPG) und den *Volkseigenen Gütern* (VEG) der DDR vergleicht. Zwar geht auch jenseits der Zonengrenze die Zahl der landwirtschaftlich Erwerbstätigen zurück, gemessen an der Entwicklung in westlichen Ländern aber sehr langsam. An dem Produktionsergebnis dieser Großbetriebe haben also zu viele Menschen Anteil, und auf den einzelnen entfällt ein relativ geringer Betrag.

Es sind nicht genügend *Maschinen* vorhanden, die man auf den großen Betriebseinheiten einsetzen kann. Weil die Maschinenindustrie Aufträge für das Ausland zu erfüllen hat und Devisen einbringen soll, muß die Versorgung der eigenen Wirtschaft zurücktreten. Nur langsam konnte sich daher der Maschinenpark vergrößern. Den Rückstand im Maschinenbesatz gegenüber der BRD macht ein Vergleich der Zahl der vorhandenen Maschinen mit der Zahl der Betriebe deutlich: Nur auf jede zweite Landwirtschaftliche Produktionsgenossenschaft (LPG) kam im Jahre 1966 ein Düngerstreuer. Dies ist in der Bundesrepublik jedoch eine Selbstverständlichkeit schon für Betriebe von 15 ha. Angaben über Melkmaschinen macht das Statistische Jahrbuch der DDR für 1967 überhaupt nicht. Die vorhandenen landwirtschaftlichen Maschinen sind oft längere Zeit nicht einsatzfähig, weil Ersatzteile nur schwer zu beschaffen sind. Großbetriebe, die auf die maschinelle Arbeit angewiesen sind, sind gegenüber solchen Ausfällen weit empfindlicher als Kleinbetriebe.

Im Osten wie im Westen mußten sich die Regierungen in den Jahren nach dem Kriege darum bemühen, die Leistungen der eigenen Landwirtschaft zu steigern, um die Bevölkerung ausreichend mit Lebensmitteln zu versorgen.

Landwirtschaftliche Produktionsgenossenschaften 1966

Größenordnung	Anzahl	Ständig Beschäftigte ohne Lehrlinge	Landwirtschaftl. Nutzfläche	Zahl der Beschäftigten je 100 ha landw. Nutzfl.
unter 200 ha	5 728	117 039	633 791	18
200— 500 ha	4 826	270 578	1 575 025	17
500—1000 ha	2 622	290 280	1 820 340	16
1000—2000 ha	976	194 980	1 264 407	15
über 2000 ha	64	23 797	154 960	14

Maschinenbestand von LPG und VEG und der BRD

	Traktoren	Düngerstreuer für Stalldünger	Mähdrescher	Kartoffel-Vollernte-Maschinen	Ackerfläche 1966 in 1000 ha	
LPG 1960	43 170	3 686	3 241	3 228	BRD	8 227
1966	113 723	7 644	15 019	6 879	DDR	4 927
VEG 1960	6 376	1 305	976	525		
1966	10 408	1 227	1 403	487		
BRD 1965	1 164 113	?	120 000	?		

Aufkommen an Fleisch (in Schlachtgewicht), Milch und Eiern in der DDR in 1000 t

	Schweine	Rinder u. a.	Geflügel	Milch	Eier
1955	637	233	3,7	3,3	1,03
1966	901	502	52,9	6,0	2,87

Während in der EWG und in der EFTA in den Ländern mit Marktwirtschaft dieses Ziel inzwischen erreicht worden ist, und man sich Sorgen machen muß, wie die Überproduktion abgesetzt werden soll, ist der DDR wie in den anderen Ostblockstaaten mit *Planwirtschaft* eine solche Produktionssteigerung bisher nicht in vergleichbarem Maße gelungen. Es ist verständlich, daß die Roggenernte genau wie in der Bundesrepublik zurückgegangen ist, denn die Konsumenten ziehen heute den leichter verdaulichen Weizen vor. Aber die Weizenernte, die Kartoffelernte und die Zuckerrübenernte haben noch nicht einmal die Mengen der Vorkriegszeit erreicht. Nur in dem ausgezeichneten Erntejahr 1966 war die Weizenernte höher als im Durchschnitt der Jahre 1934/38. Die *Hektarerträge* wurden allmählich gesteigert, von Jahr zu Jahr steigende Mengen tierischer *Veredlungsprodukte* produziert. Die *Versorgung* der Bevölkerung mit Nahrungsmitteln und der Industrie mit Rohstoffen konnte in den letzten Jahren damit verbessert werden.

Die Agrarwirtschaft der DDR konnte also bisher trotz steigender Produktivität nicht die Leistungen der BRD erreichen. Einen freien Wettbewerb gibt es zwar auch für die Landwirtschaft im Westen nicht, doch ist der Spielraum, den der einzelne Landwirt hier hat, weit größer und offensichtlich wirkungsvoller als der Spielraum, den die Planwirtschaft der DDR dem Bauern läßt.

Für viele Produkte gibt es in der DDR einen gespaltenen Preis, den niedrigen *Erfassungspreis* und den hohen *Aufkaufpreis*. Landwirtschaftliche Produktionsgenossenschaften (LPG), Volkseigene Güter (VEG), Gärtnerische Produktionsgenossenschaften zur marktnahen Versorgung der Bevölkerung mit Obst und Gemüse (GPG) und jeder der wenigen selbständigen Bauern müssen die vom Staat

Ernteerträge in der DDR

	Weizen		Roggen		Kartoffeln		Zuckerrüben		Durchschnittliche jährliche Milchleistung/Kuh in Litern	
	1000 t	dz/ha	1000 t	dz/ha	1000 t	dz/ha	1000 t	dz/ha	BRD	DDR
1934/38	1 547	24,6	2 070	17,1	13 567	173	5 412	291		
1953	1 152	27,4	2 292	18,7	13 273	159	6 062	285	1960 3 442	2 761
1965		36,3		23,2		177		261	1965 3 642	2 967
1966	1 521	31,4	1 642	21,3	12 823	184	6 610	314		

1. Vergleichen Sie die Ernteerträge der DDR mit denen der BRD (s. S. 191), vergleichen Sie ebenso die Milchleistung der Kühe! — 2. Was ist aus dieser Tabelle über die Entwicklung des Lebensstandards in der DDR zu entnehmen? — 3. Vergleichen Sie den Milchertrag/Jahr zwischen der BRD und der DDR einerseits und zwischen diesen Staaten und Indien andererseits (vgl. S. 143 unten)!

Preise je dz (E = Erzeugerpreis, A = Aufkaufpreis, Erz = einheitlicher Erzeugerpreis)

		Weizen	Raps	Zuckerrüben	Milch	Eier je 100 St.	Enten	Schweine
1955	E	21	57,9	4	20	10	200	144
	A	42	225	6	80	40	600	612
1963	E	22,5	80	6,1	27	23,4	310	200
	A	49,5	120	9	68	37,2	553	515
1966	Erz	35	104	8	—	—	492	—
	E	—	—	—	28	20		220
	A	—	—	—	67,2	34,3		519

1. Das Verhältnis von Erzeugerpreis und Aufkaufpreis ist für Weizen im Jahre 1955 1 : 2. Verfolgen Sie die Entwicklung der beiden Preisgruppen für alle Erzeugnisse! — 2. Wieviel erhält der Produzent für je 10 dz eines Produktes a) wenn er den Erzeugerpreis erhält, b) wenn er den Aufkaufpreis erhält? Wieviel erhält er für 20 dz, wenn er zum einheitlichen Erzeugerpreis abliefert? (1966 für Weizen, Raps, Zuckerrübe, im Vergleich zu den Einkünften 1963). — 3. Wann wird der Unterschied zwischen Aufkaufpreis und Erzeugerpreis offenbar fallengelassen?

Großflächenanbau im Thüringer Becken

festgelegten Ablieferungsverpflichtungen erfüllen. Der Staat nimmt ihnen ihre Produkte zum Erfassungspreis ab. Die Betriebe können sich aber frei entscheiden, von welchem der Produkte sie möglichst viel erzeugen und zu dem höheren Aufkaufpreis verkaufen wollen, um so die Einkünfte zu erhöhen.
Je mehr sich die Produktion dem Bedarf nähert, um so geringer läßt man die Differenz von Erfassungspreisen und Aufkaufpreisen werden, um am Ende zu einheitlichen Erzeugerpreisen überzugehen. Für alle Stufen gibt die Tabelle S. 199 Beispiele. Gilt die Produktionssteigerung und die Höhe des Arbeitseinsatzes je 100 ha landwirtschaftlicher Nutzfläche als Maß für die Leistungen der Landwirtschaft, so bleibt die DDR trotz der großen Betriebsflächen weit hinter den Leistungen der BRD zurück. Im Kreise der Länder des Rates für gegenseitige Wirtschaftshilfe (RBW) hat die DDR aber die höchsten Hektarerträge, den geringsten Einsatz von Arbeitskräften und den größten Maschinenbestand je Flächeneinheit. Sie steht also innerhalb des Ostblocks in jeder Hinsicht an der Spitze, auch wenn eine Abnahme der Hektarerträge von West nach Ost aus klimatischen Gründen eingerechnet wird.

Die Leistungen der Landwirtschaft in der DDR sind also nach den schweren Eingriffen in den Besitz der Bauern und in die Selbständigkeit ihrer Arbeit erstaunlich hoch. Wenn es gelingt, die Landwirtschaft mit den nötigen Maschinen zu versorgen und die Zahl der Beschäftigten je Einheit der landwirtschaftlichen Nutzfläche entsprechend zu senken, kann sich gerade diese Landwirtschaft mit ihren optimalen Betriebsgrößen in Zukunft zu hohen Leistungen entwickeln.

Aussiedlerhof in Roßwälden (Baden-Württemberg)

Deutschland als Handelspartner der Welt

Die Bundesrepublik Deutschland ist nächst den USA das wichtigste Export- und Importland der Erde. Mit ihrer Einfuhr im Werte von 70 Milliarden DM im Jahre 1967 nahm sie mehr Güter auf als ganz *Asien*, *Afrika* oder *Iberoamerika* exportierten (vgl. Tabelle 202). Sie importierte in demselben Jahr fast doppelt soviel wie ganz Afrika auf den Weltmarkt brachte.

In der *OECD* sind die hochindustrialisierten Staaten der Erde zusammengeschlossen. Zu ihnen kann man auch die Südafrikanische Union und Australien zählen. Der Import der OECD-Länder aus den Entwicklungsländern Asiens, Afrikas und Iberoamerikas beträgt etwa 80 % des Exportes dieser großen Räume. Der Rest von 20 % verteilt sich auf den Handel dieser Länder untereinander und auf den Handel mit dem Ostblock. Ohne die hochindustrialisierten Länder der OECD könnten die Entwicklungsländer ihre Exportgüter nicht absetzen.

Die wichtigsten *Partner* der BRD sind die hochindustrialisierten OECD-Länder selbst, denn etwa 72 % der Importe stammen aus dieser Ländergruppe und nur etwa 21 % aus den außereuropäischen Entwicklungsländern. Immerhin bedeuten diese 21 % Waren für über 12 Milliarden DM. Die europäischen Ostblockstaaten einschließlich der Sowjetunion führen dagegen aus Ländern, die weder dem Ostblock selbst noch der OECD angehören, nur Waren im Werte von 5,4 Milliarden DM ein. Eine Aufgliederung im einzelnen gestattet die Statistik der Ostblockstaaten nicht. In der Zahl 5,4 Milliarden DM ist auch der Import aus Australien, Neuseeland und Südafrika mit enthalten. Die Bundesrepublik Deutschland allein nimmt also den außereuropäischen Entwicklungsländern doppelt so viele Waren ab wie alle Ostblockländer zusammen Ohne Export können die Entwicklungsländer aber niemals die Investitionen, die für ihren Aufbau erforderlich sind, bezahlen. Die DDR hat an den Importen des Ostblocks aus der Gruppe der drei Erdteile einen relativ großen Anteil. Auf sie entfallen Einfuhren für 1 Milliarde DM, also 20 % der Ostblockimporte, obgleich die Einwohnerzahl nur 5 % der Einwohnerzahl dieser Ländergruppe ausmacht.

Schon die Tabelle S. 77 beleuchtet die gesamte Problematik des deutschen Außenhandels im Rahmen der beiden großen Wirtschaftsgemeinschaften EWG und EFTA. Allein gegenüber den drei nordischen EFTA-Ländern erzielte die Bundesrepublik 1967 einen Außenhandelsüberschuß von 3,5 Milliarden DM (Außenhandelsüberschuß 1967 insgesamt 16,8 Mrd. DM). Die meisten der EFTA-Länder exportieren einen großen Anteil ihrer Ausfuhren in die Bundesrepublik. Die Zollmauer, die auf Grund des EWG-Vertrages aufgebaut wird, trifft also diese Länder — natürlich auch die Bundesrepublik – schwer. Denn auf die Dauer ist der erstaunlich hohe Außenhandel der Bundesrepublik mit Schweden, Norwegen, Dänemark, der Schweiz und Österreich nicht zu halten, vor allem nicht der hohe Außenhandelsüberschuß gegenüber diesen EFTA-Ländern. Alle diese Länder müssen ihre Zahlungsbilanz in Ordnung halten und können nicht des Prinzips der „Multilateralität" wegen ihre Exporte in die Bundesrepublik durch die neue Zollmauer der EWG drosseln lassen. Selbst eine Abwertung der Währung, wie sie Dänemark 1967 vorgenommen hat, ändert an der Außenhandelssituation landwirtschaftlicher Exporte gegenüber der EWG nichts, da automatische Abschöpfungen den Preis beim Überschreiten der Grenze auf eine festgesetzte Höhe anheben – ganz gleich, wie hoch der Angebotspreis ist.

Aus diesem handelspolitischen Grunde muß die Bundesrepublik innerhalb der EWG der Vorkämpfer für eine *Erweiterung der EWG* sein, Frankreich dagegen wird immer der Vorkämpfer für eine Abkapselung der EWG sein, weil die französische Landwirtschaft den Markt der EWG sich selbst vorbehalten möchte. Diese Interessengegensätze sind sachlich begründet, sie lassen sich nur durch Kompromisse lösen.

Einfuhr der BRD in Mill. DM im Jahre 1967 aus		Gesamtexport 1966 in Mill. DM		davon in OECD-Länder
OECD-Ländern	50 673	Afrika (ohne Südafrika)	33,4	30,14
davon EWG	27 636	Asien (ohne Japan)	67,6	50,4
EFTA	10 993	Iberoamerika	55,1	31,1
Angloamerika	9 502			
Afrika (ohne Südafrika)	4 724			
Asien (ohne Japan)	4 819			
Ostblock einschl. DDR	3 969			
Iberoamerika	4 436	Quelle: Statistisches Jahrbuch für die		
Gesamteinfuhr	70 183	Bundesrepublik Deutschland 1968		

Anteil der BRD am Export der Partnerländer 1967 in %

Belgien-Luxemburg	19,8	Nigeria	9,4
Niederlande	26,1	Sudan	10,0
Frankreich	19,3	VAR	4,8
Schweden	12,9	Ghana	4,7
Norwegen	13,4	Türkei	16,1
Dänemark	15,8	Guatemala	12,2
Schweiz	15,0	Chile	8,9

Außenhandel der BRD im Jahre 1967 in Millionen DM

	Einfuhr	Ausfuhr
Ernährungswirtschaft	16 608	2 472
davon: lebende Tiere	216	204
Nahrungsmittel	13 956	1 824
davon pflanzliche	10 644	1 068
tierische	3 312	756
Genußmittel	2 436	444
Gewerbliche Wirtschaft	52 644	84 168
davon: Rohstoffe	11 832	2 880
Halbwaren	10 956	7 572
Fertigwaren	19 856	73 716
Gesamte Wirtschaft	69 252	86 640

Quelle: Wirtschaft und Statistik 1968. Heft 1. Seite 45 ff.

1. Wie hoch ist der Ausfuhrüberschuß der BRD? — 2. Wie hoch ist der Import von industriellen Fertigwaren in die hochindustrialisierte BRD im Vergleich zum Import von Nahrungsmitteln oder dem Import von Rohstoffen? — 3. Welchen Anteil hat der Import von industriellen Fertigwaren am gesamten Import der BRD? Wie hoch ist der Anteil der Nahrungsmittelimporte am gesamten Import? — Mit welchen Handelspartnern spielt sich der Außenhandel der BRD also vor allem ab? — 4. Vergleichen Sie den Fertigwarenimport der BRD mit dem gesamten Import Spaniens (1966: 5 Milliarden DM) oder ganz Afrikas ohne Südafrika (1966: 33 Milliarden DM).

Importe tropischer Produkte aus Entwicklungsländern 1965 (vgl. auch Tabelle S. 80)

			Exportländer:	
Kakao	Gesamtexport:	1 311 550 t	1. Ghana	502 000 t
Abnehmer:	OECD	962 000 t	2. Nigeria	259 000 t
	BRD	167 000 t	3. Elfenbeinküste	126 000 t
	Großbritannien	82 000 t	4. Brasilien	92 000 t
	Frankreich	64 000 t	5. Kamerun	78 000 t
			Exportländer:	
Bananen	Gesamtexport	4 733 350 t	1. Ecuador	1 200 000 t
Abnehmer:	OECD	4 226 000 t	2. Honduras	572 000 t
	EWG	1 460 000 t	3. Costa Rica	572 000 t
	BRD	585 000 t	4. Panama	377 000 t
	USA	1 606 000 t	5. Kolumbien	253 000 t
	Frankreich	396 000 t	6. Brasilien	216 000 t
	Großbritannien	378 000 t		
	Japan	358 000 t		
			Exportländer:	
Kaffee	Gesamtexport:	2 748 320 t	1. Brasilien	809 000 t
Abnehmer:	OECD	2 501 000 t	2. Kolumbien	338 000 t
	EWG	764 000 t	3. Uganda und Kenia	196 000 t
	BRD	276 000 t	4. Elfenbeinküste	186 000 t
	USA	1 280 000 t	5. Angola	159 000 t
	Frankreich	217 000 t	6. El Salvador	98 000 t
	Italien	121 000 t	7. Guatemala	96 000 t

1. Wieviel Prozent des Kakaos, der auf den Weltmarkt kommt, wird von den OECD-Ländern abgenommen? — 2. Weshalb kann man behaupten, daß der Wohlstand der Kakaoländer vom Wohlstand in den OECD-Ländern abhängt? — 3. Wieviel von dem Kakao, der auf den Weltmarkt kommt, nimmt allein die Bundesrepublik ab? Welcher Anteil wird außerhalb der OECD-Länder abgesetzt? — 4. Wieviel Prozent der auf den Weltmarkt kommenden Bananen werden von den in der OECD zusammengefaßten Industriestaaten importiert, wieviel entfällt auf alle anderen Länder der Erde, einschließlich der Ostblockländer? — 5. Wieviel vom Angebot auf dem Weltmarkt importiert die BRD? — 6. Wieviel von dem auf dem Weltmarkt angebotenen Kaffee wird außerhalb der OECD abgesetzt, d. h. außerhalb der westlichen Industrieländer? — 7. Wieviel Kaffee importiert die EWG im Vergleich zu allen Ostblockländern und Entwicklungsländern zusammen?

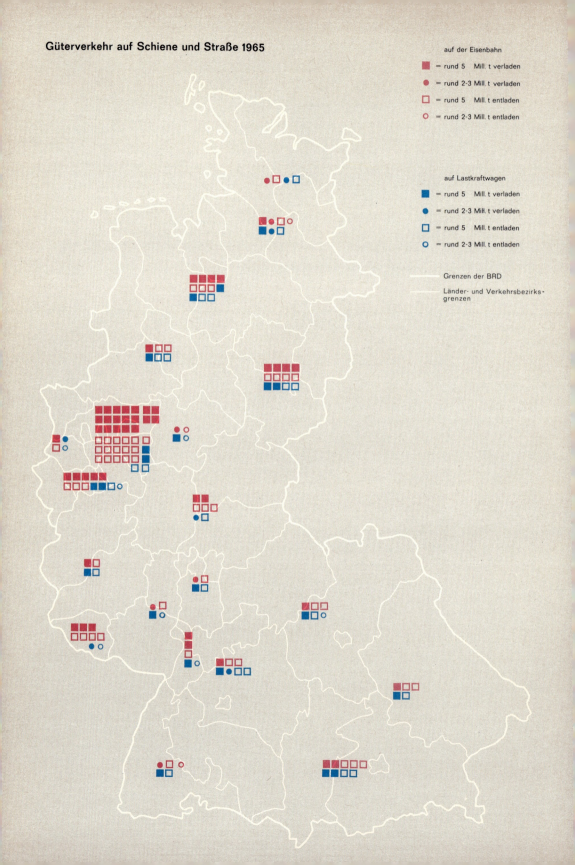

Außenhandel der EWG-Länder in Mill. DM							
	1958	1966	1967		1958	1966	1967
Gesamtexport	95 496	210 703	224 560	Import aus EWG-Ländern	28 506	91 730	96 644
Gesamtimport	96 319	215 245	219 712	Import aus EFTA-Ländern	15 206	29 193	?
Export nach EWG-Ländern	28 824	93 036	98 052	Export nach EFTA-Ländern	20 776	39 119	?

1. Welche Entwicklung erfuhr im angegebenen Zeitraum der gesamte Außenhandel der EWG-Länder? — 2. Welchen Anteil hat der Handel mit den EFTA-Staaten?

Die *Verhandlungen der EWG mit Großbritannien* sind für die Bundesrepublik Deutschland deshalb so wichtig, weil die nordischen Länder mit Großbritannien noch enger verbunden sind als mit Deutschland. Zusammen mit Großbritannien würden voraussichtlich auch diese drei Länder der EWG beitreten müssen, ohne Großbritannien können sie es dagegen kaum. Besondere Schwierigkeiten ergeben sich für die *Schweiz* und *Österreich*. Die Schweiz will ihre Sonderstellung als „neutraler Staat" nicht gefährden, Österreich muß Rücksicht auf seinen Staatsvertrag mit der Sowjetunion nehmen.

Die Probleme der Wiedervereinigung

Im Laufe der Betrachtung von wirtschaftspolitischen und gesellschaftspolitischen Fragen in Deutschland wurde immer wieder die gegensätzliche Entwicklung beiderseits der Zonengrenze festgestellt. Diese Probleme sollen noch einmal zusammengefaßt werden.

Die *DDR* ist völlig auf den *Markt des Ostblocks* ausgerichtet. Ihre Produktion richtet sich nach den Bedürfnissen dieses Marktes, nur wenige Erzeugnisse entsprechen den Wünschen der Konsumenten im Westen. Für die DDR ist der Außenhandel Staatshandel, es ist für sie geradezu selbstverständlich, daß westliche Regierungen sich verpflichten, bestimmte Waren abzunehmen, ganz gleich, ob die Konsumenten im Westen diese Waren zu kaufen bereit sind oder nicht. Diese gegensätzliche Grundauffassung macht den sog. Interzonenhandel zwischen den Teilen Deutschlands immer schwieriger. Je stärker die Bundesrepublik Deutschland in die EWG hineinwächst, desto größer werden diese Schwierigkeiten. Allein schon der Umfang des Interzonenhandels im Verhältnis zu dem Außenhandel der Bundesrepublik Deutschland mit seinen EWG-Partnern und mit den EFTA-Ländern zeigt, wie groß die Mauer bereits geworden ist (vgl. Diagramm S. 79).

Es stellt sich die Frage, wie bei einer *Wiedervereinigung* die verschiedenen landwirtschaftlichen Betriebs- und Besitzverhältnisse in Ost und West miteinander verknüpft werden können. Ist es denkbar, die dort geschaffenen großen Betriebseinheiten ohne Schaden wieder aufzulösen – zumal, wenn noch einige weitere Jahrzehnte vergangen sind? Sind nicht besitzrechtliche Formen möglich, die für die Landwirtschaft des Westens *und* des Ostens anwendbar sind, ohne daß der Grundsatz der Unverletzlichkeit des Privateigentums aufgegeben werden muß?

Was über die Landwirtschaft gesagt wurde, gilt auch für viele *industrielle Betriebe*. Wenn bei uns bereits das Hüttenwerk und die Bergwerke Salzgitter wegen des ungünstigen Standortes in Schwierigkeiten geraten, wie könnte dann das Werk Eisenhüttenstadt an der Oder im freien Wettbewerb bestehen?

Die DDR ist der am stärksten industrialisierte Teil des Ostblocks; sie ist für die anderen Ostblockländer der wichtigste *Lieferant von Industriegütern* – von der Sowjetunion selbst abgesehen, deren Bevölkerungszahl fast 13mal so groß ist wie die der DDR. Auch volkreichere Mitgliedstaaten, wie Polen und Rumänien, bleiben hinter den industriellen Leistungen der DDR weit zurück. Rechnet man alle Importe und Exporte auf den Kopf der Bevölkerung um, so ist die Spitzenstellung der DDR innerhalb der Ostblockstaaten vorläufig unerreichbar. – Können wir erwarten, daß der Ostblock dieses so wichtige hochindustrialisierte Land aus seinem Verbande entläßt?

Selbstverständlich sehen die Ostblockländer eine mögliche Wiedervereinigung auch unter dem Gesichtspunkt ihrer *militärischen Sicherheit*. Wir dürfen diesen Gesichtspunkt nicht zu sehr auf die Zahl von Divisionen einengen. Eine wesentliche Voraussetzung für militärische Stärke ist heute eine große Wirtschaftskraft. Können wir erwarten, daß die Ostblockländer einer Wiedervereinigung zustimmen, welche die Wirtschaftskraft des Ostblocks schwächt, die des Westens dagegen stärkt?

Im Westen wird die Wiedervereinigungsdiskussion fast ausschließlich mit moralischen und juristischen Argumenten geführt. Der Westen fordert, daß auch für die Menschen in der DDR das *Recht auf Selbstbestimmung* gelten müsse, daß sie selbst entscheiden sollen, welche Regierungsform sie wünschen und welchem Staat sie angehören wollen. Die Diskussionen fußen in der BRD weiterhin auf dem sog. Potsdamer Abkommen von 1945, nach dem Deutschland als Einheit gilt und in dem die Siegermächte vereinbart hatten, daß die staatsrechtlichen Grenzen Deutschlands erst in einem Friedensvertrage festgelegt werden sollten. Welche Mittel stehen der BRD zur Verfügung, um den Osten zu veranlassen, diese Grundsätze wenigstens als Verhandlungsgrundlage anzuerkennen?

Die Berufsgliederung der Städte (1963)

I. Der Primäre Bereich (Land-, Forstwirtschaft u. Fischerei) bleibt meist unter 1%; Er ist als Rest von 100% leicht zu errechnen
II. Sekundärer Bereich (Bergbau u. Energiewirtschaft, Wasserversorgung, Verarbeitendes Gewerbe, Baugewerbe)
III. Tertiärer Bereich (Handel, Verkehr, Nachrichtenübermittlung, Kreditinstitute, Versicherungen, Dienstleistungen, Organisationen ohne Erwerbscharakter, Gebietskörperschaften, Sozialversicherungen)

Stadt	Zahl der Erwerbstätigen	Bereich II	Bereich III
Marl	29 100	71	27
Salzgitter	47 600	65	31
Rüsselsheim	19 700	72	27
Rheinhausen	29 800	73	27
Duisburg	219 600	60	39
Essen	312 600	56	43
Hagen	89 900	57	42
Mainz	62 500	41	57
Bremen	260 500	43	56
Heidelberg	56 700	38	59
Bonn	63 500	28	71
Trier	35 700	30	67
Paderborn	22 400	38	61
Hamburg	892 000	40	59
München	532 000	42	57
Husum	8 600	25	70
Bad Kissingen	6 400	21	78
Garmisch-Partenkirchen	13 000	23	74

Die deutschen Städte

Die meisten unserer Städte sind im Mittelalter als zentrale Orte für die umliegenden Dörfer entstanden. Einige wenige von ihnen gewannen zusätzlich als Handelsstädte Bedeutung und Wohlstand (vgl. S. 162). Die Städte des *Industriezeitalters* haben andere Grundlagen für ihren Wohlstand als die alten Land- und Handelsstädte. Ihre früheren Funktionen gegenüber den Dörfern der Umgebung haben sie meist verloren, die jüngeren Städte unter ihnen haben solche nie besessen. Die Gesellschaftsstruktur, die soziale Schichtung und das Wirtschaftsleben der Städte haben sich gegenüber der vorindustriellen Zeit grundlegend gewandelt. Die Unterschiede von Stadt zu Stadt werden immer weniger von der *natürlichen Lage* der Orte bestimmt und immer mehr von den verschiedenen *zentralen Funktionen*, die die Städte zu erfüllen haben. Die Gesichter der modernen Städte der verschiedenen Länder und Kontinente ähneln sich schon heute immer mehr. Mit ihrer ländlichen Umgebung sind die Städte des Industriezeitalters in völlig anderer Weise verbunden, als die aus dem Mittelalter stammenden zentralen Orte.

Die Bauern der Gebiete im Einzugsgebiet der Städte haben sich auf die tägliche *Versorgung der Stadtbevölkerung* eingestellt. Aber die Bauern setzen ihre Waren nicht mehr in einer bestimmten Stadt ab. Rings um die Städte konzentrieren sich Gebiete mit *Spezialkulturen* für Obst und Gemüse, für Beeren und Blumen und für die Erzeugung von Frischmilch. Durch diese hochintensiven Betriebsformen erzielen die Landwirte im Umland der Städte höhere Einkommen als etwa durch den Verkauf von Getreide oder Kartoffeln.

Um die großen *Ballungsgebiete*, das Ruhrgebiet, Berlin, Hamburg, im Rhein-Main-Gebiet, um alle großen modernen Städte entwickeln sich solche *Versorgungsringe* und *-sektoren*. Wie rasch man heute jedoch solche stadtnahen Versorgungsgebiete verlegen kann, zeigt das *Beispiel Berlins*. Vor 1945 reichte der Versorgungsring Berlins im Osten bis zur damaligen Reichsgrenze, im Westen bis zur Elbe. Heute kommt fast alles, was über zwei Millionen Bewohner Berlins täglich brauchen, aus den Bundesländern, die an der Zonengrenze liegen. Die Milch kommt zum Beispiel aus Bayern, Hessen, Schleswig-Holstein und Niedersachsen.

Eine Betrachtung der *inneren Gliederung der Städte* zeigt, daß die neu erbauten Stadtteile der Industriestädte und der anderen Typen der modernen Stadt sich nur wenig voneinander unterscheiden. Ob in Düsseldorf oder in Hannover, in Stuttgart, in München oder in Berlin, in London oder Paris, in Detroit oder in Kairo – überall sieht man ein ähnliches Bild. Der Unterschied zwischen den modernen *Stadtvierteln* von Kopenhagen oder Göteborg und denen von Hannover oder Düsseldorf ist geringer als etwa der zwischen Celle und dem nahe gelegenen Lüneburg. Die neuen Industriestädte beeinflussen einen weiten ländlichen Umkreis. Die großen Industriewerke ziehen aus einem großen Bezirk die Menschen an; diese pendeln täglich zu ihren Arbeitsstätten in der fernen Großstadt. Umgekehrt siedelt sich mancher, der in der Industriestadt ein hohes Einkommen erzielt, in schön gelegenen Dörfern der Umgebung an, um der üblen Luft und dem Lärm der Großstadt zu entfliehen.

Charakteristische Wesensunterschiede erkennt man am besten, wenn man die Städte nach ihren zentralen Funktionen untersucht.

Als bestimmendes Merkmal für eine Typisierung der Städte soll hier die *Berufsgliederung* verwandt werden – gewiß nur ein Merkmal von vielen, aber doch ein äußerst wichtiges, um die vorherrschenden Aufgaben der jeweiligen Städte zu erkennen. Reine Industriestädte gibt es, wie die anderen Stadttypen, nur noch selten. In der Regel haben die modernen Städte vielfältige Aufgaben zu erfüllen (vgl. Tabelle S. 206 unten).

1. Die Industriestädte, in denen alle anderen Berufe gegenüber den industriellen Berufen zurücktreten, zeigen den Gegensatz zu früheren Jahrhunderten am klarsten. Industriestädte in Deutschland sind vor allem mittlere Gemeinden mit einer Einwohnerzahl zwischen 50 000 und 120 000, wie Wolfsburg (D I. 36, 15), Salzgitter, Marl, Leverkusen, Duisburg-Meiderich, Rheinhausen, Rüsselsheim. Alle diese Städte haben ausgedehnte Wohnbezirke für die in den Industrien beschäftigten Arbeiter und Angestellten. Die beiden ersten Städte sind der Autoindustrie zugeordnet, die beiden folgenden großen Werken der Chemie und die letzten der Schwerindustrie und dem Kraftfahrzeugbau.

Die soziale und wirtschaftliche Struktur der *Industriestädte* zeigt oft große Gegensätze: Am linken Niederrhein liegt die Stadt *Kamp-Lintfort* (37 000 Einwohner). Ihr wirtschaftlicher Mittelpunkt ist eine große Zeche mit zahlreichen Nebenbetrieben, sie besitzt aber weder einen Personen- noch einen Güterbahnhof, sondern nur Zechenbahnen. Erst seit 1963 entsteht eine höhere Schule, an ein eigenes Theater oder an ein eigenes Orchester ist nicht zu denken. Die Menschen wohnen in angemessener Entfernung vom Werk in schönen Wohnsiedlungen im Grünen.

Völlig anders ist das Leben in *Marl* (75 000 Einwohner), das als Industrieort weit jünger ist als Kamp-Lintfort. Marl hat zwei höhere Schulen, eine vorbildliche Volkshochschule mit großem eigenen Gebäude, ein neuzeitliches repräsentatives Rathaus. Es unterhält sogar ein eigenes Orchester. Ähnliches gilt von *Leverkusen*. Beide Städte werden von der chemischen Industrie beherrscht, die viele Angestellte benötigt, die auf Universitäten, Technischen Hochschulen oder auf Höheren Technischen Lehranstalten studiert haben. Jahr für Jahr ziehen junge Kräfte zu. Das formt das gesellschaftliche Leben in völlig anderer Richtung als etwa in den Städten des Bergbaues. Ganz entscheidend wirkt sich das unterschiedliche Steueraufkommen dieser Gemeinden aus. Die Stadt des Bergbaues könnte sich so aufwendige Bauten niemals leisten, wie sie für die Städte der Chemie selbstverständlich sind (vgl. S. 195/196 und S. 212 ff).

2. Städte der Industrie, des Handels und Verkehrs. In vielen alten Städten, deren wirtschaftliche Grundlage in vorindustrieller Zeit Handel und Verkehr waren, haben sich große Industrieunternehmen niedergelassen. Meist siedelten sie sich am Außenrand der alten Stadt in *Industrievierteln* an. Umgekehrt haben in Städten, die ursprünglich fast ausschließlich von der Industrie bestimmt waren, *Handel* und *Verkehr*, Banken und *Versicherungen*, Speditionen, Verwaltungen der Konzerne und der Industrieverbände, Kaufhäuser, Geschäfte aller Art und schließlich auch Behörden immer größere Bedeutung gewonnen. Zu Städten dieses Typs gehören heute: *Essen, Augsburg, Ludwigshafen, Krefeld, Aachen, Hagen i. W.* Die Bürgerschaft dieser Städte ist weit differenzierter zusammengesetzt als die von reinen Industriestädten, ihre Ansprüche sind mannigfaltiger, die Anregungen, die von ihr ausgehen, sind vielseitiger. Meist sind diese Städte zahlenmäßig größer als die reinen Industrieorte. Allerdings ist eine klare Scheidung beider Typen nicht möglich, die Grenzen sind fließend. Während man die *Innenstadt*, die sich dem Charakter der *City* nähert, dem zweiten Typ zuzählen möchte, zeigen andere Stadtteile klar das Bild des ersten. Mit der *Berufsgliederung* konnte nur eine, wenn auch sehr wichtige Seite des Lebens in der Stadt erfaßt werden. Man könnte nun den Grundtyp weiter variieren, indem man Städte des gleichen Typs miteinander vergleicht. Der Vergleich der Bergbaustadt mit der Stadt der Chemie hat solche Unterschiede bereits gezeigt.

Als weiteres Beispiel soll *Duisburg* dienen, das sich selbst „Stadt Montan" nennt, also als *Industriestadt* verstanden sein will. Wer die Innenstadt kennt, das Theater, die große Merkatorhalle, die Kaufhäuser, die eleganten Geschäfte, die Speditionen oder das moderne Lehmbruckmuseum, der möchte diese Stadt entgegen der Aussage der Berufsstatistik dem zweiten Typ zuordnen. Wer aber die vielen Stadtteile kennt, die sich um die großen Werke der Eisen- und Stahlindustrie entwickelt haben und zum Teil erst seit der Eingemeindung von 1929 Teile von Duisburg geworden sind, der wird die Stadt dem ersten Typ zuordnen. Zweifellos geht die Entwicklung auf den zweiten Typ hin. Duisburg bemüht sich wie andere Industriestädte vergleichbarer Größe darum, ein vielseitiges kulturelles Leben zu entwickeln. Die Hafenanlagen Duisburgs prägen nur das Bild an der Ruhrmündung und längs der Duisburger Rheinfront. Hier ziehen allerdings die gewaltigen Industrieanlagen den Blick weit stärker auf sich als die vor ihnen am Strom liegenden Ladestellen und Hafenanlagen.

3. Städte des Handels und Verkehrs. In einer Reihe von alten Städten, wie in *Bremen*, *Münster*, *Mainz* und *Würzburg* hat die Industrie zwar eine wichtige, aber nicht *die* überragende Bedeutung gewonnen. Diesen Städten geben neben Handel und Verkehr kulturelle Einrichtungen und öffentliche Verwaltungen das Gepräge. Viele sind Sitz von Universitäten und Hochschulen, haben bekannte Museen, Orchester und Theater, die sich reine Industrieorte vergleichbarer Einwohnerzahl nicht leisten können. Es sind immer Städte alter Tradition, die viele Funktionen aus vorindustrieller Zeit bewahrt haben. Die Städte dieses Typs überschreiten selten 250 000 Einwohner. Doch wandeln sich auch diese Städte rasch: In vielen siedeln sich neue Betriebe an, und die Industrie bestimmt immer mehr die soziale Gliederung und auch das Bild der Städte. Ein Beispiel für diese Entwicklung ist Mainz.

4. Städte der Verwaltung, der öffentlichen und kulturellen Dienste, wie Bonn, Wiesbaden, Heidelberg, Freiburg i. Br., Kiel, lassen sich in die bisher genannte Gruppen nicht ohne weiteres einordnen. Auch sie beherbergen Industriebetriebe. Das wirtschaftliche, geistige und kulturelle Leben ist aber nicht von der Wirtschaft bestimmt, sondern von den Bundes- und Landesbehörden, den Gerichten und oft auch von einer Universität. Zu diesen Städten gehören auch Bischofssitze, wie etwa Fulda. Ein großer Teil der Bevölkerung arbeitet in den Dienstleistungsberufen, gehört also zum tertiären Bereich.

5. Metropolen. So bezeichnet man die Großstädte, *die alle bisher angeführten Merkmale in sich vereinigen.* Sie sind die eigentlichen Großstädte der Gegenwart mit außerordentlich vielseitigem kulturellem und geistigem Leben, mit großen Werken der industriellen Produktion, mit Unternehmen des Handels, mit Messen und Ausstellungen von Weltrang. Darüber hinaus sind sie Zentren für eine große Land-

Querschnitt durch Bremen: Schwarze Zeichnung Bremen um 1800. Rote Zeichnung Bremen heute.

Bremen: Hafen

Bremer Südervorstadt

schaft, die in der Metropole *ihre* Großstadt sieht. Andere Länder haben weit weniger Städte dieses Ranges als Deutschland. In der Bundesrepublik zählen in die Gruppe der Metropolen *Berlin*, *Hamburg*, *München*, *Köln*, *Düsseldorf*, *Hannover*, *Frankfurt*, *Stuttgart*, in der DDR *Leipzig* und *Dresden*, in den Ostgebieten *Breslau* und *Königsberg*.

6. Die alten Kleinstädte. Neben den von der Industrie geprägten Städten gibt es viele, die den Schritt aus der alten Zeit in die neue nicht getan haben. Zwar hat sich der Lebenszuschnitt ihrer Bürger dem der großen Städte angepaßt, aber die alte wirtschaftliche Grundlage haben sie eingebüßt und eine gleichwertige neue wurde

Hansestadt Bremen

Schwachhausen — Gartenstadt-Vahr — Neue Vahr – Süd

Die Türme, Kirchen und Gebäude der Stadt sind proportional zu den wirklichen Höhen gezeichnet.

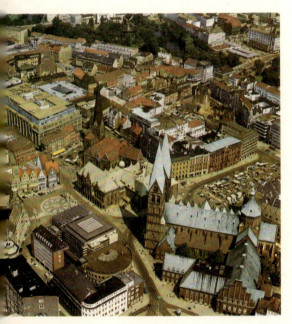

Bremen: City

Bremen: Die Neue Vahr

nicht geschaffen. Noch bis zum Ersten Weltkrieg arbeiteten in solch einer Stadt beispielsweise zwanzig oder noch mehr Schuhmachermeister und Schneidermeister, Schmiedemeister, Stellmachermeister, Wagenbauer, Küfer, Tischler. Sie alle arbeiteten noch als Handwerker. Die Arbeit der Schuhmachermeister wird heute durch ein Schuhgeschäft ersetzt, das die Erzeugnisse von Schuhfabriken vertreibt. Dasselbe gilt für viele ehemalige Handwerksberufe. Mit den handwerklichen Produktionsbetrieben ist der alte Wohlstand aus diesen Städten geschwunden. Manche dieser Kleinstädte haben sich lange gegen die Ansiedlung einer Fabrik gewehrt, denn sie wollten verhindern, daß sie zu Arbeiterstädten wurden. Damit hielten sie aber die modernen Steuerquellen fern. Ohne Geld kann aber keine Stadtverwaltung die Einrichtungen schaffen, die neue Unternehmen anlocken könnten. Das Bild der Gebäude, der Straßen und Plätze in diesen Städten zeigt deutlich, daß sich hier in vorindustrieller Zeit Reichtum angesammelt hatte. In vielen dieser alten, von der Industrie kaum berührten Städten mit ihren historischen Bauten und Sehenswürdigkeiten, sichert der *Fremdenverkehr* den Bürgern zumindest in der Saison ein befriedigendes Einkommen. Die Vorstellungen vieler ausländischer Reisender, wie der Amerikaner oder der Skandinavier von der „deutschen Stadt" werden durch diese Städte, zum Beispiel Rothenburg, besonders geprägt.

Reiche und arme Städte. Die Stadt der vorindustriellen Zeit war reich, wenn die bäuerliche Umgebung reich war, und das hing von der Gunst oder Ungunst von Boden und Klima ab. Die Stadt wurde nur dann reich, wenn die Käufer, die in die Stadt kamen, viel einkaufen konnten. Waren die Bürger reich, so war auch die Stadt als Institution reich.

Heute haben Boden und Klima und der Wohlstand der Bauern der Umgebung kaum noch einen Einfluß auf die Finanzkraft der Stadt. Es kommt auch nicht darauf an, ob der Wohlstand ihrer Bürger groß ist. Eine Stadt kann viele Bürger mit hohem Einkommen beherbergen – und doch bleiben die Einkünfte der Stadtverwaltung niedrig. Das liegt an dem Verteilungsschlüssel der Steuern auf Gemeinden, Länder und Bund.

Die wesentlichen Steuerquellen der Gemeinden sind die *Gewerbesteuer* und die *Grundsteuer*. Allein 80 % der Gemeindesteuern bringt in allen Gemeinden die Gewerbesteuer zusammen, knapp 16 % die Grundsteuer. Der Wohlstand der Stadt hängt also praktisch vom Gewerbesteueraufkommen ab.

Während in vorindustrieller Zeit der größte Teil der Steuern und steuerähnlichen Einnahmen den *Gemeinden* zufloß, ist deren Anteil am gesamten Steueraufkommen mit insgesamt 12 % heute gering. Die Mehrzahl der Bürger zahlt nur *Lohnsteuer* oder *Einkommensteuer*, außerdem bezahlen sie indirekt einen Teil der *Mehrwertsteuer*, die bei jedem Einkauf im Preise enthalten ist. Den Gemeinden fließt davon nichts zu. Gemeinden ohne Industrie haben deshalb keine Aussicht, je ein hohes Gewerbesteueraufkommen zu erreichen. Sie bleiben zur Armut verurteilt. Die Industriebetriebe mit gleich großer Beschäftigtenzahl und gleich hohem Umsatz erbringen sehr unterschiedliche Steueraufkommen: Marl und Rheinhausen, die bereits als Beispiele reiner Industriestädte genannt wurden, sind mit je 75 000 Ein-

Gemeindesteuern pro Kopf 1965 in ausgewählten Gemeinden

Stadt	Einwohner in 1000	Gemeindesteuer pro Kopf in DM	Stadt	Einwohner in 1000	Gemeindesteuer pro Kopf in DM
München	1 215	346	Wolfsburg[1]	84	804
Essen	727	254	Leverkusen[2]	105	638
Düsseldorf	698	416	Marl[2]	76	437
Stuttgart	629	402	Rheinhausen[3,4]	73	233
Hannover	555	417	Bad Godesberg	72	221
Rüsselsheim[1]	51	1 140	Husum	25	163

[1] Autoindustrie [2] Chemische Industrie [3] Eisenhüttenindustrie [4] Zechen

1. Gruppiere die Städte in reiche Städte (mehr als 500 DM Gemeindesteuer pro Kopf), arme Städte (weniger als 300 DM Gemeindesteuer pro Kopf) und Städte mit einem Gemeindesteueraufkommen zwischen 300 und 500 DM pro Kopf! — 2. Welche Städte werden mit Sicherheit an der heutigen Steuerverteilung festhalten, welche Städte dagegen werden nach einem anderen Verteilungsschlüssel streben? — 3. Die steuerstarken Gemeinden sind am stärksten verschuldet. Wie erklären Sie das? Was bedeutet diese Feststellung für eine künftige Reform der Steuerverteilung auf Bund, Länder und Gemeinden?

wohnern etwa gleich groß. Die Chemiestadt Marl nimmt aber doppelt so viel Steuern ein wie Rheinhausen, die Stadt des Eisens und Stahls. Doppelt so viele Steuern wie die Chemische Industrie bringt die Automobilindustrie auf.

Finanziell besonders schlecht gestellt sind die *Zechenstädte:* Das Steueraufkommen des Steinkohlenbergbaus war in den letzten Jahrzehnten stets gering, in der Zeit des Zechensterbens wird die Lage dieser Gemeinden noch schlechter.

Am Ende der Reihe stehen die *bäuerlichen Gemeinden ohne Industrie.* Besonders arm sind ländliche Gemeinden, auf deren Gemarkung Wohnsiedlungen für Erwerbstätige entstehen, die in den Fabriken benachbarter Gemeinden arbeiten. Denn die Grundsteuer ist für die Gemeinden ohne Industrie die wichtigste Steuerquelle. Auf Grund eines Bundesgesetzes wird aber die Grundsteuer für neu errichtete Wohnungen, die öffentlich gefördert oder steuerbegünstigt gebaut werden, in den ersten 10 Jahren auf einen geringen Betrag herabgesetzt. Erst nach 10 Jahren erhält die Wohngemeinde den vollen Grundsteuerbetrag. Die neuen Bürger erwarten aber von der Gemeindeverwaltung, daß sie für alle öffentlichen Einrichtungen sorgt. Wohl können die Ausgaben für den Straßenbau, für Wasserleitungen, Kanalisation, Strom und Gasversorgung auf die Bauherren abgewälzt werden. Oft genug muß die Gemeinde aber Arbeiten vorfinanzieren, weil man die Anlagen nicht für die ersten im Bau befindlichen Häuser allein schaffen kann, sondern gleichzeitig für die in Zukunft vorgesehenen Gebäude. Die Bürger erwarten weiterhin zumindest eine Schule und eine der Bürgerzahl angemessene Verwaltung. Die Gemeinde muß also für eine neue Wohnsiedlung hohe finanzielle Aufwendungen erbringen, ohne daß die entsprechenden Einnahmen in die Gemeindekasse gelangen. Die Einwohner dieser Siedlungen arbeiten in der Regel in Nachbargemeinden; dank ihrer Tätigkeit kann die Fabrik an die Gemeinde, auf deren Boden sie steht, hohe Gewerbesteuern zahlen. Um den Wohngemeinden mit vielen Auspendlern einen gewissen Ausgleich zu geben, zahlen die gewerblichen Gemeinden an die Wohngemeinde eines jeden Einpendlers einen *Gewerbesteuerausgleich.* Er ist in der Regel weit niedriger als das Gewerbesteueraufkommen der gewerblichen Gemeinde pro Kopf. Der Ausgleichssatz wird Jahr für Jahr für das gesamte Bundesgebiet neu festgesetzt; 1967 waren es 175 DM pro Pendler. Damit wird die Ungleichheit nur

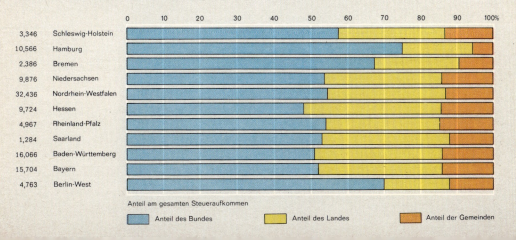

Das Steueraufkommen der Bundesländer 1966 in Millionen DM und %

		0 10 20 30 40 50 60 70 80 90 100%
3,346	Schleswig-Holstein	
10,566	Hamburg	
2,386	Bremen	
9,876	Niedersachsen	
32,436	Nordrhein-Westfalen	
9,724	Hessen	
4,967	Rheinland-Pfalz	
1,284	Saarland	
16,066	Baden-Württemberg	
15,704	Bayern	
4,763	Berlin-West	

Anteil am gesamten Steueraufkommen
■ Anteil des Bundes   ■ Anteil des Landes   ■ Anteil der Gemeinden

Steuer-Einnahmen in der Bundesrepublik Deutschland im Jahre 1966 in Mrd. DM

I. Bundessteuern	62,3	II. Landessteuern	34,8
1. Einkommen- und Körperschaftsteuer, Lohn- und Kapitalertragssteuer (Bundesanteile 37 %)	17,3	1. Einkommen-, Lohn-, Körperschafts- und Kapitalertragssteuer (Länderanteil 63 %)	27,0
2. Umsatzsteuer (in Zukunft Mehrwertsteuer)	22,4	2. Vermögenssteuer	2,0
3. Mineralölsteuer	8,0	3. Kraftfahrzeugsteuer	2,9
4. Übrige Verbrauchssteuern	0,4	III. Gemeindesteuern	14,0
		1. Grundsteuern	2,2
		2. Gewerbesteuern	11,1

1. Wie ist das Verhältnis des Anteils am gesamten Steueraufkommen von Bund, Ländern und Gemeinden, wenn man die Gemeindesteuern als 1 setzt? — 2. a) Welches sind die Haupteinnahmequellen des Bundes? b) Was würde eine Minderung des Anteils an der Einkommen- und Körperschaftsteuer von 37 % auf 35 % für einen Steuerausfall für den Bund und Steuergewinn für die Länder bedeuten? — 3. Welchen Anteil haben die Einkommen- und Körperschaftssteuern am Steueraufkommen der Länder? Welche Steuerquelle steht an zweiter Stelle? — 4. Welchen Anteil haben die Gewerbesteuern am gesamten Steueraufkommen der Gemeinden?

gemildert, nicht ausgeglichen. Viele Gemeinden können sogar ihre Pflichtaufgaben, zu denen sie auf Grund der bestehenden Gesetze gezwungen sind, nur mit Hilfe der Zuwendungen des Landes erfüllen. Von einer Selbständigkeit und Freiheit solcher Gemeinden kann man nur sehr bedingt reden. Für manche Wohngemeinde wird es so notwendig, sich in die gewerbliche Gemeinde eingemeinden zu lassen. Umgekehrt wehrt sich manche kleine Gemeinde mit besonders hohem Gewerbesteueraufkommen mit allen Mitteln gegen eine Eingemeindung in eine benachbarte Gemeinde. Die Gemeinden ringen mit Bund und Ländern um einen anderen Schlüssel der Steuerverteilung. Der *Städtetag* fordert als ersten Schritt, daß dem Bund in Zukunft nur 35 % der Einkommen- und Körperschaftssteuer zufallen solle gegenüber 37 % im Jahre 1966. 2 %, etwa 1 Milliarde DM, sollen den Gemeinden zufließen. Dieser Betrag soll entsprechend ihrem Aufkommen an dieser Steuerart den Gemeinden zufließen. Der Städtetag tritt weiterhin dafür ein, daß die Gewerbesteuern abgebaut werden und die Gemeinden dafür einen wesentlichen Anteil an der Einkommen- und Körperschaftssteuer als Ersatz erhalten. Gemeinden mit hohem Gewerbesteueraufkommen werden dabei schlechter fahren, Wohngemeinden dagegen weit besser. Um die Steuerverteilung wird in den kommenden Jahrzehnten sicher heftig gerungen werden; mit Gemeindeneugliederungen allein fließen den Gemeinden insgesamt keine neuen Mittel zu! — Es gibt keine Lösung, die alle zufriedenstellen wird. Es kann aber nicht übersehen werden, daß oft gerade Gemeinden mit hohem Gewerbesteueraufkommen am stärksten verschuldet sind und oft weit höhere ständige Ausgaben auf sich genommen haben als arme Gemeinden. Eine Reduzierung der Steuern dieser „reichen Gemeinden" würde deren Finanzen völlig zerrütten.

Die Neuordnung der Gemeinden als Zukunftsaufgabe

Der seit dem Mittelalter bestehende klare Unterschied zwischen Stadt und Dorf ist im Industriezeitalter geschwunden. In vielen „Dörfern" sind die Bauern in der Minderheit. In der Gemeindevertretung stellen die im Gewerbe Beschäftigten, nicht selten sogar die Pendler, die Mehrheit. Diese Entwicklung ist so weit fortgeschritten, daß bereits 1935 der historisch überkommene und juristisch bedeutsame Unterschied zwischen Stadt und Dorf aufgehoben wurde. Es gibt nur noch *eine* Gemeindeordnung, die für alle städtischen und dörflichen Gemeinden gilt. Ein „Stadtrecht" gibt es seitdem nicht mehr, obgleich es immer noch einzelnen Gemeinden verliehen wird. Nach 1945 haben alle Bundesländer eigene Gemeindeordnungen geschaffen, die sich untereinander in wesentlichen Punkten unterscheiden. Nur in Schleswig-Holstein hat die Stadt Rechte, die den anderen Gemeinden nicht zustehen. So ist die Bezeichnung „Stadt" heute ein Ehrentitel für solche Gemeinden, die so groß geworden sind und deren Sozialstruktur und Wirtschaftsleben sich so gewandelt hat, daß sie in der Vorstellung der Bevölkerung nicht mehr als Landgemeinden gelten können, oder für Gemeinden, die diesen Titel seit Jahrhunderten besitzen.

Viele Gemeinden sind so klein, daß sie weder eine differenzierte Verwaltung bezahlen, noch Beamte ausreichend beschäftigen können. Bisher kamen die meisten solcher Gemeinden mit einer ehrenamtlichen Verwaltung aus. Inzwischen können aber gerade diese kleinen Gemeinden ihre verwaltungstechnischen und wirtschaftlichen Aufgaben nicht mehr aus eigener Kraft erfüllen. Sie bedürfen der Hilfe des Landes und der Einrichtungen, die eigens dazu geschaffen wurden, ländlichen Gebieten zu helfen. Über den Schulhausbau, den Bau von Lehrerwohnungen, über den Bau von Zufahrtsstraßen zum Dorf, den Ausbau der Feldwege oder über die Flurbereinigung muß zum Beispiel mit vielen Behörden verhandelt werden. Allein aus den Mitteln des „Grünen Plans" gibt es viele Möglichkeiten des Zuschusses (vgl. S. 194). So können Zuschüsse für die Wasserversorgung, die Kanalisation, für Gemeinschaftshäuser, für Gefrieranlagen und vieles anderes mehr, erwirkt werden. Dazu bedarf es eigener Initiative, eines umfangreichen Schriftverkehrs und einer ordnungsmäßigen Rechnungslegung. Nur hauptamtlich beschäftigten und gut ausgebildeten Beamten und Angestellten ist das möglich. Für kleine Gemeinden lohnt sich jedoch der personelle Aufwand nicht. Deshalb werden in Nordrhein-Westfalen zur Zeit solche kleinen Gemeinden zu Großgemeinden mit 5000 bis 8000 Einwohnern vereinigt, um eine ökonomisch sinnvolle Verwaltung zu ermöglichen. Allein die Errichtung von Mittelpunktsschulen in allen Ländern zwingt die Gemeinden zur Zusammenarbeit. Andere Länder ergreifen ähnliche Maßnahmen.

Grundsätzlich gibt es zwei Wege:
a) Man schafft *Zweckverbände*, zum Beispiel einen zum Bau und zur Unterhaltung einer Mittelpunktsschule oder einen anderen für die Wasserversorgung. Solche Zweckverbände können sich auf eine lange Tradition berufen. Gegner dieses Verfahrens heben hervor, daß auch sie einer Verwaltung mit ausgebildeten Beamten

und Angestellten bedürfen und daß dadurch die Arbeit der Verbände für die hilfesuchenden Gemeinden zu unübersichtlich werde.

b) Man vereinigt kleine Gemeinden zu *Großgemeinden*. Oft sind Gemeinden, die von der Industrialisierung ergriffen worden sind, im Laufe der Jahrzehnte *räumlich* zusammengewachsen. In *Nordrhein-Westfalen* war die Regierung überzeugt, daß im dichtbebauten *Siegtal* nördlich der Stadt Siegen die drängenden Gemeindeaufgaben nicht mehr von den einzelnen kleinen Gemeinden ökonomisch sinnvoll gelöst werden könnten (vgl. S. 214). Daher wurden diese 1966 zu einer neuen Gemeinde zusammengeschlossen, die den Namen Hüttenstadt erhielt – dabei war der Widerstand der betroffenen Bevölkerung und der alten Gemeinden nicht gering.

Der nordrhein-westfälische Landtag hat *1968 das Neugliederungsgesetz für die Kreise Siegen und Unna beschlossen*. Neuordnungsgesetze für andere Kreise folgen. Der Auszug aus dem Gesetz zur Neugliederung der Gemeinden des Kreises Unna nennt die Grundsätze, die allen Neugliederungen im Lande Nordrhein-Westfalens zugrunde liegen. Der Auszug aus dem Geschäftsbericht des Städtetages des Landes Nordrhein-Westfalen gibt Einblick in die Überlegungen der Städte zur Neugliederung der *Ballungsgebiete*. Die Zusammenstellung der Begriffe, die dazu dienen sollen, den Zustand in der Umgebung einer großen Stadt zu erfassen, soll die Erörterungen über dieses Thema in der Öffentlichkeit verständlich machen.

I. Auszug aus dem Gesetz zur Neugliederung des Landkreises Unna

„Bei der Neugliederung ist der Versuch unternommen worden, möglichst gemeindliche Verwaltungseinheiten für solche Räume zu schaffen, in denen sich die Grundfunktionen der modernen arbeitsteiligen Gesellschaft — Wohnung, Arbeitsplatz, Erholung, Bildung, zentrale Dienste, Versorgung, Verkehr — vollziehen. Der Gesetzentwurf geht von der *Einheitsgemeinde* aus, weil sie in einem dem Nahversorgungsbereich angeglichenen Gebiet durch *eine* Gemeindevertretung, *eine* Gemeindeverwaltung, *einen* einheitlichen Haushaltsplan und *eine* einheitliche Bauplanung und Investitionspolitik die besten Voraussetzungen für die Lösung kommunaler Selbstverwaltungsaufgaben im örtlichen Bereich bietet.

a) Nach dem Gutachten der Sachverständigenkommission sollen in ländlichen Zonen Gemeinden des *Grundtyps A* mit einer eigenen hauptberuflichen hinreichend spezialisierten Verwaltung alle Selbstverwaltungsangelegenheiten, Pflichtaufgaben zur Erfüllung nach Weisung und Auftragsangelegenheiten der örtlichen Ebene erfüllen. Sie sollen nach Einwohnerzahl und Gebietsgröße in der Lage sein, in eigener Trägerschaft oder durch andere im örtlichen Bereich tätigen Institutionen mindestens folgende Grundausstattung bereitzuhalten: Vollausgebaute Volksschule mit Lehrschwimmbecken und Turnhalle, Wasserversorgung, Kanalisation und Kläranlage, Müllabfuhr, Bücherei, Sportplatz, Freibad, Kindergarten, Kinderhort, Kinderspielplätze, Jugendheim, Gemeindepflegestation, Altenheim, Feuerwehr, Friedhof mit Leichenhalle, Verwaltungsgebäude. Dieser Gemeindetyp soll in der Regel mindestens 8 000 Einwohner haben. Bei ungünstigen räumlichen und verkehrsmäßigen Bedingungen kann die Einwohnerzahl geringer sein, sie sollte aber die Zahl 5 000 nicht unterschreiten. Die Fläche soll so bemessen sein, daß alle Einwohner die kommunalen Einrichtungen von der Wohnung aus unter Benutzung öffentlicher Verkehrsmittel in höchstens einer halben Stunde erreichen können.

b) Daneben sollen Gemeinden vom *Grundtyp B* (neben den Aufgaben des Gemeindetyps A für ihren eigenen Nahversorgungsbereich) in der Lage sein, weitere Einrichtungen höherer Art für ihr Gebiet und einen aus mehreren Verwaltungseinheiten des Typs A bestehenden überörtlichen Versorgungsbereich bereitzustellen, wie z. B. Gymnasium, Realschule, Sonderschule, Hallenbad, Schlachthof, größeren Raum für kulturelle und andere Veranstaltungen. Die Gemeinde des Typs B soll in der Lage sein, aus eigenen Einnahmen oder durch Landeszuweisungen ihre Verpflichtungen gegenüber dem Umland *ohne Inanspruchnahme* der Nachbargemeinden zu erfüllen. Der Bereich, für den die Gemeinde des Typs B zentrale Aufgaben erfüllt, muß mindestens 30 000 Einwohner umfassen."

c) *Für die Ballungsrandzonen* gelten andere Zielvorstellungen: ,,In diesen Räumen soll einer ungeordneten räumlichen Entwicklung vorgebeugt werden. Die Planung soll den besonders hier drohenden Gefahren der Zersiedlung der Landschaft, des Verlustes an land- und forstwirtschaftlich genutzten Böden, der Verunstaltung des Landschaftsbildes und der Beeinträchtigung durch Immissionen entgegenwirken. Die Ballungsrandzonen sollen der Entlastung der Ballungskerne dienen. Dabei sind Arbeitsstätten, Wohngebiete und Erholungsgebiete einander zweckmäßig zuzuordnen. In den Ballungsrandzonen ist eine *Stadtlandschaft* mit ausgeprägten Siedlungsschwerpunkten anzustreben. Die Entlastungsstädte sollen von den Kernstädten in der Regel nicht mehr als 15—20 km entfernt sein. Sie dürfen nicht nur Wohn- und Schlafstädte bleiben, vielmehr sollen sie unter Ausnutzung der Standortgunst eine eigene kräftige wirtschaftliche Grundlage erhalten und ein breites Angebot an kommunalen, sozialen und kulturellen Einrichtungen zur Verfügung stellen . . . Die Bürger sollen alle Einrichtungen von ihrer Wohnung aus mit öffentlichen Verkehrsmitteln in höchstens $1/2$ Stunde erreichen . . . Es ist das erklärte Ziel der kommunalen Gebietsreform, die gemeindliche Selbstverwaltung auch dadurch zu stärken, daß die Trägerschaft von Zweckverbänden für Einrichtungen der Nahversorgung weitgehend abgebaut . . . wird. Diese Gemeinden müssen über die Grundausstattung der Gemeinden des Typs A und B verfügen. Folgende Mindesteinwohnerzahlen sind notwendig, um diese Einrichtungen wirtschaftlich tragen zu können: Gymnasium und Realschule 25 000–30 000, Sonderschule 18 000–20 000, Hallenbad 30 000. Dementsprechend soll eine Gemeinde in den Ballungsrandzonen mindestens etwa 20 000 bis 30 000 Einwohner umfassen."

Der Landkreis Unna hatte bisher 67 Gemeinden, davon 3 mit weniger als 99 Einwohner, 25 mit einer Einwohnerzahl zwischen 100 und 499, 12 mit einer Einwohnerzahl zwischen 500 und 999. Die größte Gemeinde hatte 42 000, die kleinste 61 Einwohner. Aus den 67 bisherigen Gemeinden sind 1968 9 neue Verwaltungseinheiten entstanden, von denen nur eine unter 10 000 Einwohner hat.

II. Auszug aus dem Gesetz zur Neugliederung des Landkreises Siegen

(Nach Landtagsdrucksache des Landes Nordrhein-Westfalen Nr. 480, aus dem Jahre 1967). Durch ein Neuordnungsgesetz wurden 1966 aus der bisherigen Stadt Siegen und 6 weiteren Gemeinden die neue Stadt Siegen gebildet, die nicht mehr kreisfrei ist, obgleich die Einwohnerzahl und die Fläche sich weiter vergrößert haben. Aus 14 weiteren Gemeinden wurden die zwei neuen Städte Eiserfeld und Hüttenthal geschaffen. Diese drei Städte im Siegtal haben zusammen etwa 120 000 Einwohner. Es handelt sich um Städte, die vorwiegend von gewerblich tätiger Bevölkerung bewohnt werden. 1967/68 wurden die restlichen Gemeinden des Kreises neu geordnet. Aus weiteren 93 selbständigen Gemeinden entstanden 6 neue Gemeinden, so daß der Kreis Siegen jetzt aus 9 Gemeinden besteht, von denen 1968 die größte (Stadt Siegen) 58 000 Einwohner hatte, die kleinste knapp 14 000.
Als Beispiel seien die Gemeinden aufgeführt, die zur neuen Stadt Kreuztal zusammengeschlossen wurden: Es sind Gemeinden sehr verschiedener Steuerkraft und sehr verschiedener Größe. Die alten Gemeinden hatten 1966 zusammen 87 Industriebetriebe, in denen 6 670 Menschen arbeiteten. Vorwiegend sind es Betriebe für Maschinenbau, Blechverarbeitung, Eisenverarbeitung und Biererzeugung.

Alte Gemeinde	Einwohnerzahl 1967	Erwerbspersonen nach dem Stand von 1951 in % in Gruppe			Berufspendler		Steuereinnahmen je Einw. 1966
		I	II	III	Einp.	Ausp.	
Burgholdinghausen	108	32 %	34 %	11 %	37	23	204 DM
Buschhütten	5 300	2 %	69 %	29 %	896	1 385	325 DM
Eichen	3 860	7 %	71 %	22 %	714	952	193 DM
Fellinghausen	1 914	13 %	60 %	27 %	572	38	100 DM
Ferndorf	3 512	7 %	66 %	28 %	684	520	196 DM
Kredenbach	1 812	10 %	65 %	25 %	503	102	273 DM
Kreuztal	5 787	2 %	58 %	40 %	1 292	2 149	215 DM
Krombach	2 034	9 %	63 %	27 %	280	476	500 DM
Littfeld	2 324	10 %	67 %	23 %	516	187	170 DM
Osthelden	524	26 %	50 %	24 %			
Neue Gemeinde Stadt Kreuztal	27 232	7 %	65 %	29 %	?	?	241 DM

1. Läßt sich ein Zusammenhang zwischen der Differenz von Einpendlern und Auspendlern einerseits und den Steuereinnahmen andererseits feststellen? — 2. Wieviel Steuereinkünfte entfallen in Zukunft auf den Ortsteil Krombach der Stadt Kreuztal, wenn man alle Einkünfte nach der Einwohnerzahl der Ortsteile errechnet? Wieviel geht dem Ortsteil Krombach verloren, wieviel gewinnt der Ortsteil Fellinghausen? — 3. Ist auf Grund der Pendlerzahlen ein Zusammenschluß gerechtfertigt? Dabei darf angenommen werden, daß die meisten Pendler in die hier aufgeführten Gemeinden pendeln. — 4. Welche Ortsteile der neuen Gemeinde verlieren an Steuerkraft, welche gewinnen? — 5. Wie sind die alten Gemeinden nach der Berufsgliederung zu bezeichnen (vgl. S. 166 und 195).

III. Auszug aus dem Geschäftsbericht des Städtetages Nordrhein-Westfalen für das Jahr 1967

(Anm.: Der *Städtetag* ist die Vereinigung der kreisfreien und eines Teiles der kreisangehörigen Städte.) Der *Städtebund* ist die Vereinigung der kreisangehörigen Städte.
„In den ländlichen Gebieten sprechen eindrucksvolle Zahlen... eindeutig für die Notwendigkeit von Gemeindezusammenlegungen. Die Zusammenhänge sind einfach und überschaubar... Ganz anders ist es in den städtischen Verdichtungsgebieten. Die Zusammenhänge sind schwieriger, komplexer, weniger greifbar, nicht für jeden durchschaubar. Aber gerade hier ist eine sinnvolle kommunale Gliederung von ungleich größerer Bedeutung als in den ländlichen Gebieten. In den städtischen Verdichtungsgebieten entscheidet und vollzieht sich die wirtschaftliche Entwicklung eines ganzen Raumes. Für die Entwicklung einer Stadt aber sind deren Grenzen von entscheidender Bedeutung. Zu enge kommunale Grenzen können die Entwicklung einer Stadt und ihres Raumes hemmen und stagnieren lassen."
Auszug aus dem „Städtebrief Nordrhein-Westfalen Januar 1968" (Zusammenfassung des Inhalts einer Arbeit von O. Boustedt über Stadtregionen in der Bundesrepublik Deutschland im Jahre 1961.)

Begriffe, die dazu dienen sollen, den Zustand der Stadtregionen zu erfassen

I. *Das Kerngebiet* a) *Die Kernstadt* ist das Verwaltungsgebiet der Stadtgemeinde. b) *Das Ergänzungsgebiet* sind die Gemeinden, die an die Kernstadt unmittelbar oder im Verband mit anderen gleichartigen Gemeinden mittelbar angrenzen und der Kernstadt in ihrer Struktur weitgehend ähneln.
Häufig haben sich städtisch orientierte Gewerbe- oder Handelsbetriebe außerhalb der Kernstadt angesiedelt, wo sie mehr und billigeren Boden erwerben und oft auch weniger Steuern zu zahlen brauchen.
Bei der Zählung der Einpendler wird das Kerngebiet als Einheit betrachtet, nicht die Kernstadt allein.
II. *Die verstädterten Zonen* beherbergen Menschen mit ausgesprochener städtischer Erwerbsstruktur, die zu einem erheblichen Teile im Kerngebiet als Pendler arbeiten.
III. *Die Randzonen* umfassen einen weiteren Ring, in welchem der Anteil der landwirtschaftlichen Erwerbspersonen nach der Peripherie hin allmählich zunimmt, ohne jedoch das Übergewicht zu erlangen. Eine nicht unerhebliche Pendelwanderung geht zum Kerngebiet.

Kreise, Regierungsbezirke und Länder

Die *Gliederung* in Gemeinden, Kreise, kreisfreie Städte, Regierungsbezirke und Länder scheint in den Grundzügen eine Einheitlichkeit im gesamten Bundesgebiet zu verbürgen. Der Vergleich von Größe und Einwohnerzahlen zeigt aber, daß die Gleichheit der Bezeichnungen nicht eine Gleichwertigkeit dieser Institutionen verbürgt.

1. **Die Kreise** sind in allen Ländern der Bundesrepublik Deutschland den Gemeinden übergeordnete Verwaltungsbezirke. Die Kreisbevölkerung wählt zugleich mit der Gemeindevertretung die Kreisvertretung. Der Vorsitzende dieser Kreisvertretung, der Landrat, ist in den meisten Bundesländern zugleich der Leiter der Kreisverwaltung. In Nordrhein-Westfalen ist dagegen unter dem Einfluß der britischen Besatzungsmacht eine klare Gewaltenteilung auch in der Gemeinde und im Kreis durchgeführt worden. Der Bürgermeister und der Landrat sind die Vorsitzenden der gewählten parlamentarischen Vertretungen und damit die obersten Repräsentanten der Gemeinde oder des Kreises. Daneben steht ein besonderer oberster Verwaltungsbeamter — der Gemeindedirektor oder Stadtdirektor in den Gemeinden und der Oberkreisdirektor im Kreis.

Eine Reihe von Städten ist *kreisfrei*, sie unterstehen also keiner Kreisverwaltung. Der oberste Repräsentant der gewählten Stadtvertretung ist hier der Oberbürgermeister. Er nimmt zugleich die Funktionen des Bürgermeisters und des Landrates wahr. In Nordrhein-Westfalen gibt es neben dem Oberbürgermeister den Oberstadtdirektor als Leiter der Verwaltung.

Eine kreisfreie Stadt ist in Bayern etwas völlig anderes als in Baden-Württemberg oder in Nordrhein-Westfalen (vgl. Tabelle unten). Bayern zählte 1967 allein 11 kreisfreie Städte mit einer Einwohnerzahl zwischen 10 300 (Eichstätt und Dillingen) und 15 000 Einwohnern (Bad Reichenhall). In anderen Ländern gibt es dagegen Städte mit weit über 50 000 Einwohnern, die nicht kreisfrei sind. Die größte von ihnen ist Esslingen mit 83 000 Einwohnern. Es gibt sogar Gemeinden, die den

	Kleinste kreisfreie Städte im Jahre 1967		Größte kreiszugehörige Städte im Jahre 1967	
Niedersachsen	Goslar	41 200	Langenhagen	35 600
	Cuxhaven	45 800	Stade	31 700
Schleswig-Holstein	Neumünster	73 500	Itzehoe	36 400
			Elmshorn	36 600
Nordrhein-Westfalen	Viersen	42 900	Marl	75 500
	Bocholt	47 300	Rheinhausen	72 300
Hessen	Fulda	44 900	Rüsselsheim	51 200
	Marburg	49 700	Homburg v. d. Höhe	40 100
Rheinland-Pfalz	Neustadt	29 600	Bad Kreuznach	37 000
	Landau	31 300	Idar-Oberstein	30 200
Saarbrücken	Saarbrücken	133 900	Neunkirchen	46 100
			Völklingen	40 900
Baden-Württemberg	Baden-Baden	39 500	Esslingen	82 600
	Pforzheim	87 500	Ludwigsburg	77 400
			Reutlingen	74 400
Bayern	Eichstätt	10 300	Dachau	31 700
	Dillingen	11 600	Garmisch-Partenkirchen	27 500

Die vier Regierungsbezirke mit größter Einwohnerzahl (in Millionen) 1967		Die Landkreise mit größter Einwohnerzahl (in Tausend) 1967	
1. Düsseldorf (Nordrhein-Westfalen)	5,6	1. Düsseldorf-Mettmann (ohne Stadt Düsseldorf)	365
2. Arnsberg (Nordrhein-Westfalen)	3,7	2. Moers (Nordrhein-Westfalen)	347
3. Nordwürttemberg (Baden-Württemberg)	3,3	3. Recklinghausen (ohne Stadt Recklinghausen)	342
4. Oberbayern (Bayern)	3,1		
Die vier Regierungsbezirke mit geringster Einwohnerzahl (in Millionen) 1967		**Die Landkreise mit geringster Einwohnerzahl (in Tausend) 1967**	
1. Montabaur (Rheinland-Pfalz)	0,28	1. Oberviechtach (Oberpfalz)	16
2. Aurich (Niedersachsen)	0,40	2. Schwandorf	16
3. Trier (Rheinland-Pfalz)	0,48	3. Waldmünchen (Oberpfalz)	16
4. Rheinhessen (Rheinland-Pfalz)	0,48	4. Blankenberg (Braunschweig)	14,5

Titel Stadt nicht führen, obgleich sie über 30 000 oder auch über 40 000 Einwohner zählen.

Auch die *Landkreise* haben sehr unterschiedliche Einwohnerzahlen. Eiderstedt (Schleswig-Holstein) zum Beispiel zählt 20 000 Einwohner, der „Restkreis" Blankenburg am Harz nur 14 700, die beiden größten Düsseldorf-Mettmann (ohne die Stadt Düsseldorf) und Moers (beide Nordrhein-Westfalen) haben dagegen je etwa 350 000 Einwohner. Diese beiden Landkreise haben zusammen mehr Einwohner als die 19 Landkreise im Regierungsbezirk Oberpfalz, jeder von ihnen hat annähernd soviel Einwohner als die Landkreise des Regierungsbezirks Trier zusammen.

Die *Größenordnung* der Verwaltungseinheiten ist nicht nur in den verschiedenen Ländern unterschiedlich, sondern auch innerhalb eines Landes sind diese Unterschiede oft nicht gering.

220   2. **Die Regierungsbezirke** mit einem Regierungspräsidenten an der Spitze sind reine *Verwaltungsbezirke:* die Beamten werden von der Landesregierung ernannt. Die Regierungsbezirke haben keine parlamentarische Vertretung wie die Gemeinden und die Kreise. Nur die kleinen Länder Schleswig-Holstein, das Saarland und die Stadtstaaten verzichten auf Regierungsbezirke.

Dem größten Regierungsbezirk (Düsseldorf) mit (1967) 5,6 Millionen Einwohnern stehen als kleinste Montabaur mit 0,276 Millionen und Aurich mit 0,395 Millionen gegenüber. Die Einwohnerzahl des Regierungsbezirks Düsseldorf wird nur von drei Bundesländern übertroffen.

Die Stadt *Berlin* läßt sich in dieses Schema nicht einfügen. Berlin hatte schon vor Beginn des Ersten Weltkrieges 2 Millionen Einwohner. Viele vorher selbständige Gemeinden, die zu Vororten Berlins geworden waren, wurden 1920 eingemeindet und das gesamte Stadtgebiet in 20 Bezirke mit je einem Bezirksbürgermeister an der Spitze aufgegliedert. Die Stadt Berlin wurde aus dem Verband der Provinz Brandenburg herausgelöst, sie übertraf diese Provinz bei weitem an Einwohnerzahl, und ihre Verwaltungsprobleme waren völlig andere als die der preußischen Provinzen.

In einigen Ländern ist eine Reform der Verwaltungsgliederung im Gange mit dem Ziel, die Zahl der Regierungsbezirke zu vermindern. In Nordrhein-Westfalen wird ein neu zu schaffender Regierungsbezirk „Ruhrgebiet" heftig diskutiert, zugleich eine weitere Vergrößerung der Kreise. In Rheinland-Pfalz werden im Oktober 1968 die Regierungsbezirke Rheinhessen und Pfalz zu einem einzigen vereinigt, der Regierungsbezirk Montabaur wird Koblenz zugeschlagen. Ebenso wird in Hessen die Zahl der Regierungsbezirke verringert. Da jedes Land für sich vorgeht, werden die Größenordnungen der künftigen neuen Regierungsbezirke und Kreise eher noch mehr differieren als vor 1968.

Schließlich haben *die Länder* untereinander ebenfalls ein sehr verschiedenes Gewicht, das wir aus der Einwohnerzahl und aus dem Steueraufkommen klar ablesen können.

3. Reiche und arme Länder

So, wie es reiche und arme Gemeinden und Kreise gibt, so sind auch die Steuereinkünfte der Länder absolut und pro Kopf sehr unterschiedlich. Natürlich können auch die Länder nicht mehr ausgeben, als sie in Form von Steuern einnehmen. Nur Investitionen, die viele Jahre hindurch Nutzen bringen, dürfen durch Anleihen finanziert werden. Ständig wiederkehrende Pflichtleistungen, wie etwa die Gehalts- und Lohnzahlungen an Beamte, Angestellte und Arbeiter, die im Dienst des Landes stehen, müssen aber selbst finanziert werden. Die finanzschwachen Länder können ihre Ausgaben nur dank der Hilfe der finanzstarken Länder erfüllen, die ihnen einen Finanzausgleich zahlen.

Dabei gilt der Grundsatz, daß das zahlende Land dem empfangenden keine Vorschriften darüber machen darf, wie dieser Ausgleich im Haushaltsplan zu verwenden ist. Wäre es anders, so wären den Landtagen der steuerschwachen Länder praktisch die Hände gebunden, sie könnten keine freie Entscheidung mehr fällen, sondern müßten sich an die Forderungen halten, die von den steuerstarken Ländern gestellt werden. Umgekehrt leistet sich oft ein empfangendes Land Ausgaben, auf die das zahlenden Land verzichten muß, weil seine Mittel dafür nicht ausreichen. So haben beispielsweise steuerschwache Länder die Schulgeldfreiheit und die Lehrmittelfreiheit Jahre früher eingeführt als die Länder, die ihnen Ausgleichzahlungen leisten. Solche Unterschiede sind nicht verwunderlich; in einem Land wie Schleswig-Holstein oder Berlin erfordern diese als Beispiel genannten Aufgaben der Länder nur einen Bruchteil dessen, was etwa das volkreiche Nordrhein-Westfalen aufbringen muß, wenn es seinen Bewohnern die gleichen Vergünstigungen gewähren will.

Das Diagramm S. 213 zeigt auch andere wichtige Unterschiede auf. Das Verhältnis von *Bundessteuern und Landessteuern*, die in den einzelnen Ländern aufgebracht werden, ist sehr unterschiedlich. Im Bundesdurchschnitt betrugen 1966 die den Ländern zufließenden Steuern knapp 50% des Betrages, der dem Bund zufließt. In Schleswig-Holstein sind es dagegen nur 42%, in Rheinland-Pfalz 50%. Für das Bundesland weit günstiger ist das Verhältnis in Hessen mit 77% und in Baden-Württemberg und Bayern mit 66%. Am ungünstigsten ist es in den *Stadtstaaten*. So zahlen die Steuerzahler in Hamburg und Berlin-West an den Bund fast viermal soviel Steuern wie an das Land, in Bremen dreimal soviel. Dabei dürfen wir das Gemeindesteueraufkommen der Stadtstaaten den Landessteuern nicht zuzählen. Die Stadtstaaten haben ja nicht nur die Pflichten eines Landes zu erfüllen, sondern zugleich die Pflichten der Gemeinden. Errechnet man das Aufkommen an Landessteuern pro Kopf der Bevölkerung, so ergibt sich verständlicherweise ebenfalls ein großer Unterschied. Die Stadtstaaten erscheinen in dieser Reihe als erstaunlich steuerstark. Das darf nicht verwundern. Man erinnere sich daran, wie wenig Steuern die Landwirtschaft aufbringt und wie unterschiedlich die Einkommenshöhe in den verschiedenen Berufsgruppen ist! Das Steuersystem und die Verteilung der Steuereinkünfte auf Bund, Länder und Gemeinden führen also nicht nur in den Gemeinden, sondern auch in den Ländern zu sehr unterschiedlichen Steuereinnahmen. Die Folge sind *reiche und arme Länder*. Weiterhin verbürgt das Steuersystem der Bundesrepublik keinesfalls, daß in jedem einzelnen Lande etwa die Gesamteinkünfte nach einem annähernd gleichen Schlüssel auf Bund, Länder und Gemeinden verteilt werden.

Es gibt Länder, in denen vom gesamten Steuereinkommen ein sehr hoher Teil in die Bundeskasse und wenig in die Länderkasse fließt – vor allem in Stadtstaaten ist es so – und umgekehrt Länder, in denen ein sehr viel geringerer Teil der Steuereinkünfte an den Bund geht, dagegen ein weit höherer Anteil im Lande selbst bleibt. Das ist nicht das Ergebnis besonderer Tüchtigkeit der Bürger einzelner Länder, sondern das zufällige Ergebnis des historisch entstandenen Steuersystems.

4. Die Neuordnung des Bundesgebietes

Die Ungleichheit der Bundesländer an Größe und Steuerkraft, die Notwendigkeit, daß steuerstarke Länder den steuerschwachen Jahr für Jahr helfen, weisen darauf hin, daß die Länder nach 1945 nicht nach einem wohldurchdachten Plan geschaffen worden sind, sondern daß die Besatzungsmächte ihre Besatzungszonen entsprechend ihren Interessen organisierten. Diese Einsicht leitete bereits die Schöpfer des *Grundgesetzes*, die im Artikel 29 eine Neuordnung der Bundesländer forderten. Hier heißt es: „Das Bundesgebiet ist unter Berücksichtigung der landsmannschaftlichen Verbundenheit, der geschichtlichen und kulturellen Zusammenhänge, der wirtschaftlichen Zweckmäßigkeit und des sozialen Gefüges durch Bundesgesetz neu zu gliedern. Die Neugliederung soll Länder schaffen, die nach Größe und Leistungsfähigkeit die ihnen obliegenden Aufgaben wirksam erfüllen können." 1949 trat das Grundgesetz in Kraft – aber Regierung und Parlament haben diesen Auftrag des Artikels 29 noch nicht erfüllt. Es liegt bisher nur ein Bericht des 1953 gegründeten Ausschusses zur Neugliederung der Länder vor. Im Artikel 6 heißt es aber: „Die Neugliederung soll vor Ablauf von drei Jahren nach Verkündigung des Grundgesetzes ... geregelt sein". Im Artikel 118 wird eine Sonderregelung im Südwesten vorgesehen. Sie besagt: „Die Neugliederung in dem die Länder Baden, Württemberg-Baden und Württemberg-Hohenzollern umfassenden Gebiete kann abweichend von den Vorschriften des Artikels 29 durch Vereinbarung der Länder erfolgen. Kommt eine Vereinbarung nicht zustande, so wird die Neugliederung durch Bundesgesetz geregelt, das eine Volksbefragung sein muß."

Die *Neuregelung im Südwesten* ist entsprechend diesem Artikel erfolgt. Das Ergebnis der Volksbefragung wird von den Verfechtern des selbständigen Baden bekämpft, da in Süd-Baden – dem 1945 geschaffenen Land – die Mehrheit gegen einen großen „Südweststaat" war, aber von der Mehrheit im gesamten Abstimmungsgebiet überstimmt wurde.

Umstritten sind vor allem die Grenzen der Länder Rheinland-Pfalz, Hessen, Baden-Württemberg und des Saarlandes. Die Interessen der beteiligten Länder, zu denen auch Nordrhein-Westfalen gerechnet werden muß, da die ehemalige Rheinprovinz die Regierungsbezirke Trier und Koblenz und damit im Süden auch das Saarland umfaßte, sind sehr **gegensätzlich**.

Da eine Grenzverschiebung weitere Veränderungen in Gang bringen wird, hat sich die Bundesregierung diesem Fragenkomplex nicht zugewandt. Es wäre nicht damit getan, historische und landsmannschaftliche Bindungen zu berücksichtigen, es sollen zugleich leistungsfähige Länder entstehen.

Die Badische Anilin- und Sodafabrik in Ludwigshafen liegt nicht in Baden und lag auch bei ihrer Gründung nicht in diesem Lande. Mannheim und Ludwigshafen erscheinen dem Fernstehenden als eine Zwillingsstadt, tatsächlich liegen sie in verschiedenen Ländern. Mainz war bis zu Beginn des 19. Jahrhunderts Residenz und Hauptstadt von Kurmainz, fiel 1815 an das Großherzogtum Hessen, das damals mit Rheinhessen weit über den Rhein hinwegreichte, 1945 kam Rheinhessen an das neue Land Rheinland-Pfalz. Mainz verlor seine rechtsrheinischen Industrievororte. Sie liegen außerhalb von Rheinland-Pfalz in dem neuen Lande Hessen. Mainz ist nicht mehr der große Rheinhafen an der Mainmündung, sondern Wiesbaden, das 1945 die rechtsrheinischen Vororte von Mainz durch Eingemeindung erhielt. Die Rücksicht auf historische und landsmannschaftliche Bindungen ist mit der Forderung, die Länder so groß und leistungsfähig zu machen, ,,daß sie die ihnen obliegenden Aufgaben wirksam erfüllen können", offenbar nicht in Einklang zu bringen, es sei denn, man geht über die 1945 geschaffenen Ländergrenzen hinweg und schafft wenige, aber größere Länder. Am weitesten geht der Vorschlag, Rheinland-Pfalz, das Saarland und Hessen zu einem Land zu vereinigen, das von Saarbrücken bis Karlshafen an der Weser reichen würde. Zur Zeit besteht kaum eine Aussicht, daß sich im Bundestag eine Mehrheit für diesen oder einen anderen Vorschlag findet.

Es ist nützlich, die Ordnung der Bundesrepublik Deutschlands mit der *Frankreichs* zu vergleichen. Durch die große Revolution wurden Ende des 18. Jahrhunderts alle historisch gewachsenen Landschaften und Verwaltungsbezirke beseitigt und das Land in *Departements* aufgegliedert, die unmittelbar der Zentralregierung in Paris unterstehen. Bewußt hat man damals darauf verzichtet, historische Namen (etwa Burgund oder Bretagne) zu übernehmen. Die neuen Departements erhielten bis dahin nicht gebräuchliche Namen, meist nach Flüssen: Aisne, Seine et Marne, Marne, Haute Marne, Moselle, Meurthe et Moselle, Meuse. Nur drei der 90 Departements haben weniger als 100 000 Einwohner. Sie liegen in armen Kalkgebirgslandschaften. Die meisten Departements haben Einwohnerzahlen zwischen 250 000 und 500 000. Die Fläche beträgt im Durchschnitt etwa 6000 qkm. Die Großstädte sind in dieses Schema mit einbezogen. Die Departements sind also wesentlich größer als die meisten Kreise in der Bundesrepublik, sie sind aber wiederum wesentlich kleiner als unsere Regierungsbezirke.

Auch die ,,DDR" hat eine Neugliederung durchgeführt: Ihr Gebiet ist in 14 Verwaltungsbezirke und Berlin-Ost aufgegliedert worden. Die alten Namen der Länder und Provinzen existieren nur noch in der Erinnerung und im Sprachgebrauch. Zahlreiche Städte haben ihre alte Funktion als Sitz der Landesregierung, der Provinz-Regierungsbezirke oder Kreisverwaltung von einem Tage zum anderen verloren. Damit verloren sie auch die entsprechenden Behörden, die ihrerseits das geistige Leben solcher Städte stark geprägt hatten. Eine dieser Städte, die ihre alten Funktionen verloren haben, ist Weimar, das jetzt zum Verwaltungsbezirk Erfurt gehört. Diese Neuordnung der DDR entspricht der Frankreichs nach der großen Revolution.

Namens- und Sachverzeichnis

Ablenkung der Winde 8
Ackerbau s. Landwirtschaft
Ägypten (VAR) 26, 106 ff.
Agrar-gebiete 188; -landschaft 42, 161 f.; -reform 86, 151, 192; -sektor 165 f.; -staat 72, 84, 156, 189; -struktur 193
Afrika 16 ff., 106 ff.
Allgemeine Zirkulation 7
Altersaufbau 107, 123, 169 ff.
Amerika, -ner, USA, Anglo-Amerika 12, 18, 21, 33, 59, 44 ff., 168, 174
Analphabeten 111, 119, 126 f., 129, 145
Anbauzonen 81, 135
Angerdorf 161
Antizyklone s. Hoch
Araber, Arabien 27, 33, 117
Arbeiter-Bauern-Gemeinde 195
Arbeiter-Wohn-Gemeinde 195
Arbeitsteilung 162
Asien 101 ff., 138 ff., 183
Assuan-Staudamm 108
Atom-industrie 60; -macht 155; -waffen 100
Aufschüttungsböden 41
Aufstockung 194
Ausbeutungskolonien 48
Außenhandel 60 f., 63 f., 74, 75 ff., 79, 99, 111, 118, 124, 128, 137, 147, 181, 201 f.
Aussiedlung 194
Auswanderung 162
Autoindustrie 58, 103 f., 180 ff.

Ballungsgebiet 50, 183, 207, 216 ff.
Bantu 18, 21, 118
Baumwolle 22, 24, 26, 27, 30, 31, 36, 48, 55 f., 83, 107, 109, 118, 133, 137, 142, 150
Belgien 68, 72, 74
Bergbau 19, 33, 43, 57 f., 71 f., 93 f., 123 f., 128, 136, 154, 163, 172 ff.
Berlin 207
Berufe, Berufsgliederung 72 f. 165 ff., 208

Betriebsgrößen 192 f., 197
Besiedlung 130
Bevölkerung 18, 21 ff., 35, 37, 48 f., 104, 116 f., 120, 125, 129, 140, 141, 147, 149, 158
Bewässerung, künstliche 25 ff., 29, 32, 36, 44, 55, 68, 89, 94 f., 107 f., 123, 135, 138, 142 f., 153
Bildungswesen 115, 119, 122, 127, 129, 160
Binnen-markt 70, 74, 75, 107, 128, 172, 181; -wanderung 33, 50
Birma 28, 30, 147
Bleicherde 41
Bleichsandboden 42
Böden 17, 21, 38, 41, 186; Bodenbildner 41; -reform 102, 109, 122, 144 f., 151; -schätze 27, 36, 43, 57 f., 62 f., 71 f., 93 f., 103, 113, 124, 138, 153 f.; -verarmung, -zerstörung 24, 59, 112, 126
Brandrodung 112; -sinsel 18
Brasilien 34, 47, 123, 129 ff.
BRD 44, 52, 60, 68 f., 74, 81, 122, 161 ff.
Brauindustrie 69
Braunerde 41
Braunkohle 93, 178
Bulgarien 68, 78, 79
Bundes -gebiet 222 ff., -länder 219 ff.

Ceylon 28, 29, 138, 140
China, Chinesen 26, 30, 34 ff., 99, 106, 148 ff.
Colour Bar 49
Corn-Belt 53, 54, 89
Cotton-Belt 55 f.

Dairy-Belt 52 f.
Dauerfrostboden 81
DDR 68, 78, 80, 89, 99, 166, 168, 182, 197 ff., 223
Dekkan 11, 29, 142
Departements 223
Deutschland s. BRD und DDR
Dienste, öffentliche, kulturelle 209

Dienstleistung-en, -ssektor 73, 166, 209
Dreifelderwirtschaft 161, 163
Dry-farming 54
Dürren 46, 54, 82, 133, 153

EFTA 75 f., 202
Ejido-System 122 f.
Eisenhüttenindustrie 91, 178
Energie, -wirtschaft 58, 73, 94, 103, 108, 115, 147
England, Engländer 50, 68, 72, 138, 140
Entwicklungs- hilfe 62, 66, 101, 109, 115, 146, 160; -länder 62, 66, 80, 102, 105 ff., 136 ff., 160, 164, 168
Erdöl, Erdgas 27, 33, 59, 71, 72, 73, 75, 94, 124, 174, 177
Ergänzungsgebiete 33, 163, 218
Ernährung 24, 111, 117, 134, 144, 145, 157, 186
Erz 27, 43, 57, 63, 71 f., 90 f., 94, 96, 154, 174, 179, 180
Erwerbstätige 168 f.
Europa, Europäer 21, 24, 32, 42, 44, 65 ff., 117
Europäische Gemeinschaften 75 ff.; -Verträge 76
EWG 61, 70, 75, 178, 188, 191, 202

Familienbetrieb 184, 192
Favela 133, 134
Fellachen 107 ff.
Fernhandel 162
Fischer, Fischerei 43, 101, 102
Flüchtlinge 166
Flurbereinigung 193
Fourastié 165
Formosa (Taiwan) 104, 148
Frankreich 68, 70, 180, 223
Frauen 168
Fremdenverkehr 33, 111, 124, 212
Fremdlingsfluß 24, 25
Front 14, 15
Fruchtwechselwirtschaft 53, 60
Fünfjahresplan 92, 146, 154 f.

Gangerze 180
Gartenbau 25, 31, 36, 37, 101, 134, 150
Gastarbeiter 170
Gemeinde 215ff.; -typen 195
Gesellschaftsordnung (s. a. Wirtschafts- und Sozialordnung) 19, 65f., 78, 84, 106, 110, 113f., 121, 125f., 132f., 156, 158
Getreide 26, 69, 101, 135
Gewerbe 163, 165
Gewürze 30, 142
Ghana 19f., 112ff.
Gold 63, 94, 131
Golfküste 55f.
Grasländer 23, 38ff.
Grassteppe 82
Grüner Plan 193, 215
GPG 199
Großfamilie 36, 113, 117
Großgrundbesitz, -er 19, 20, 48, 84, 86, 109, 110, 121, 131, 134, 144, 151, 158
Grundstoffindustrie 145

Iberoamerika 23, 48, 120ff.
Indianer 18, 23, 39
Indien (Bharat), Inder 28ff., 117, 118, 138ff.
Indonesien, Inselindien 19, 20, 23, 30, 31, 35,
Industrialisierung 63, 65f., 72f., 80, 86, 90, 163
Industrie 33, 37, 44, 57, 62, 72f., 90, 102f., 118, 123, 136, 153, 158; -staat, -länder 72, 102, 163, 164, 168, 171ff.; -stadt 208f.
Infrastruktur 115, 147, 157
Investition 115, 158, 160; -sgüter 62, 119
Islam 23, s. Moslem
Isobaren, -karte 5, 6
Isothermen, -karte 5, 6
ITC 10, 11, 16
Italien 33, 75, 180

Jangtsekiang 35, 36, 150, 153
Japan, Japaner 36f., 101ff., 134, 179, 182
Jet-stream 13
Jordanien 166
Jugoslawien 68, 78, 79
Jute 30, 31, 138, 143

Kaffee 118, 133, 135, 137, 142
Kakao 19, 20, 112, 133, 135
Kalifornien 26, 33, 55, 59, 70
Kalmen (Mallungen) 10
Kanada 40ff., 51, 62ff., 69
Karbon 71
Kartoffel 70, 81, 101
Kastenwesen 29f.
Kenia 116ff.
Kindersterblichkeit 24, 122, 141
Kirche 121, 126f.
Kleinbauern 20, 31, 102, 144; -Gemeinden 195
Klima 5ff., 16, 20, 24f., 32, 34, 36, 40, 42, 81, 101, 186; -scheide 34, 45
Kleinstädte 210ff.
Kohle 43, 57, 58, 71, 93, 103, 153, 177
Kolchose 56, 87, 88;
Kollektivierung 80, 87, 151, 197
Kolonial-gebiete 48, 98, 121; -herrschaft 138, 140; Kolonisation 161f.
Kreise 219
Konturpflügen 54, 60
Kreolen 121, 126
Krustenböden 25, 38
Kulturinsel, -oase 18, 81; -landschaft 42; -revolution 155
Kupfer 27, 63, 94, 96

Länder 219ff.
Landkreise 220
Landnutzungszonen 51f.
Landesplanung 197
Landschafts-gliederung 45; -gürtel 16ff., 44, 81f.; -vergleich 45
Landwirtschaft 21f., 30f., 36, 37, 51, 56, 67, 69, 73, 78f., 81, 85ff., 101f., 107, 186ff., 197ff.
Latifundien 126, 133
Laub- und Mischwald 40, 42, 46, 67, 81
Lebensformen 164
Lebensstandard 47, 56, 65, 68, 88, 92, 108, 112, 120, 157
Liberia 20
LPG 198f.

Luftdruck 7, 41
Luftfeuchtigkeit 5, 6, 17

Macchie 32, 68
Mais 18, 22, 30, 36, 39, 53f., 69, 70, 79, 82, 135, 142
Malaya, Malaien 20, 30, 37
Malayische Halbinsel 19, 31, 35, 147
Mandschurei 34, 35, 104, 150, 154
Mangan 94, 96
Manufacturing Belt 57
Markt 67, 70, 75, 117; -wirtschaft 56, 90, 92, 160
Mechanisierung 55f., 73, 88, 109, 144, 159
Mestizen 121, 126
Metallindustrie 57
Metropole 209
Mexiko 58, 105, 120ff.
Milchwirtschaft 22, 52f., 81, 118
Mittelmeer 30; -klima 45; -länder 32f.
Mittlere Breiten 9, 14, 44ff.
Mobilität 182
Mohammedaner (Moslems) 30, 31, 138, 143
Mongolei, Mongolen 35, 37, 39, 148, 152
Monokultur 24, 52, 56, 112, 134, 157
Monsun 11f., 28f., 142; -jahr 28; -länder 12, 28ff.; -wald 29; -wolken 28
Moskau 84, 91, 95, 96
Mulatten 131

Nadelwald 41, 42, 44, 45, 51, 67, 81
Nahrungsmittelindustrie 136
Negerproblem 48f.; -sklaven 131
Negritos 18, 30
Niederschläge 6, 10, 14, 16, 22, 34, 36, 37, 38, 39, 41,
Nomaden 21, 23, 26, 39, 116
Nordamerika 27, 42, 45ff., s. a. Angloamerika und USA

Oase 25f., 55, 83; -nstaaten 26
OECD 201
Oesche 163

225

Ortssteinschicht 41
Ostblock 176
Österreich 68, 75, 77

Pächter 126, 133, 144
Pakistan 138 ff.
Pandschab 29, 138
Passat 8, 9, 10, 16; -gürtel 11
Peace Corps 160
Pflanzenwelt 17. 18 f., 32
Pflanzung 19, 24, 55, 118
Plantagen 18, 19, 24, 128, 130, -wirtschaft 48
Planung 170, 176
Planwirtschaft 91, 159, 199
Polen 78 f., 167 f.
Preise 80, 87, 113, 115, 128, 137, 181, 189, 199
Problemgebiete 195
Produktions-genossenschaft 151, 197 f.; -güterindustrie 123, 171

Rassen 129; -problem 48 f.
Raumordnung 197
Realerbteilung 195
Regenfeldbau 32
Regenwälder 11, 16 ff., 112, 128
Regierungsbezirke 219 f.
Regenzeit 11, 12, 13, 16, 21
Reis 18, 20, 30, 31, 35, 56, 68, 69, 70, 79, 101, 142, 150
Rentner 169 f.
Revolution 84, 85, 121
Rodung 18, 67, 161 f.; -sinsel 19
Roggen 67, 69, 81
Rohstoffproduzenten 156
Roßbreiten 7, 9, 15
Roterde 21
Ruhrgebiet 72, 174 ff., 179

Saarland 179
Sammler und Jäger 13, 18, 23, 29, 39, 43, 81
Salz 163, 172
Sao Paulo 131, 132, 133, 135, 136
Sättigungsmenge, -punkt 6, 10, 12
Savanne 20 ff., 29
Schiffsbau 104, 204
Schiffahrt 95
Schulwesen 73, 119, 122, 129

Schwarzerde 39, 41, 82
Schweiz 68, 73, 74, 75
Schwerindustrie 57, 63, 92, 136, 154
Sekundärwald 18
Siedlung 161 f., -skolonie 48; -sstruktur 194 ff.
Siegen 218
Sojabohnen 36, 39, 53, 250
Sommerregengebiete, subtropische 13, 34 ff.
Sowjetunion (SU, UdSSR) 44, 81 ff., 155, 161, 168, 169
Sozialprodukt 184
Sozialstruktur 161 f., 194 f.
Spanien, Spanier 50, 72, 73, 74
Spezialkulturen 207
Sprachproblem 140 f.
Stadt, Städte 23, 33, 50, 97, 162 f., 207 ff., -bund 216; -gliederung 207; -regionen 216; -staaten 201; -typen 207 ff., -viertel 207
Standorte 172, 179, 180, 182, 183
Stauanlagen 29, 32, 37, 54, 59 f., 65, 72, 80, 94, 108, 114, 115, 145
Steinkohle 71, 72, 73, 93, 172
Steppe 38 f., 40, 97; -nboden 82; -nflüsse 38; -nindianer 39
Steuern 221
Stratosphäre 13, 14
Straßendorf 161
Stripfarming 54
Strukturwandel 184, 186
Südamerika 19, 20, 24, 34, s. a. Iberoamerika
Sudan 109; -neger 18, 21
Suezkanal 110

Tabak 56, 79, 83, 135, 150
Taiga 41, 81
Taifun 29, 37
Tansania 116 ff.
Tee 30, 31, 83, 101, 138, 142, 143
Temperaturverteilung 5, 7
Tennessee Valley Authority 59 f.
Terrassen 60, -bau 118

Textilgewerbe 163; -industrie 31, 103, 111, 136, 145, 183 f.
Tief(zyklone), thermisches, dynamisches 7, 10, 15, 16; -wanderndes 14, 15
Transportkosten 59, 70, 91, 92
Trockengebiet 94; -grenze 116; -steppe 82, 89; -zeit 11, 12, 21, 29, 38
Tropen 9, -medizin 23
Tschechoslowakei 68, 78, 79, 99
Tundra 41, 42, 43, 81

Übergangsklima 40, 42
UdSSR, SU siehe Sowjetunion
Uganda 116 ff.
Ukraine 69, 82, 94, 96
Unna 216 f.
Unterernährung 111, 134, 157
Ural 90, 94; -Kusnezk-Kombinat 96
Uran 60, 63, 94
USA siehe Amerika

VEG 198, 199
Veredelungswirtschaft 190
Verkehr 37, 124, 131 f., 208, 209; -snetz 139; -sprobleme 23, 90; -swege 115
Verwitterung, physikalische, chemische 21; -slehm 17; -sboden 21; -sschutt 41
Verwaltung 209
Vorderindien 28 ff., 138 ff., s. a. Indien (Indische Union)
Vulkanismus 37, 101

Wald 16 ff., 45, 51, 79, 101, 161 f., -und Wiesensteppe 81, 82; -hufendorf 161
Wanderarbeiter 33, 112
Wasserkraft 33, 58 f., 65, 73, 103, 178
Wasserwege 95; -wirtschaft 145
Weideland 39, 54 f.; -wirtschaft 81; -viehzucht 82
Weinbau 32, 55, 70, 79, 83
Weizen 30, 39, 52, 53 f., 69, 82, 142, 143, 150, 189 f.

... immer modernere Maschinen eingesetzt werden;
... das Wetter besonders gut oder besonders schlecht ist;
... Schädlinge besonders häufig oder besonders selten auftreten;
... Krankheiten die Tiere verschonen oder besonders heftig befallen;

aber auch, weil ...

... die Landwirte immer enger zusammenarbeiten;
... die Landwirtschaft mit allen anderen Wirtschaftszweigen unlösbar verbunden ist;
... Brot zwar immer teurer, Getreide aber immer billiger wird;
... für Eier weniger bezahlt wird als vor 20 Jahren;
... die Landwirtschaft ohne Wirtschafts- und Währungsunion als Bindeglied Europas allein zu schwach ist und aus vielen anderen Gründen.

Probleme über Probleme ...

... hier einige Hinweise:

Die Europäische Wirtschafts-Gemeinschaft will den Agrarmarkt ordnen.

Die Startbedingungen der Mitgliedsländer sind ungleich.

Kein Mensch kann mehr als sich satt essen.

Reform der Landwirtschaft muß Reform der Gesellschaft sein.

Inhaltsverzeichnis	Seite			Seite
Rinderhaltung	4		0	16
Schweinehaltung	6	Arbeitsmaterial zu	1	19
Hühnerhaltung	8	Unterrichtsabschnitt	2	35
Ackerbau und Landtechnik	10		3	41
Buchhaltung	12		00	42
Agrarpolitik	14	Zahlenanhang		46

Rinderhaltung

Wir müssen unterscheiden:

Milchkühe, die zur Milcherzeugung gehalten werden, jedes Jahr ein Kalb «liefern» und später geschlachtet werden;

Mastrinder, die nur zum Schlachten aufgezogen werden;

Kälber, die entweder als Kälber geschlachtet werden oder zu Milchkühen, Mastrindern oder Bullen großgezogen werden;

und Bullen, männliche Tiere zur Mast oder zur Zucht.

Eine gute Milchkuh gibt heute im Jahr etwa 5000 Liter Milch. Das ist fast das Zehnfache ihres Körpergewichts. Das sind 5 m^3 oder ein ganzer Tankwagen voll Milch. Soviel, wie zwölf Familien in einem Jahr trinken. Oder Rohstoff für 190 kg Butter, so viel wie fünf Familien im Jahr verzehren. Davon bleiben noch 4810 Liter Magermilch für Quark, Käse oder andere Produkte über.

Eine Milchkuh bekommt mit 2^1/$_2$ Jahren zum ersten Mal ein Kalb, das sie 9^1/$_2$ Monate tragen muß. Erst danach kann sie Milch geben. Etwa alle 12 Monate bekommt eine Milchkuh wieder ein Kalb. Eine ausgewachsene Milchkuh wiegt 500 bis 600 kg und kann 20 Jahre alt werden. Meist schlachtet man sie aber nach sechs bis acht Jahren, wenn der Milchertrag nachläßt. Eine Milchkuh kostet heute zwischen 1200 und 1600 DM. Ganz besonders gute Kühe können natürlich wesentlich teurer sein.

Ein Mastrind wird etwa 1^1/$_2$ bis 2 Jahre gemästet und dann geschlachtet. Es wiegt dann etwa 400 kg, von denen 240 kg als Fleisch zu verwenden sind. Für ein Mastrind werden heute etwa 1000 DM gezahlt.

Ein Bulle braucht bis zu seiner vollen Entwicklung etwa 18 Monate. Als schlachtreifer Mastbulle von 500 bis 600 kg kostet er 1500 bis

Prämiierter Zuchtbulle

1700 DM. Zuchtbullen kosten 3000 bis 20 000 DM. Spitzentiere mit allerbesten Erbanlagen für Milch- und Milchfettleistung können noch mehr kosten. Durch die künstliche Besamung können diese Leistungsmerkmale heute weiter verbreitet werden. 57 % aller Kühe werden bereits künstlich besamt.

Ein Kalb wiegt bei der Geburt etwa 50 kg. Wenn es nicht aufgezogen werden soll, wird es 12 Wochen lang gemästet, bis es 200 kg wiegt. Für ein schlachtreifes Kalb erhält der Landwirt etwa 550 DM.

Wir haben heute in der Bundesrepublik etwa 14 Millionen Rinder. Unser Bedarf an Milch und Butter wird genau gedeckt. Rind- und Kalbfleisch muß noch eingeführt werden.

Milchkühe werden mit einer Melkmaschine gemolken. Eine solche Maschine kostet 3000 bis 5000 DM. Mit einer Melkmaschine kann ein Landwirt 2 bis 3 Kühe gleichzeitig, in einer Stunde also 10 bis 15 Kühe melken. Ohne Maschine schaffte er nur 6 Kühe in einer Stunde. Die Melkmaschine spart aber nicht nur Zeit, sondern vor allem Kraft. Außerdem bleibt die Milch sauberer.

Eine Fachkraft kann heute im Laufstall, wo die Kühe nicht angebunden werden und der einen Melkstand hat, 50 Milchkühe allein versorgen. Damit ist sie voll ausgelastet und kann im Betrieb keine anderen Arbeiten übernehmen, sondern braucht im Gegenteil Helfer, die Wiesen mähen, Heu machen, Silos füllen, Futter bereiten, Stalldung oder Gülle auf die Felder bringen.

Der Platz für eine Kuh kostet heute mit Melk- und Milchkühlanlage, Selbsttränke, Fütterungseinrichtungen, Silos, Stall-Ent- und -Belüftung, Entmistungsanlage usw. etwa 5000 DM, d. h. so viel wie ein Volkswagen.

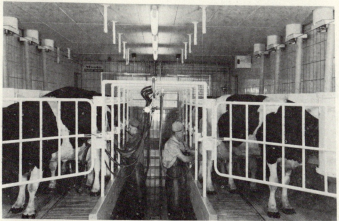

Melkstand für 8 Kühe

Schweinehaltung

In unseren Schweineställen leben ständig 20 Mio. Schweine. Nur 2 Mio. Tiere werden zur Zucht gebraucht. Früher dauerte die Mast eines Schweines, das recht fett war, zehn Monate. In sechs Monaten ist heute das »Stromlinienschwein« schlachtreif und liefert nicht nur 5 bis 6 kg mehr Fleisch, sondern auch weniger Fett:

	alter Schweinetyp	neuer Schweinetyp
Kotelett	9,2 v. H.	11,4 v. H.
Schinken	24,5 v. H.	25,7 v. H.
Rückenspeck	7,8 v. H.	5,9 v. H.
Kammspeck	2,9 v. H.	1,8 v. H.

Die 30 Mio. Schweineschlachtungen im Jahr reichen gerade aus, unseren Bedarf an Schweinefleisch zu decken.

Nach dem Absetzen von der Muttersau wiegt ein Schwein 20 kg. Bis es auf 110 kg ausgemästet ist, frißt es gut 300 kg Futter, also etwa das Dreifache seines Gewichtes. Das Fertigfutter besteht hauptsächlich aus Getreide mit Zusätzen wie Eiweiß, Kalk und Vitaminen. Auch in der Schweinehaltung haben sich die meisten Landwirte spezialisiert: auf Ferkelerzeugung oder auf Mast. Ein Ferkel kostet 60 bis 80 DM, das Mastfutter 140 bis 150 DM. Ein schlachtreifes Schwein von 110 kg bringt etwa 240 DM. Von diesen 110 kg des Schweines sind 80 kg Fleisch, davon nur 8 kg Schnitzel.

Muttersau 1950

Zuchteber 1970

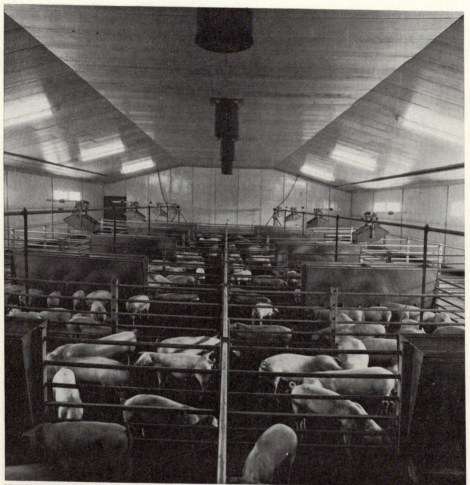

Mastschweinestall

Eine Zuchtsau wird im allgemeinen 4 bis 5 Jahre alt. Mit 12 Monaten ferkelt sie zum ersten Mal und bringt dann alle 6 Monate einen Wurf zur Welt. Ein Wurf hat in der Regel 8 bis 12 Ferkel.

Der Liegeplatz für ein Mastschwein wird im Jahr zweimal belegt. Er kostet heute mit Fütterungs- und Tränkeeinrichtung, Entmistungsanlage usw. 400 DM, d. h. so viel wie ein Mofa.

Ein Schweinemeister kann heute bei Ausnutzung aller technischen Möglichkeiten, die sehr teuer sind, im Zuchtsauenstall 80 Muttersauen mit Nachzucht oder im Maststall 500 Mastschweine — d. h. 1000 im Jahr — versorgen. Natürlich kann er dabei keine anderen Arbeiten in Hof und Feld übernehmen.

Hühnerhaltung

Wir unterscheiden:

Elterntiere Das sind Hähne und Hühner verschiedener Blutlinien mit unterschiedlichen spezifischen Eigenschaften, die zur Erzeugung von Gebrauchstieren miteinander gekreuzt werden. Elterntiere der Legerassen kosten als Küken 15 DM, Elterntiere der Fleischrassen 5 DM.

Gebrauchstiere Das sind die aus den Kreuzungen der Elterntiere hervorgegangenen Tiere. Sie werden nach zwei Zuchtrichtungen unterschieden:

Legehennen sind Hühner der Legerassen, die nur zur Eierproduktion gehalten werden und danach noch als Suppenfleisch Verwendung finden.

Masthähnchen stammen von Rassen, die unter Vernachlässigung der Legeleistung auf Fleischleistung gezüchtet worden sind. Deshalb sind Masthähnchen zur Hälfte auch Mast»hühnchen«.
Die Küken werden alle in Brutmaschinen ausgebrütet. Sowohl die Legehennen als auch die Brathähnchen können als Kreuzungstiere nicht weitergezüchtet werden, weil deren Nachkommen schlechte Leistungen haben würden. Der Bauer muß immer wieder bei den Zuchtbetrieben mit den wertvollen Elterntieren neue Hybriden (Kreuzungstiere) kaufen.

Bei den Legehennen bleiben nur die weiblichen Küken am Leben. Sie kosten 2,50 DM/Stück. Schon fünf Monate nach dem Schlüpfen beginnen die Hennen mit dem Eierlegen. Im Durchschnitt legt ein Huhn 230 Eier im Jahr.
230 Eier verzehrt eine Person im Durchschnitt in 10 Monaten.

Eiersammeln in Legebatterie

Gesundheitskontrolle der Tiere

Ein Ei wiegt 55 bis 65 g. Die 230 Eier wiegen also 14 kg. Um sie zu produzieren, frißt das Huhn knapp 50 kg Futter für ca. 23 DM. Der Bauer erhält etwa 0,14 DM pro Ei. Legehennen werden nach 15 Monaten Legezeit geschlachtet, weil dann ihre Leistung nachläßt. Sie wiegen dann etwa 2000 g, und der Landwirt bekommt noch 1,50 DM für das Fleisch.

Masthähnchen kosten als Eintagsküken 0,70 DM. Nach 50 Tagen erreichen die Brat»hähnchen« mit 1350 g Gewicht die Schlachtreife. Sie haben in dieser Zeit 2700 bis 2900 g Futter für 1,40 bis 1,50 DM gefressen. Man rechnet 2 kg Futter für 1 kg Gewichtszunahme.

In der Bundesrepublik gibt es heute insgesamt 96 Mio. Hühner. Wir können uns beinahe voll mit Eiern (Erzeugung 14 Mrd. Stück, Verbrauch 16,5 Mrd. Stück) und zur Hälfte mit Hühnerfleisch (220 000 t) versorgen.

Je nach Bestandsgröße, Art der Ausstattung usw. sind die Kosten für den Platz pro Tier verschieden. Im Regelfall wird der Landwirt für einen Legehennenplatz 25 DM, für einen Mastplatz 7 DM aufwenden müssen.

Ein Fachmann kann heute mit modernsten Einrichtungen, die viel Kapital erfordern, 10 000 Legehennen oder 100 000 Masthähnchen versorgen, wobei auch hier die Arbeitsteilung so weit fortgeschritten ist, daß er keine anderen landwirtschaftlichen Arbeiten übernehmen kann.

Ackerbau und Landtechnik

Heute erntet man auf einem ha Ackerland (eine Fläche, die 100 m lang und 100 m breit, also etwas größer als ein Fußballplatz ist).

entweder 35 Doppelzentner Getreide,
das ist eine Wagenladung Getreide, aus der man 3500 Brote zu 1 kg backen kann, die für 50 Personen ein Jahr reichen und zu deren Transport man drei Lieferwagen braucht; einen Doppelzentner Getreide verkauft der Landwirt für rund 35 DM;

oder 300 Doppelzentner Kartoffeln,
das sind fünf schwere Lastwagen voll Kartoffeln,
die den Jahresbedarf von 300 Personen decken. Für einen Doppelzentner Kartoffeln erhält der Landwirt 6 bis 12 DM;

oder 470 Doppelzentner Zuckerrüben,
das sind drei Eisenbahnwaggons voll Rüben, aus denen man 6500 kg Zucker herstellen kann, der für 200 Personen ein Jahr reicht; ein Doppelzentner Zuckerrüben kostet 6,25 DM.
Die Menge des Getreides, das in der Bundesrepublik angebaut wird, würde für etwa Dreiviertel der Bevölkerung ausreichen.
Die Kartoffelerzeugung deckt den Bedarf für Ernährung, Viehfütterung und industrielle Verwertung, wie z. B. Schnapsbrennen, Stärkeherstellung usw. Die Zuckerrüben, die in der Bundesrepublik angebaut werden, reichen etwa zur Herstellung des Zuckers, den wir verbrauchen (32 kg pro Kopf und Jahr).

Ein Acker, der gute Frucht bringen soll, muß nicht nur mit bestem Saat- oder Pflanzgut bestellt, sondern auch gut und Bodenart und Pflanzensorte entsprechend gedüngt werden:

Kartoffeln brauchen Düngemittel im Wert von 250—350 DM/ha/Jahr
Zuckerrüben   „   „   „   „   „   350—450   „   „   „
Getreide braucht   „   „   „   150—250   „   „   „
Grünland   „   „   „   „   „   200—400   „   „   „

Getreideernte

Handelsdünger enthält vorwiegend die Pflanzennährstoffe N, P, K (Stickstoff, Phosphor, Kali) oder deren Mischungen und kostet pro dz je nach Sorte 10 bis 35 DM.

Das Feld wird heute mit einem Schlepper bestellt, der 15 000 bis 45 000 DM kostet und an den Pflug, Egge, Krümler, Grubber, Walze, Sämaschine und dergleichen — oft miteinander gekoppelt — angebracht werden können.

Ein mehrschariger Pflug kostet 2500 bis 8000 DM, eine Sämaschine 2500 bis 5000 DM, eine vollautomatische Legemaschine für Kartoffeln 2500 bis 6000 DM und ein Einzelkornsägerät zum Rübensäen 2000 bis 5000 DM.

Getreide wird fast nur noch mit einem Mähdrescher eingebracht, der — vom Schlepper gezogen oder selbstfahrend — 15 000 bis 70 000 DM kostet. Ein Kartoffelvollernter kostet 12 000 bis 16 000 DM und ein Rübenvollernter 15 000 bis 25 000 DM. Im Gegensatz zur Industrie kann die Landwirtschaft ihre teuren Maschinen aber nicht während des ganzen Jahres einsetzen. Während das Pflügen eines ha mit Pferden — je nach Bodenbeschaffenheit — etwa 18 Stunden dauerte, schafft man es mit einem Schlepper in 2 Stunden. Auf dieser Fläche verbraucht der Schlepper 25 bis 30 l Diesel-Kraftstoff und legt eine Strecke von 8 bis 10 km zurück.

Für die Ernte eines ha Getreide brauchte man mit Mähbinder und Dreschmaschine 75 Arbeitsstunden; mit einem Mähdrescher braucht man 2 Stunden. In dieser Zeit braucht der Mähdrescher 20 l Diesel-Kraftstoff.

Um einen ha Kartoffeln zu ernten, mußte man vor 30 Jahren 100 Stunden arbeiten. Ein Vollernter schafft es in 12 Stunden, wobei drei Personen benötigt werden; die Ernte kostet also etwa 36 Arbeitsstunden.

Um einen ha Rüben ohne Rübenblatt zu ernten, mußte man früher 100 Arbeitsstunden rechnen. Mit einem Vollernter schafft es eine Arbeitskraft in 12 bis 15 Stunden.

Insgesamt bedeutet das: Eine Arbeitskraft konnte früher etwa 5 ha Ackerland bewirtschaften, heute dagegen etwa 50 ha. Das sind selbstverständlich nur Durchschnittswerte, denn Unterschiede ergeben sich immer noch, je nach der Betriebsorganisation, der Bodenbeschaffenheit, der Fruchtfolge, den eingesetzten Maschinen usw.

Alle Leistungsangaben, wieviel Tiere oder Fläche ein Landwirt versorgen kann, gehen davon aus, daß genug Kapital zur Verfügung steht, um menschliche Arbeit zu ersetzen. Das ist jedoch bei den Preisen, die der Landwirt für seine Produkte erhält, in der Praxis nicht der Fall. Die Einrichtung eines Arbeitsplatzes in der Landwirtschaft übertrifft die durchschnittlichen Investitionskosten aller anderen Wirtschaftszweige weitaus (Landwirtschaft 100 000 DM, Bergbau 85 000 DM, Elektroindustrie 25 000 DM). U. a. auch deshalb ist die Verschuldung der Landwirtschaft heute auf über 30 Mrd. DM angestiegen.

Buchhaltung

Es kommt aber nicht nur auf das Produzieren landwirtschaftlicher Produkte an, sondern auch darauf
    wie Arbeit, Boden und Kapital (Maschinen, Geräte, Nutzvieh)
    am günstigsten eingesetzt und kombiniert werden und vor allem
    wie die Absatzmöglichkeiten und die Marktpreise sind.

Dazu einige Zusammenhänge.

Rechenmaschine und Telefon gehören zu den Werkzeugen des Landwirtes

Erfolgs- und Einkommensberechnung pro Jahr für einen landw. Betrieb mit 30 ha Nutzfläche

Es ist ein mittlerer Ackerbau-Grünland-Betrieb mit intensiver tierischer Veredelungsproduktion (Milch, Schweine).

Ackerland:	20 ha (Getreide und Hackfrüchte)	zusammen mit Gebäuden ein Gesamtwert von 1,2 Mio. DM
Grünland*:	10 ha (Mähweide für Milchvieh)	
Milchkühe:	15 mit je 4500 kg Milch im Jahr	
Mastschweine:	300 Stück im Jahr (Ferkelzukauf)	
Maschinen:	95 000,— DM Neuwert	

* Absolutes Grünland kann nicht als Acker genutzt werden, weil es zu steil, zu naß, durch Überschwemmungen gefährdet ist oder dgl.

Aufwand	DM	Ertrag	DM
Löhne für Aushilfsarbeiten	2 000,–	Getreide	16 000,–
Maschinenaufwand	15 500,–	Hackfrüchte	19 000,–
(Reparaturen, Neuanschaffungen, Treibstoffe, Fuhrlohn und Maschinenmiete)		Milch	27 000,–
		Rindvieh	7 600,–
		Mastschweine	74 000,–
Saatgutaufwand	2 300,–	Maschinenvermietung	3 200,–
Düngemittelzukauf	7 900,–	Allgem. Betriebseinnahmen	2 500,–
Pflanzenschutzmittel, Bodenproben usw.	900,–	Summe	149 300,–
Kraftfutter für Rindvieh	6 600,–		
für Schweine	44 000,–		
Viehzukauf Rindvieh	1 600,–		
Ferkel	21 000,–		
Tierarzt, Stallhygiene und Geräte	2 600,–		
Gebäudeaufwand	5 000,–		
(Reparaturen und Rücklagen für Neubauten)			
Aufwand für Dränage	900,–		
Betriebssteuern	1 700,–		
Betriebsversicherungen	2 400,–		
Strom, Wasser für Betrieb	1 900,–		
Allgem. Betriebsausgaben	2 700,–		
Summe	119 000,–	./. Aufwand	119 000,–
= Einkommen aus landw. Produktion (Roheinkommen)			30 300,–

Übertrag (Roheinkommen)	30 300,–	DM
+ Mieteinnahmen (vermietete Wohnung an einen früh. Arbeiter)	1 200,–	DM
Zwischensumme	31 500,–	DM
./. Pachtausgaben für 6 ha	1 400,–	DM
./. Zinsausgaben (für aufgenommenen Kredit zum Ausbau des Stalles und zur Anschaffung von Maschinen, zinsverbilligt)	2 400,–	DM
./. Ausgaben für Altenteiler (Großeltern), die auf dem Hofe leben	3 000,–	DM
= Einkommen aus landw. Unternehmen (Reineinkommen)	24 700,–	DM
./. Notwendige Eigenkapitalbildung	9 000,–	DM
(für die Ausdehnung und Rationalisierung der Produktion, da steigende Einkommen kaum oder gar nicht durch Preiserhöhungen möglich sind. Auch Verzinsung des im Betrieb gebundenen Eigenkapitals wie: Nutzfläche, Gebäude, Maschinen, Vieh usw.)		
= Einkommen für privaten Bedarf	15 700,–	DM
(Vergleichbar mit dem Bruttoverdienst eines Arbeiters, Angestellten oder Beamten)		
./. private Steuern	1 600,–	DM
(Einkommen- und Kirchensteuer, Lastenausgleichsabgabe)		
./. private Versicherung	3 200,–	DM
(Kranken- und Unfallversicherung und Versicherung für Altersversorgung)		
= Einkommen für die private Lebenshaltung	10 900,–	DM
(Vergleichbar mit dem Nettoverdienst (Lohntüteninhalt) eines Arbeiters, Angestellten oder Beamten)	: 12	
	= 909,–	DM/Monat

Der Bauer, seine Frau und der älteste Sohn arbeiten zus. täglich 30 Stunden.

Agrarpolitik

Die Betriebsabrechnung eines Landwirts zeigt deutlich, daß die Landwirtschaft im Vergleich mit anderen Branchen zwar »Vermögensriese«, zugleich aber »Einkommenszwerg« ist. Diese Probleme findet man überall in der Landwirtschaft, zu der heute in der Bundesrepublik 1,2 Mio. Betriebe zählen.

Durch technischen, biologischen und organisatorischen Fortschritt steigen die Erträge pro Flächeneinheit, die Leistungen pro Tier und die Produktivität je Arbeitskraft und damit die Produktion der Landwirtschaft insgesamt. Das ist in der Landwirtschaft so wie in der übrigen Wirtschaft. Durch Werbung und Schaffung neuer Produkte läßt sich der Verbrauch von Industrieerzeugnissen nahezu beliebig erhöhen. Bei Nahrungsmitteln ist das nur teilweise möglich, weil niemand mehr als sich satt essen kann. So ist die Steigerung des Nahrungsmittelverbrauchs wesentlich nur von der Bevölkerungszahl abhängig. Daraus ergibt sich auch, daß Industrieerzeugnisse einen steigenden Preis haben und in immer größerer Zahl abgesetzt werden können. Die Preise, die der Landwirt für seine Produkte bekommt, sind dagegen weitgehend durch EWG-Marktordnungen festgelegt oder zeigen je nach Ernteergebnis starke Schwankungen, im wesentlichen nach unten, wie z. B. bei einer zu großen Obsternte. Doch für seine landwirtschaftlichen Betriebsmittel (Dünger, Maschinen, Stallbauten, Reparaturen usw.) muß der Landwirt steigende Preise zahlen.

Ein relativ immer geringerer Teil des Verbrauchereinkommens wird für Nahrungsmittel ausgegeben. Die Folge: die Ertragslage der Landwirtschaft ist schlechter als die anderer Wirtschaftszweige. Die Landwirtschaft ist ein Wirtschaftszweig mit ganz besonderen Schwierigkeiten. Deshalb, besonders wegen mangelnder Rentabilität — gerade viele rationale Großbetriebe sehen keine Zukunftschancen mehr — und wegen der Lasten, die die europäische Einigung vor allem der Landwirtschaft aufbürdet, demonstrieren die Bauern.

Die Entwicklung der letzten Jahre geht deshalb weiter: immer mehr Landwirte scheiden aus, und noch viele Bauernhöfe werden die Produktion aufgeben. Aber damit ist das Problem noch nicht gelöst. Denn die verbleibenden Landwirte werden mit noch leistungsfähigeren Maschinen in noch rationeller eingerichteten Viehställen mehr landwirtschaftliche Produkte erzeugen können als bisher.

Das Ziel muß deshalb sein:
    gleiche Löhne, gleiche Zinsen, gleiche Gewinne,
    gleiche Freizeit wie in der übrigen Wirtschaft.

Dazu ist auch nötig:
    gleich gute Ausbildung in der Jugend, gleiche Sozialleistungen
    im Alter.

Das geht nur bei einer umfassenden Reform des ländlichen Raumes. Dafür gibt es einige Pläne, deren Inhalt sich auf wesentliche Schwerpunkte zusammenfassen läßt:

Verbesserung der Agrarstruktur
    (Schaffung zusätzlicher krisenfester gewerblicher Arbeitsplätze auf dem Lande, Erleichterung für das Aufgeben des Betriebes und Umschulung, Flurbereinigung, Wasserwirtschaft usw.)
Verbesserung der Betriebsstruktur
    (Gezielte staatliche Förderungsmaßnahmen, Erhaltung von Neben- und Zuerwerbsbetrieben, Förderung von überbetrieblicher Zusammenarbeit auf dem Lande)
Ausbau der Sozialmaßnahmen
    (ausreichende Altersversorgung, Verbesserung der Unfallversicherung und Einführung einer Krankenversicherung)
Verbesserung der Bildungspolitik
    (Schaffung gleicher Bildungschancen für Landkinder, bessere Fachausbildung)
Verbesserung der Marktstruktur
    (Marketing: einheitliche Produktions- und Absatzplanung in der Landwirtschaft)

Selbstverständlich gehört zu diesem Maßnahmen-Bündel auch eine Agrar-Preispolitik, die sich an den landwirtschaftlichen Produktionskosten orientiert. Denn die Ausrichtung der Preise an den Kosten ist sonst überall in der Wirtschaft selbstverständlich. Preise bilden sich nicht mehr ausschließlich nach Angebot und Nachfrage.

Bei allen Plänen muß bedacht werden:
Die Bundesrepublik muß Industrieerzeugnisse exportieren.
Was bieten andere Länder, insbesondere Entwicklungsstaaten dagegen an? Unsere Umwelt wird durch Industrie, Autos, Heizung, aber auch durch eine zu intensive Landwirtschaft verschmutzt.
Wie können wir morgen noch leben?
Wir erhalten immer mehr Freizeit. Wie werden wir sie verbringen? An günstigen landwirtschaftlichen Standorten siedelt sich Industrie an, wohnen viele Menschen (Ballungszentren). Hier und im weiteren Einzugsbereich kann Landwirtschaft vorteilhaft betrieben werden, weil ein großer Markt da ist. In vielen landschaftlich schönen Gebieten (Mittelgebirge und Alpen) macht Landwirtschaft dagegen Schwierigkeiten und lohnt nicht mehr. Was ist zu tun?
Hilft hier Aufforstung?
Die Erholungslandschaft soll erhalten bleiben. Aber wer zahlt die notwendigen Pflegearbeiten? Wenn die ländliche Bevölkerung abwandert, lassen sich dann in solchen Gebieten Verkehrswege, Schulen, Krankenhäuser, Energieversorgungsnetze usw. erhalten? Landwirtschaft, Industrie und Gewerbe sind eng durch Kauf und Verkauf, aber auch durch viele gemeinsame Interessen als Partner verbunden. Nur landwirtschaftlich qualifizierte, gut gebildete Fachleute können heute noch so produzieren, daß sie Aussicht haben, auch in Zukunft bestehen zu können.

Arbeitsauftrag zur Gruppenarbeit »Werbeplakat«

1. Stellt Euch folgende Arbeitssituation vor:
Ihr seid Mitglieder von Arbeitsteams in einem Werbebüro. Zusammen mit zwei weiteren Gruppen sollt Ihr einen Satz von drei zueinander passenden Werbeplakaten im Entwurf herstellen.

2. Folgende Vorarbeit wurde bereits geleistet:
Für jedes Plakat wurde ein Werbetext gefunden und eine Vor-Auswahl von acht Fotos getroffen. In einer Druckanstalt wurden für jede Gruppe je ein leerer Plakatbogen als Arbeitsblatt und Probedrucke der je acht Fotos bestellt. Sie sind gerade eingetroffen und werden an die Gruppen ausgegeben. Von den acht Fotos sollen vier auf das Plakat kommen.

3. Jetzt folgt der Arbeitsauftrag an die Gruppe:
Probiert durch Auflegen und Auswechseln der Bilder auf dem Arbeitsblatt die nach Eurer Meinung beste Wirkung aus. Beachtet dabei: Text und Bilder sollen in einem Zusammenhang stehen und einen Werbezweck erfüllen.
Gebt jedem in der Gruppe Gelegenheit zum Probieren. Sagt Eure Meinung zu den eigenen und den fremden Vorschlägen. Versucht eine gemeinsame Lösung zu finden. Wenn Ihr nicht einig werdet, müßt Ihr abstimmen.
Zum Probieren habt Ihr zehn Minuten Zeit. Legt dabei die Bilder nur lose auf das Blatt. Es wird angesagt, wann Ihr sie befestigen sollt. Ihr habt dann dazu noch einmal zwei Minuten Zeit.

4. Bitte jetzt anfangen. Zeit: zehn Minuten + 2 Minuten

5. Der Werbechef möchte nach der Arbeit einen Bericht haben, wie die Entwürfe zustande gekommen sind.
Damit es schneller geht, wurden vom Büro dafür Protokolle vorbereitet, die auszufüllen sind. Sie enthalten genaue Anweisungen dafür.

Protokollbogen zum Gruppenauftrag »Werbeplakat«

1. **Plakattext:** Zutreffende Zeile bitte unterstreichen

   A Mach Ferien auf dem Bauernhof
   B Landwirtschaft nährt ihren Mann
   C Auf dem Lande leben

2. **Bildauswahl der Gruppe:** Alle Bilder tragen am rechten unteren Rand Kennziffern. In das leere Schema unten trage bitte in die richtigen Felder (links oder rechts) die Ziffern derjenigen Bilder ein, die ausgewählt wurden. Das ausgefüllte Schema ist wie ein Spiegel des Plakats. Wo der Text steht, mußt Du zwei Felder streichen:

   Beispiel:

✗	1
✗	7
4	3

   ausfüllen!

3. **Zustimmung oder Ablehnung:** In den folgenden vier Kästchen sollst Du noch einmal die Kennziffern der vier für den Plakatentwurf benutzten Bilder angeben. Geh von Deinem ausgefüllten Schema aus (oben rechts) und nimm die Reihenfolge von links oben nach links unten, dann von rechts oben nach rechts unten. Wenn das geschehen ist, dann unterstreiche der Reihe nach rechts neben den Ziffern entweder »ja« (wenn Du die Auswahl für gut findest) oder »nein« (wenn Du mit der Auswahl nicht zufrieden bist).
   Bring dann hinter »weil . . .« eine kurze Begründung an, weshalb Du zustimmst oder dagegen bist. Wenn Dir nichts zu sagen einfällt, so unterstreiche »Weiß nicht«.

   Ja / nein, weil . . . _____

   Weiß nicht.

   Ja / nein, weil . . . _____

   Weiß nicht.

   Ja / nein, weil . . . _____

   Weiß nicht.

   Ja / nein, weil . . . _____

   Weiß nicht.

4. **Zu den ausgeschiedenen Bildern:** In den folgenden vier Kästchen sollst Du die Kennziffern der nicht benutzten Bilder, mit der kleinsten Ziffer beginnend, einschreiben. Auch hier interessiert, ob Du damit einverstanden bist, daß das Bild ausgeschieden wurde (unterstreiche »ja«) oder ob Du es gern auf das Plakat übernommen hättest, also seiner Ausscheidung nicht zustimmst (unterstreiche »nein«). Gib dann bitte ebenso wie im vorigen Abschnitt eine Begründung an oder unterstreiche »weiß nicht«, wenn Du dazu nichts sagen kannst.

Schüler, bitte Rand nicht ausfüllen

Ja / nein, weil . . . ─────────────────────

Weiß nicht.

Ja / nein, weil . . . ─────────────────────

Weiß nicht.

Ja / nein, weil . . . ─────────────────────

Weiß nicht.

Ja / nein, weil . . . ─────────────────────

Weiß nicht.

5. **Schlußwort:** Der Chef des Werbebüros läßt Dir danken. Er will in einer Sitzung aller Mitarbeiter die Entwürfe noch einmal zur Diskussion stellen. Durch das Ausfüllen dieses Protokolls hast Du Dir Deine Einstellung ja noch einmal durch den Kopf gehen lassen. So kannst Du Deine Meinung gut vertreten, wenn die Konferenz beginnt.

Mache bitte noch folgende Angaben:

1. Junge / Mädchen (unterstreichen)	2. .... Jahre	3. ○ Habe Eltern in der Landwirtschaft ○ Habe Verwandte in der Landwirtschaft

4.
Wohnort   Großstadt
            Stadt
            Verbandsgemeinde
            Dorf
(unterstreichen)
		○ Habe keine Eltern oder Verwandte in der Landwirtschaft
		(ankreuzen)

Ist das Hexerei?

 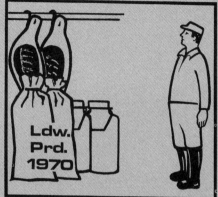

Bei geringfügiger Abnahme der Nutzfläche
hat sich seit 1950
die Zahl landwirtschaftlicher Arbeitskräfte
auf die Hälfte verringert
die Produktion dagegen verdoppelt

Erklärung: Dieses Deckblatt gibt Euch ein Problem zu lösen:
Ist das wirklich Hexerei? — Wie können weniger Menschen auf kleinerer Fläche mehr erzeugen? —
Um eine solche Frage genauer zu beantworten, braucht man Informationen über Einzelheiten.
Man braucht Informationen über mehrere Entwicklungsrichtungen in der Landwirtschaft. Es müssen Entwicklungen sein, die in den letzten Jahren exakt festgestellt wurden. Wenn man sie kennt, kann man abschätzen, wie die Entwicklung weitergehen mag. Eine solche Entwicklungsrichtung nennt man einen T r e n d.

Anweisung: Jede Gruppe soll zuerst einen einzelnen Trend bearbeiten. Jeder in der Gruppe soll über den Trend Bescheid wissen und Auskunft geben können. Nähere Anweisung steht auf dem Informationsblatt.
Später soll in neuen Gruppen die auf diesem Blatt gestellte Frage beantwortet werden. Dazu soll jeder das Wissen einsetzen, das er jetzt erwirbt.

Merkblatt für landwirtschaftliche Abkürzungen und Meßeinheiten:

In der Landwirtschaft werden Abkürzungen und Meßeinheiten benötigt, die es ermöglichen, Größen oder Mengen von Erzeugnissen, von Tieren oder von Arbeits- und Zugkräften miteinander zu vergleichen, die nicht ohne weiteres vergleichbar sind.

GE = Getreideeinheit

Jedes landwirtschaftliche Produkt, sei es pflanzlicher oder tierischer Herkunft, kann umgerechnet werden in GE. Es wurde festgesetzt:

1 dz Getreide (auch Mais) = 1 dz GE

Umgerechnet und verglichen mit Getreide ist

1 dz GE	=	4	dz Kartoffeln
	=	6,7	dz Mohrrüben
	=	2,5	dz Wiesenheu
	=	125	l Vollmilch, 3,3 % Fett
	=	20	kg Schwein oder Rind
	=	16,6	kg Geflügel
	=	2,5	kg Schafwolle
	=	20	kg oder 400 Eier

GV = Großvieheinheit

Alle Arten von Nutzvieh können umgerechnet werden in GV. Es wurde festgesetzt:

1 Kuh oder 1 Stck. Mastvieh über 2 Jahre = 1 GV

Verglichen mit einer Kuh oder einem Mastrind entspricht

1 GV	=	0,8333	Zuchtbullen
	=	3	Zuchtschweinen
	=	6	Mastschweinen
	=	10	Schafen
	=	250	Stck. Geflügel

AK = Voll-Arbeitskraft

Für den Arbeitseinsatz gilt folgender Umrechnungsschlüssel:

1 Mann oder 1 Frau von 16 bis 65 Jahren = 1 AK

1 Vollarbeitskraft (AK) entsprechen
2 Jugendliche von 14 bis 16 Jahren
oder 3 Arbeitskräfte über 65 Jahre.

Schlepper — PS

Die PS-Leistung eines Schleppers oder die PS-Leistung mehrerer Schlepper aufaddiert ist Meßzahl für motorische Zugkraft.

Übliche Abkürzungen

LN = Landwirtschaftliche Nutzfläche
S = Schlepper
h = Stunde (Sh, AKh = Arbeitsstunden des Schleppers, der AK)

Zusammensetzungen:
dz/ha LN = Ertrag in Doppelzentner je ha LN
DM/ha LN = Ertrag in DM je ha LN
t GE/AK = Erzeugung in t GE je AK

Informationsblatt 1

Gruppe 1	
A B C D E F	← Jedes Gruppenmitglied soll einen anderen Buchstaben einkringeln ◯

FACHBEGRIFF > **Landwirtschaftliche Nutzfläche (LN)**

Immer weniger Fläche wird landwirtschaftlich genutzt. < TREND

Arbeitsanweisung:

Ihr sollt die folgenden Informationen auf diesem Blatt daraufhin prüfen, ob sie mit dem Trend übereinstimmen. Im Gruppengespräch sollt Ihr dafür sorgen, daß jeder die im Trend mitgeteilte Entwicklung in der Landwirtschaft begreift.
(Vergleicht hierzu Seite 11 + 48).

Dann sollt Ihr die Informationen zu einem Zusammenhang ordnen, die Reihenfolge durch Nummern festlegen und sie auf dem Arbeitsblatt in kürzerer und einfacherer Form niederschreiben. An Hand des Arbeitsblattes könnt Ihr dann später in den Gruppen, die neu gebildet werden, mündlich berichten.

(Ihr müßt entscheiden, welche Zahlenangaben für den einfacheren Bericht nötig sind und welche nicht; Zahlenverhältnisse darf man so vergröbern, daß sie besser behalten werden; für »77 %« kann man auch sagen »etwa drei Viertel«; ein Anstieg um 200 % bedeutet das Dreifache des ursprünglichen Wertes; 21,6 % sind etwa ein Fünftel des Ganzen usw.; Abkürzungen siehe Merkblatt.)

Nr. ◯

Wirtschaftsfläche der BRD **100 %**

Abb. zu Nr. 1

Gebiet Jahr	Landw. Nutzfläche (in 1000 ha)	Einwohner (in Mio.)	Ldw. Nutzfläche je Einwohner (in ha)
Gebiet des Deutschen Reiches 1935–38	28 690	67,7	0,42
umgerechnet auf das Bundesgebiet 1935–38	14 612	42,1	0,35
BRD 1970	13 805	61,2	0,23

Nr. Die gesamte Wirtschaftsfläche der BRD ist 24,7 Mio. ha groß (= 100 %). Die landwirtschaftliche Nutzfläche beträgt ohne Wald 13,8 Mio. ha (= 55,9 %).

Nr. Hanglagen werden für landwirtschaftliche Nutzung mit Hilfe von Großmaschinen zunehmend schwieriger. Wenn die Flächen jedoch nicht gepflegt werden, dann müssen sie verbuschen.

Nr. Das Dauerbrachland nimmt zu.
Das sind einerseits Grenzböden, deren Bestellung zu hohe Kosten im Verhältnis zum Ertrag erfordert; sie sind privatwirtschaftlich unrentabel.

Nr. Andererseits handelt es sich um »Sozialbrache«; das sind vorwiegend kleinere Acker- und Wiesenstücke in Ortsnähe, deren Besitzer in andere Berufe abgewandert sind. Die Übernahme als Pachtland lohnt sich wegen der zersplitterten Lage für die Landwirte nicht.

Nr. Minister Ertl stellte fest: »Wenn die Land- und Forstwirte ihren Betrieb aufgeben und die Landschaft auf Kosten der Allgemeinheit gepflegt werden muß, kostet das jährlich rund 13 Milliarden Mark ...«

1

Gruppe 1		**Arbeitsblatt 1**	Landwirtschaftliche Nutzfläche (LN)
A B C D E F			

Trend: Immer weniger Fläche wird landwirtschaftlich genutzt.

Abb. zu Nr.

1935–38
⌀ .... ha

1970
.... ha

Abb. zu Nr.

Informationsblatt 2

Gruppe 2
A B C D E F ← Jedes Gruppenmitglied soll einen anderen Buchstaben einkringeln ◯

FACHBEGRIFF > **Flächenproduktivität**

Von derselben Fläche wird immer mehr geerntet. < TREND

Arbeitsanweisung:
Ihr sollt die folgenden Informationen auf diesem Blatt daraufhin prüfen, ob sie mit dem Trend übereinstimmen. Im Gruppengespräch sollt Ihr dafür sorgen, daß jeder die im Trend mitgeteilte Entwicklung in der Landwirtschaft begreift.
(Vergleicht hierzu Seite 10 + 47/48).
Dann sollt Ihr die Informationen zu einem Zusammenhang ordnen, die Reihenfolge durch Nummern festlegen und sie auf dem Arbeitsblatt in kürzerer und einfacherer Form niederschreiben. An Hand des Arbeitsblattes könnt Ihr dann später in den Gruppen, die neu gebildet werden, mündlich berichten.
(Ihr müßt entscheiden, welche Zahlenangaben für den einfacheren Bericht nötig sind und welche nicht; Zahlenverhältnisse darf man so vergröbern, daß sie besser behalten werden; für »77%« kann man auch sagen »etwa drei Viertel«; ein Anstieg um 200% bedeutet das Dreifache des ursprünglichen Wertes; 21,6% sind etwa ein Fünftel des Ganzen usw.; Abkürzungen siehe Merkblatt.)

(Nr.)

Flächenerträge in dz/ha			
	1958/59	1968/69	mehr
Getreide	26,6	37,5	41 %
Kartoffeln	213,6	291,1	36 %
Zuckerrüben	395,8	470,0	19 %
Bodenprodukte zus. in dz GE	34,7	41,8	20 %

(Nr.) Die höhere Flächenproduktivität läßt sich teilweise durch höhere Düngergaben erklären.

(Nr.)

Der Mineraldüngereinsatz stieg in zehn Jahren:	Stickstoff + 62 %	Phosphat + 26 %	Kali + 4 %
Verbrauch 1968/69:	933 000 t	800 000 t	1 046 000 t

(Nr.) Weitere ertragssteigernde Maßnahmen:
Pflanzenschutz und Züchtung ergiebigerer Pflanzensorten, die hohe Düngergaben ausnutzen können; − die gegen Krankheiten und Schädlinge unempfindlich sind; − sich gut ernten lassen; − gleichmäßigere Größe und Qualität haben.

(Nr.) Der Nahrungsmittelverbrauch stieg in der BRD im letzten Jahrzehnt um 24 %. Das ist zur einen Hälfte auf Bevölkerungszunahme, zur anderen Hälfte auf steigenden Verbrauch pro Kopf der Bevölkerung zurückzuführen.

(Nr.) Die für die Ernährung eines Menschen erforderliche Fläche blieb in demselben Jahrzehnt gleich, nämlich 0,37 ha.

Arbeitsblatt 2 — Flächenproduktivität

Trend: Von derselben Fläche wird immer mehr geerntet.

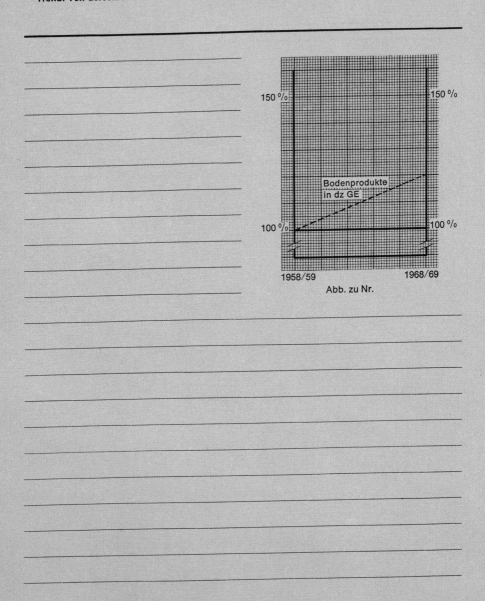

Abb. zu Nr.

Informationsblatt 3

Gruppe 3
A B C D E F ← Jedes Gruppenmitglied soll einen anderen Buchstaben einkringeln ◯

FACHBEGRIFF ⟩ Tierische Produktivität

Die tierischen Leistungen werden stetig gesteigert. ⟨ TREND

Arbeitsanweisung:
Ihr sollt die folgenden Informationen auf diesem Blatt daraufhin prüfen, ob sie mit dem Trend übereinstimmen. Im Gruppengespräch sollt Ihr dafür sorgen, daß jeder die im Trend mitgeteilte Entwicklung in der Landwirtschaft begreift.
(Vergleicht hierzu Seite 4—9, 48).
Dann sollt Ihr die Informationen zu einem Zusammenhang ordnen, die Reihenfolge durch Nummern festlegen und sie auf dem Arbeitsblatt in kürzerer und einfacherer Form niederschreiben. An Hand des Arbeitsblattes könnt Ihr dann später in den Gruppen, die neu gebildet werden, mündlich berichten.
(Ihr müßt entscheiden, welche Zahlenangaben für den einfacheren Bericht nötig sind und welche nicht; Zahlenverhältnisse darf man so vergröbern, daß sie besser behalten werden; für »77%« kann man auch sagen »etwa drei Viertel«; ein Anstieg um 200% bedeutet das Dreifache des ursprünglichen Wertes; 21,6% sind etwa ein Fünftel des Ganzen usw.; Abkürzungen siehe Merkblatt.)

(Nr.)

Steigerung der tierischen Produktivität im vergangenen Jahrzehnt		
Milch/Kuh	572 l	= 14 %
Fleisch/Kuh	81 kg	= 28 %
Fleisch/Sau	11 kg	= 1 %
Fleisch/Henne	1,33 kg	= 91 %
Eier/Henne	96 Stück	= 77 %

(Nr.) Der Verbrauch an Getreide und Kraftfutter hat in der Tierhaltung von 1957/58 bis 1967/68 um 71 % zugenommen.

(Nr.) Während die Zahl der Viehhalter in zehn Jahren mehr als 30 % abgenommen hat, nahm die Viehbestandsgröße je Tierhaltung um rund 100 % zu.

(Nr.) Die Steigerung tierischer Leistungen ist natürlich nicht bloß auf einen höheren Einsatz an Futtermitteln zurückzuführen. Hinzu kommen Zuchtleistungen auf bessere Futterverwertung zu Fleisch, Milch und Eiern; bessere Tierhygiene (Herabsetzung von Krankheiten und Sterblichkeit); elektronisch kontrollierte Fütterungsmethoden (mit geringstem Fütterungsaufwand höchster Erfolg).

(Nr.) Der Nahrungsmittelverbrauch stieg in der BRD im letzten Jahrzehnt um 24 %. Die Hälfte davon ist durch Bevölkerungszunahme bedingt, die anderen 12 % durch angestiegenen Pro-Kopf-Verbrauch (durch Verbrauch von mehr tierischen Veredelungsprodukten, d. h. mehr Fleisch, weniger Kartoffeln).

(Nr.) Mit der Mehrerzeugung an tierischen Produkten konnte gerade der mittlere Selbstversorgungsgrad der BRD gehalten werden. Es werden mehr Veredelungsprodukte verzehrt (magere Fleischsorten, Wurst, Käse, Eier).

| Gruppe 3 A B C D E F | **Arbeitsblatt 3** | Tierische Produktivität |

Trend: Die tierischen Leistungen werden stetig gesteigert.

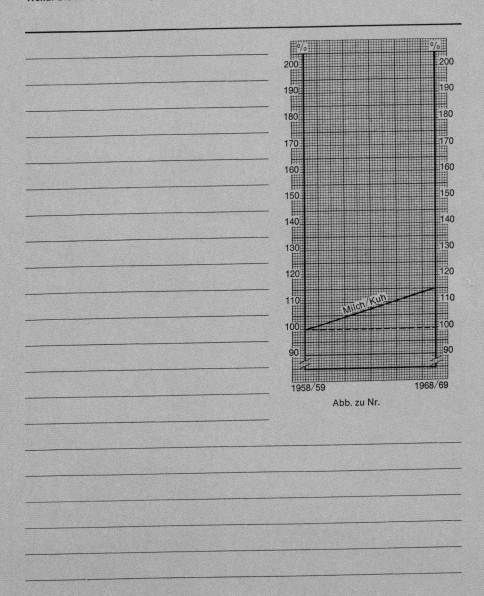

Abb. zu Nr.

Informationsblatt 4

Gruppe 4
A B C D E F ← Jedes Gruppenmitglied soll einen anderen Buchstaben einkringeln ◯

FACHBEGRIFF ▷ **Landwirtschaftliche Arbeitskräfte (AK)**

Die Zahl der landw. Erwerbstätigen sinkt ständig. ◁ TREND

Arbeitsanweisung:

Ihr sollt die folgenden Informationen auf diesem Blatt daraufhin prüfen, ob sie mit dem Trend übereinstimmen. Im Gruppengespräch sollt Ihr dafür sorgen, daß jeder die im Trend mitgeteilte Entwicklung in der Landwirtschaft begreift.
(Vergleicht hierzu Seite 11 + 47/48).
Dann sollt Ihr die Informationen zu einem Zusammenhang ordnen, die Reihenfolge durch Nummern festlegen und sie auf dem Arbeitsblatt in kürzerer und einfacherer Form niederschreiben. An Hand des Arbeitsblattes könnt Ihr dann später in den Gruppen, die neu gebildet werden, mündlich berichten.
(Ihr müßt entscheiden, welche Zahlenangaben für den einfacheren Bericht nötig sind und welche nicht; Zahlenverhältnisse darf man so vergröbern, daß sie besser behalten werden; für »77%« kann man auch sagen »etwa drei Viertel«; ein Anstieg um 200% bedeutet das Dreifache des ursprünglichen Wertes; 21,6% sind etwa ein Fünftel des Ganzen usw.; Abkürzungen siehe Merkblatt.)

Nr.

	AK in der Landwirtschaft
1958/59	2 801 000
1968/69	1 661 000*
Abnahme	1 140 000
in %	41 %

* Davon 140 000 Lohn-AK, sonst Familien-AK, darunter 600 000 Frauen.

Nr. Jährlich wandern aus der Landwirtschaft etwa 130 000 Arbeitskräfte – 1970: 150 000 – ab in andere Wirtschaftszweige. Von den Arbeitskräften, die unsere übrige Wirtschaft im letzten Jahrzehnt zusätzlich benötigte, stammen 40 % aus der Landwirtschaft.

Nr. Nur noch 8,8 % aller Erwerbstätigen arbeiten heute in der Landwirtschaft.
Aber ein Drittel aller Erwerbstätigen arbeitet in Branchen, die von der Landwirtschaft abhängig sind (z. B. Dünge- und Futtermittelfabrikation, Landmaschinenbau, Ernährungswirtschaft).

Nr. Infolge der starken Abwanderung von AK vergrößerte sich die Fläche, die pro Arbeitskraft zu bearbeiten ist, ständig, jährlich um ca. 5 %. 1958/59 hatte eine AK neben der Arbeit in Hof und Stall 4,81 ha zu bearbeiten, im Jahre 1968/69 dagegen 7,92 ha. Das ist eine Zunahme allein bei der Nutzfläche von 65 %.

Nr. Mehr als ein Viertel aller landwirtschaftlichen Betriebe (28 %) wurde in den letzten zehn Jahren aufgelöst.

Nr. In derselben Zeit stieg die durchschnittliche Ausstattung der Betriebe mit landwirtschaftlicher Nutzfläche um 25 %.

| Gruppe 4 ABCDEF | **Arbeitsblatt 4** | Landw. Arbeitskräfte (AK) |

Trend: Die Zahl der landw. Erwerbstätigen sinkt ständig.

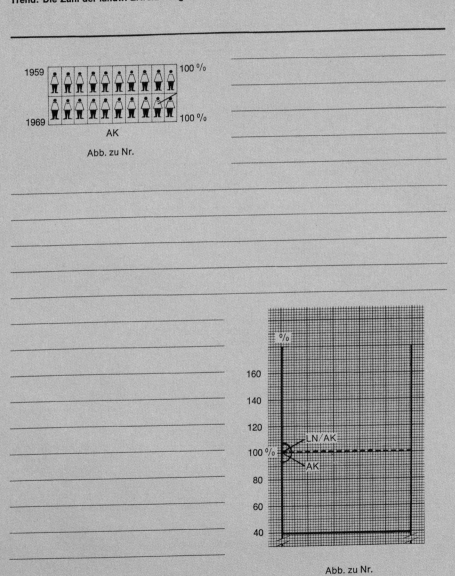

Informationsblatt 5

| Gruppe 5 A B C D E F | ← Jedes Gruppenmitglied soll einen anderen Buchstaben einkringeln ◯ |

> FACHBEGRIFF Landwirtsch. Arbeitsproduktivität

> Die Arbeitsproduktivität stieg bei landwirtschaftlichen Arbeitskräften stärker als in der übrigen Volkswirtschaft. ← TREND

Arbeitsanweisung:
Ihr sollt die folgenden Informationen auf diesem Blatt daraufhin prüfen, ob sie mit dem Trend übereinstimmen. Im Gruppengespräch sollt Ihr dafür sorgen, daß jeder die im Trend mitgeteilte Entwicklung in der Landwirtschaft begreift.
(Vergleicht hierzu Seite 4 + 5, 11, 48).
Dann sollt Ihr die Informationen zu einem Zusammenhang ordnen, die Reihenfolge durch Nummern festlegen und sie auf dem Arbeitsblatt in kürzerer und einfacherer Form niederschreiben. An Hand des Arbeitsblattes könnt Ihr dann später in den Gruppen, die neu gebildet werden, mündlich berichten.
(Ihr müßt entscheiden, welche Zahlenangaben für den einfacheren Bericht nötig sind und welche nicht; Zahlenverhältnisse darf man so vergröbern, daß sie besser behalten werden; für »77%« kann man auch sagen »etwa drei Viertel«; ein Anstieg um 200% bedeutet das Dreifache des ursprünglichen Wertes; 21,6% sind etwa ein Fünftel des Ganzen usw.; Abkürzungen siehe Merkblatt.)

Nr. Anstieg der Arbeitsproduktivität

	Vergleich zwischen	
	Landw. AK	Erwerbstätigen in der übrigen Volkswirtschaft
1950–68 18 Jahre	+ 297 %	+ 141 %
1958–68 10 Jahre	+ 113 %	+ 59 %

Für den Vergleich mit der übrigen Volkswirtschaft wird der Erzeugungsanteil je Erwerbstätiger (bzw. Voll-AK) an der inländischen Gesamtproduktion ermittelt und auf die Preise eines bestimmten Jahres – hier 1954 – umgerechnet.

Nr. Eine landwirtschaftliche Arbeitskraft konnte ohne Arbeit in Hof und Stall vor 30 Jahren 5 ha bewirtschaften, heute dagegen 50 ha.

Nr. Die Steigerung der Arbeitsproduktivität ist durch Mechanisierung und Rationalisierung möglich geworden: durch Maschinen- und Geräteeinsatz und durch wegesparende Bauanlagen und Arbeitsmethoden. Aber: Landwirtschaftliche Maschinen arbeiten nicht pausenlos wie in der Industrie. Ihr Einsatz ist saisonbedingt.

Nr. Um 1 ha zu pflügen, braucht 1 Arbeitskraft
mit 2 Pferden   und 1 Pflugschar,   30 cm breit, 18 Arbeitsstunden.
mit 1 Schlepper 60 PS   und 4 Scharen,   120 cm breit, 2 Arbeitsstunden.

Man braucht zur Betreuung von zehn Milchkühen bei Fütterung, Handmelken, Entmisten mit Schiebkarre und Einstreuen	5,6 AKh
bei Fütterung, Maschinenmelken, Entmisten mit Mistschieber und Einstreuen	2,6 AKh

Nr. Ein Landwirt ernährt heute gegenüber 1950 dreimal so viel Menschen, nämlich 31.

Nr. Ein Arbeitszeitvergleich ergab, daß 1969 die Arbeitskräfte im anderen produzierenden Gewerbe ca. 25 % mehr Freizeit hatten als in der Landwirtschaft.

| Gruppe 5 A B C D E F | **Arbeitsblatt 5** | Landw. Arbeitsproduktivität |

Trend: Die Arbeitsproduktivität stieg bei landwirtschaftlichen Arbeitskräften stärker als in der übrigen Volkswirtschaft.

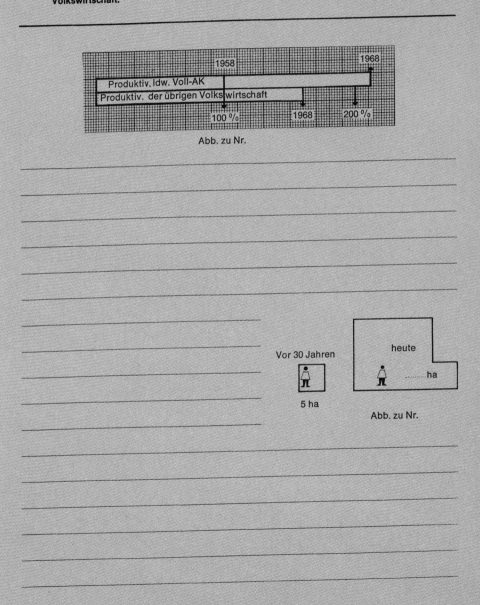

Abb. zu Nr.

Vor 30 Jahren — 5 ha

heute — ...... ha

Abb. zu Nr.

Informationsblatt 6

Gruppe 6
A B C D E F ← Jedes Gruppenmitglied soll einen anderen Buchstaben einkringeln ○

FACHBEGRIFF > Produktionskapital

Die Kosten für die Einrichtung eines Arbeitsplatzes sind in der Landwirtschaft ganz erheblich gestiegen. < TREND

Arbeitsanweisung:

Ihr sollt die folgenden Informationen auf diesem Blatt daraufhin prüfen, ob sie mit dem Trend übereinstimmen. Im Gruppengespräch sollt Ihr dafür sorgen, daß jeder die im Trend mitgeteilte Entwicklung in der Landwirtschaft begreift.
(Vergleicht hierzu Seite 5, 7, 9, 11—13).
Dann sollt Ihr die Informationen zu einem Zusammenhang ordnen, die Reihenfolge durch Nummern festlegen und sie auf dem Arbeitsblatt in kürzerer und einfacherer Form niederschreiben. An Hand des Arbeitsblattes könnt Ihr dann später in den Gruppen, die neu gebildet werden, mündlich berichten.
(Ihr müßt entscheiden, welche Zahlenangaben für den einfacheren Bericht nötig sind und welche nicht; Zahlenverhältnisse darf man so vergröbern, daß sie besser behalten werden; für »77%« kann man auch sagen »etwa drei Viertel«; ein Anstieg um 200% bedeutet das Dreifache des ursprünglichen Wertes; 21,6% sind etwa ein Fünftel des Ganzen usw.; Abkürzungen siehe Merkblatt.)

Nr.

Für die Einrichtung eines Arbeitsplatzes benötigt man		
in der Landwirtschaft	im Bergbau	in der Elektroindustrie
97 000 DM	77 000 DM	21 300 DM

Innerhalb von zehn Jahren haben sich die Einrichtungskosten in der Landwirtschaft um 200 % erhöht.

Nr. Für die Erzeugung landwirtschaftlicher Güter wird neben Arbeit und Boden Produktivvermögen eingesetzt. Es besteht aus Wirtschaftsgebäuden, Maschinen, Geräten und Vieh. Außerdem wird Umlaufvermögen benötigt (Mineraldünger, Treibstoffe, Kraftfutter).

Nr. Schlepper haben im allgemeinen zwischen 25 PS und 80 PS Leistungsvermögen und können entsprechend mit kleineren oder größeren Zusatzgeräten arbeiten. Sie kosten zwischen 15 000 DM und 45 000 DM.

Mähdrescher kosten je nachdem, ob sie vom Schlepper gezogen werden oder Selbstfahrer sind, zwischen 15 000 DM und 70 000 DM.

Nr. Um Vieh in modernen Stallungen mit technischen Anlagen unterzubringen, benötigt man beispielsweise je Rind 5000 DM (= ca. 1 VW), je Schwein 400 DM (= 1 Mofa), je Huhn 25 DM.

Einige Beispiele für die Verwendung betriebseigener Landmaschinen (in 1000 Stück):

	Miststreuer und Ladewagen	Mähdrescher	Kartoffel- und Rübenernter	Melkmaschinen	Entmistungsanlagen
1960	94	33	9	291	9
1967	578	145*	84	520	49

* einschl. Lohn- und Gemeinschaftsmaschinen.
Es gibt mehr Ackerschlepper (1 317 000) als Lkw (934 400).

Nr. Die Mechanisierung der Betriebe erfordert einen hohen Einsatz an Geldmitteln. Wenn das Eigenkapital nicht ausreicht, muß der Landwirt, der wettbewerbsfähig bleiben will, Fremdkapital aufnehmen, also Geld leihen. Das kostet Zinsen.
Der durchschnittliche Einsatz von Fremdkapital auf 1 ha Nutzfläche hat sich innerhalb zehn Jahren von 770 DM auf 2108 DM erhöht (+ 174 %). Der Anteil an Eigenkapital am Gesamtkapital je ha LN sank von 86 % auf 73 %.

| Gruppe 6 | **Arbeitsblatt 6** | Produktionskapital |
| A B C D E F | | |

Trend: Die Kosten für die Einrichtung eines Arbeitsplatzes sind in der Landwirtschaft ganz erheblich gestiegen.

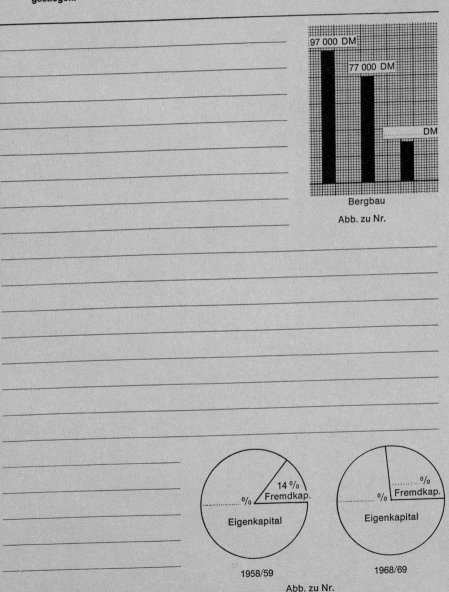

Hexerei oder nicht?

Studienblatt 1 für Gruppen A bis F:

| Arbeits-anweisung 1: | Veranschlagt die Wirkungen und Gegenwirkungen der Trends auf die landwirtschaftliche Produktion: produktionssteigernd (Pfeile innen) oder produktionshemmend (Pfeile von außen)? — Setzt die Stichwörter in die Figur ein. |

Aus Wirkungen und Gegenwirkungen läßt sich nun die Produktionslage beurteilen.

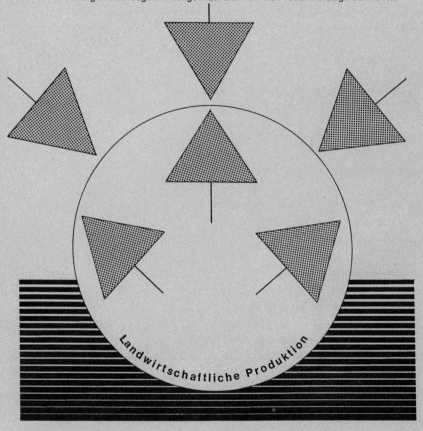

Stichwörter:
- mehr/weniger Nutzfläche
- mehr/weniger Flächenertrag
- mehr/weniger tierische Leistung
- mehr/weniger Arbeitskräfte
- mehr/weniger Leistung je Arbeitskraft
- mehr/weniger Produktionskosten

Nennt Mittel der Ertragssteigerung:
Biologische:

chemische:

technische:

| Arbeits-anweisung 2: | Diskutiert Eure Lösung und vertretet sie dann vor dem Plenum. Zuvor versucht mittels Studienblatt 2 eine Beurteilung, ob sich die Landwirtschaft auf Produktionsbedingungen in einer Industriegesellschaft einstellt. |

Studienblatt 2 für Gruppen A bis F:

Kennzeichen für die Bedingungen in einer Industriegesellschaft:	Zeigen sich solche Kennzeichen in der Landwirtschaft der BRD?
1. Einsparung an Arbeitskräften	ja nein
2. Verstärkter Einsatz industriell erzeugter Produktionsmittel (Maschinen, Chemikalien)	ja nein
3. Hoher Energieverbrauch (Strom, Kraftstoffe)	ja nein
4. Steigende Ausstattungskosten je Arbeitsplatz	ja nein
5. Steigende Produktionsmengenleistungen insgesamt	ja nein
6. Laufende Vergrößerung der Betriebe	ja nein
7. Abnahme der Betriebsanzahl	ja nein
8. Steigende Produktionsmengen je Arbeiter	ja nein
9. Nach Form, Größe und Qualität einheitlichere Produkte	ja nein

Schlußfolgerung (bitte selbst formulieren!):

_____

_____

_____

_____

_____

Arbeitsblatt 1

Lies bitte diese beiden Texte genau durch.
Entscheide Dich für Position 1 oder Position 2 und schreibe Deine Meinung auf, warum Du Dich für 1 oder 2 entschieden hast.

Text 1: »Neulich las ich in der Zeitung, daß nicht jeder Bauer bleiben kann, der Bauer bleiben will. Offen blieb dabei die Frage, was geschieht, wenn alle Bauern aus der Landwirtschaft ausscheiden?« Was hältst Du davon?
Position 1: Aus der Landwirtschaft ausscheiden.

Text 2: »Seit Generationen ist der Hof in unserer Familie. In guten und in schlechten Zeiten war er unsere Existenzgrundlage. Soll ich ihn jetzt wirklich verlassen, weil ich in der Stadt ein günstiges Angebot als Vertreter habe?« Was meinst Du dazu?
Position 2: In der Landwirtschaft bleiben.

Ich entscheide mich für Position:

Begründung:

_____
_____
_____
_____
_____
_____
_____
_____
_____
_____

Informationspapier 1

»Allerorts gehen die Bauern auf die Straße. Früher in anderen Ländern, neuerlich auch in der Bundesrepublik. 1968, 1970; in Bonn waren es 1971 60000 auf einmal.«
Handelt es sich bei den Bauern nur um eine stets unzufriedene und rückständige Gruppe?
Welches sind ihre Probleme?
Was für ein Bild von der Landwirtschaft hast Du?
Denke darüber nach und beantworte diese Fragen später auf dem entsprechenden Arbeitsblatt.

Arbeitsblatt 2

Was meinst Du zu den beiden Farbbildern und zu den drei Schwarz-Weiß-Bildern?

Bilder 1 und 2:

_____
_____
_____
_____
_____

Bilder 3 bis 5:

_____
_____
_____
_____
_____

Was meinst Du zu den Bauernprotesten?

_____
_____
_____
_____
_____

Informationspapier 2 für Partnerarbeit

Setzt in die freien Kästchen das zutreffende Wort ein.

Der Landwirt muß als [　　　　　] ebenso planen und kalkulieren wie die Chefs anderer Betriebe. Er verwaltet Werte, deren Höhe häufig 300 000 DM, 500 000 DM und mehr Sachkapital beträgt. Er muß teure Maschinen, Geräte und große Materialmengen beschaffen, Hilfskräfte entlohnen, laufende Betriebskosten bezahlen. Dazu muß er auch Kapital leihen. Das kann zur Verschuldung führen.

Der Landwirt ist [　　　　　] der Grundnahrungsmittel, Milch, Getreide, Fleisch, Eier usw. Trotz abnehmender Arbeitskräfte-Zahl und Nutzfläche steigt infolge Rationalisierung und technischen Fortschritts die Produktion ständig an. Auch Einsatz chemischer Mittel, neue Züchtungsmethoden und verbesserte Fütterung tragen dazu bei.

Der Landwirt verkauft pflanzliche und tierische Produkte. Somit tritt er als [　　　　　] auf dem Markt auf. Aber seine Lage ist nicht stark: Mehr als sich satt essen kann der Mensch nicht. Wenn zur Erntezeit viele Erzeugnisse angeboten werden, fallen die Preise. Nahrungsmittel sind verderblich und müssen weg. Kühlhaltung ist teuer. Großabnehmer drücken die Preise. Es gibt auch Mißernten.

Der Landwirt ist [　　　　　]. Das Hin- und Herbewegen der Erzeugnisse vom Acker zum Hof, in Lagerräume, zu Abnehmern, Markthallen oder Bahnstationen ist mühselig und verteuert die Ware. Transportmittel und Lagerhaltung kosten Arbeit und Geld.

Der Landwirt ist [　　　　　] für weiterverarbeitende Industrien. Ihnen liefert er Grundnahrungsmittel oder Rohstoffe zur Veredelung (Getreide zu Teigwaren, Kartoffeln zu Chips, Schlachtvieh zu Fleisch und Wurst, Felle zu Leder, Wolle zu Stoffen usw.). So sind viele Industriebereiche auf die Landwirtschaft angewiesen.

Der Landwirt ist [   ]
Natürlich lebt er von den Nahrungsmitteln, die er selbst erzeugt. Aber längst ist es nicht mehr so, daß er alles erzeugt, was er verzehrt. Viele Betriebe haben sich ja spezialisiert auf bestimmte Erzeugnisse: Zucht- oder Schlachtvieh, Getreide, Obst, Milch. So kaufen heute auch viele Bäuerinnen Milch im Milchgeschäft und Obst im SB-Laden.
Kleine oder Kleinstlandwirte sind als reine Selbstversorger keine Zulieferer für den Markt.

Der Landwirt ist [   ]
wie wir alle. Als Nachfrager und Verbraucher trägt auch er bei zur Vollbeschäftigung in unserer reichhaltigen Produktionsgüterindustrie. Was er sich leisten kann, hängt von seinem Einkommen ab.

Als Besitzer eines großen Maschinenparks muß der Landwirt auch [   ]
sein. Die modernen Maschinen erfordern technische Spezialkenntnisse. Außerdem spart er Zeit und Geld, wenn er sich zu helfen weiß und wenigstens kleinere Reparaturen selbst ausführen kann.

Schließlich ist der Landwirt ein [   ]
Wie jeder arbeitende Bürger möchte er einen angemessenen Anteil am gemeinsamen Wohlstand, also einen gerechten Arbeitsverdienst, geregelte Arbeitszeiten, ausreichende Freizeit, Urlaub, eine ausreichende Kranken- und Altersversorgung haben.

Folgerung:
Der Landwirt hat einen Beruf, der von ihm verlangt, mehrere [   ] gleichzeitig zu beherrschen.

Rollen: Berufstätiger / Erzeuger / Käufer / Selbstverbraucher / Techniker / Transporteur / Unternehmer / Verkäufer / Zulieferant.

Test für Unterrichtsabschnitt 2

Kreuze bitte das Kästchen an, das Du für am richtigsten hältst oder das hinter der Antwort steht, die Dir am besten gefällt.

Berufswahl (nur ein Kreuzchen bitte)

Man sollte möglichst immer den Beruf des Vaters ergreifen. ☐

Die Berufswahl ist ausschließlich von der Neigung und den Interessen abhängig. ☐

Man muß einen Beruf ergreifen, bei dem man möglichst viel Geld verdient. ☐

Neigung und Interessen sowie Herkunft, Fähigkeiten und Berufsaussichten sind für die Berufswahl entscheidend. ☐

Landwirtschaft und Produktion (nur ein Kreuzchen bitte)

Je mehr Bauern es gibt, um so mehr wird erzeugt. ☐

Je weniger Bauern es gibt, um so größere landwirtschaftliche Flächenbildung ist möglich und um so mehr wird erzeugt. ☐

Weniger Landwirte können durchaus mehr produzieren, wenn sie gut ausgebildet sind und moderne Maschinen einsetzen können. ☐

Man sollte die Bauern fast alle abschaffen, dafür möglichst viele Fabriken errichten und billiger im Ausland kaufen. ☐

Genossenschaften und Erzeugergemeinschaften (nur ein Kreuzchen bitte)

Jeder Bauer, ob groß oder klein, sollte alles allein machen. ☐

Mehrere Bauern sollten sich jeweils zu einer großen Erzeuger- und Liefergemeinschaft zusammenschließen. ☐

Die Bauern sollten ihre Jahresplanung gemeinsam beraten und teure Maschinen untereinander austauschen. ☐

Nur die kleinen Bauern sollten sich zusammenschließen. ☐

Was ist der Landwirt heute? (nur ein Kreuzchen bitte)

Der Landwirt ist nur Verkäufer. ☐

Der Landwirt ist nur Unternehmer. ☐

Der Landwirt ist nur Selbstverbraucher und ggf. Abnehmer von Produkten. ☐

Der Landwirt ist Unternehmer, Verkäufer, Käufer und Selbstverbraucher zugleich. ☐

Arbeitsblatt

Anweisung 1

Lest hierzu Seite 14 + 15.

Anweisung 2

In allen dort vorgestellten Plänen werden Maßnahmen für folgende Bereiche vorgeschlagen:
- Markt- und Preispolitik
- Agrarstrukturpolitik
- Forschung, Ausbildung und Beratung
- Sozial- und Regionalpolitik

Hierin stimmen alle Pläne überein. Allerdings kostet die Verwirklichung viel Geld.

Beschließt gemeinsam in der Gruppe, ob der Staat für diese Maßnahmen Geld ausgeben soll. Verfaßt gemeinsam Eure Meinung und laßt sie von Eurem gewählten Schriftführer niederschreiben.

Textblatt

Situation: Zu den drei Bildern auf dem Arbeitskarton gehören die folgenden zwölf Textabschnitte. Der Chefredakteur eines landw. Fachblattes hat sie Dir zum Überprüfen gegeben. Neben dem Textblatt ist ein Arbeitsblatt angelegt, auf dem Du jeden Abschnitt beurteilen und die Begründungen Deines Urteils eintragen sollst.

Bild	Nr.	Aussagen
A4	1	Es ist ein herrliches Gefühl, in der Morgenfrühe, wenn die letzten Nebelschleier sich heben und Millionen von Tautropfen an den Halmen blitzen, über die eigene Scholle zu schreiten, keinen Herrn über sich als bloß den Herrgott.
	2	Bedächtig ziehen die Pferde, die treuen Lebens- und Arbeitsgefährten, das Ackergerät. Dampf steigt von ihren wohlgerundeten Rücken auf. Es riecht etwas streng nach Pferdeschweiß. Herrlich verbunden fühlen sich Mensch und Tier in gemeinsamer Arbeit.
	3	Der Altbauer schreitet mit dem Knecht hinter der Sämaschine, die Zwischensaat ausbringt. Noch immer steht er seinen Mann. Er hat die Verantwortung dem Sohn übertragen und lebt mit der Altbäuerin bescheiden, aber glücklich auf dem Altenteil von den Erzeugnissen des Hofes.
	4	Der Bauer lockert mit der Egge den Boden. Er kennt die Folge von Säen und Ernten und weiß die wenigen Arbeitsgriffe und Wirtschaftsregeln, die von den Vorfahren her erprobt sind. Er wird sich an sie halten und ebenso sein Sohn, der früh schon nach den Zügeln greift.
B1	5	Hoch geht es her, wenn die Kartoffeln einzubringen sind. Vorweg hackt der Bauer mit dem Karst und legt ganze Nester mit goldgelben Knollen frei. Es tut ihm gut, in milder Herbstsonne und frischer Luft sich auszuarbeiten, denn das hält jung.
	6	Gut ist in diesem Jahr die Ernte geraten. Leicht krümelt bei dem milden Wetter die Erde von den feuchten Knollen ab. Es ist ganz einfach: »Ein wenig Sonne und ein wenig Regen zur rechten Zeit, dann haben die dümmsten Bauern die dicksten Kartoffeln.«

Arbeitsblatt

Überlege: Treffen die Aussagen auf heutige Verhältnisse und Auffassungen zu?
Kreuze das Feld bzw. die Felder Deines Urteils an.

- trifft zu = Die Aussage samt den darin ausgedrückten Tatsachen und Auffassungen stimmt.
- sachlich falsch = Die mitgeteilte Tatsache stimmt nicht, ist überholt.   ⎫ Begründe kurz im
- Auffassung falsch = Der mitgeteilten Meinung muß widersprochen werden. ⎭ Raum nebenan.

Nr.	Urteil	Begründung
1	trifft zu	
	sachlich falsch	
	Auffassung falsch	
2	trifft zu	
	sachlich falsch	
	Auffassung falsch	
3	trifft zu	
	sachlich falsch	
	Auffassung falsch	
4	trifft zu	
	sachlich falsch	
	Auffassung falsch	
5	trifft zu	
	sachlich falsch	
	Auffassung falsch	
6	trifft zu	
	sachlich falsch	
	Auffassung falsch	

Textblatt-Fortsetzung

Bild	Nr.	Aussagen
	7	Die Lesergruppe muß sich sputen, um nachzukommen mit dem Einsammeln der Knollen in Drahtkörbe. Ein Glück, daß es auf dem Lande noch genug Helfer und Helferinnen für das Einbringen der Ernte gibt. Sie werden in Naturalien entlohnt und sind billige Arbeitskräfte.
	8	Der Bauer liefert seine Kartoffeln an Privathaushalte in der Stadt, er bietet sie auf dem Wochenmarkte an, er beliefert gelegentlich auch einmal seine Genossenschaft oder einen Händler, und was er nicht losschlägt, das verfüttert er an seine Schweine. Hauptsache: Der Eigenbedarf ist gedeckt.
C1	9	Irdene Milchtöpfe hängen über Zaunlatten und dünsten aus, bis die Bäuerin sie wieder füllt mit gelblicher Sahne, um daraus Butter und Käse zu bereiten. Es ist ein gutes Gefühl, alle Nahrung selbst zu erzeugen und auf niemand anderen angewiesen zu sein.
	10	Dicht stehen die Fachwerkhäuser beieinander, Gehöft an Gehöft, mit traulichen Ecken und Winkeln. Dicht beieinander leben Menschen und Vieh wie eine große und einige Familie in einer friedlichen und gesunden Welt, die sich wehrt gegen die Verstädterung und Industrialisierung ringsum.
	11	Bauer und Bäuerin fahren mit dem Kuhgespann ins Heu. Sie wird auf dem Wagen die Heuballen in Empfang nehmen, die er ihr mit der Gabel zureicht. Und alle Bauern im Dorf verrichten zu gleichen Zeiten die gleichen Arbeiten. Dieser Arbeitsrhythmus schafft die dorfeigene Lebensordnung und das Zusammengehörigkeitsgefühl, er erklärt auch das Mißtrauen der Einheimischen gegen alles Fremde.
	12	Denn alle, die hier leben, leben mit dem Bauern und von dem Bauern: Der Schmied, der Müller, der Bäcker, der Krämer und der Tierarzt. So ist das Dorf eine eigene, abgeschlossene Welt, die sich selbst ernährt, die alles für ihre bescheidenen Bedürfnisse selbst erzeugt, die Arbeit und Erholung gewährt und eine Freiheit, die es nirgends sonst mehr gibt.

Arbeitsblatt-Fortsetzung

Nr.	Urteil	Begründung
7	trifft zu	
	sachlich falsch	
	Auffassung falsch	
8	trifft zu	
	sachlich falsch	
	Auffassung falsch	
9	trifft zu	
	sachlich falsch	
	Auffassung falsch	
10	trifft zu	
	sachlich falsch	
	Auffassung falsch	
11	trifft zu	
	sachlich falsch	
	Auffassung falsch	
12	trifft zu	
	sachlich falsch	
	Auffassung falsch	

Zahlenanhang

Umwelt — Versuch einer Quantifizierung

Erdoberfläche	51	Mrd ha =	510 Mio km²
davon Landfläche	14,9	Mrd ha =	149 Mio km²
davon landw. Nutzfläche	1,5	Mrd ha =	15 Mio km²
Fläche der BRD	24,8	Mio ha =	248 000 km²
davon landw. Nutzfläche	13,7	Mio ha =	137 000 km²
davon Ackerfläche	7,5	Mio ha =	75 000 km²
Grünland	5,4	Mio ha =	54 000 km²
nicht genutzt	0,24	Mio ha ≈	1 % der BRD
Wald	7,2	Mio ha =	72 000 km²
bebaut	1,1	Mio ha =	11 000 km²
Verkehrswege	1,1	Mio ha =	11 000 km²

Bauflächenbedarf 110 ha/Tag ≈ 1 km²

	1950	1970
Flächenveränderung		
landwirtschaftliche Nutzfläche (LN)	100	96,7
Waldfläche	100	103,3
bebaute Fläche	100	140,5

Welt	—	Bevölkerung	3 500 000 000
		Einwohner/km²	23
Bundesrepublik	—	Bevölkerung	61 500 000
		Einwohner/km²	246

50 % d. Bundesbürger leben auf 7 % d. Ges.-Fläche
Benötigte Fläche z. Ernährung eines Bürgers 0,37 ha
Verfügbare Fläche pro Bürger 0,23 ha
z. Vergleich: EWG 0,48 ha
USA 2,23 ha
Japan 0,07 ha

Zunahme 1950 bis 1969		
Menschen		20 %
Agrarproduktion		50 %
Papierproduktion		400 %
elektrische Energie		500 %
Flugzeugstarts		1000 %
Pkw-Bestand		2000 %
Verpackungen		2000 %

Anteil der US-Bürger an der Erdbevölkerung 5,7 %
Sie verbrauchen an Welt-Rohstoffen 40 %
und verursachen 50 %
aller industriellen Abgase und Abwässer in der Welt

Luftverschmutzung USA — BRD, bez. a. d. Fläche 1 : 7
(der deutsche Wert wird nur noch in Japan übertroffen)

Kohlendioxyd (CO₂)-/Sauerstoff (O₂)-Produktion
in Naturlandschaft im Gleichgewicht
in Kulturlandschaft O₂-Überschuß/Jahr 7,5 t
in Industrielandschaft CO₂-Überschuß* 50 %
(*d. h. wird vom natürl. Stoffwechsel nicht verarbeitet)

	davon	
		Kfz.-Anteil
Kohlenmonoxid (CO)	8 Mio t/Jahr	8 Mio t
Schwefeldioxyd (SO₂)	4 Mio t/Jahr	
Stickoxyde (NOx)	2 Mio t/Jahr	0,9 Mio t
Kohlenwasserstoffe (CnHm)	2 Mio t/Jahr	1,2 Mio t
Staub	4 Mio t/Jahr	

In London bei SO₂-Anteil 6 mal mehr als
Smog gemessen Ruß-Anteil 14 mal mehr normal

Pkw-Bestand in der BRD 14 Mio
Bleiabgabe bei Verbrauch von 10 l/100 km 3 g/Pkw
Bleiabgabe/km Autobahn (2000 Kfz/h) 40 g bis 60 g/t
Bleiabgabe in der BRD pro Jahr 7000 t

Staubmessungen	
Industriegebiet	2000 bis 4000 kg/ha Jahr
Waldgebiet	20 bis 400 kg/ha Jahr
Staubkerne Industriegebiet	66 000/cm³ Luft
Waldgebiet (industrienah)	18 000/cm³ Luft
Zunahme der Staubmenge seit 1930 um	1000 %

Benötigte Atemluft eines Menschen pro Tag 15 000 l
gleich 1 Kesselwagen der DB

Erwachsene werden durch Lärm gestört	
tagsüber	41 %
nachts	25 %
Tag und Nacht	17 %

Wasserverbrauch	
pro Bürger auf dem Land	100 l/Tag
im Ballungsraum	400 l/Tag

zur Erzeugung von
1 kg Brot 1200 l ⎫ (Regen, also kein
1 kg Zuckerrüben 600 l ⎬ Abwasserproblem)
(Trockenmasse)
1 kg Stahl 20 l ⎫
1 kg Cellulose 800 l ⎬ (Abwasserproblem)
in der BRD 15 Mrd m³/Jahr

Kernreaktoren können Kühlwasser in den
Rhein abgeben mit Temperaturen bis zu 35° C
⌀ Wassertemp. d. Rheins im Sommer 19° bis 20° C

Chloride im Rheinwasser bei Emmerich 344 kg/sec
gleich 168 mg/l

Im Bodensee stammen Phosphate (P₂O₅) aus	
häuslichen Abwässern zu	55 %
Wasch- und Spülmitteln zu	25 %
dem Boden zu	20 %
davon aus Düngung zu	10 %

P₂O₅-Düngegaben in kg/ha	0	80	160	240
P₂O₅ im Sickerwasser in kg/ha	5	4	3	4

Auswaschung in kg/ha	Brache	bepflanzt
Phosphat (P₂O₅)	7	0,4
Kali (K₂O)	22	16
Stickstoff (N)	162	48
Kalk (CaO)	650	330

Düngerverbrauch	Handelsdünger		Stalldung
gesamt 1000 t	kg/ha	+	kg/ha
N	1085	79,7	50,7
P₂O₅	857	62,9	25,3
K₂O	1120	82,3	70,9
CaO	646	47,5	50,7

Ursachen für Fischsterben in USA (ähnlich in der BRD)	
öffentliche Abwässer	45,8 %
Industrie-Abwässer	42,2 %
Pflanzenschutz-Spritzungen	2,2 %
Mineraldünger, Stallmist, Silofutter	0,3 %
andere Stoffe	9,5 %

Wert der Weltagrarproduktion/Jahr 200 Mrd $
davon Verlust durch Schädlinge 60 bis 70 Mrd $
ohne Pflanz.-Schutz zusätzl. Verlust 20 bis 60 Mrd $
= Hungertod v. weiteren Menschen: 20 bis 60 Mio

Ernteverluste in Europa durch Schädlinge	5,1 %
Krankheiten	13,1 %
Unkraut	6,8 %

Produktion von Pflanzenschutz- und
Schädl.-Bek.-Mitteln in der BRD 159 200 t/Jahr
geprüfte und zugelassene Mittel
BRD 956
USA 10 000

Bei einer Spritzung kommen auf
50 kg Äpfel 0,2 g Wirkstoff
d. h. auf einen Apfel 0,5 ppm (= 1/2000 g) Wirkstoff

Selbstversorgungsgrad d. BRD m. Lebensm.	60 %
plus Produktion aus eingeführten Futtermitteln	15 %
zusammen	75 %

Futtermittel-Einfuhren 8 819 000 t/Jahr

Die strengste Höchstmengenverordnung für Wirkstoffrückst. b. pflanzl. Produkten gilt in der BRD

In Vorbereitung neue deutsche Gesetze für Zusätze in Futtermitteln u. Lebensmitteln tier. Herkunft 2

Von 1000 Antibiotika sind z. Fütterung i. d. BRD zugel. 7

Tierischer Kot und Harn werden problemlos beseitigt, wenn die Tiere vom Bauern gehalten werden, denn er verfügt über genügend Fläche

Abwasser in der Bundesrepublik	14 Mrd m³/Jahr	
von Kommunen ungereinigt	3,5 Mio m³/Tag	
ungenügend (mechanisch) ger.	5,3 Mio m³/Tag	
teilbiologisch gereinigt	1,5 Mio m³/Tag	
vollbiologisch gereinigt	3,1 Mio m³/Tag	
von der Industrie ungereinigt	1,4 Mio m³/Tag	
ungenügend vorbehandelt	3,9 Mio m³/Tag	
Kühl- mit Abwasser gemischt	14,5 Mio m³/Tag	
Ein Liter Öl macht ungenießbar	1 Mio l Wasser	
Altöl fällt an	600 000 t/Jahr	
davon verbleiben ohne Nachweis	50 000 t	
Müllmengen		
Hausmüll	13,5 Mio t/Jahr	
Klärschlamm (95 % Wasser)	114 Mio m³/Jahr	
Industriemüll	20 Mio m³/Jahr	
Bauschutt	10 Mio m³/Jahr	
Autoreifen	4 Mio m³/Jahr	
Schlachtabfälle	1,2 Mio t/Jahr	
Aufzuchtabfälle	0,8 Mio m³/Jahr	
Kot und Harn	0,08 Mio t/Jahr	
Krankenhausabfälle	191 Mio t/Jahr	
davon infektiös	0,87 Mio t/Jahr	
Autowracks	0,4 Mio t	
	968 000 /Jahr	

⌀ Zusammensetzung von Verpackungsmüll	
Papier und Pappe	49 %
Glas	25 %
Metall	10 %
Holz	10 %
Kunststoffe	6 %
Zunahme bei Verpackungsmaterialien 1954/62	
Hohlglas um	120 %
Blech um	84 %
Kunststoffe um	3780 %
1 Bundesbürger gibt f. Verpackg. aus	0,50 DM/Tag
Müllanfall pro Kopf und Jahr	150 bis 300 kg
das entspricht	1 bis 1,6 m³
und steigert sich jährlich um	6 bis 8 %
Hausmüll wird kompostiert zu 2 %	
verbrannt zu	20 % (Luftverunreinigung)
geordnet deponiert	15 %
ungeordnet abgelagert zu	63 %
Müllplätze in der Bundesrepublik	50 000
davon vorbildlich geordnet	130

Kiefernwachstum	Höhe	⌀	fm	Ertrag
in 70 Jahren	m	cm	ha	DM/ha
in reiner Luft	20	27	400	20 000,—
in verschm. Luft	7	25	37	1 500,—

Weinertrag im Jahr	
in reiner Luft	8,90 kg Trauben
in verschmutzter Luft	3,45 kg Trauben
Beobachteter Rückgang der Kaviar-Ausbeute im Wolga-Delta	50 %
Lachsfang im Rhein	
1885	130 000 Lachse
1950	3 000 Lachse
1970	—

Die Entwicklung der Landwirtschaft in Deutschland von 1935/38 bis 1972.

Die Zahlen für 1935/38 sind auf das Gebiet der Bundesrepublik Deutschland umgerechnet.

Durchschnitte	1935/38	1972
Vollarbeitskräfte in der Landwirtschaft	3,561 Mio.	1,33 Mio.
Landwirtschaftliche Nutzfläche in ha	14,61 Mio.	13,48 Mio.
davon:		
Weizen	1,13 Mio.	1,63 Mio.
Roggen	1,65 Mio.	0,735 Mio.
Kartoffeln	1,16 Mio.	0,479 Mio.
Zuckerrüben	0,130 Mio.	0,351 Mio.
Erträge:		
Weizen in dz pro ha	22,3	41,1
Roggen in dz pro ha	18,3	34,9
Milch in kg pro Kuh und Jahr	2 480	3 814
Eier je Henne in Stück pro Jahr	108	226
Tierhaltung:		
Zahl der Pferde (einst: vorwiegend Ackerpferde, heute: vorwiegend Sportpferde)	1,55 Mio.	0,264 Mio.
Rinder	12,21 Mio.	13,57 Mio.
Schweine	12,62 Mio.	19,95 Mio.
Hühner	51,68 Mio.	99,34 Mio.
Maschinenbestand:		
Schlepper	20 000	1,37 Mio.
Mähdrescher	*)	0,16 Mio.

*) Keine Vergleichsmöglichkeiten, da andere Verfahren (Mähbinder)

Die deutsche Landwirtschaft im Vergleich zu anderen Ländern

Bei internationalen Vergleichen kann sich die deutsche Landwirtschaft durchaus sehen lassen. Die Leistungen liegen über dem EWG-Durchschnitt. Dabei ist die Bundesrepublik größter Abnehmer für Agrarprodukte, weil die inländische Bodenproduktion die Nachfrage nur zu etwa 60 % deckt.

Durchschnittliche Ernteerträge in dz/ha

1970	Getreide	Kartoffeln	Zuckerrüben
BR-Deutschland	33,4	272	430
Frankreich	33,5	214	426
Italien	26,9	120	332
Niederlande	37,6	356	454
Belgien	33,6	295	414
Luxemburg	24,0	276	—
EWG	31,7	234	406

Durchschnittliche Leistungen je Tier

1970	Milchertrag je Kuh in kg	Legeleistung je Henne in Stück
BR-Deutschland	3800	216
Frankreich	3096	167
Italien	2713	102
Niederlande	4336	227
Belgien	3597	225
Luxemburg	3496	208
EWG	3351	166

Erwerbstätige in der Landwirtschaft — Erwerbstätige in anderen Wirtschaftszweigen (in 1000)

	1950	1960	1970
Landwirtschaft, Forstwirtschaft u. Fischerei*)	5 020	3 623	2 390
Produzierendes Gewerbe (z. B. Bergbau, Eisen- und Metallverarbeitung, Baugewerbe)	8 689	12 518	19 936
Handel und Verkehr	2 918	4 515	4 729
Sonstige Wirtschaftsbereiche (Dienstleistung)	3 749	5 591	6 624
Beschäftigte insgesamt	20 376	26 247	27 114

*) einschl. mithelfende Familienangehörige (Großeltern, Jugendliche usw.)

IMA, 3 Hannover, Alexanderstraße 3
Das vorliegende Heft ist Bestandteil des Unterrichtsmodells „Landwirtschaft im Unterricht" für Schüler der 7.—10. Klassen allgemeinbildender Schulen. Entstanden ist es unter Mitarbeit der Professoren Dr. Volker Nitzschke, Frankfurt, und Dr. Wilhelm Himmerich, Gießen.